障がいの重い子どもと
係わり合う教育

実践事例から読みとく特別支援教育 I

障がいの重い子どもの事例研究刊行会

松田 直／岡澤慎一／川住隆一
菅井裕行／土谷良巳／中村保和

[編]

明石書店

はじめに（出版にあたって）

1979 年（昭和 54 年）4 月 1 日に養護学校教育が義務制に移行し、どんなに障がいが重い子どもも学校教育の対象になりました。それ以前は、例えば「言語をほとんど有せず、自他の意志の交換および環境への適応が困難であって、衣食の上に絶えず保護を必要とし、成人になってもまったく自立困難と考えられるもの。（知能指数（IQ）による分類を参考とすれば、25 ないし 20 以下のもの）」は、「就学免除を考慮する。」という「精神薄弱者」に対する判別基準（文部省『特殊児童判別基準とその解説——教育上特別な取扱を要する児童生徒の判別基準の解説』昭和 28 年 6 月）に象徴されるように、障がいの重い子どもの多くは、学校教育の対象外とされ、在宅生活あるいは施設入所を余儀なくされていました。1970 年（昭和 45 年）に厚生省が実施した身体障害児（者）実態調査によりますと、在宅の障害児 93,800 人、重複障害児 27,000 人という推計値が示されています。

その一方、1950 年（昭和 25 年）から山梨県立盲学校では 2 名の盲聾児に対する学校教育が、梅津八三先生、中島昭美先生をはじめとする心理学者と連携しつつ長期にわたって実践されました。視覚と聴覚の両方が使えない盲聾児が、食事や衣服の着脱などの身辺処理の自立のみならず、点字・指文字を習得することを通して徐々に高度な概念の学習へと進み、一次方程式を解いたり、音声言語の発信に挑戦したりする姿へと大きな成長を実現しました。1970 年（昭和 45 年）には、この成果も含めて『重複障害教育の手びき——盲聾児・盲精薄児・聾精薄児』が文部省から出版されています。

国立特殊教育総合研究所（現 独立行政法人 国立特別支援教育総合研究所）は、1971 年（昭和 46 年）に設置され、その中に重複障害教育研究部が設けられました。初代重複障害教育研究部長の大坪明徳先生は、日本初の重症心身障害児施設「島田療育園」から来られた小児科医でした。大坪先生は、教育相談のために研究

所を訪れる保護者とその子どもに対して、毎週1日、初診を担当されていました。私たち研究員は初診の様子を見せていただき、障がいの重い子どもの状態をどのように捉えるか、どのように係わるのがよいのか、保護者との係わりはどのようにすればよいのかなど、多くのことを学ぶ機会となっていました。

　研究員の中に、中学校の特殊学級や養護学校（精神薄弱）で教員経験のある中山文雄先生がおられました。1979年の養護学校教育の義務制移行が迫ってくる中で、特に中山先生が、「学校現場で困っていることや課題になっていることについて、研究部として具体的に検討する必要があるのではないか」と指摘されたことがきっかけとなり、「重度・重複障害児の事例研究」の取り組みが始まりました。

　この実践研究は、1976年度（昭和51年度）から2001年度（平成13年度）まで25年間にわたって取り組まれました。これは、単に研究テーマを決めてそれに関連する教育実践を集録して冊子にするというものではなく、学校現場や教育相談現場で研究員が感じたり、当研究所に長期または短期で研修に来られている先生方との係わり合いの中で感じたりした重度・重複障害児を巡る課題を研究テーマとし、全国でそのテーマに関して先進的な実践を継続しておられる教員や施設・病院の指導員に事例原稿（外部事例）を依頼するものでした。しかし、単に原稿を依頼するだけでなく、重複障害研究部の研究員がその現場を最低一度は訪ね、担当教員・指導員の係わりを実際に見せていただき、研究協議を行うことと、依頼した教員・指導員全員と重複障害教育研究部の全スタッフ、さらには外部の研究協力者が一堂に会してテーマに沿って研究協議を行ったこと、重複障害教育研究部のスタッフからも必ず研究部事例を一つ提供し、研究部スタッフ全員で研究協議を行い、ディスカッションの概要も掲載したこと、外部事例については担当スタッフがコメントを添えることという原則を維持しました。ただし、予算の制約があり、残念ながら全国の盲学校・聾学校・養護学校・教育センター・教員養成系大学学部のすべてに配付することはできませんでした。

　最後の第25集が刊行されてからすでに15年以上が経過していますが、近年の特別支援学校における幼児・児童・生徒の障がいの重度化・重複化・多様化や教員の専門性の実情を見ておりますと、25年間に取り上げられた全147事

例の中から、特に現代的意義のある事例をピックアップして刊行することは、その必要性が高いという判断に至りました。

　養護学校教育が義務制に移行する4年前の1975年（昭和50年）3月31日に出されたいわゆる辻村報告（重度・重複障害児に対する学校教育の在り方について［特殊教育の改善に関する調査研究会報告］会長 辻村泰男）には、「要は、重度・重複障害児といっても、その実態はさまざまであることにかんがみ、現実の教育にあたっては、これを画一的に考えることなく、まず個々の者の心身の状況を出発点としてこれに対応した教育を行うことが必要なのである」と明言されています。今回、私たちがピックアップした事例は、まさにこの指摘に添った教育実践です。特別支援学校・教育センター等での現職教員の研修や特別支援学校教員の養成課程で活用されることを心から願っております。

　なお、本書を刊行するに当たりまして、独立行政法人 国立特別支援教育総合研究所、および、元重複障害教育研究部長（山下皓三先生、後上鐵夫先生）の了承を得ておりますことを申し添えます。

　2018年9月
　　　　　　　障がいの重い子どもの事例研究刊行会　代表

　　　　　　　　　　松田　直

障がいの重い子どもと係わり合う教育
実践事例から読みとく特別支援教育Ⅰ

目　次

はじめに（出版にあたって）●松田　直　　3

第Ⅰ部　行動の理解に視点をおいた事例研究　11

行動の理解に視点をおくということ●川住隆一　12

1　移動や遊びにおける手の使い方につまずきの見られる一盲幼児の養育
　　指導●重藤根治子　17
　　　コメント：土谷良巳　27

2　ある弱視・難聴児の「見る」ことの変容について——光・光沢から色・
　　形態への関心を引き出すための試みを中心として●宮原宗久　31
　　　コメント：中澤惠江　42

3　運動障害を伴う重度・重複障害児の探索行動に関する観察指導経過
　　——指向・接近・操作行動を中心として●山下滋夫／山下和美　49
　　　コメント：松田　直　61

4　動きは活発だがまとまりにかける一児童とのかかわりにまとまりをつ
　　くる試み●角田夏江　65
　　　コメント：松田　直　75

5　情緒障害対象の院内学級にいる子どもの課題学習にみる動きとそのま
　　とまり——特に外界刺激の受容の高次化を中心に●高橋　渉　79
　　　コメント：高杉弘之　88

6 力ずくの対処を受けて閉じこもった人が外への動きに踏み出すまで
　　——力ずくの対処によっては生命活動の著しい縮小をきたすばかりで
　　あった人に対して生命活動の自己調整促進をたすけることを目ざした一
　　実践研究の過程●吉武清實／須藤昌彦／今野正良　92

　　コメント：松田　直　104

7 ある弱視ろう児の「視る力」を促す係わりについて●阿尾有朋／立石博章
　／吉武清實　108

　　コメント：菅井裕行　119

8 ある特定の対象へのかかわりがみられた重度・重複障害幼児の観察指
　導経過——課題学習を通してみた移動行動●進　一鷹　124

　　討論：重複障害教育研究部　136

9 一重度・重複障害児の接近行動の発現と展開の経過●高杉弘之　150

　　討論：重複障害教育研究部　163

10 視覚障害・運動機能障害・知的障害のある重複障害幼児の視覚活用を
　促す支援●佐島　毅　180

　　討論：重複障害教育研究部　200

第Ⅱ部　状況作りに視点をおいた事例研究　223

状況作りに視点をおくということ●菅井裕行　224

11 積極的な営為としての「待つ」こと●細目里美　228

　　コメント：土谷良巳　241

12 私とは勉強しないことに決めた先天的全盲児K君とのかかわりを通し
　て遊びと学習について考える●矢目誠志　246

　　コメント：川住隆一　257

13 活動の組み立てと見通し●村松信一　262

　　コメント：土谷良巳　275

14 施設で暮らす重度・重複障害幼児が生き生きと暮らすための援助——
　　施設に入所して2年が経過した女児の事例を通して●西谷貴美江　279
　　　コメント：川住隆一　294

15 わかる世界、わからない世界——ともやくんのひらがなを巡って
　　●中野尚彦　297
　　　コメント：土谷良巳　312

16 Rett症候群を疑われている女児との対応における「状況作り」
　　●川住隆一　315
　　　討論：重複障害教育研究部　330

17 買い物における支払いの見通し——その理解をたすけた教材の活用およ
　　び具体的操作と具体性からの解放の経緯について●中澤惠江　347
　　　討論：重複障害教育研究部　359

18 重症心身障害児施設を訪問して係わりをもった事例——「指導の場」
　　からの一考察●早坂方志　379
　　　討論：重複障害教育研究部　390

19 「分かりあう」過程としての学習●菅井裕行　406
　　　討論：重複障害教育研究部　425

おわりに●川住隆一　446

本書に寄せて——障がいの重い子どもの実践事例から学ぶということ　449
　「重度・重複障害児の事例研究」との対話●岡澤慎一　450

国立特殊教育総合研究所　重複障害教育研究部
「重度・重複障害児の事例研究」テーマ一覧　453

障がいの重い子どもと係わり合う教育
実践事例から読みとく特別支援教育Ⅱ

目次

はじめに（出版にあたって）●松田　直

第Ⅰ部　子どもの理解に視点をおいた事例研究

　子どもの理解に視点をおくということ●松田　直

　　1　運動機能の後退を示す子どもの行動調整の進展を目指した係わり合い──手を口に入れる行動、過呼吸等の積極的役割に注目して
　　　　　●小竹利夫

　　2　重度・重複障害者の外界への自発的行動を促す援助とその展開の経過──新たな行動の発現を求めて●二川善昭

　　3　Sくんの願いを受け止めて●松川　徹

　　4　Kさんとの3年──訪問教育の実践を通して学んだこと●斎藤伸子

　　5　「自らの食事活動を自らが決めて動いていくこと」の生じにくかった人との相互輔生の歩み　●神波　修／吉武清實／須藤昌彦／原子　健／浦坂昌子

　　6　Hさんの音とのかかわりと表現活動●橋本栄子

　　7　一事例における自己調生を輔けていった過程と人間関係の展開──「問題行動」と呼ばれがちな行動に主たる焦点を当てて●中澤惠江

　　8　Fさんが泣いたり暴れたりすることについて──急性脳症後の13年間を振り返って●松田　直

　　9　盲をともなう重度・重複障害児童に対する食事場面を利用した行動拡大への取りくみ●落合俊郎

　　10　片耳の難聴を指摘されている一重複障害児の「音との係わり」と「人との係わり」●川住隆一

　　11　係わり合うなかでの子どもの理解──盲難聴二重障害であるNとの係わり合い●土谷良巳

第Ⅱ部　コミュニケーションに視点をおいた事例研究

　コミュニケーションに視点をおくということ●土谷良巳

　　12　「自閉症」といわれたUとのかかわりを求めて──母親とともに
　　　　　●木村幸子／竹田美栄子

13 無意味としか思えない活動をするK君に対して係わり手としてなし
　　得たこと●小嵐恵子

14 Rくんの世界の広がりを目指して──微細な動きを通してのかかわり
　　を中心に●斎藤憲子／服部基代乃／池田和夫

15 運動障害が著しく重度である子どもとの係わり合い──意思の読み取
　　りと表出の促進を目指して●松田　直

16 接近・回避状況における関係的秩序の形成からみた「やりとりの成立」
　　●土谷良巳

17 遊びの中でコミュニケーションを支援する試み●石川政孝

おわりに●土谷良巳

本書に寄せて──障がいの重い子どもの実践事例から学ぶということ
　事例研究をどのように読むか、何を学ぶか●中村保和

国立特殊教育総合研究所　重複障害教育研究部
「重度・重複障害児の事例研究」テーマ一覧

第Ⅰ部
行動の理解に視点をおいた事例研究

行動の理解に視点をおくということ

東北福祉大学

川住隆一

　人間行動を理解する心理学研究法の一つに行動観察法がある。この行動観察法について、中澤（1997）は、「人間や動物の行動を自然な状況や実験的な状況のもとで観察、記録、分析し、行動の質的・量的特徴や行動の法則性を解明する方法をいう」と説明している。また、他の研究法（実験法や調査法、心理検査法等）との対比として、観察法の長所は、「観察法は実験法に比べ対象者への拘束や制約が少なく、日常生活上の自然な行動を対象にできる」という。

　同様に、高橋（1988）は、行動理解の基礎としての観察についての解説において、(1) 人間を理解していくやり方を大別すれば二つあること、(2) その第1は「研究者が対象者に課題を与えたり、質問するなど『たずねる』ことを通して、対象者に自分自身に関する情報を提供してもらう方法」であり、これには調査、テスト（検査）、面接などの方法が入ること、(3) 第2は、「研究者が対象者を『ながめる』ことを通して、必要な情報を研究者が自分で取り出す方法」であり、「第1の方法が対象者の言語的理解の程度に大きく依存しているのに対し、ここでは必ずしも必要ではない」、(4)「観察法とは、この『ながめる』ことを通して得た情報をもとに、行動に関する様々な法則を体系化していくことを目指している」と述べている。

　さて、本書は、行動観察法を用いて重度・重複障がい児を理解することを目指した実践事例を取り上げたものではないが、様々な場面で子どもを「観察した」結果や知見が取り上げられていると言ってよいであろう。そのことを踏まえて、上記の二つの文献で述べられていることを読み返すと、以下のようなことに気づかされる。第1は、中澤（1997）がいう「自然な状況」や「日常生活上の自然な行動を対象」にするということや高橋（1988）がいう「ながめる」ことを通してということは、狭義の指導場面のみではなく日常生活全般にわたって対象児の行動に着目し、様々な場で起こる特定の行動の意味や、指導の糸口になるような行動を見出してくことの重要性を示唆するものである。第2

は、高橋は観察法の対比として「たずねる」ことを通しての研究法を紹介しているが、本書で紹介する実践事例では、多くの学習課題場面が設定されているが、このことは係わり手が子どもに「たずねる」場面を通して子どもの行動や子ども自身を理解しようとしていると言ってもよいのではないかと考える。第3は、とりわけ近年のさらなる障がいの重度・重複化を反映してか、日常的に身体の動きが極端に少ない子どもたち、動きは見られてもそれは極めて微小な動きであるような子どもたちが増えているように思われる。このような子どもを対象に単に「ながめる」だけでは、そこからは障がいの重さはみえても理解につながる行動は得られない可能性がある。したがってこの子らの行動を理解しようとするならば、何らかの働きかけを行うことが必要となる。行動観察法に基づく研究においては、何らかの支援やガイダンスを行うことは不適切な関与と思われがちであるが、感覚・運動制限が大きい子どもたちの行動理解に当たっては適度な支援を含めた場面設定・働きかけが行われなければならないように思われる。

　一方、津守（1978）は、知的障がい児や自閉性障がい児との日々の交流を踏まえて、「日々の実践は、畏敬と優しさをもって相手に触れ、それに応答し、行為の意味を発見し、相手の生活の充実を願って共に在り、行為する、自分も変化しつつ前進する歩みである」と述べ、さらに、「子どもの行動は客観的外的行動にとどまるのではなく、それは子どもの心の奥にあるものの表現であると考える」「相手の行動を自分自身の可能性としてみる」「自分の考えを頑固に保つことをやめて、自分も変化すること（理解することは、自分が変化することが前提である）」と指摘している。この津守の指摘は、相手の行動を理解するには、見方を転換することもいとわないという構えが必要であるということを示唆するものである。障がいのあるどの子どもに対しても、否定的見方よりも肯定的見方が強く求められるのである。

　以下では、第1巻第Ⅰ部で取り上げられる10編の論文について、若干の紹介を行う。

　重藤論文「移動や遊びにおける手の使い方につまずきの見られる―盲幼児の養育指導」の対象児は、全盲の幼児である。本児は、周囲がはらはらするほどに高いところに登るのが好きなようで手や足はよく機能しているようだが、重藤氏は手指の触覚活用や探索活動に関しては初歩的なところでつまずきが見られるとして、具体的な手立てを工夫した取り組みを行っている。

宮原論文「ある弱視・難聴児の『見る』ことの変容について——光・光沢から色・形態への関心を引き出すための試みを中心として」の対象児は、表題にもあるように精神遅滞を伴う弱視・難聴児であり、「外界の刺激の中から限られた光刺激のみを選んで信号として取り入れ、行動を起こしてしまうために、行動を調整していく力の弱い児童であった」。そこで眼疾に関する医療歴から視覚障がいの実態を詳しく把握した上で、学習目標を設定した取り組みを行っている。

山下・山下論文「運動障害を伴う重度・重複障害児の探索行動に関する観察指導経過——指向・接近・操作行動を中心として」は行動を捉える視点がとても多様である。すなわち、身長や体重等の身体状況に加えて、移動運動および姿勢、手の動き、目の動き・使い方、音に対する反応、コミュニケーション、日常生活動作の視点からの観察内容を述べている。そのうえで、目と手の使い方に焦点を当てた探索活動に関する問題点を指摘し、課題設定へとつなげている。

角田論文「動きは活発だがまとまりに欠ける一児童とのかかわりにまとまりをつくる試み」においては、「本児と筆者の相互に納得のいく、まとまったという実感の持てる時間を何とか経験できないものか。そのようなまとまりをつくるには、どんな援助を必要条件として心がけていったらいいのか。それらの疑問をこの報告で確かめていく」として、机上での課題学習を進めていく中で、課題に向かう本児の行動が、そして係り合いが、「まとまっていく」様子を述べている。

高橋論文「情緒障害対象の院内学級にいる子どもの課題学習にみる動きとそのまとまり——特に外界刺激の受容の高次化を中心に」において、筆者は、「重度の自閉的な子どもや多動な子どもたちから受ける印象は、外界刺激の受容の様式が極めて貧弱で限られた刺激しか受容せず、行動のパターン化、固執、多動といった行動の一因を形成している。従って、このような閉鎖的な外界刺激の受容様式から、外界に開かれた行動へと高めていくことは教育的アプローチの根幹をなす部分であり、子どもの理解や教育方法を決める重要な視点の一つであろうと思われる」と述べ、「なぞりの学習」と「ことばの学習」を行っている。

吉武・須藤・今野論文「力ずくの対処を受けて閉じこもった人が外への動きに踏み出すまで——力ずくの対処によっては生命活動の著しい縮小をきたすばかりであった人に対して生命活動の自己調整促進をたすけることを目ざした一実践研究の過程」では、自閉性障がいを伴う精神発達遅滞と診断された対象児が「動き出さない・動かなくなる・トイレに閉じこもる」ことがみられ、これ

が生ずる要因を取り組みの経過からひも解く作業を行っている。そして係り合いの時間経過に伴って見られた種々のエピソードや活動の広がりをまとめている。

　阿尾・立石・吉武論文「ある弱視ろう児の『視る力』を促す係わりについて」では、盲ろう児の発達支援においては「残存する知覚の積極的活用が重要」であるとして、対象児の視覚機能に焦点を当てた取り組みを行っている。そのうえで、「本来、視覚機能の発達は、コミュニケーションや社会性の発達と切り離して論じることはできない」として、人に向けられた目の使い方に着目している。このため、家族と家族以外の「人の識別」について着目したり、「視覚を介しての記憶像または模倣」について、さらに「アイ・コンタクトおよび表情の認知」について詳しい観察を行っている。

　研究部事例である進論文「ある特定の対象へのかかわりがみられた重度・重複障害幼児の観察指導経過―課題学習を通してみた移動行動」の対象児は、「行動発達全般の遅れが著しく、とりわけ外界とのかかわりが乏しい重度・重複障害児」ではあるが、わずかに鈴に対しては手を伸ばす行動が見られていたことから、「鈴を素材にして、感覚や手を使った基礎的行動を育てることにより、外界へのかかわりの対象が拡がり、移動行動の対象も拡がっていくと考えられる」として鈴を用いた取り組みを展開している。

　研究部事例である高杉論文「一重度・重複障害児の接近行動の発現と展開の経過」における対象児は、当初、極めて限られた設定状況では目を向ける、手を伸ばす行動はみられたが、一人にしておくと常同的行動に終始し、外界への探索行動、事物・事象への接近行動は乏しく、移動行動はまだ見られていない子ども」である。筆者は、このような子どもへのかかわり手の在り方について、「本児の行動を起こしにくくしている問題を探りつつ、人間の行動の成立過程と照らし合わせながら一歩一歩進むことである」等の基本的視点を述べつつ、本児の行動の意味を捉えようとしている。

　研究部事例である佐島論文「視覚障害・運動機能障害・知的障害のある重複障害幼児の視覚活用を促す支援」において筆者は、視覚に何らかの障がいのある子どもでも、「視ることを嫌にならない」で「視ることが楽しい」と感じ、「積極的に視よう」とする意欲と、それを支える基本的な視覚を活用する力を育てることが重要と考えている。また、本論文においては、日常の行動と視力検査から総合的に判断して子どもの障がい状況について仮説を立て、学習支援を行っている。

行動の理解に視点をおくということ

文献

中澤　潤（1997）「序章　人間行動の理解と観察法」．中澤　潤・大野木裕明・南
　　博文（編著）『心理学マニュアル　観察法』，北大路書房，1-12.
高橋道子（1988）「Ⅱ　行動発達の観察」『別冊発達』8, 108-116.
津守　真（1978）「発達の見方―人間科学の観点」『教育と医学』35, 1136-1158.

◆ 1

移動や遊びにおける手の使い方につまずきの見られる一盲幼児の養育指導

横浜市立盲学校

重藤根治子

I　はじめに

　本事例研究の対象児は、早産で未熟児網膜症による全盲の男児である。本年度4月に本校幼稚部3歳児学級に入学してきた。筆者（以下Tと記す）は、入学当初の3歳3カ月より本児にかかわり始めた。

　本児は動くことが好きで、特に高い所の昇り降りを好む。全盲なので見ている人がはらはらすることがしばしばあるが、高い所に昇る時の本児の手と足はよく機能しているように見える。しかし、物や玩具類に対するさわり方、手の使い方を見てみると、大きいもの、小さいもの、硬いもの、軟らかいものに限らず、とにかく持つ、かむ、たたく、即捨てるという状態がほとんどで、一つの物にかかわる時間が数秒ということが多い。刺激の受容と運動との回路が極めて短絡的かつ受動的である。手をそえてものにさわらせようとすると、Tの髪の毛を力いっぱいひっぱったり、手や肩にかみついたりして逃げ出してしまう。移動の時は両肘の所で腕をくの字に曲げ、手をぶらぶらさせてくるくるまわりながら、徐々に明るい方向に移動して行き、遊具や棚につき当るという傾向があり、目的的な歩行はまだ身についていない。発声音はいくつかあるが、言語として認められるものは出ていない。おむつを使用しての登校であった。

　本報告は、本児の学校生活全体の中で手によるさわり方、その中でも特に移動や遊びの時の手の使い方に視点をおいて、わずか6カ月であるが観察指導した経過を整理しまとめたものである。

II　事例研究

　1　事例　N・S　男　1978年1月生（観察指導開始時3歳3カ月）。
　2　生育歴
　(1)　家族構成：父、母、祖母（母方）、本児の4人家族。

17

（2）胎生期：母親 26 歳時の第 1 子。妊娠初期は異常なく、6 カ月頃より血圧が高くなり、子宮が開き気味で、7 カ月頃より下腹部が張る感じであった。

（3）出生時：在胎期間 8 カ月（29 週）で出産。アプガー指数 4 点。すぐに泣かず呼吸も弱い。

産院で産まれすぐに設備のある病院へ救急車で運ばれ哺育器に入る。生下時体重 1,310g。

（4）新生児期：哺乳力が弱かった。黄疸が強く血液交換 4 回。哺育器は 68 日間使用。その間酸素投与 52 日。肺硝子膜症。気管支肺異形成。未熟児網膜症右Ⅲ期、左Ⅲ期との診断が下され、処置として持続陽圧呼吸、72 時間。100 日目に退院。退院時の体重 3,820 g、身長 50 cm、胸囲 37 cm、頭囲 35 cm、最初は母乳にしていたが退院後は混合。

（5）乳幼児期：離乳開始 5 カ月、定頸 5 カ月、座位保持 11 カ月、這行 12 カ月、立位（つかまり立ち）12 カ月、始歩 19 カ月、喃語的発声 20 カ月。退院後は比較的健康であったが、眼のことで病院まわりにかなりの日時を費したとのことである。

3 教育歴

1 歳 6 カ月時にある病院より点字図書館を紹介され、そこから K 心障センターのことを聞き療育相談を受ける。K 心障センターでは週 1 回約 1 時間体を動かす遊びや感覚訓練を主として行っていた。これは 3 歳 5 カ月まで続いていた。また、同時に 2 歳 2 カ月より自宅近くの保育園に就園した。本校入学当初は、月火水曜日は保育園、金曜日は K 心障センター、木土曜日は本校というように 3 カ所に通っていた。本年度 5 月に保育園と盲学校の 2 カ所とした。現在は月火水曜日は保育園、木金土曜日は本校に通学している。

4 医学的所見

早産（8 カ月）、後水晶体線維増殖症及び脳障害による視覚障害（光覚）及び精神発達遅滞。多動傾向あり。小児神経学的には、咽頭反射が鈍く、下肢にごく軽度であるが痙直及び筋の緊張低下が混在している。

5 入学当初の実態

（1）日常生活動作

〈靴のはきかえ〉両手を使って靴をひっぱる動作はするが、ぬげないことが多い。はく時は靴を持たせるととてもいやがり、T の髪の毛を強くひっぱる。「さあ靴をはこうね」という言葉かけをしてしゃがませると、足を持ち上げはくことへ協力的な動作がみられる。

〈着脱〉ズボン、パンツ類はぎこちない手つきであるが、引いて上げ下げする。上着類の着脱は協力的に手を動かす。

〈排泄〉おむつを使用しての登校だったが時間排泄に切り換えた。

〈食事〉確認する間もなく手あたり次第に口にほうり込むようにして手づかみで食べる。両手を使ってはいるが、右手のものを左手に持ち換えて口に入れる。尖指対向の動きはまだぎこちない。好き嫌いなく食欲もある。コップは両手で持つ。ストローでも飲むことができる。フォークを持たせると、すぐ捨てる。フォークの先に食物をさしてやると即左手でとって食べ、フォークを捨てる。食べ終るまで椅子に腰かけていることはできる。お腹がいっぱいになった途端に椅子からおり、動き出す。

〈移動〉両腕をくの字に曲げぶらぶらふりしながらくるくるまわって無目的に歩くことが多い。音源歩行がみられない。手すり、棚、壁などで伝い歩きをさせようとするとすぐ手を放してしまう。

(2) 社会性

〈ことば〉ことばはまだみられない。イーイー、ヤーヤー、バーバー、ウーウーなどの発声はみられる。抱っこやおんぶをしたり大きく体を動かしてあげると、声を出して笑い喜ぶ。空腹時、ねむい時、要求が通らない時は泣きながら傍にいる人の髪の毛を強く引っぱったり、手、肩、首などにかみつく。Tの言うことを理解できるものがいくつかある。

〈対人関係〉特に誰ということはかまわず、最初から親と離れても平気であった。

手をつなごうとすると振りはらう。母親とTを手の感触や体臭、声などで区別している動きがみられる。3、4回目のかかわり合いの頃より手をつなぐのをいやがらなくなったが、自分流に手のつなぎ方を必ず変えるような能動的な動きがある。

大きく体を動かしてくれる人であれば拒否しない。傍に子どもがくると、パッとその子の頭を探してたたいたり、髪の毛をひっぱったりすることが時々あるが、自分から子どものいる方に近づくことはない。

要求など、人を求めて訴えるという様子はみられない。

〈集団参加〉みんなで集まる輪の中からはすぐぬけ出し、一人遊びをしたがる。先生や友達と手をつなぐとすぐ放してしまう。友達や先生方の話し声や歌声に特に関心を持つような様子はない。

(3) 物とのかかわりと手の動き

〈探索〉顔を明るい方に向け、くるくる回ったりしながら動き、遊具や物にあたるという様子で、積極的に手や聴覚を使っての探索の様子はみられない。食べ物については、弁当箱の中を隈なく探す。

〈遊びと手の動き〉体を大きく動かしてもらうことが好きで、Tがやりやすい状態に自ら構える。段差のあるところの昇り降りが好きで、棚、机、椅子、ピアノ、箱等、段差のある所によく昇りたがる。その時の手の動きは、たたく、体を支える、つかまるなどよく機能している。すべり台はいち早く遊び出し、前すべり、後すべりなど、わりに自由に遊びこなしている。小児用トランポリンはボールを両手でにぎり少し体を浮かせるが、足はまだ離れない。床での跳び上がりも、もう少しでできそうである。ブランコは、腰かけさせると自分で落ちないように体を動かし調節している。こぐことはまだである。こちらで押してあげ、少し大きく揺れてくるといつも手を放してしまい落ちてしまう。シーソーはとてもこわがり、抱いてやっても必死で降りようとする。リングジャング、鉄棒、ジャングルジムは一寸さわっただけで離してしまう。興味を示さず、無理にやらせようとするとのけ反るようにして拒否し、Tの髪の毛をひっぱる。

砂場遊びは、砂にさわろうとせず、手に砂をかけると手をひっこめて逃げ出す。また、砂の上にしゃがませようとすると、とても強い力で拒否する。粘土、どろんこ遊び、フィンガーペインティング、ボディペインティングなども一寸さわっただけで逃げ出し、やらせようとすると泣いてTの手にかみついたり、髪の毛をひっぱったりする。

玩具類について。ガラガラ、オルゴール、プレイボード、自動車、楽器類、積木、ブロックなど、音の出るものは音を出して本児に提示すると、手を出したり、出さなかったり、その時によって異なる。手に持たせると一応持ち、まずかむ、それから振る、たたく、そして捨ててしまう。ほとんどの玩具類を同じようなパターン化した動きであつかう。玩具類にはあまり興味を示さない。

大、中、小のボールに対し、皆2、3回たたいて、かみつこうとしてかみつけず離れてしまう。しかし、直径1mのボールに乗せ揺らすと、とても喜んで乗っている。

Ⅲ　問題の整理

(1) 生活のリズムが定まらず、登校直後に眠くなって機嫌が悪くなったり、眠ってしまったりして、おんぶや抱っこで過ごすことが時々ある。

（2）保育園、K心障センター、盲学校と3カ所の機関をまわるための疲れや、それに伴う諸々の条件で情緒的に不安になるのか、他の人の髪の毛をひっぱったり、かみつく等の行動がみられる。

（3）手を前方に出したり、足での探索の様子がない。

（4）遊びを含めた生活全体の中で、音に対する関心が弱い。

（5）腰をおろすことを好まず、絶えず動いている。そのために手にした物が、うまく操作できない場合が多い。

（6）母親はじめ家族の本児への接し方、養育のし方に問題がある。①一人遊びをするためか、かかわり合いが少ない。②外出の時、抱っこをしがちである。③教室の他児と比較し、母親のあせりのためか、本児なりの発達の状況を見落としがちである。

　上記の（1）～（6）までの問題点に取りくむにあたっての養育指導の基本的な考え方を次に述べる。

Ⅳ　養育指導にあたっての基本的な考え方

（1）健康な体づくりと生活のリズムを整えることは、全てのかかわりの基礎におくべきことは言うまでもない。本児の場合も戸外でのいろいろな粗大運動等を通じて生活のリズムを整える。

（2）情緒が安定し、体や手を動かすことによって新しい経験が学習されていくのであるが、本人の発達段階や様相をよくふまえ、スキンシップや好きな遊びを充分やらせて情緒の安定をはかり、本児の遊びの流れをTが受けいれつつ、指示を入れていく。

（3）全盲幼児にとって、視覚に代わって物事を把握し、有意的操作活動をしていくためには、聴覚、触覚、嗅覚等の働きが必要である。外界の事物の形や材質の違い、位置関係や空間という概念を形成したり、物の操作活動をしていくには触覚が重要な役割をはたす。しかし、〝みる〟とか〝みえる〟と比べて〝さわる〟とか〝さがす〟ということには能動性を必要とすること、範囲が限定されること、経験が相互につながりをもつことがむずかしいことなどの問題点がある。本児の場合は触覚や探索行動の初歩的なところにつまずきをみせているように思われる。そのためにまず、現在身につけているたたく、振る、かむ、捨てるなどの感覚的な動作を高めながら、手指運動と音の協応動作ができるようにしていくべきである。

　具体的には、

①一定の物が特定の箇所にあり、働きかけると確実に音刺激があるという快感を味わいつつ、手、指に触れたものを自発的につかんだり、振ったり、ひっぱったりする学習を重ねていく。

② ①のように自発的な行動を物に即したやり方でできるようになったら、大きさ、形、材質、音などの異なる玩具類を手渡したり、吊したり、リズミカルな動きを作ったりする働きかけを密にし、手、指、で触察させる。

③生活全体を通して触刺激に触れる機会を積極的に多く与え、繰り返し励ましながら触れさせる。

④本児にとって３カ所の指導機関のあることは現段階では混乱を生じさせ、負担にもなるので保育園と本校の２カ所にする。保育園とは同一の連絡帳を使い、行動の様子、指導のポイントや教材の打合せを密にする。

⑤母親には子どもの活動にあわせて動いてもらい、Ｔの養育指導との一貫性をはかる。

V　指導方法

　幼稚部の在籍児は３歳児５名、４歳児１名、５歳児４名の10名であり、担任は２名である。本児の登校日は木、金、土の３日間であるが、諸行事は全部参加することとする。登校児数は木曜日５名、金曜日５名、土曜日７名である。

　幼稚部の日課は右記の表のように原則的にきめてあるが、朝のかけっこ、行進（音源歩行）、リズム体操、おはようの挨拶、給食、運動的活動は他児といっしょに行ない、あとは状況をみて集団に参加するようにした。集団参加とはいえ、１対１の指導ができるように心がけた。

　原則として個別指導の時間にさわる手の動きを中心とした指導をしてき

表1-1　幼稚部日課

	月	火	水	木	金	土
9：30	着がえ、かけっこ、歩く（音源歩行）、体操（固定遊具）、トイレ					
10：10	おはようの会（設定保育）					音楽的遊び
	おはなし　　感覚訓練的遊び	感覚訓練的遊び　　音楽的遊び	図工的遊び　　同上	感覚訓練的遊び　　リズム遊び		こども会（遊び）
12：00	昼食					
13：00	自由あそび、トイレ、着がえ					
13：50	さようならの会					
14：10	スクール・バス					

たが、本人の体調や遊びの状況により1回あたりの時間はまちまちである。また指導の場所も、動くことが好きなだけに、段差のあるところや階段などいろいろな場所で行った。

10月末日までに個別的に手に関する指導を行ったのは39回である。

上記の養育指導の基本的な考え方により、生活全体にかかわって指導してきたが、次の指導経過では特に「移動」と「遊び」の二つの場面での手の動きについて経過を述べる。

Ⅵ　指導経過

1　移動場面での手の動き

ねらい…探索的歩行

方法……廊下の手すり、壁や階段の手すりを利用し、手を出させる。移動が伴う時は、どんなに距離が短くとも、手を出し、伝わらせながら移動する。

経過……廊下の手すりを伝わらせるために最初は本児の手首を押えて、さわらせたが、とてもいやがりすぐ離し、くるくる回り出したり、Tの手をかみついたりしていた。トイレ、食事、戸外遊びなど、一日の活動の中で何度となく移動する度に、伝い歩きを繰り返した。6月近くになると、1m位は自分で伝って歩き、手が離れてTにガイドされるとまた、伝い歩き始めるというようになった。距離をのばすために鈴やベルを取り付けたが興味を示さず、むしろ、手すりの止め金に興味を持った。10月現在では、10m位は離さず伝い歩きができるようになった。

階段の手すりの伝い歩きは、好きな昇る降りるという行動が伴うためかとても喜んでやった。手すりの支えなしでは立ったままの姿勢で足をあげることができず、どうしても手すりに手をかけ体を支える必要がある。9月の中旬頃になると、1階から踊り場を通って2階まで全く手を離さず伝い歩きをするようになった。

2　遊び場面での手の動き

ねらい…音と手指運動の協応

方法……座位での活動に抵抗を示すので、好きなすべり台や棚、窓、階段の手すりなどを利用し、物とのかかわりを持たせるように環境設定をする。

経過……すべり台は一番好きな遊具である。すべり降りた所や、手の行くところに吸盤つきのガラガラをとりつけておき、Tがまずガイドすると、一寸さ

1　移動や遊びにおける手の使い方につまずきの見られる一盲幼児の養育指導　　23

わり、口を近づけて、かんでその場を離れる。何回か繰り返しガイドするが、いやがりかかわろうとしない。

　棚などの段差のあるところの昇り降りの時に、手にふれるよう柱や窓に鈴、ガラガラをつけたりしたが、すべり台同様かかわりを深めることはできなかった。

　階段の昇り降りに興味を示し、手すりを使っての伝い歩きが少しずつ定着してきたので、ボール、人形、吸盤つきガラガラなど、軽く押したり、さわったりするだけで音の出るものを選んでとりつけてみた。最初は一寸手にさわるだけで昇り降りに夢中であったが、Tが手をそえて、さわる、押す、音が出る、など繰り返しガイドすると、自分で押す、耳を近づけて音を聴くというようなかかわりがみられてきた。この頃になると生活全般に落着きをみせ、表情も豊かになり発声も豊富になってきた。

　また、階段途中の手すりの玩具を押し、音を出し、耳を近づけた際、Tがその玩具を取って手渡し、階段に腰かけさせ、座位での手の動きの導入を行った。本児は、オルゴールなど音が長く継続するもののときは必ず腰かけるが、そうでないものの時は、拒否するなど、その時々でいろいろだが、抵抗は徐々に少なくなってきた。

　じゅうたんの上で着がえる際に最後の部分を座位でやらせ、続けて、本児のかかわりやすそうなおもちゃを差し出し遊ぶことにした。

　(1) ジャバラブロック……両手で持って伸ばす、縮めるという動作をする。伸ばす時に、ボコボコと一寸めずらしい音がする。縮める時、ボキボキとTが何回かやって音をきかせると、手を出してきた。そこで両端を持つこと、ひっぱること、縮めることを手をそえて行った。

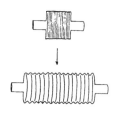

図1-1　ジャバラブロック

　最初は持つと、すぐかんで捨て、立ちあがってしまっていたが、回を重ねるたびにかかわりが長くなり、現在では縮めることはまだうまくできないが、伸ばすことを4、5回繰り返し、音を聞くとニコニコしながらかかわっている様子がみられるようになってきた。

　(2) Bブロック……最初Bブロックを5こつなげたものを持たせると、ひっぱってはずすことができた。両手に一つずつ持たせてはめる動作をさせた。なかなか両方のブロックが合致しないがぶつかるとカチカチ音がするため興味を

図1-2 Bブロック

図1-3 スライディングブロック

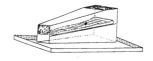
図1-4 鉄琴玉ころがし

示した。何回かやっていると偶然はまることがある。このような動作を毎回何回か繰り返しているのだが、最近になって以前よりは確率が高まり、はまるとニコッとするようになった。

(3) スライディングブロック……ブロックをみぞにそって水平移動し端に付くと、キンコーンとチャイムが鳴るようにした。チャイムの音には少し関心があるようにみえるが、すぐやめて逃げ出してしまう。

(4) ビー玉入れ……玉ころがし、鉄琴玉ころがし等の遊具を作って、両手の協応動作につなげるよう手をそえて試みているが、ビー玉を入れる所の確認が困難なためにまだ興味を示さない。

その他の遊びとして〈粘土〉〈水遊び、プール〉〈砂あそび、どろんこ遊び〉〈ボディペインティング〉〈手遊び〉〈固定遊具〉等でも入学当初より徐々に遊びの拡大もはかられてきた。

Ⅶ 考　察

6カ月という短い期間での指導で、いよいよこれからという段階であるが、以下のようなことが考察としてあげられる。

(1) 家庭との協力で生活のリズムが子どもらしく整ってきた、情緒が安定してき、少しずつ指示が入ってきている。年齢が低ければ低いほど、大人とのつながりを密接にし、発達段階を押え、本児の状況をとらえつつかかわっていくことが大切である。

(2) 本児がかかわっている他の機関との連絡をよく取り、本児に負担のないようにしたことは良かった。

(3) 伝い歩きについては、毎日の生活の流れの中で何回となく繰り返したが、その都度ガイドすることが大切であった。階段の昇り降りについては、その過程に好きな行動が組み込まれたことによって、探索を始める行動の意欲をかりたてることができた。本人の状況をよくとらえ、どんな指導場面や時間であっ

てもこちらが目的とすることにうまくつなげていくことは大切なことである。

（4）遊びの場面での手の動きについては、軽くさわるだけで心地よい音のする玩具を、手を動かせばすぐ届く位置に置いた。その結果、行動と音の関係がわかりやすくなった。働きかけると確実に音刺激があるという快感を味わう機会を、繰り返し励ましながらかかわることは当然のことであるが、大切な事である。

盲幼児にとって、手、指で物にさわるという初期的な行動を起こさせ、物に即した操作活動につなげていくには、音（聴覚）とのつながりが有効な働きをする。しかしこのことは放置しておいたのではなかなか成立しない。また、盲児によく見られるような物に触れることを極端に嫌がったり、単純な行動の反復が続くことは、手指の使い方に多くの問題を有しているとみてよいだろう。したがって低年齢であればあるほど、充分環境設定をし、時間をかけて繰り返し教えていくことが大切である。

（5）直接さわることに関連はしていないが、母親が他の障害児の母親と友達になったり、校内における視覚障害全般についての指導を受けたりして気持ちが安定し、明るくなってきたことは本児の養育指導にとてもプラスであったと思う。

今後の課題として、健康な体づくりをすべての生活の基礎におきながら、感覚遊びの次の段階をねらいとした学習を重点的にやらなければならない。物にさわった時、それが何であり、どのように手を動かせばよいのか、ということが理解されることが必要である。その過程におけるつまずきを乗り越えていくことが現在および今後の課題でもある。

触覚、聴覚の刺激を多くとり入れた経験を豊かにし、目的ある行動、目的ある手の動きができるようにしていくべきである。また、言葉かけによる働きかけも同時に大切なことであり、手で頭をなでるほめ方、両手で子どもの行動をやめさせるやめさせ方など、大人と本児との間に伝えあうサインを作ることも大切である。

本児の興味、関心のもち方を尊重しながら、さまざまな手の動きを必要とする玩具や教材を工夫し、統制のとれた有意的操作活動をいっそう促していきたい。細かい指導のステップを作り出しながら、このつまずきを乗り越え、やがては行動の発展や認識の向上につながるよう方向づけたいものである。

◉コメント

　本事例研究の対象児は、視覚障害（光覚）と精神発達遅滞を併せ持ち、さらに若干の多動傾向を示す３歳３カ月（係わり当初）の幼児である。重藤先生は週に３日ずつ６カ月という比較的短い期間の係わりの中で、着実な成果をあげてこられた。

　一般に障害児に対して教育的アプローチを実践的に行う際には、接近の目標である対象児の障害各相を含む行動特性を明確に捉え、行動の発現に関わる諸原則の吟味に基づいて、係わりの基本的な方略をたてることが必要となり、これらは教育実践の進行にともない、刻々と相互に検討されなければならない。

　ここでは、このような観点から、重藤先生のなされた仕事について、若干の吟味を行うことをお許しいただきたい。

　「はじめに」や「実態」の項で述べられていることであるが、すでに述べたような医学的所見に基づく障害の理解に加えて、本児の場合には、(1) 動くこと、それも高い所や段差のある所に昇り降りすることが好きであるが、(2) 伝い歩きや音源歩行、さらに目的的な歩行はまだできないし、また、(3) 発声以外の言語は認められず、排泄も知らせるようなことはない、そして、(4) 身辺処理上にも、ズボンの上げ下げや靴をはこうとして引っぱるようなことはあるが、手をそえてそれらの動作をさせようとすると嫌がって逃げ出してしまい、食事も手づかみの状態であるなど、他者の介助を多く必要とするものの、(5) 他者との係わりでは特に誰ということもなくふるまうという点で、対人関係が未分化な状態にとどまっているなど、注目すべき行動特性が認められる。

　そして、このように行動特性を把握するとともに、本児の家庭状況を含む生活全般を検討することによって、本児と係わる際の問題点を次のように整理された。(1) 生活リズムが不安定であること、(2) 本児の関係する機関が多すぎ、混乱と情緒の不安定がみられること、(3) 手や足をつかっての探索行動が乏しいこと、(4) 音に対する関心が弱いこと、(5) 絶えず動きまわって落ち着きがないこと、(6) 家族の本児に対する接し方に若干の問題があること、である。

　このように問題を整理することによって、(1) に対しては、健康な身体づくりと生活リズムの安定を図ること、(2) に対しては、関係機関を整理するとともに、情緒の安定を図るために働きかけの工夫（好きな遊びを十分にさせる中で、徐々に指示を入れていく）を行うこと、(3)、(4)、(5) に対しては、手指運動と音との協応を中心として、探索活動を促進（特定のものを一定の場所に置き、触れる機会を多くしたり、音の出る玩具をさわるようにガイドしたり）すること、(6)

に対しては、母親に保育場面へ参加・観察することを促すことによって、子どもへの接し方を理解してもらうこと、などの方針をたて、係わりを実行されている。

本文中の「経過」や「考察」にも示されている通り、このような対処によって、本児の行動は徐々に改善されてきており、重藤先生の係わりの適切さが窺い知れるわけである。したがって、これから述べることは蛇足の感を免れないが、われわれは本児のような子どもをかかえつつも、似ているが全く同じではないために、重藤先生の係わり方をそっくりそのまま踏襲できないということもあろうかと考えて、重藤先生の試みを一つの範例として、その教育実践を支えている仮設を少しでも明らかにしようという観点から考察を行ってみよう。

本児の行動特性をさらに概括するならば、行動の調整度が未だ低い状態にとどまっていることと、いわゆる〝なわばり〟としての確定域がきわめて限定されていることを指摘できよう。前者は身辺処理の不十分さ、生活リズムの不安定、情緒的な不安定、「ことば」の欠如、手づかみによる食事などをその行動例としてあげることができる。一方、高い所に昇り降りすることや身体を動かすことは好きであるのに、音源歩行や目的的歩行はできず、ふらふらと動きまわることが多いこと、また、手や足を用いての事物との係わりなど探索の様子が乏しいことや、音に対する反応が弱いことなどは後者を推量させる行動特性と考えられる。

ところで、行動の調整度が全般に低くとどまっていることと、確定域が狭められていることとは、相互に無関係であるのではない。本文中にもあるように、本児は高い所や段差のあるところを昇り降りすることが好きで、その時の手と足は、たたく、つかまる、体を支えるなどよく機能しているのであり、弁当箱の中は手でくまなく探すという。このように、きわめて限られてはいるが、その〝なわばり〟の中では行動は必要に応じてスムーズに発現・展開している。一方、見知らぬものにさわらせようとする場合のように、いわば不確定域に踏み込まなくてはならない事態になると、先生の髪をひっぱったり、手や肩にかみつくなどの拒否や逃避が現われ、行動の調整度自体も乱れを示すことになる。したがって、本児の場合にも、一般にそうであるように、その〝なわばり〟としての確定域では行動の調整度も安定を示すものの、一歩〝なわばり〟の外へ出ると、あるいは出なければならない事態になると、著しく行動の調整を乱したり、あるいは低い状態にとどまることになるのであろう。

それ故にこそ、確定域を強化あるいは／および拡大することによって、行動

の調整自体も一層促進されると考えられるのである。

　本児のように視覚に障害があり、遠距離の源からの視覚性の信号素材の伝達を担う受容系がとざされた場合には、その確定域がきわめて狭く限られていることは十分に理解できる。そのことが、確定域内での活動のスムーズさに比べて、新奇な事態への探索行動が乏しいと指摘されるゆえんの一つであろう。

　探索行動は、一般に、確定域の自発的開拓（強化・拡大・分化）の基盤となる活動（梅津他 1979）として捉えることができるが、重藤先生が進められた手指を用いての伝い歩きや、物との係わりを拡げる種々の遊びは、このような意味での探索活動の一面として捉えることができよう。

　ところで、いかにして不確定域への踏み込みという探索行動を生起せしめるかという点に関して、重藤先生は参考となる実践を示して下さった。その一例は、階段の昇り降りに興味を示し、手すりを使っての伝い歩きが定着してきたころに、ボールや人形やガラガラなど音のでるものを手すりにつけ、くり返しさわるようにガイドしたことである。ガイドによって、本児はそれらを手にとり耳にあてるというような行動がみられてきている。また、廊下の伝い歩きをさせる場合にも、一日の活動の中で何度となく移動する際にガイドすることによって、伝い歩きをするようになってきており、その際、手すりの止め金に強い興味をもったようである。

　本児にとって、歩くことや階段の昇り降りは以前から活発に行っていた行動であり、このような行動を発展させる中で探索すべき未知の事物を徐々に組み込んでいったことが、探索行動を生起せしめえた一つの理由と考えられる。探索すべき世界が全く新奇なものであったり、確定域との間に大きな隔たりや距離があっては、拒否や逃避が現われかねないからである。また、ガラガラや止め金に対して、本児はさわったり確かめたりするなど興味を示してきたが、このことは、確定域の拡大には新たな信号素材（ここでは鈴やガラガラ、特にその音や形など）が能動的・積極的に信号化される（それらが伝い歩きや階段での昇り降りなどの行動の条件として新たに加わる）過程が組み込まれていることを示している。さらに、このような過程は、重藤先生のガイドのくり返しによって促進されている。このことは、不確定域への踏み込みという探索行動は、とりわけ本児のように、信号素材の受容系に障害のある場合には、放置しておくのでなく積極的に援助することが必要であり、その一つの方法がガイダンスであることを示している。しかし、重藤先生が「考察」で指摘しているように、本児が自発的で活発な探索行動を続けているらしい時には、その邪魔をしないこ

とも係わりの重要なポイントである。

　これまで、重藤先生の実践報告を一つの見本として、探索行動の促進と確定域の強化・拡大とが、行動の調整と関係してくる問題を若干考察してきた。十分に意を尽くせたとは言えないが、本児の行動の改善には、母親や関係機関との話し合いによって、生活リズムの安定や健康な身体づくりに努めたことが、その重要な下地となっていることを指摘して、コメントとさせていただく。

（土谷良巳）

◆ 2

ある弱視・難聴児の「見る」ことの変容について
—— 光・光沢から色・形態への関心を引き出すための試みを中心として

横須賀市立浦賀小学校
宮原宗久

I　はじめに

　本事例研究でとりあげる児童は、筆者が国立久里浜養護学校で 1978 年 4 月から 1980 年 3 月までの 2 年間指導を担当した精神遅滞を伴う弱視・難聴児である。

　本児は、聴覚への刺激にはほとんど関心を示さないが、光やきらきら輝くものに強く引きつけられる傾向があり、日常生活の大部分を光に関連する自己刺激的な常同行動に終始している状態であった。視覚の使い方においても、事物の上に視線を固定して「じっと見る」ということができず、瞬間的に光等の刺激に反応して運動を起こしてしまうために、行動はそのつど中断され次々に変化して落ち着きがなかった。

　このように、本児は、外界の刺激の中から限られた光刺激のみを選んで信号として取り入れ、行動を起こしてしまうために、行動を調整していく力の弱い児童であった。ここでは、本児に周囲の刺激を整理して呈示し、より高次な、事物の形態等を信号として操作ができるようにするために課題学習を設定した。なお、課題学習は、常に担任と本児との交信行動としてとらえながら進めた。

　整理された状況での視覚的な信号の操作が上手になれば、日常生活の中でも人や物を見つめる、見比べる、探す、目と手を協応してつかう等にも変化が現れ、また、担任との交信も確実になり、行動全般をも高めていけるのではないかと考えていた。

II　対象児の概要

1　対象児

　T・K　（男）1968 年 10 月生（指導開始時 9 歳 6 カ月）

2 生育歴

（1）胎生期：母親が妊振2カ月の時風疹に感染。

（2）出生時：正常分娩。生下時体重2,750g。新生児黄疸は軽かったが、泣き方は弱く吸飲も微弱であった。

（3）乳幼児期：定頸8カ月、離乳1歳、生歯1歳6カ月、始歩3歳6カ月。

3 医学的所見

両側感音性難聴で、研究所における聴力測定によれば125Hz〜1kHzで70dB〜80dB、2kHz〜3kHzで90dBと推定されている。両眼共に先天性白内障と水平性眼球振盪で、生後7カ月に白内障の手術を受け、以後両眼共に無水晶体眼になる。強度遠視で、部分的に角膜混濁が認められ、視力測定は不能である。

4 教育歴

K市立盲学校の幼稚部で週1回の教育相談を受ける。1975年4月国立久里浜養護学校に入学し、1979年3月K市立盲学校小学部に転校。1979年現在同中学部2年に在籍。

5 係り当初の児童の状態（9歳6カ月）

（1）視覚を使った物とのかかわり：教室内の棚やおもちゃ箱から次々に物を取り出し、振ったり、なめてつばをつけ微妙な光の反射を見たりしているが、物の色や形態にはあまり関心がなく、すぐ放り投げてしまっていた。一つの物を注意深く観察することはしないで、光で遊ぶための用具を探すために行動は次々に変化して、眼前の刺激に瞬間的に反応して行動していた。しかし、空間内での物の位置や散歩の時の経路・場所をよく覚えていた。カーテンの開き具合。机やいすの位置、壁の掲示物等の配置もよく記憶しており、入学当初は、それらが少しでも変化すると激しく抵抗していたが、筆者担当時はかなり減少してきた。パズルボックスや円柱さしの課題を与えてみると、視覚的な関係づけもでき形態弁別もすぐれていることがわかった。その際かなり目を近づけて操作していることから、残存視力はかなり弱いと判断されるが、学校の中で走って移動している時に物にぶっかったりつまずくことはほとんどみられなかった。歩行時や階段の昇降では、瞬間的にしか足下を見ていなかった。

（2）体を使った物とのかかわり：〈全身運動〉三輪車のペダルをこいだり、ブランコをこぐことができた。ブランコの時は眼前で手を振る行動が見られなくなった。トランポリンが好きで一人で跳ぶことができたが、補助者がいっしょでなければ座りこんでしまっていた。初めて経験する遊具に対しては、慎

重であり拒否も強かった。同じような遊具でも場所や色、形が違うと拒否してしまっていた。走ったり、階段の昇降ができた。手足の動きは、速くて瞬発的であり、ゆっくりした統制された動きができなかった。

〈手の運動〉なぐり書きができたが、渦巻線や波線を模倣し書くことは難しかった。

(3) 身辺自立：〈食事〉スプーンを使ってどうにか一人で食べることができたが、食物を見てすくうことが少なく、こぼすことが多かった。常に眼前で左手を振りながら視線は蛍光灯の光に向けられ、食事に集中できなかった。

〈排泄〉身振りサインを受信して一人でトイレへ行き排尿することができるようになっていたが、失禁も見られた。

〈衣服の着脱〉脱ぐことは身振りサインを受信してできたが、着る場合には、衣服の前後や順序があるので、目がよく使えないと難しかった。ボタンのついている衣服は補助を必要とした。靴は足の感触で左右弁別してはくことができた。

(4) 社会生活：〈コミュニケーション〉音声言語による交信はできないが、日常生活の基本的習慣における身振りサインを受信し、また欲しいものに対して「担任の手を引く」とか「チョウダイ」などの身振りサインの発信ができた。ほとんどのサインは人に直接触れて行う触運動刺激によるサインであった。

〈人とのかかわり〉家庭では、母親を服装や身体接触によって認知しているように思われた。母親がいないことがわかると、泣き叫びながら探す行動が認められた（1979. 8）。膝の上にすわってきたり、おんぶを要求したり甘えの行動が認められた。動作模倣はできなかった。

Ⅲ　指導方針

本児は、視覚による弁別能力も保持していながら、光刺激にとらわれることが多く、視覚の使い方が低次に留まっていた。

その要因として、残存視力を眼疾から考えてみると、生後7カ月で白内障の手術を受け水晶体を摘出しているため、角膜の屈折力だけであり強度の遠視の状態にある。遠視は、遠見時はもちろん近見時はさらに焦点が網膜の後方にくるため、視力は低下していると考えられる。本児の眼疾は、部分的に角膜混濁が認められるにしても、屈折異常が主である。本来、無水晶体眼の視力矯正は、各視距離ごとに網膜共役点のくる凸レンズを装用しなければならない。本

児の場合にも何度か眼鏡を装用させる試みがなされてきたが、放り投げたりして壊してしまうことが多かった。光や光沢に関心を示している段階では、屈折力が矯正されても本児にとって何ら意味をなさないのは当然であり、事物の形態に興味や関心が現れてきて初めて眼鏡を装用することの意味が理解されるのではないかと考えた。また、本児が情緒的にもっと安定した状態でなければ、その時点での装用には踏み切れなかった。さらに、何らかの方法で眼鏡そのものに慣れさせる必要もあった。

そこで、視覚による形態弁別、視覚・運動協応動作等の学習を推し進めていくことにした。学習の身振りサインを受信すると、学習コーナーに行き待つという学習への構えはできていたが、周囲の刺激（光等）に気が散り学習に集中させることが困難であったので、次のことを考慮して学習を進めていく必要があった。

①周囲の刺激物（光等）をできるだけ少なくした学習環境を整える。

②視線だけを事物の上に固定することは難しいことであり、直接事物に触れて操作することが視覚の定位を容易にする。また、逆に目を使わなければできないような手の操作を加えることがより注視行動を持続させる。

③注視行動を促す条件の一つに新奇性がある。光以外に関心を示したものは次々に教材化して学習の中に取り入れ、本児の状態に合わせて作り変えていく。

次に、筆者担当以前の指導記録によると、本児は文字を弁別するだけの力は持っていたようであった。しかし、物を見比べたり、同じものを探したり、そして特に形態の視覚的印象を保持したりすることが難しかった。そこで、見本合わせ状況において、二つの事物の形態を比較・分化させ、見本と同じものを選ぶ対応づけを行わせ、それらができてから、見本の形態をある時間保持させてから対応づけを行うという課題を用意した。

なお、見本合わせ状況を交信の場として考えると、見本は担任からの発信「これと同じものを選んで下さい」となり、それを本児が受信して、二つの選択項のうちの一つを選ぶことになる。課題を進めるにあたり、本児の信号処理の段階を、たとえば形合わせの場合、以下のように整理して状況をかえて行った：

(a) 選択項の二つの図形を同時的に考慮したり、見本項の図形と対応づけることができず、初めに見た方の選択項の上に見本項をのせようとする段階。

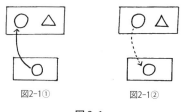

図 2-1

(b) 選択項の二つの図形をほぼ同時的に考慮できるが、見本項と対応づけることはできず、結果の成功・失敗だけに注目している段階。
(c) 見本項を選択項に軽く重ね合わせてみると対応づけができる段階。
(d) 選択項と見本項を重ねる前に、それらをほぼ同時的に視覚のみで対応づけて選択ができる段階。
(e) 選択項と見本項の間に空間的距離をおいて、両者を同時に見比べることができない状況でも、見本項の形態を保持して対応した選択項をえらべる段階。

図2-1①、2-1②に見本合わせ状況の図を示してある。図2-1①では、見本を持って選択に行けるので、選択項との同時的比較が可能であり、段階 (d) の信号処理で可能となる状況である。一方、図2-1②の状況では、見本項を見ただけで、離れたところにある選択項を取りに行くため、その間を何らかの自前の信号によって保持しなければならない。故に、(e) の段階の信号処理が要求される。

IV 指導の実際

1 幾何学図形、ひらがな文字の形態弁別学習の経過

図形を提示して見せるだけでは、本児はなかなか見てはくれなかった。そこで、直接事物に触れて操作する必要のある課題状況を用意し、「見る」ことを引き出す試みをした。まず、DLM知覚・運動学習教具の円筒ペグボードを用いて指導の手がかりを探ることにした。図2-2①のペグボードに円筒形のブロックを次々にさし込むだけでパターンカードには注意が向かなかった。しかし、さし込む操作は、ペグとブロックへの注視行動を持続させ、他の刺激への反応を抑制させる働きが認められた。音声言語をもたない本児にガイダンスをするために、図2-2②の教具のように刺激を単純にして与えてみると、赤い丸のところにブロックをさし込むことができた。図2-2③の色の分化・対応を経て図2-2①のようにパターンカードの上にブロックをさし込みながら同じパ

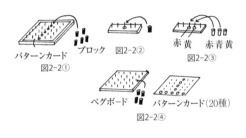

図 2-2

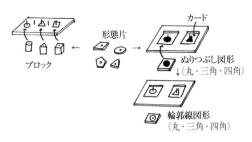

図 2-3　幾何学図形の形態弁別

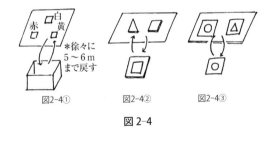

図 2-4

ターンを作ることもできるようになった。なお、図2-2④で示すようなこの教具本来の目的である見本のパターンカードと対応したパターンを構成するという学習へは進めることはできなかった。

次に、さし込む操作に興味を示し課題に集中できたので、図2-3の形態弁別の学習に応用した。立体図形（ブロック、形態片）、ぬりつぶした図形、輪郭線による図形へと進めていった。ここでは前述の段階（c）ができて次の課題へ進めたが、輪郭線による図形において最初誤反応が多く、何回も図形を指しさせてから操作させる必要があった。立体図形においては、直接ブロックに触れているため視線の定位が安定しているが、輪郭線の図形になると視線を特徴的な弁別要素に定位させるためには、線にそってなぞるような高度な眼球運動の働きが要求される。ある程度の注視行動の持続がなければ確実な弁別は期待できないだろうと考えていた。ところが、さし込む操作は図形への注意を促すことができ、すべての課題を容易に進めることができた。

次に、選択項と見本項の色、形態を視覚的に関係づけるときの距離を少しずつのばしていく学習状況において、色、形態の保持を促進させていくことにした。図2-1①の見本合わせ状況で最初に行い、次に図2-1②に変え、徐々に6m程まで距離をのばすことにした。図2-4では、DLM学習教具にある「形

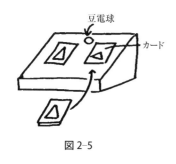

図2-5

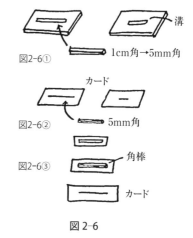

図2-6

板・枠板」を用いた。図2-4①、2-4②の課題ではかなり長い間形態は保持されていたが、図2-4③の課題では、形態の保持される時間はきわめて短く、距離をのばしていくことはできなかった。なお、この学習を通して、日常生活の中でも何かを離れたところで遂行してからもどるという行動の形成に役に立った。

　次に、輪郭線による、異なる三角形間と、異なる四角形間の見本合わせを行わせたが、課題へ集中することができず、図形の辺や角の特徴をとらえさせることができなかった。そこで、本児が光に引かれることを利用して、図2-5のような豆電球の点滅で選択の成否を知ることができる教具を用意し、本児の学習への集中を促そうとした。ところが、本児は豆電球の光に興味を示すだけで、課題との関連は無視されてしまった。また、光が点滅すると興奮状態に陥り、ますます光への執着を助長する結果にしかならなかったので、この教具はすぐに使用をやめた。

　長さの弁別では、最初カードに線を引いて図2-1①の見本合わせ状況で試みたが、全く線に注目させることができなかった。そこで、図2-6①のように、3cm、6cm、11cmの長さの角棒を見本項にして溝のある選択板にはめこむ操作を加えた見本合わせから始め、1cm×1cm角から5mm×5mm角へ細くしてもできるようになった。ここでは、視覚的な関係づけが図2-1②の見本合わせ状況で確実にできるようになった時点で、角棒を幅の狭いカード図2-6-②から図2-6③の広いカードに貼り、視線の定位が常に線の上にあるように工夫した。この細かいステップを経ると、広いカードに線を引いただけでも長さの弁別が可能となった。

この時期は、本児の行動にも変化が現れていた。身振りサインの種類がふえるとともに、交信の数も増え、学習も日課にそってできるようになってきた。担任の顔に触れたり眼鏡をはずして遊んだり、鏡に映っている像と担任の顔を見比べたりする行動も認められた。眼鏡を放り投げることもなく「チョーダイ」のサインで、担任の顔にかけて返すことができる程安定した行動ができていた。この頃、眼鏡の装用を試みることを考え、最初ルーペを与えてみたが。光を見ることはあっても物を見ることはなく放り投げてしまうことが多かった。ところが、眼鏡を修理して装用させた時に、棚のおもちゃの写っている写真カードを与えてみると、視距離を自由に変えて調節しながら、しばらくの間、写真を見つめてから、棚のところへ行って写真に対応する物を持ってきて見比べる行動が認められた。頂間距離を10cm程とり、写真も20cm程離して視距離を調節して見ることを自ら発見したのである。度数が足らないため焦点を合わせる目的と、写真の細部を拡大して見るためであると考えられる。しかし、凸レンズであるため、太陽を見たり、日光を集めて遊ぶこともあり、外で装用するときは注意を要した。

　その時以来、新しい写真を与えると、必ず眼鏡を要求して、実物と見比べ確かめる行動が現れた。想像もつかなかった程写真への注視時間は長く、写真を媒介にしてさまざまな物にも関心が向くようになってきた。

　自分が見たことのない物、あるいは見たけれども実際に使ったことのない物や余り好きでない果物の写真は、いちべつするだけですぐ放り投げてしまうので、本児の体験を知るうえでも、写真は有効であった。

　写真を見ているときは、以前のような注意散漫な目の動きを全く認めることができなかった。そこで、次の課題から注視行動を促すために、見本項に写真カードを用いて進めていくことにした。図2-7は、位置、向きの弁別と、見本のように作るという構成の要素も含まれている課題である。この課題では、自分で見本の写真と見比べながら「できた」ということを自分で確かめることができ、学習意欲もかきたてられ、笑顔で賞賛のサイン（握手）を求めてくるよう

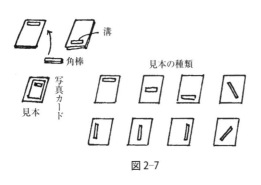

図2-7

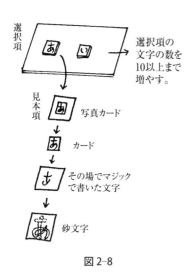

図 2-8

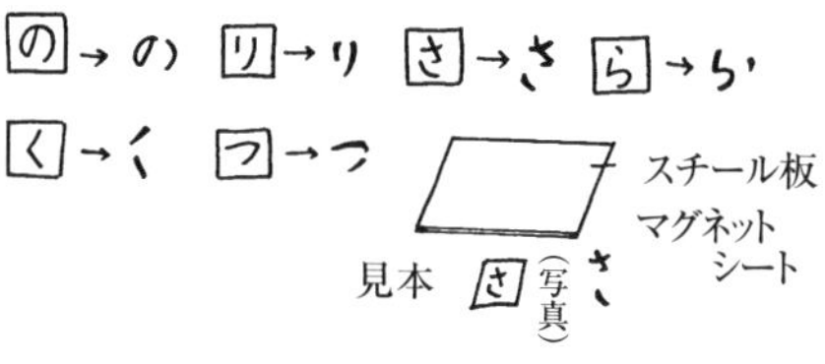

のり→のり さ→さ ら→ら
く→く つ→つ

見本 さ(写真) スチール板 マグネットシート

図 2-9

になった。

　文字の弁別においても、見本項に文字を写した写真を使用した。見本項の文字は、図 2-8 のように写真から、形・大きさもまったく同じすみ字のカード、その場でマジックで書いた文字、市販の砂文字、を用いて般化させていくことにした。類似文字の問題と写真以外の文字について注視の弱さが認められたが、弁別は確実にできていった。文字群の弁別では、かしとかみのような弁別になると写真を用いて注視させても誤反応が多く認められた。二つのひらがな文字を考慮して弁別することはかなり難しい課題であり、カードを振ったりして遊びが増えてきたために次の課題へ進めざるをえなかった。

　そこで、くつ、さら、のりに限り弁別させ、くつさらのりでくつ、さら、のりをスチール板の上で構成させた。ここでもすべて見本に写真を用いた。さらに、図 3-9 のように、各文字を 2～3 の構成要素に分解し、その構成を、見本を見させて行わせた。りを左右逆に構成したり、部分的に位置の誤りも認められたが、指示すれば見本を見て訂正できるようになった。

　これらが確実にできた時点で、実物の靴、皿、のりに文字カードをつけ、図 2-1 ①の見本合わせ状況において、実物と文字信号の対応をつけさせる試みをしたが、実物にカードをつけるといやがり、取りはずしてしまうため、学習は成立しなかった。しばらく文字を信号化する学習は中断し、次の項で述べる書くための基礎学習に重点をおくことにした。

　しかし、1979 年度も終りに近づいた頃、皿とさらの文字カードがいっしょに写っている写真をたまたま見ていた本児は、写真を見ながら、それと同じように、実物の皿の上にさらの文字カードをおくということを自発的に行った。そこで、図 2-10 ①から 2-10 ③までのステップを通して、実物と文字との対応をはかった。図 2-10 ③の状況まで、靴、皿、のりに関しては確実になったし、

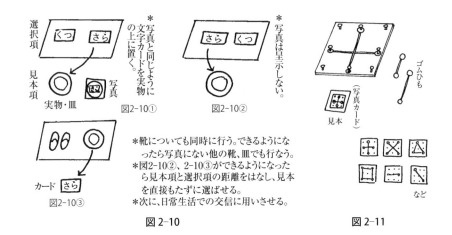

図 2-10   図 2-11

眼鏡を装用すると、写真に写っているごく小さい文字まで区別が可能になった。

日常生活の中では くつ 、 さんぽ の文字カードを呈示すれば、いついかなる場所でも、「靴をはいてくる」、「散歩へ行くために外で待つ」という行動を起せるようになっていった。文字刺激を行動を調整する信号として使うことが可能になりつつあった。上記のような学習方法によって事物との対応づけを行っていき、より多くの文字を交信手段として用いるところまで達しなかったのが残念である。

2. 運動の統制、位置の定位等の書くための基礎的な学習の経過

図 2-11 の課題では、形態要素が線（ひも）であるため構成は易しかった。見本（写真）を見ながら長い間学習に集中でき、完成したときの喜びも大きいようであった。

次に、DLM 学習教具の円筒ペグボードにおいて課題が達成できていなかったので、改めて段階別のペグボードを作ってみた。図 2-12①の段階で左右の弁別ができず、つまずいてしまったが、図 2-12②の課題ができるようになると図 2-12①の課題へ移行できた。図 2-12③〜2-12⑤までは、誤反応も比較的少なかったが、図 2-12⑥の課題では、図 2-12⑦のように見本の形態によって難しさに差が現れてきた。本児にはそれぞれの形態についてそれぞれ起点があり、最初にさすペグが、その起点にさされると順調に構成ができるが、そうでないと、位置がずれたり、まったくできなくなることがあった。故に、起点の位置（たとえば十字形の場合は交差する点）を判断できるかどうかがこの課題

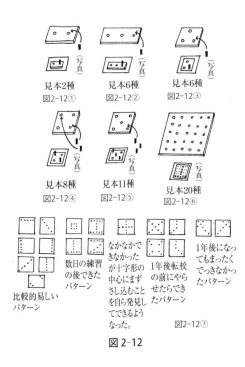

図2-12

を遂行していくための重要なかぎであった。

　形態要素が線である場合は、要素を覚えておくことは易しいが、ペグボードは、その要素自体をさらに単位（ペグ）に分離されているので、単位から形態の要素を作らなければならず、書くための基礎学習として難しいながらも有効な課題であろうと考えた。また、本児のように注意の散りやすい児童にとって、ペグボードは、他の教具に比べて注意を拡散させてしまう刺激が多い中で、形態を長い間保持しなければならず、大へん難しい課題であった。しかし、1年後にはDLMの円筒ペグボードの課題をこなしてしまうまでになり、課題を見る様子にもゆっくりした動きが感じられるようになっていった。

　書くことにおいては、運動の起点、終点を定めることや、必要に応じて線を引く運動を一瞬制止すること等が要求されると考え、次のようなことを行わせた。まず、手の運動の統制と追視行動を促す学習としては、なぞり板の溝にそってビー玉を棒で移動させる学習（横、縦、斜め、曲線）を行った。この教具では、溝にジュータンを貼り、滑らかな動きができるようにして、棒から目が離れてしまわないように工夫した。スクリブル、紙に貼ってあるテープにそって筆で絵の具を塗る学習、はさみで紙を切る学習、マジックで起点から終点まで直線や曲線を引く学習を行った。しかし転校時までに顕著な進展はなかった。

V　まとめにかえて

　以上のような経過をたどるうちに、写真を媒介にしてさまざまな物の形態に関心が現れ、絵本の中の絵や略画と実物との対応もできるようになっていっ

た。写真や絵を日常生活での交信に用いることが可能となり、数少なかった本児の発信行動を増やして行くことができた。それは本児の生活を円滑にするのに非常に役に立った。写真に飽きてくると破ることがあったが、本児にとっては、組み合わせてパズルにするのが目的であった。そこから、写真や興味をもったカレンダー、絵本を用いてピクチャーパズルへ発展させることも行った。

これらの変化とともに、鏡に自分自身を映したり、担任も一緒に映したり、担任の顔や体をよく触ったり、担任に自分の坐り方を真似させたりすることがでてきた。この頃から、触運動刺激による身振りサインから視覚的な身振りサインへ変えていくことができた。ある動作模倣ができるとすぐに行動との対応をはかり、発信行動を促していった。発信がその場その場で、自分の体でつくるサインで簡単にできるようになると、担任に何かを要求するだけでなく、自己発信・自己受信を繰り返すことによって、自分の思っていることを長い間保持して、「待つ」という、自分をコントロールする行動もできるようになってきた。一例をあげると、散歩の時にトランポリンに行きたがることがあったが、散歩の間、何度もトランポリンのサインを自分自身に発信し、散歩が終るまで我慢をして待つことが見られた。

本児のように重複障害をもつ児童にとって交信行動の形成が重要な意味をもち、これまで述べてきた学習は、見ることに視点をおきながらもすべてその中に含めて考えてきた。新しい課題を与えると最初は本児にとってその意図がわからないが、学習の過程の中で担任の意図していることをわかってくれるようになる。すべての学習が、広い意味での本児とのコミュニケーションであった。この交信行動の形成が低次の段階に留まっていると、意思疎通がうまくいかずさまざまな自傷行動や不眠などとして現れたり、情緒的に不安定になったりすることもあったが、交信行動、特に発信行動が増えていくとそれらが減少してきた。ひらがな文字が行動の生起に関与する信号として使えるようになれば、また一つ交信の拡がりがそこから生まれてくるような気がしている。

本児との意思の交換がいくつできるかを常に考えながら過ごした2年間であった。

●コメント────

本事例は宮原先生から離れてすでに3年になる。宮原先生と本児の実際の教育場面を、何度か通りすがりに拝見したことはあったが、当時の様子は主に8

ミリ記録を通して知った。

　ここではまず、本児の小学1・2年時の担任であった藤井徹先生（現石川県立明和養護学校）と4・5年時の担任であった宮原先生に筆者が伺った話の中から、本事例とその指導の特徴を浮きぼりにするような具体的な話をまとめて記したい。次にこの事例報告に対する筆者のコメントを若干述べさせて頂く。最後に、最近の本児の学校と家庭での様子を見てきたので、それを少し報告したい。

〈藤井・宮原両先生の話〉

　まず「光に引きつけられやすい」という点をどう考え、教育的係り合いの中にどう取り入れたかを話して頂いた。

藤井先生：「はじめは光を手掛りにして何かをさせようと工夫していましたが、本児は結局強い光で自ら〝めまい〟状態を起こしてそこに留っているので、光ばかりでは次に進まないのだという指摘を受け、それからは光るものを教材に使うことはやめました」。（「次に進まない」の中には、光源からは形などの他の視覚系信号の抽出が難しくなるという点を含んでいよう。中澤）

宮原先生：「私は豆電球を教材につかい、失敗してしまいました。光ばかりに注目されてしまって……」

　次に本児への教育の導入時の様子について伺った。

藤井先生：「入学当初は、新しい環境に慣れさせ、まず安心できるようにすることが何かを見させるにしても大事だと思いました。本児は母親とのつながりの強い子でしたから。そこで寄宿生活では、できるだけ一人の寮母さんに通して接してもらい、また私もできるだけ長く一緒にいて、本児の出す小さなサインでも受け取れるようにしました。その後、形や位置の学習を行いましたが、1年生の時はスムースに進みましたが、2年生の2学期から行き詰りました。今思うと、課題で行ったことを、生活にかえして行くという形でやらなかったためかと思います」

宮原先生：「私が受け持つ頃には本児はかなり安定してきていました。それでもイライラすることがあると何かを見させるどころではなくなってしまいましたけれど。はじめは課題をどんどんつくって与えるということをしましたが、それでは子どもはついて来てくれないことを子どもに教えられました。それからは本児に教えてもらってつくるということをした

ので、〝教育計画〟なんかはなく、子どもの今の様子を読みとるように
して、ついて行きました。課題状況について言いますと、ただ単に見せ
て選ばせるものは全然見てくれませんでした。同じ方へ差し込むという
操作を加えるようにしたところ、よく見てくれるようになりました。難
しい課題、たとえば紙に書いた線の長さの比較の時も、その前に棒の長
さの比較をその棒を同じ長さの方の溝にはめ込むことをさせたら、よく
見てできるようになりました」

次に、写真と眼鏡について伺った。

藤井先生：「1・2年生時にも眼鏡を装用させる試みはしましたが、うまくいき
ませんでした。本児のまわりに写真はありましたが、特に関心は示さな
かったですね」

宮原先生：「私のはじめの頃も、写真は光を反射して見る時だけに使っていま
した。眼鏡も装用させようとすると放ったり、こわしたりしました。し
かしそのうち私の顔をよく触り、私の眼鏡をとったりあそんだり、自分
の顔にかけてみたりすることが出てきたのです。私が眼鏡をかけていた
のが良かったんですね。ある日、K君に眼鏡をかけさせて、たまたま棚
にあるパズルボックスを写した写真を渡しました。すると一所懸命見て
るんですね、眼鏡の距離をかえて。それからおもむろに棚に走って行
き、いつも使っているそのパズルボックスを取り出し、シーッと写真と
見比べることが起きたんです」

藤井先生：「僕が今見ている子どもには、なかなか写真と実物がつながらない
子がいます。写真はいくら私たちが似ていると思っても、やはり実物で
はないんですね。本児にとっても以前はそうでした。写真が信号になり
得た背景、そして眼鏡を使うことができた背景には、それまでに積み上
げてきた学習があったからだと思います」

宮原先生：「写真を〝見る〟ということではおもしろいことがあります。今ま
でに使ったことのあるものの写真はよく見るんですね。毎日学校の前を
通るバスは、K君は乗っていなかったためか、その写真は一瞥しただけ
で捨ててしまうんです。ところが、学校から離れたところを通る電車
は、時々しか見る機会がなくてもそれに乗ったことがあるためかよくそ
の写真を見ました。それから、初めて見せた写真は、その実物のところ
へ行ってたしかめたがりましたね。写真で問題になったのは、K君の場
合、写真に写っているのとまったく同じもの、たとえばある一足の靴に

44

のみ対応して、それ以外の靴に対応づけられなかったのです。それで写真を絵に、次には略画にかえて行く必要が出てきたのです。それ以前は絵本などはぜんぜん見なかったのですが、写真から徐々に絵に一般化させていくと、のちには絵本を見て、中のパンの絵を指さすので、お店につれて行くと、似たパンを持って来るまでになりました」

本児は比較的小さな環境の変化にも抵抗をしがちであったり、時には混乱状態になりやすいとのことでしたが、それにどういう輔け方をしたのかを伺った。

藤井先生：「本児は家や学校以外では食事ができなくなるような状態でした。2年の終り頃にやっと外で牛乳を飲めるようになりました。いろいろな食器に慣れさせたり、少しずつ環境を変えていく必要があったですね」

宮原先生：「散歩などでも、決った道でないととても不安がりました。ですから徐々に変化を入れていきました。急激な変化に直面させざるを得ない時、たとえば動物園に行った時はスクールバスからおりてくれませんでしたね。では混乱したり、しそうな時に何がもっとも輔けになったかというと、やはりコミュニケーションだったと思います。特にK君からの発信がふえてきて、何をして欲しいのかを伝えられるようになったのが役に立ちました」

〈宮原先生の事例報告について〉

宮原先生の子どもへの取り組みの最大の特徴は、「今目の前にいる子どもから教えてもらう」という点である。報告を読まれた方の中には、本児が2年間で著しく伸びた理由として「できる子だから」と言われる向きもあるかもしれない。たしかに本児は力のある子どもである。しかし光に引かれて次々に動いていく本児の行動の中から、光の他に関心を示しているか、どういう条件が整えば何に集中できるようになるかを読み取り、それらをどう使えば本児が自らの世界をより広げて生きていけるかという働きかけを日々積み重ねていったからこそ、K君の力を引き出せたのである。

宮原先生自身も述べているように、それは子どもに「教育計画」を押しつけるのではなくまず子どもが自発している行動から出発してそれを伸ばすというやり方である。それはたとえば報告で述べられている眼鏡の装用のタイミング、写真信号の導入、触覚的から視覚的身振り信号への移行、また藤井先生とのお話の中で説明されている写真から絵への移行等からうかがうことができ

2　ある弱視・難聴児の「見る」ことの変容について　　45

る。

　宮原先生は、本児への働きかけを全て次のような基本的な考え方の中に位置
づけて行っている。すなわち、「本児のように重複障害をもつ児童にとって交
信行動の形成が重要な意味をもち、これまで述べてきた学習は見ることに視点
をおきながらも、すべてその中に含めて考えてきた」ということである。この
考え方については報告の中で特に説明していないので、せん越ながらその解説
らしきものを述べさせて頂くと、次のようになるのではないかと考える。すな
わち、自力ではなかなか混乱を乗り越えられない人、あるいは光などを使って
のいわゆる〝自己刺激行動〟に留りがちな人を輔ける側と輔
けられる側の間にお互いの行動を規制しあう信号のやりとりを形成することに
よって、混乱にある人が行動をよりよく調整するようになることを目差すこと
が必要となる。つまり輔ける側に発信しその人の働きをなかだちにして混乱を
乗り越える、輔ける側の発信を受けてすでに形成されている行動体制をより円
滑に切りかえる、輔ける側が整理した状況の中で、今まで信号として使ってい
なかった外界の信号源から諸信号素材を取り入れ、新たな信号変換操作の型を
つくっていく等によってそれはなされるのである。このように両者の間の交信
行動が安定し増していくということは、行動の調整度が高まっていくことであ
り、さらにはいろいろの信号の自己発信・自己受信が可能になれば、自力で混
乱を乗り越えることができるようにもなるわけである。

　宮原先生は当然のことながら「課題」状況も、教材を媒介とした本児との交
信行動の形成の場と見なしている。報告では主に机上の「課題」状況につい
て述べられているが、本児がこれらの状況を着実にのりこえていけた背景に
は、その他の日課、あそび、探索の場での先生との濃密な交信行動（身振り信
号等を使った）の積み重ねがあり、それを忘れては先生の教育実践の全体像を
見失ってしまうであろう。その意味でもう少し日常の場での交信行動の形成と
机上でのそれとの関係を書いて頂きたかった。

　しかし報告された実践の過程と結果には、示唆に富む点が非常に多い。紙数
に余裕がないため、いくつかを簡単に列挙してみる。

　①「見ること」、つまり視覚系信号素材を取り入れて行動の調整に使うよう
にさせるには、初期においてはその対象物を操作させることが肝要であるこ
と。②眼鏡の装用が「みること」に役立つようになることとは直結しないこ
と。③写真（そして他のあらゆる信号系でも同様であろう）が信号として成立す
るには、その対応するところのものを「見た」だけではなく、「使った」とい

うことが必要であること。④交信行動、特に発信行動が増えていくと混乱状態が減少していったこと（これは自力で混乱を切り抜けられない状況の多い人ほど信号を他者に発してその他者に輔けてもらう機会が多いことと、信号を自分自身に発せられるようになると、自力で自らの行動を調整しやすくなるという２点が含まれると思われる）。

　以上のように学ぶところが多い反面、いくつか注意を要する点もある。

　一つは、輪郭線による、異なる三角形間と異なる四角形間の見本合わせ状況で、本児が「課題へ集中することができず」と述べているが、これはやはり集中できないために課題ができないというよりもその課題がその時の本児には難しすぎたために集中できなかったと見なすべきではないかと考える。

　いま一つは、５×５穴の板上に、見本に合わせて棒を差し込む「課題」についてである。宮原先生は、線は点からなる、という考え方から教材を用意されているように見受けられる。しかしながら、線を描くに当たってもっとも必要になってくるのは、その線の両端の点を抽出することであり、その間の多数の点はこの２点が決定すればおのずと定まるものである。この視点がないため、本児に棒を線上に差し並べさせるに当たっても、線の両端を抽出してつなぐという描線の基本的方略を形成させることを行わなかったため、特に交差する線状点配列で本児の混乱を招いたと思われる。

〈最近の本児の様子〉

　本児は現在K市立盲学校中学２年の重複学級に在籍している。校長先生が重複障害児教育に強い関心を示されている学校である。

　現在本児を担当している先生は、本児が集団の中に混乱せずに参加できることを主眼において指導をしている。交信には身振り信号を主に使っていた。私が参観した日、本児は以前にくらべて非常に落着いた様子で、外へ走り出すこともなく、先生と手をつないで大勢の生徒に混って体操、ランニング、マット運動などをしていた。

　家庭では、お母さんができるだけ買い物などに本児を連れて歩き、様々な環境の中でもお母さんと交信しながら、本児が安定して行動できるように努力していた。本児はごったがえすスーパーマーケットの中でお母さんと手をつなぎ、落着いた様子で自分の好きなある特定のチョコレートをえらんでかごに入れたり、お母さんから見本に示された実物と同じ品物の入った袋をえらんで取って来たりしていた。生活の中では数量に係る行動も出て来ている。お母さ

んの話によると、スーパーで魚を5匹買った日はそれを記憶していて、夕食時にお母さんが4匹しか焼いていないのを見ると、もう1匹を冷蔵庫に探しに行き、5匹全部をガス台の上にのせて安心するということがあったそうである。家では身振り信号で交信をし、現在のところ不自由はないらしいのだが、昨年お母さんの病気治療中ある施設へ本児を3週間程緊急入所させたところ、環境の激変と本児の身振り信号が他の人に通じないため非常に混乱し、安定していた食事、排泄、睡眠が崩れ、帰宅しても回復するのに時間がかかってしまったそうである。

　より多くの人と安定した交信が行えるひらがな文字信号が使えるようになれば、このような混乱に再度出合うことがあっても、それを乗り越えることがより容易になるように思われる。学校での集団参加という目標とも合致しており、また本児の行動分化の進み具合、担任の先生との安定した関係をかんがみると、文字信号系活動を確実に形成することがこれからの本児の大きな課題になるのではないかと考える。

（中澤惠江）

3

運動障害を伴う重度・重複障害児の探索行動に関する観察指導経過
——指向・接近・操作行動を中心として

山梨大学教育学部
山下滋夫[1]
山梨県立甲府養護学校
山下和美[1]

I　問題の所在

　人間行動の成り立ちを考えるうえで、その生体がどのように感覚を使い外界の情報を取り入れ、どのような運動の仕方で外界へ働きかけているかを考えることは、極めて重要な指標となる。しかし、医学的、生理学的なトラブルが重度で、かつ重複している子どもたちの行動を考える際に、これらの指標を得ることは困難な場合が多い。

　筆者らは、このような重度・重複障害児に対して、行動観察を踏まえたうえで、具体的な指導課題を模索し、様々な課題状況を考えつつ、子どもたちの「育ち」にかかわってきている。

　これらの実践の中で、子どもと私たちの間に「もの」が介在することの意味について、多くのことを考えさせられてきた。特に、その「もの」に対するひとりひとりの子どもが示すかかわり方の多様さと、その「もの」を子どもの前に提示する私たちの、その「もの」に対する思いの多様さに、あらためて驚きと戸惑いを感じつつ、あわせて、人間行動の奥深さを知らされている。

　ところで、これらの子どもたちが示す「もの」へのかかわりを大別すると、

　①その「もの」に対して指向する。

　②その「もの」に対して接近する。

　③その「もの」に対してある操作を加える、

　の三つに集約することができると思われる。これら①～③を、広い意味で「探索行動」とここでは考えておく。また、ここでいう「もの」とは単なる形のある物だけでなく、「声かけ」や「光」、あるいは「まなざし」など、子どものあらゆる感覚を用いて受容しうる「もの」と考えておく。

自発行動の乏しさや反応の特異さがみられる重度・重複障害児においては、どのような「もの」に対して探索行動が生じやすいかを吟味しつつ、それを拡大するための条件を探ることが重要と考えられる。

　そこで、本研究では、肢体不自由を主症状とするある重度・重複障害児の観察・指導を通して、探索行動に関して事例的な考察を加えてみることとし、そのなかから、重度・重複障害児へのかかわり方の示唆を見い出すことを目的とする。

II　事例研究

　1　事例　　R・N、女児、1976年9月生。

　2　所属　　県立K養護学校小学部1学年に在籍。やまなしおもちゃライブラリーに通所。

　3　家族　　父、母、本児。

　4　生育歴

　(1) 胎児期：家族負因なし。特記事項なし。

　(2) 出生時：父31歳、母28歳の時出生。満期出産。出産周辺期に問題となる事項はなし。生下時体重、3,100g。身長、50cm。胸囲、32.5cm。頭囲、32cm。

　(3) 乳幼児期：混合乳により哺育。哺乳力は微弱であり、また吐乳が頻繁にみられた。これを主訴として、生後1カ月時にK病院で受診。

　定頸は3カ月時であった。離乳は6カ月頃から始めたが、えん下が下手でなかなか進まず、4歳頃まで哺乳びんを使用していた。

　1カ月時の体重は4,800gであったが、その後体重増加は一進一退を繰り返した（3カ月時、5,100g、4～5カ月時、4,800g、1歳0カ月時、5,000g弱、4歳0カ月時、6,000g弱）。なお、けいれん発作はみられていない。

　(4) 処遇歴：生後6カ月時、A医療センターに機能訓練のため3週間母子入所。その後、2歳時にS肢体不自由児施設に機能訓練のため3カ月間母子入園。2歳8カ月時にT大学病院にて斜視手術を受けた。以後、K病院の小児リハビリテーション科にて機能訓練を受けている。

　3歳時より、母親達による自主保育グループに参加し、ほぼ同時に山梨大学を中心とするプレイグループにも参加して個別指導を受けた。4歳7カ月時、精神薄弱児通園施設T学園に入園し、集団保育を受けた。5歳5カ月時より、やまなしおもちゃライブラリーに通所し個別指導を受ける。1983年4月（6歳

7カ月時）、県立Ｋ養護学校小学部に入学。

5　**医学的所見**　本児の主治医（小児科）によれば、「脳性マヒ」「小頭症」「栄養障害」等と診断されている。なお、ＣＴスキャンや脳波検査で異常所見はみられないとのことである。

1983年9月の小児神経科の診察では、次のことが指摘された。

眼球のすばやい運動は、「ある範囲内」では可能だが、顔面の動きを伴いやすい。微細な眼球運動は不十分である。左眼の内斜視がみられる。対光反射は弱い。音刺激や光刺激に対する反応に特異性がある。上・下肢ともに痙直および軽い強剛がみられ、また軽い低緊張もみられる。足の把握反射がみられる。

Ⅲ　1983年4月（6歳7カ月時）の本児の状況

筆者らは、本児が3歳の時からかかわりをもっているが、それを踏まえて、Ｋ養護学校入学当初の実態を述べると、次の通りである。

1　**身体状況**　身長、83.7cm。体重、9.4kg。胸囲、52.0cm。頭囲、43.5cm。

2　**移動運動および姿勢**　寝返りおよび上肢のみによる這行が可能であるが、移動範囲は極めて限られている。臥位から座位に移行することや、座位から臥位に移行することはできない。座位姿勢（とんび座り）の保持はほぼ安定してできる。下肢は伸展性緊張が強い。歩行器につかまらせてゆっくりと動かすと、たどたどしく足を交互に運ぶが伸展したままの状態である。

3　**手の動き**　上肢は肩から肘にかけて緊張が強く、とくに腕の回内方向への緊張が出やすいために、肩より上方での手の動きは極めて乏しい。手指は細く、ぎこちない動きではあるがかなり微細な動きができる。身近なものに触れたり、物を握ったりすることには支障はみられない。向きあって手遊びなどをする時、まれに拍手をしようとする動きがみられるが、手と手はうまくあわず、腕の運動のコントロールが思うようにいかない。

4　**目の動き・使い方**　内斜視の手術を受けているが完治していない。物を見るには支障がないと医師にいわれている。一つものをじっと見つめることがなく、キョロキョロと動くことが多い。ゆっくりとした動きのものは追視する様子がみられるが、すぐに目がそれてしまう。「エビセン」などは手探りで捜し、手に触れると持って口に運ぶことが多い。日常生活の中では、身近な人の顔や身近なもの等、見て分かっている。

5　**音に対する反応**　音に対して敏感で、すばやく音源を見る。とくに、好きな音（母親の声や菓子袋の音など）に対しては極めて敏感で反応もすばやい。

しかし、時として大きなタイコの音に気づかないことがあったり、マイク・スピーカーからの機械音に極端に拒否反応を示し、泣き出しおびえを示すなど聴覚面に特異なところが見られる。

　6　コミュニケーションについて　慣れない人や場所に対して、体を硬直させ泣き続けることは入学後も連日みられる。しかし、すでに3歳の時点で、泣きながら母親を目ざとく捜し出すことはできていた。

　発語はみられないが、機嫌のいい時には「アー」、「ンマンマ」、「ムームー」等の声を出すことがある。気に入らない時や、要求が満たされない時には不機嫌な声や表情で怒ったりすることがある。要求の表現は限られた種類の発声と手のさし伸ばしによることが多い。

　言語指示は極めて限られた日常的なもの（「だっこ」、「おいで」など）は理解できていると思われる。

　7　日常生活動作について

　(1)　食事：食事量が極めて少量で、種類も限られている。全面介助であるが介助に対して手で払いのけるなど拒否の傾向が強い。しかし、スプーンが近づくと口を開けることはできる。そしゃく・えん下ともに下手でむせることが多い。エビセンは1歳時からよく食べ、3歳時には手に持って口に運ぶことができていた。牛乳や水はコップに少量入れて両手に渡すと自分で口にもっていくが、飲み終ったコップをテーブルに置くことはできない。

　(2)　排泄：時間を見ておまるに座らせると排尿する。時間があうと成功するが、おまるからおりた直後に失敗することもある。排便は便秘がちである。本児からの排尿便の発信行動は明確でなく、パンツが汚れても知らせることはない。

　(3)　衣服の着脱：脱衣時の介助に協力する動きはほとんどみられないが、着衣時には腕や足を屈伸させて協力する動きがみられる。

Ⅳ　問題点と指導のねらい

　脳性マヒによる運動障害はかなり重度であるが、本児なりの運動の仕方がこれまでのかかわりの中で獲得されてきている。すなわち寝返りや上肢のみによる這行にて目標に到達するまで移動すること、物に手を伸ばすこと、物を持ったり操作したりすることがある程度可能になっている。

　目と手の使い方については、入学以前からエビセンを用い、箱の中から取って食べる、箱のふたを開けて食べる等の課題を行ってきたが、なかなか成立し

なかった。

たとえば、本児の前のテーブルの上にエビセンの入った透明の器を置いても気づかず、目を向けないでテーブルをガリガリひっかいている。「Rちゃん、エビセンがあるよ」といって、その器でテーブルをトントンたたいてみせても気づかず、R児の手をその器に触れさせてはじめて気づき、器の中に手を入れてエビセンをとって口に運ぶ。しかし、その際に目が器に向けられていないことも多々ある。

また、本児の口唇にエビセンを触れさせ、それを目前に提示すると、本児は視線を向け、手を伸ばしてくる。そこで、そのエビセンを木箱（マス）の方向へ移動させる。本児はマスに入れるところを見ていて、手もマスのところまで追いかけてくる。しかしながら、マスの中にエビセンが入ってしまうと、目も手も離れてしまい、テーブルをガリガリひっかいていることがみられるのである。このような時に、本児の手をマスの中に誘導し、エビセンに触れさせると、それを握って口にもっていく。

この例に示されるように、本児は充分見える目をもっていながら、①提示された物になかなか気づかない、②手探りで物を捜す、③目で目的物を確認した後、手はそれた方向に伸び、そこから手探りで目的物に到達する、④目で目的物を確認した後、目的物が穏されると、目や手を使うことが中断されてしまう、等の問題がみられる。言い換えれば、空間の中の「もの」に気づく（指向する）ことや、「もの」と自分の関係および「もの」と「もの」との関係を把握することに大きな問題があり、それが日常、様々な物を操作しながらその特徴を確かめていく行動や、一連のまとまった行動を起こしていく上で障害になっていると考えられる。入学後も顕著にみられた慣れない人、場所（集団を含む）、音に対する激しい拒否反応は、その表われと考えられよう。

以上より、次の3点を探索行動に視点をおいた指導のねらいとすることにした。

①新しく提示された「もの」に気づく（指向する）。
②気づいた「もの」に接近し、その「もの」に触れる。
③その「もの」に対応したある操作を加え、新しい事態を自ら生起させる。

V　かかわりの実際

本児の所属する小学部1年生の学級は、児童2名、担任2名で、マンツーマンの体制である。本児は筆者Kが担当しており、週3〜4回（1回は40分、他

は15〜20分）個別の学習指導を行っている。また、やまなしおもちゃライブラリーでは、筆者Sが週2回（1回90分〜120分）個別指導を行っている。筆者らは相互に連絡を密にして、個別学習については原則的に同じ方法をとってきた。以下では、この個別学習を中心に、1983年4月以後の経過を述べることとする。

1 「もの」に指向し、接近する行動を育てるとりくみ

〔課題：菓子袋とり〕　状況：エビセンの入った袋を本児の周りに一つ置く。本児は、それに向かって這行し、袋を取り、エビセンを食べる。

経過：当初は、本児から1mくらい離して袋をおいても、みつけられず、T（筆者SまたはK）が言語指示をしても、分からない。袋を振ってカサカサと音を出すとやっと気づき、体をその方向に向けて這い始めるが、一回這っては手を伸ばし、届かないともう一回這い進むといったように、自分と菓子袋との空間の把握が充分できていなかった。その後、Tの動きを目で追い、どこに袋を置くかを確かめてから這い始めるようになり、3mぐらいの距離をおいてもきちんと這ってくるようになり、しかも自分の手が袋に届くまで這い続けてくるようになった（9月以降）。

菓子袋を積木の後ろに置くと、当初はすぐにあきらめてしまっていたが、最近では積木のところまで這っていき、積木の角を手で押して積木をどかして、菓子袋を取るようになってきている。

また、菓子袋をイスの上やテーブルの上に置いた場合、当初はやはりすぐにあきらめ、目をそらしていたが、最近ではその下に這い寄り、側臥位になり手を伸ばして袋をとることができるようになっている。

〔課題：宝さがしA〕　状況：図3-1のような5個のマスのうち、本児の目の前で一つのマスにお菓子を入れて提示する。

経過：当初はSの目の前で入れたのを目で確認しているにもかかわらず、両手を出して、それぞれの手が触れたマスの中を探り、お菓子がみつからなかったら次のマスに移るといった探り方をしていたが、その

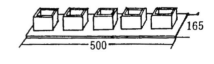

図3-1

後、右手または左手をお菓子の入ったマスに直接伸ばしてとることができるようになった（7月頃）。

〔課題：宝さがしＢ〕　状況：図3-2のような六つの丸い凹部のあるテーブルに向かわせる。あらかじめ一つの穴の中にお菓子を入れて、テーブル大の板でふたをしておき、提示する。提示してからふたをはずす。本児は、お菓子の入った穴をみつけて取って食べる。

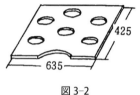

図3-2

ひっかきながら凹部に触れるとその中を探り、お菓子に触れないとあきらめていた。その後、六つの凹部があることに気づき、両手で凹部を次から次へと探るようになったが、視線はテーブル上に向けられていないことが多かった。10月になってから、ふたが除かれてもすぐに手が動かず、じっとテーブルの上を目でとらえ、一つ一つの凹部を目で確かめ、お菓子の入っている凹部が見つかると右手ないし左手を出して取ることがみられるようになった。今までの触察優位（手）から視覚優位（目）へと移行したことがうかがえた。

2　「もの」と「もの」との関係を理解し、操作する行動を育てるとりくみ

〔課題：宝さがしＣ〕　状況：宝さがしＢのテーブルを用い、それぞれの凹部にふたをする（お菓子の入っている凹部には不透明の赤色、他の凹部は透明のふた）。宝さがしＢと同様にテーブル大の板でふたをして提示し、この大きな板をはずす。本児は、お菓子の入った凹部をみつけ、赤いふたを開けてお菓子を食べる。

経過：当初は、状況が変わったせいか、やはり手がさきに出て、次から次へと凹部のふたを開けて中を探っていく行動がみられ、赤いふたのもつ意味は理解できないようだった。しかし、次の週（3回目）の時には、宝さがしＢの時のように、目で一つ一つ確かめ、赤いふたを見つけてからそこに右手ないし左手を伸ばし、ふたを取り除き、お菓子を取って食べることができるようになった。

さらに、赤いふたを二つにしてみたが、最初は一つ取ってお菓子を食べると次の赤いふたを捜すことはしなかったが、介助しつつ繰り返すと、二つのふたを開けて二つのお菓子を取って食べるようになった（10月中旬）。

〔課題：箱のふたあけ〕　状況：図3-3のような箱を用意し、中にエビセンの袋を入れておく。状況Ａの時は、取っ手を手前に引っぱるとふたがスライドして取りはずせるが前面は上にスライドできない。逆に、状況Ｂのときは、取っ手を上に引っぱるとスライドして取りはずせるが上面はスライドできない。

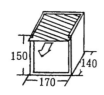
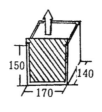

図3-3　Aの状況　　　Bの状況

経過：まず、状況Aにて上面を不透明板、前面を透明板にしたところ、前面をじっと見ながら手を伸ばして取ろうとするが、そのうちにあきらめて目をそらしてしまう。そこで目前で取っ手を手前に引き、菓子袋を少し出して見せ、また元にもどすと、手を取っ手部にそえてガリガリひっかき始める。そこで介助して、少し上面をずらしてやると、そのまま取っ手を握り、引っぱり、上面を取りはずし、菓子袋を取り、エビセンを食べる。その後、提示するとすぐ取っ手部に手をそえ、ガリガリするか、開けられないでTに助けを求めることがしばらく続いたが、やがて取っ手を手前に引っぱり、難なくふたを取り除くようになった。

次に、状況Bを提示（上面不透明板、前面透明板）すると、取っ手をもって手前に引こうとするができないので、握ったままガタガタとゆすっている。そのうちに、Tに助けを求めるようにTを見つめるので、介助して上に引き上げてあげ、菓子袋を少し出してやり、すぐに元に戻してしまう。すると、取っ手をもって引き上げ、できたすき間から袋を取ろうとして、取っ手から手を離し、手を移動させたが、その間に前面のふたが落ちて袋は取れなかった。この繰り返しが何回か続いたが、そのうちに前面を取りはずすことができ、菓子袋を取って食べるようになった。その後、状況Aと状況Bをランダムに提示しても、取っ手部に手をそえ、引っぱれる方向を見出し、すみやかに引き抜き、菓子袋を手にするようになった。最近では、取っ手部の若干の違いに気づき、状況Aであれば手前に引き、状況Bであれば引き上げるようになり、それぞれの状況における関係が理解できているようである。

〔課題：**スライディングカップまたはスライディングマス**〕　状況：図3-4（スライディングカップ）、図3-5（スライディングマス）のような教材を用い、手前の取り出し口までカップやマスを引き寄せて、その中の菓子を取り出して食べる。

経過：当初は、カップやマスの取っ手を握り、持ち上げようとしてガタガタと上下にゆすっていて取り出せずに困った顔をしてTを見つめる。そこで、手をそえて取り出し口まで介助し、スラ

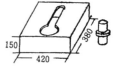

図3-4

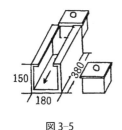

図 3-5

イドさせてあげると、カップまたはマスのふたを持ち上げ、中のお菓子を取って食べていた。その後、「箱あけ」のときの手前に引くことと結びついたのか、何とか自分で引き寄せて取り出し口までスライドさせてくることができるようになってきた。スライドさせる際に、水平に引いてこないと途中で止まってしまうことにも気づき、運動の調整も上手に行うようになってきた（10月）。その後、スライドする方向を斜めへ、左から右へ、右から左へと教材の提示の仕方を変えてみると、はじめの頃は手前へ手前へと引き寄せていたが、そのうちに、まず取り出し口がどこにあるかを目で確かめ、右手ないし左手をそこに一度そえてから、カップないしマスのふたに手を伸ばし、取り出し口の方向へスライドさせるようになってきた。カップと取り出し口を結ぶ方向が理解されたようである。

〔課題：宝さがしＤ〕　状況：図3-6、図3-7のような二つのマス、または五つのマスを並べた教材を用い、いずれか一つにお菓子を入れ、そのマスに赤いふたをし、他のマスには白いふたをして提示する。本児は、赤いふたを開けて、お菓子を取って食べる。

経過：当初は、目の前でお菓子を入れ、赤いふたをして提示しても、両手が出てきて二つともふたを開け、それぞれマスの中を探っていることが長く続いた。その後、提示すると両手が出てくるが、白いふたの側の手は赤いふたの方に移動し、赤いふたの側の手でふたを取り、白いふたの側の手でマスの中のお菓子を取り出すようになってきた。10月初旬、さらに、目前でお菓子を入れず、あらかじめふたをした状況で提示しても、目で両方のマスを見比べて赤いふたに手を伸ばすようになった。

五つのマスの場合も、当初は両手を伸ばし触れたマスからふたをはずし、中を探っていた時期が長かったが、やがて提示されると目で五つのマスを見比べ、赤いふたにだけ向かって手を伸ばすようになり、赤色のふたとお菓子の関係が定着したことが確認されるよ

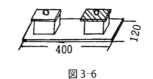

図 3-6

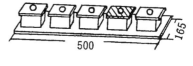

図 3-7

3　運動障害を伴う重度・重複障害児の探索行動に関する観察指導経過

うになった。

Ⅵ　学校生活の様子

　個別学習の経過は上述の通りであったが、それ以外の場面での行動も、入学後の8カ月間で大きく変化してきている。以下、3期に大別して紹介する。

1　第一期の状況

　まず、4月～6月末頃までは、学校という新しい環境に慣れるまでの混乱期であるとともに、その後の学習に対する本児なりの態勢づくりの時期であったようである。

　すなわち、一方では入学に伴う生活のリズムの基本的変化があり、他方では、全校集会や小学部合同学習などの様々な集団場面、およびそこで頻繁に生じるマイク・スピーカーからの機械音等、本児にとって新奇な状況が学校内で次々に生起し、本児はその度に激しく泣いていた。空間・物・人の関係が理解できず、本児が苦境に立たされていたことは明らかである。特に、本児のように感覚、とりわけ目や耳による受容に問題を有する子どもにとっては大変なことであったと思われる。4月当初あった9.4kgの体重が、6月には8.8kgに減ったこともその表われと考えられよう。

　しかし、この時期は担任である筆者Kにとっても同様なことがいえる。毎日本児と学習活動を行うためには、本児とのラポートづくりとともに本児の実態把握に努める必要があり、なかなか先が見えず混乱していた時期であった。幸い、母親からの援助もあり、本児はこの時期を乗り越え始めた。

2　第二期の状況

　この時期（6月末から9月末頃まで）は、本児が学校や集団に慣れ、教室内において自ら周囲を探索するなど、様々な自発行動を起こすようになり、空間・物・人の関係を把握し始めた時期といえる。全校集会や学部集会にも慣れ、全く新しい場面でない限り、マイクからの機械音に対する拒否反応もみられなくなった。むしろ、どこからその声がしているのかを目で追い、前に立って話をしている先生を見つめていることがみられるようになった。この時期に、すでに述べたように個別学習では課題状況にあった行動が起こるようになっている。なお、体重は復調し、増加傾向に転じている。

3 第三期の状況

第三期に当たる9月末から12月までは、新奇な状況に慣れるのがはやくなり、空間・物・人の関係を柔軟に把握する構えが芽生えてきた時期といえよう。たとえば、全校避難訓練では、6月中旬には大泣きしていたのに、10月には、担任Kの顔を見ながらニコニコしていた。また、同じ10月には、観劇やブラスバンド演奏を鑑賞する校外学習の機会があったが、この時も、担任の心配をよそに、舞台の近くで泣くこともなく鑑賞することができた。このように、新奇な状況で泣くことはほとんどみられなくなった。他方、要求を自発することに拡がりがみられるようになった。たとえば、車イスや歩行器で教室内外を散歩している時に、気に入った物(ブランコ、ハンモックなど)を見つけると声を出し、その方向に手を伸ばして訴えたり、学習場面などで気に入らないことがあると、担任の顔をにらむように見て、怒った表情や声を出したりするようになった。学習場面で、課題が提示される直前に姿勢を正し、手を引き寄せて課題に取り組む構えがみられるようになったのもこの時期である。この他、手遊びを部分的にまねたり、舌出しや歯みがきをまねるなど、模倣することも増えてきている。なお、体重は10月下旬に10kgを超えるに至った。

Ⅶ 考察と今後の課題

以上、「もの」への指向・接近・操作という視点を中心とした課題学習の経過およびそれ以外の学校での様子について述べた。このような変化は、3歳当時から本児を知る筆者にとっては、驚きというほかない。以下では、この経過において特に重要と思われる点を指摘し、若干の考察を加えることとする。

(1) 課題として、本児が目を向け、手を伸ばしやすいエビセンを使って、「Tが提示したら、それに対して指向し、接近する行動を確実に起こせるようになること」をまず目指した。当初は1m程度離れたところに置いた菓子袋になかなか気づかず、袋の音を手がかりとして、初めて目を向けるようになることがしばしばみられたが、繰り返すと徐々に改善された。本児は、視覚や聴覚に特異な面はみられるものの、重度の感覚障害があるわけではない。また、運動障害はあるが、手指はかなり細かく動かすことができる。このような場合ですら、外界の「もの」に対して指向することに基本的な問題を抱えていたことから考えると、「もの」へのかかわりが一層乏しい子どもの場合には、「もの」への指向を育てる学習の条件を工夫することが特に重要であるといえよう。その場合、人や物に目を向ける、注視・追視する、あるいは音源を見る、

手に触れた物に目を向ける、などのポジティブな指向を育てることの重要性は言うまでもないが、「もの」を無視する、あるいは拒絶するといった「もの」に対するネガティブな指向も、子どもの自発行動の一側面としてあることを念頭におく必要があろう。すなわち本児が新奇な状況等で激しく泣き続けたことの中に、本児の指向性を読み取ることが重要であると考えられる。

　ところで、一般に探索行動は、外界の「もの」の「新奇性」「複雑性」「意外性」「変化」あるいは「不調和」などの特性が要因として重要であるといわれている。しかし、「新奇性」等があまりにその人にとって強すぎると、探索行動の生起を抑制し、本児が示したような不安・恐怖などをひき起こすことになろう。したがって、行動発達が初期的な状態であったり、また特異な面をもっていたりする重度・重複障害児の場合、Tは子どもの行動状態や先行経験を吟味しつつ、ポジティブな指向をひき出す「もの」を摸索し、与えていく必要があろう。

　(2) 本児は、目の前で隠された菓子袋を捜して取る課題や、数個の選択項の中からお菓子の入っている選択項を捜す課題（宝さがしA、B）の学習を通して、手探りが減り、まず目で捜す傾向が強くなった。さらに、赤いふたを捜すことや、箱のふたの取っ手の違いに応じて引き方を換えることもほぼ習得した。すなわち、このような種々の課題場面の中で本児は、課題を提示する人と教材の関係、教材内部の物と物の関係、教材と自分の行動の関係を、主に視覚により徐々に把握してきたといえる。

　このような課題場面で学習した行動は、他の様々な場面でも少しずつ生かされ、空間、物、物と物、物と人の関係の把握が的確になり、上述した学校生活における第2期、第3期の変化をもたらしたと考えられる。それとともに、逆に後者の変化が課題場面での行動にも様々な影響を与えていると思われる。たとえば、課題が気に入らないと、Tを見て怒った表情をするようになったことがあげられよう。

　(3) 本児は、乳幼児期に食事量がなかなか増えず、体重の増加は極めてゆるやかであり、入学の時点でも9.4kgしかなかった。入学後に特に病気をしたわけでもないのに、6月には8.8kgにまで減少したことは、学校を中心とする新しい生活の中で、本児が体力を消耗したことを示している。新しい状況に直面する度に体を硬直させ、泣き続けたことが体力の消耗につながったことは十分考えられる。しかし、学習の進展とともに、体重が再び増加し始め、10月下旬には10kgを超えた。

運動障害を伴う子どもの中には、本児のように、状況が変ったり、特定の刺激が与えられたりすると緊張が極端に高まり、混乱状態に陥り、体重がなかなか増加しない子どもがいるが、そのような子どもに対しては、食事・運動・睡眠の配慮や環境の整備のほかに、状況の把握を育てるための課題学習を工夫することが重要であることを本事例は示している。本事例の場合、体重の減少から再増加に転ずるにあたっては、本児の生命活動の強さが根本にあったと思われるが、そのほかに、混乱状態の中でも母親や担任という身近な人をすばやく捜せたり、エビセンなどの特定の物をみつけて接近する行動が可能であったことが重要であると思われる。その意味でも、学校およびおもちゃライブラリーで特定の人が、特定の教材を用いて、マンツーマンにより指導を実施できたことは重要であると考えられる。

　(4) 今後は、さらに自発的な探索行動を様々な場面で起こせるようにし、物に対応した操作を拡大していくことを目指すとともに、「宝さがしC」「同D」を発展させ、「見本合わせ状況」を導入し、本児のコミュニケーション行動を育てていくことが当面の課題であろう。

注
1) やまなしおもちゃライブラリー会員

●コメント

　私が上記事例報告の対象児R・Nに直接会う機会をもったのは、1983年6月下旬と12月中旬の2回であり、いずれも学校とおもちゃライブラリーの両方の指導場面を拝見することができた。そこで私が見聞したことを踏まえつつ、以下本事例の特色について考えてみることとする。

　(1) 対象児R・Nは、①体格の小ささ、②とくに下肢の運動障害、③視覚・聴覚の特異性および触覚優位の傾向、の3点を際立った特徴としてもっている。とくに体格の小ささは顕著であり、それを理由に、就学時には訪問指導を勧められたとのことである。両親が通学を強く希望した結果、それが認められ、入学して山下和美先生の指導を受けることとなった。しかし、本報告に述べられているように、第1学期は体重が減少傾向を示した。このことは、本児にとって毎日の学校生活が試練に満ちたものであったことをうかがわせる。多少飛躍するかもしれないが、これは「探索せざるを得ない状況に置かれながらも、十分な探索行動を起こすことができず、心身ともに消耗が著しかった」と

言い換えることができよう。しかし、体重が9.4 kgから8.8 kgに減りはしたものの病気にかからず、1日も休まずに通学できたことは、本児の基本的な生命活動の強さと安定性を示している。この点は本事例の重要な側面であり、同様の低体重でしかも病弱な子どもの場合とは多少異なることに注目する必要があろう。

　また、本児のような低体重の子どもを学校で指導するに当たっては、指導の内容や方法を十分に検討する必要があると思われる。本事例の場合、①児童2名、担任2名のマンツーマン体制がとられたこと、②山下和美先生が本児の状態を見きわめつつ、本児に可能な課題学習をはじめとする指導をきめ細かに進められたこと、③1回の食事量が少ない本児に、体力をつけるために、軽食をとる機会を午前中に設けていること、のほかに、④山下和美先生の出身大学の教官である山下滋夫先生が、たまたま就学前から本児とのかかわりをもっており、就学後もおもちゃライブラリーで本児にかかわっていること、⑤両親が本児を育てることに熱心であり、家庭・学校・おもちゃライブラリーの間で連携が円滑であること、という本児にとって都合のよい条件があげられる。しかし、週3～4回の個別学習は別として、マンツーマンとはいえ全校集会や小学部合同学習など様々な集団場面に、1学年の初めから他の子どもと全く同じように参加させるのが最善の方法であったのかどうかは、事実経過に沿って再検討する必要があろう。その場合、集団場面の活動のあり方についても、根本から考え直してみることが欠かせないことは言うまでもなかろう。

　(2)　本児は、①自分のすぐ近くに提示された物に気がつかない、②目を使わないで、手探りになることがある、③見ていた物が見えなくなると、途端に目も手も使わなくなる、④マイク・スピーカーからの機械音に敏感で拒否反応を示すが、大きなタイコの音にも気がつかないことがある、などの感覚面の不十分さや特異さをもっている。

　本児のこれ以外の重要な特徴が給食場面で示されているように思われるので、少し詳しく紹介しよう。

　私は、1回目の学校訪問の時に、30分ほど給食場面を見る機会があった。本児は小さなテーブルを前にして椅子に座った。この日は、本児があまり好きでないという米飯給食で、おかずは煮物と冷奴であった。山下和美先生はテーブルをはさんで本児と向かいあい、煮物を小さく刻み、本児が食べてくれそうなものをスプーンにのせて、本児の口に近づけた。本児は目をパチパチさせ、すばやく顔を右にそむけながら左手でスプーンを払いのけようとした。ところ

が、左手を軽く抑えられると、本児は顔を少し右にそむけながらも、口を開き、食べ物を取り込んだのである。しかし、口の動きは芳しくなく、なかなかかまないし、飲み込まない。その時、先生がビニール袋入りのおもちゃ等が入っている手提袋を見せると、本児は急いで口を動かし始め、飲み込んでしまった。「給食の時間内に少しでもたくさん食べてもらうには、この子の好きなおもちゃをいろいろ用意しなくてはならないのです」と山下先生は苦笑しておられたが、私は、本児が食べ物・先生・自分・おもちゃの関係を的確に把握し、それに基づいて自分の行動を調整できたことに驚いたのである。その一方では、「この子は、どうしても食べたくない時は、左手を抑えても右手でスプーンを払いのけたり、口に入れても出してしまいます」という話しに納得しつつも、一口ごとに顔をそむけ、左手でスプーンを払いのけようとする動きが固定化していることに、本児の行動におけるアンバランスを感じたのである。

(3) 上記のような特徴をもつ本児に対して、「指向」「接近」「操作」という視点から、『「もの」に指向し、接近する行動を育てるとりくみ』と、『「もの」と「もの」との関係を理解し、操作する行動を育てるとりくみ』が実行され、報告に記されているような学習場面での行動の変化が生じるに至った。この経過をみる限りでは、「指向」「接近」「操作」という視点から探索行動をとらえることが妥当なようにも思われる。しかし、たとえば玉入れの課題で、子どもに玉と容器を提示すれば必ず目を向け、手を伸ばして容器に入れるようになったとすれば、以後、この行動自体は探索性が乏しい行動となる。しかし、「もの」に対して「指向」し、「接近」し、「操作」を加える行動であることには変りがない。この例からも明らかなように、「指向」「接近」「操作」という行動の性質は、探索行動にとって必要条件ではあるかもしれないが、十分条件でないことは明らかである。

障害の重い子どもを受け入れる学校や福祉施設において、「課題学習」が取り入れられるようになっているが、「玉入れ」「棒さし」「型はめ」等の単なる反復にすぎないことがしばしば見受けられる。それらの活動の探索性を高めるためには、子どもの実態を随時的確に把握しつつ、当面の目標に適した教材の工夫、提示方法・援助方法の工夫等の努力が必要であろう。

(4) 本児は、課題学習における行動の拡大とほぼ並行して、様々な集団場面での行動も変化してきた。課題学習を通して外界の事物の把握が促進されたという側面があることは確かであろうが、学校内の様々な場面で、山下和美先生が随時きめ細かな配慮をして、本児に対してていねいにかかわってこられたか

らこそ、集団場面での行動の変化が促進されたのではなかろうか。6月下旬の全校集会で、本児が先生を捜してキョロキョロ見回していたことから考えると、学校の中で、本児にとって山下先生が行動の拠点の一つになっていることは明らかである。

　今回は山下滋夫先生が主たる執筆者ということで、課題中心の報告になっているが、本児のような難しい特徴をもった子どもが学校生活に慣れ、様々な場面で行動を自発するようになるに際して、山下和美先生が試みられた援助について、具体的に記述していただけると一層よかったのではないかと思う。

　(5) 最後に、本事例は、学校とおもちゃライブラリーとで、別々の担当者が連絡を密にしながらほぼ同様の課題学習の指導を行うという形をとっている。本児は、下校後自宅で昼寝をしてからおもちゃライブラリーに通うことが多いとのことであるが、これは、低体重の子どもが放課後に週2回、個別指導を受けるという点でも、また学校という教育機関とおもちゃライブラリーの役割の関係という点でも、特異な例というべきであろう。

（松田　直）

4

動きは活発だがまとまりにかける一児童とのかかわりにまとまりをつくる試み

あらまきこどものへや

角田夏江

I　はじめに

　わたしたちは日常ある一つの状態から次の状態へと、時や所を移しながら自分の考えるより望ましい状態、より整った状態に向かって進んでいる。言い換えれば、周囲との関係で自分の動きにまとまりをつけながら暮らしている。動きにまとまりをつけるには、①動き出す前に目的がはっきりとしていること、②その目的を達成できる力が人との関係で備わっていくこと、上記の2点が重要なのではないかと思う。

　ここに報告する事例の子どもは、家庭から養護学校小学部に通う3年生（9歳）の男児である。本児は、1983年10月、「こどものへや」へ初めて来所し、筆者とかかわるようになった。こどものへやは、1981年5月、父母の手で開設された通所指導所である。子どもたちは母親と一緒に、時には学校や幼稚園の先生もまじえて、週1回1〜2時間ほど、こどものへやで学習していく。

　本児はてんかん発作を有している。体格は細く小さい。運動面では、身体のふらつきやそり返り、手指のぎごちなさがみられる。感覚面は視聴覚とも医学的には特に問題は指摘されていないが、目で見ないうちに手が動いたり、手を動かしている途中で目がそれたりして、使い方の不十分さがみられる。行動面からみると、全体的に動きは活発であり、人にも物にもむしろ旺盛な興味を示すとも言える。本児は日常的なあいさつや家庭での食事場面および学校でのある特定の状況（朝の会や給食など）では、比較的まとまった動きを見せる。しかし、たとえばボタンかけや色・形・大きさの見わけやぬり絵などでは、かかわる側の要求が複雑にすぎると、動きは不活発となったり、途中で放棄したり、一度は目的を達成しても二度目は避けたりする。このような場合に本児は、興味の対象を分単位で次々と変え、あちらこちらと空間を移動して自分のできることを探し求めて動き続け、まとまりに欠ける。筆者が、本児のやり始

めた一つの行動を完了させようとして援助することも難しい。

　本児と筆者の相互に納得のいく、まとまったという実感の持てる時間を何とか経験できないものか。そのようなまとまりをつくるには、どんな援助を必要条件として心がけていったらいいのか。それらの疑問をこの報告で確かめていくなかで、本児と筆者の今後のかかわりを考え、あわせてまとまりをつくる試みについて述べていきたい。

Ⅱ　事例研究

　事例　Ａ.Ｙ.男　1975年12月生（9歳）

1　生育歴

　(1) 胎児期：妊娠2カ月時母親が風邪にかかった他は、特記事項なし。

　(2) 出生期：父28歳、母28歳の時出生。満期出産。吸引分娩。生下時体重2,850g。身長49.5cm。頭囲31.0cm。

　(3) 乳幼児期：哺乳力は微弱。母乳とミルクの混合で育つ。生後7カ月時離乳開始および這い這い。つかまり立ち10カ月。ひとり歩き2歳2カ月。しばしば扁桃腺炎になり、熱を出した。

　(4) 9歳現在の身体状況：身長118cm。体重17.0kg。頭囲42.0cm。

2　医療歴

　生後1カ月時、風邪の手当てに小児科を訪ねたところ「小頭症ではないか」と指摘された。保健所の3カ月健診で先天性股関節脱臼との診断を受け、東京都立T産院小児科を訪ねた。生後4カ月時、都立K病院を訪ね、脳波検査を行い即日入院。脳波検査では、右側頭部に異常が認められ、てんかん発作の起こることが予測された。入院後まもなく初めての発作が起こり、投薬治療を受けた。生後7カ月時、退院して自宅にて抗けいれん剤の服用を続けた。2、3歳時は年2回、4歳以降は年1回の脳波検査を受けた。1983年11月のY医院（内科神経科）での脳波検査（薬物による睡眠脳波）によれば、「てんかん源性異常放電は認められず、脳破壊性病変に基づく徐波も認められない」とのことである。1985年1月現在も抗けいれん剤は服用中である。

3　教育指導歴

　4～5歳時、自宅にて母親は物をつまむことなど、手指の使い方が向上するように心がけた。5歳4カ月～6歳3カ月までの1年間、障害幼児通園施設に毎日通園。6歳4カ月時、養護学校に入学。7歳4カ月～同7カ月までの3カ月間、週1回、姿勢矯正に関する心理療育（動作訓練）を受けた。7歳10カ月

（1983年10月）時、こどものへやに教育相談に来所した。以後、1984年12月まで計31回通所し、1回1〜2時間のかかわりを筆者ともった。その後も通所を継続している。

4 かかわり当初の本児の様子

初回は、本児は母親と椅子に坐って、前半は他の子どもと筆者の学習場面を見学した。後半の約20分間、筆者は本児へのかかわりを試みたが、この時姿勢や注視の頼りなさおよび手指のかたさが印象的であった。具体的には、筆者の提示したビー玉ころがし（図4-1）のビー玉に、7回目の誘いで触れたが、ビー玉を筒と筒のすき間に入れようとしたり、入れようとしたビー玉が落ちてしまうと、筆者が拾って渡しても次は意図的に放り投げ、それをおもしろかって笑い、活動は拡散してしまった。この日は音声言語は出なかった。

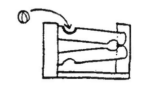

図 4-1

以下に、この日を含めかかわり当初の本児の様子を記す。

(1) 全体の動き：歩く時に足もとがふらつく。身体の重心が後方にいきそり返りやすい。こどものへやの廊下とホールとの約30cmの段差の昇降に際しては、注意深く手を使って姿勢を変えたりすることもあるが、立ち止まったまま動かなくなったり、バランスを崩してしまったりすることもある。

(2) 目や手の動き：視線が次々に移る傾向がある。見た物を触れたり持ったりするが、それ以上に物を扱うというところまでいかずに離す。目は物を直線的にしっかりと注視し、手はゆっくりと柔軟に使えると良いが、本児の場合は目で一瞬見て手が物に直接ぶつかりわしづかみし目は途中でそれやすく、目と手の協応は不十分であるという印象を受ける。手指の微細な調整も十分とは言えない。すでに展開している状況に新しい人が入ってくると、じーっと見いって手もとの動きは止まる。

(3) コミュニケーション：初めての場所や人を警戒するが、同年齢の子どもに対しては、じーっと見いった後、接近していったり模倣したりする。手を引くことや身ぶりおよび音声言語などで要求を積極的に伝えることはほとんどみられず、人とのかかわりは受け身的である。「コンニチワ」「バイバイ」等に対応した行動はとれる。音声言語の自発としては、「アッタ」「オッチャッタ」「ヨイショ」など、わずかだがある。

(4) 食事：スプーン、はしは握りこんで使う。家庭の食事も学校給食も食べ

ている間は椅子に坐り、時間はかかるがほとんど食べる。学校で学習参観の日
など、見なれぬ父母に気をとられて食事にとりかかれないことが目立ったとい
う。

　(5) 排泄：こどものへやではトイレに行かない。学校でも入学以降ほんの数
回しか行っていないという。排便は毎朝ある。排尿は母親が様子をみてトイレ
に連れていく。失禁してもそのままで訴えない。

　(6) 着脱：大きめのくつなら、かかとのひもをひっぱってはける。くつを脱
ぐと、きちんと下足棚へ置く。ただし、こどものへやの玄関では、他人のくつ
をこわがり、動きが止まる。足もとがふらついて転倒しやすいことと関連があ
るのかもしれない。ウエストの伸縮するパンツやズボンは上げ下げできる。

　(7) てんかん発作：こどものへやでは起きていない。母親の話では、季節の
変わり目や疲労した時にみられ、多い時で1日3回、1回の発作は15分間ほ
どで、その後は1時間ほど眠る、という。よだれが多い。なお、睡眠は全体と
して安定している。

Ⅲ　かかわりの実際

　本児とのかかわりは首尾一貫した考えに基づいて行ったわけではなく、毎回
が試行錯誤の連続であった。しかし、大別すれば1984年の夏までとそれ以降
ではかなり考え方を異にするので、2期に分けてかかわりの実際を紹介するこ
とにする。

1　微細な活動を中心としてかかわりをもった時期 (1983年10月～1984年7月)

　かかわり当初、筆者は以下のように考えた。たとえばビー玉ころがしは、
ビー玉を持つことが始まり、穴に入れて玉の動きを追視することが途中、出口
から玉を受け取ることが終わり、というようなひとまとまりの活動をなす。こ
の活動は、筆者の提案でも起き、本児の自発的な選択でも起き得る。またその
途中で微妙なやりとりがくり返され、変化をつけることで新しい動きを引き出
すこともできる。従って、相互に納得と満足をもたらす、おもしろい活動にな
り得るのではないか。またたとえば、お菓子を食べるために箱の蓋をあけると
いうような、AのためにBをするというまわり道の活動が起きるようになれ
ば、活動は複雑にもなり、まとまっても見えるのではないか。本児がそれらの
活動に集中し、喜んで持続するようであれば、本児の活動のまとまりをつくる
ことができるのではないか。そこでそのような、机の上で教材をはさんで、あ

る一定の時間、目と手を十分に使うような微細な活動に取り組んでみよう、と考えた。

このような考えで、1984年7月までに計17回かかわった。以下に、1983年12月、通所5回目のかかわりの実際を示す。

(1) 本児は筆者のすすめる椅子に坐り、家庭へ持ち帰っていた教材を手さげ袋から出す。母親と筆者は適宜手伝う。

(2) 木製の赤玉4個を棒にさす（図4-2）。本児が4個入れたら筆者がひきとる。ひきとらないと、本児はいったん入れた玉をまた抜き始め、活動ははっきりとした終わりの分からないままに拡散してしまう。したがって終わりをつくるためには入れ終わったところで、筆者が教材をひきとらねばならない。「デキタ」などの音声言語で区切りをつけようとしても、区切りを入れる間合いもなく、抜き始める。

(3) 木製の赤玉4個と塩化ビニル製の青リング4個をそれぞれ細い棒と太い棒に分けてさす（図4-3）。どちらか一方を処理することは起きるが、全体を見渡し見比べ、対応を決めて処理することは起きにくい。筆者が指さしなどの援助を行っても、それに応じて活動を修正することは起きにくい。すなわち、一方から他方への切り換えが起きずに、この活動全体を放棄し

図4-2　玉さし

て別の活動に転ずることになりがちである。リングが机から落ちたりすると笑い、それがきっかけで活動の続行が崩れたりする。

(4) 図4-4の課題は好み、自らくり返しビー玉を入れ、玉の動きを追視し、玉の動きに合わせようとするかのように手が動く。ときには玉を出口で受けとろうとすることも起きるが、タイミングは遅れる。筆者が教材を180度回転させ、入口の位置を逆にしても、その変化に応じてビー玉を入れることが起き

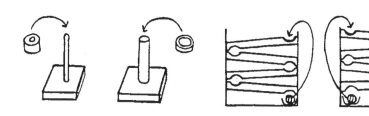

図4-3　玉さしとリングさし　　　　図4-4　ビー玉ころがし

4　動きは活発だがまとまりにかける一児童とのかかわりにまとまりをつくる試み

る。玉が落ちても拾ってやると、やり続ける。しかし、この課題での活動も数分間以上は持続しない。

　以上のように、本児の活動にまとまりをつくることのできる机の上での活動をみつけることは容易でない。教材の選択や呈示のタイミング、本児の処理のしくみを読み取っての課題の変更および工夫がよほど綿密に行われなければならない。多くの活動が、始まり・途中放棄、始まり・途中放棄という不全感の積み重ねとなりやすい。そして本児が次のような大雑把な活動を始めるので、筆者もやむを得ずそれに従っていかざるを得ない。

　(5) 本児は目についたカン（図4-5）を手にする。筆者はカンに玉を入れる課題にしようとしてビー玉をさし出す。本児はそれに応じていくつか入れるがすぐに中断し、筆者が完了をすすめてもビー玉を残してその場を離れる。

図4-5　カン

　(6) 本児は目についた学習机のひき出しをあけて、リングやビー玉を手当り次第に入れようとする。筆者はリングさしと玉入れの課題にしようとして、ひき出しの中へ台や皿を置いてそこへ処理させようとする。本児はいくつか応じて入れるが、全て処理しないうちに他のひき出しをあけ、活動はまた拡散してしまう。

　(7) 本児がひき出しに入らない大きさのカンや棒を入れようとして「ヨイショ」と言う。筆者は身振りとともに「ハイラナイ、ダメダ」と言い、押し入れを指さして「コッチ」と提案する。本児の背後から、カンを持つ本児の手に筆者の手を添えてすかさず援助し、押し入れに一緒にカンを入れる。

　(8) 本児は目につくものをひき出しに入れようとしていたが、(7) をきっかけに今度は目につくものを押し入れに入れ始める。筆者は本児の「入れる」活動に対して「もう少し微細な調整で入れてみませんか」という意図で教材を出したり、本児の「入れる」活動が完了するように援助したりしたが、この活動がいつまで続くのか筆者にわからない。本児がこれをやったら終わりにするというように、特定の終わりを考えて活動しているようには見えない。そこで筆者は「帰る」方向での終わりをつくろうとして、本児の持ってきた手さげ袋に教材をしまうことをすすめる。本児は応じたが、袋ごと押し入れに入れようとする。筆者は「こどものへやでの今日の活動を終わりにして帰る」ことを意図して教材を袋に入れさせたが、本児は袋ごと押し入れに入れるために教材を袋に入れたのであろうか。筆者は押し入れに入れようとする本児の動きを止め、

終わりを強調するために、「持ッテ帰ル」と言う。母親も「帰ルヨ」と言う。本児は応じて玄関へ向かう。

(9) 玄関で気が変わったのか、台所の教材棚から目についたゴム印の箱を持ち、押し入れの方へ歩き出す。本児はまた押し入れにしまおうとしている、と筆者は考えて本児に徒う。しかし、本児は終わりをつくりかねているのではないか、だからいったん玄関へ来たのに再び物を持って押し入れに向かったのではないか、と考えて、一緒に箱を押し入れにしまい、押し入れに向かって「バイバイ」と身ぶりもつけて言い、くつを本児の手に持たせて「帰ル」と言い、終わりを強調した。

以上は通所5回目のかかわりの様子であるが、1984年7月までには、用いた教材の違いなどはあるにせよ、本児と筆者のかかわりあいという点では同様の傾向が続いた。このことから筆者は、次のように考えるようになった。

机上で教材をはさんで目と手を十分に使ってある一定の時間やりとりが持続する活動をねらっても、筆者が用意した教材の処理のしくみが微細にすぎると、わずかな渋滞をきっかけにして、活動が完了しないまま拡散しがちである。とりわけ玉とリングを分けて入れるというように、処理のしくみが選択的になる際に拡散しやすい。したがって、(3)のような微細な調整を必要とする活動の設定をかかわりの全てとしないで、さしあたり、(7)のような本児の提案してくる大きな活動を完成させる方向でかかわることも大切にする必要がある。本児が処理に困る場合があれば、そこでの微細な処理に必要な援助を工夫してみることである。

2 大きな活動のまとまりを考えてかかわりをもった時期（1984年9月〜12月）

人の動きは、始まり・途中・終わりというようなひとまとまりの動きがいくつもつながり、それがピラミッドのように層を成して、暮らしとか生きるとかを支えている、そういうしくみを持つと考えられる（図4-6）。

Ⅲ-1に記したように本児とのかかわりにおいて、初め筆者は始まり・途中・終わりというひとまとまりの動きが、筆者の提案する微細な活動で起きたりつながったりすれば全体がまとまるだろうと考えたが、

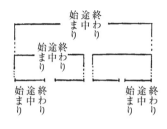

図4-6 ひとまとまりの動きのつながり

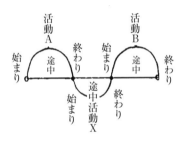

図4-7　活動A・X・B

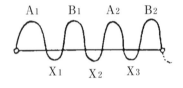

図4-8　活動のまとまりとくりかえし

上述のようにそれは必ずしもうまくいかなかった。

そこで、たとえば物をしまう活動など、本児が提案してくる大きな活動も含めて、始まり・途中・終わりをもう少し大きなまとまりで考えてかかわることにした。すなわち、1～2時間の学習全体の始まりから終わりまでにいくつかの活動をつくり、学習の流れにはっきりとした山場を持たせることを考えた（図4-7）。活動Aは筆者の用意する微細な活動、活動Bは本児の提案してくる大きな活動で、それぞれ、始まり・途中・終わりをつくる。活動Aと活動Bとの間に、それらをなめらかにつなぐ活動Xをつくる。活動Aも活動Bも途中が十分に展開するように心がける。途中が十分に展開できて不全感が少なくなればなるほど良い終わりがつくれると考えられるからである。活動A・X・Bは図4-8のようにくり返し起きることもありうる。

以上のように活動を大きなまとまりで考え、活動A、Bのいずれかに本児の得意とする活動を入れて、1984年9月～12月まで計14回の学習を行った。次に、1984年11月、通所27回目のかかわりの実際を示す。

（1）活動A_1：玄関から学習室まで教材を「ヨイショ」「イチニ」などと言いながら運ぶ。机上で、ビー玉ころがし・はめ板（図4-9）・絵カード並べ（図4-10）に取り組む。約20分。

（2）活動X_1：机上での活動A_1のあとは本児がホールで活動B_1を始めることが分かっているが、いつそれが始

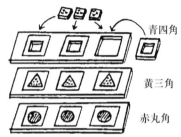

図4-9　3種9個のはめ板

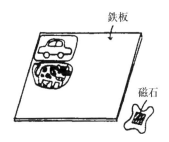

図 4-10　絵カードならべ

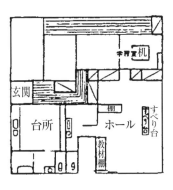

図 4-11　こどものへや略図

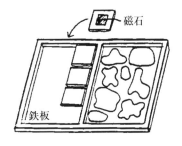

図 4-12　タイルと絵カードの分類

まるのかは分かりにくい。そこで教材を準備しておいたり片づけたりするための低い机を置いたところ、活動A_1をたっぷりしたと思われる頃に本児が机上の教材をそこへ次々と並べ始める。すると筆者も母親も、本児と一緒に活動A_1の終わりをつくれ、次の活動B_1の始まりへの準備体制がとれる。

(3) 活動B_1：ホールの教材棚（図4-11）から教材をおろして並べる。すべり台で乗物をすべらしたりしてから全て棚へ戻す。本児のこの活動が完了するように筆者と母親とで適宜援助する。約20分。

(4) 活動X_2：ホールで本児の見つけた麦チョコレートを、筆者が「イスデ食ベル」と言いながら、本児と共に机まで運び、次の活動A_2へとつなぐ。

(5) 活動A_2：麦チョコを手に入れる目的で、その前に図4-12のような、まわり道の活動に取り組む。約5分。以上のような活動A_1 X_1 B_1 X_2 A_2の展開のあと、筆者が「クツ」「帰ル」と言って終わりを提案すると、本児はいったんすべり台での乗り物あそびをはさんでから、筆者の「クツ」「帰ル」に応じ、車にすっと乗って帰った。

この例のように比較的まとまったかかわりのできた日もあった（14回中4回）が、まとまりがなく拡散した活動の連鎖となりがちな日も多かった。そういう日は終わりをつくる援助を行うきっかけが見つけにくかった。なお、まとまりのある日とない日の別は、かなりはっきりしていた。

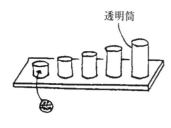

図 4-13　ゴルフボール入れ

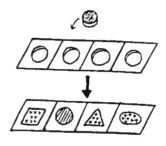

図 4-14　はめ板

図 4-15　リングぬき

図 4-16　はり絵

Ⅳ　おわりに

　一年余りのかかわりの中で、微細な活動について、わずかずつではあるが変化はみられる。たとえば、ゴルフボールを長さの異なる透明筒に入れていく課題（図4-13）では、ひとつの筒の上までボールを入れたら別の筒に移して入れることができるようになった。丸型はめ板だけでなく、丸・三角・四角・だ円のはめ板（図4-14）も処理するようになった。リングぬき（図4-15）も上達し、はり絵のような構成的課題（図4-16）も援助を受けながら取り組むようになった。また、豆自動車のハンドル操作ができるようになったとか、母親に援助を求めて「アーチャン」と呼ぶなどのことが起きてきている等の変化もある。しかしこれらは、次の学習日にもそれがうまくいくとは限らず、波がある。大きいまとまりについても、活動A・X・Bの良いまとまりのある日もみられるが、Ⅲ-2で述べたように波がある。

　この変動の理由として、単なる周期、疲労、こどものへや以外での出来事の関係、あるいは本児の動きについて筆者が何か読み取れないことがあって本児の中に不全感が積もっていること、筆者の働きかけ方に何かもっと必要な条件が欠けていることなどいろいろ考えられるが、今のところ不明である。

　したがって、このままの方針でかかわりを続けていくのがよいか、方針を変

える必要があるのか、言い難いところである。その点は別にしても、活動を充実させるために教材をさらに工夫することや、まとまりの良いときに浮かびあがる本児の動きの意図をもっとていねいに読みとることに力を入れる必要があると思われる。それと同時に、他方では行動がまとまるよう、かかわる側の一貫した支えが必要だとも思われる。さらに、これまで試みていないような新しい行動調整の機会をつくることも必要であろう。また、こどものへやに来たら何々をするというはっきりとした大きい目的がもてるようなかかわりにすることも考えねばならない。1985年1月現在も暗中模索の状態であるが、今後はこのようなことを具体的に試みつつ、本児と筆者のかかわりあいが少しでもまとまる方向にもっていきたいと考えている。

●コメント

　角田先生とA. Y.児とのかかわりあいの様子を松田が直接拝見したのは、1984年7月と12月の2回だけである。その前後の様子については、お送りいただいた数回にわたるVTRからある程度とらえることができるものの、的確なコメントを書くのに十分であるとは言えない。したがって、その時々に頭に浮かんだことを多少整理して述べるに留めたい。

　まず、本児の動きの特徴についてであるが、報告に記されているように、動きは全体的に活発であり、いくつかの特定の状況（食事場面、学校での朝の会、ビー玉ころがしなど）では、比較的まとまった動きを見せる。しかし、それ以外の状況では、あちらこちらと移動して自分のできることを探し求めて動き続ける。特に物の出し入れや持ち運びという行動を頻繁に起こす。そういう時には、周囲のかかわり手がいろいろな援助を与えても、ほとんど受け入れないで、自分流の動きを続ける。指示を与えて、別の行動に切り換えさせようとすると混乱状態に陥りやすい。体のふらつきやそり返りがみられ、移動のスピードはさほど速くはないが、かかわり手が本児の動きの内容につきあっていこうとすると、その変化の目まぐるしさに圧倒されるほどである。

　このような動きを示す子どもについては従来、精神発達の遅れに加えて「落着きがない」「多動である」「固執性がある」「情緒的に不安定である」といった特徴づけが行われ、指導にあたっては「情緒の安定を図ること」が重視されることが多い。そして、そのためにいろいろな指導が行われているが、指導の場における子どもと指導者とのかかわりあいの具体的な出来事と情緒の安定との関連については、必ずしも明らかでない。

角田先生は、「子どもの情緒の安定を図る」とか「子どもに何か特別の指導を旋して、動きのまとまりをつくる」とかの視点ではなく、子どもとかかわり手とのかかわりあいのまとまりをつくるには、かかわり手は具体的にどのような工夫をすればよいか、という視点に立っておられる。この視点は、とりわけ重度・重複障害をもつ子どもにかかわる時に、基本として重要な視点であると考えられる。

　角田先生は、そのような基本的な視点に立って、第1期には本児が自発的に行動を起こし、集中して取り組み、喜んで持続するような目と手を使う微細な活動のために、教材を種々工夫され、またそれをはさんでの本児とのかかわりあい方についても工夫を重ねられた。いくつかの課題（たとえば図4-4のビー玉ころがし）については、本児と角田先生の相互に満足のいくまとまった活動を展開できる時があったが、他の課題、特に2種類の物を見分けて、それぞれに対応した行動を起こす課題では、途中で机から離れて動きだし、教材の持ち運びや出し入れをくり返すことになりがちであった。そして、その日のかかわりあいの〝終りをつくる″ことに本児も角田先生も苦労することが多かった。

　そこで第2期に角田先生は、動きのまとまりについてより大きくとらえ、目と手を使う微細な活動Aだけでなく、本児が起こす物の出し入れなどの大きな活動Bも十分に展開するとともに、両者をなるべくなめらかにつなぐ活動Xをさしはさみ、1回のかかわりあいの流れ全体にメリハリをきかせることを考えられた。この考えに基づいた取り組みはまだ数カ月を経たにすぎず、その妥当性について云々する時期ではないと考えられる。しかし、1985年1月28日のVTRを見ると、12月までにはなかったようなまとまったかかわりあいがみられる。すなわち、①角田先生が新幹線の写真カードを示し、「持ってこよう」と言い、ふすまを開けると、本児は新幹線（電池式）とレールを隣の部屋に取りに行って、椅子に戻る。②机の上で新幹線をレールにのせようとする。③「もっとレールを持ってきて」という角田先生の言葉かけには応じないが、さし出されたレールを、角田先生の援助を受け入れつつ、つなごうとする（母親が円型に仕上げる）。④レール上に新幹線をのせようとし、母親の援助で新幹線が動き始めると、よく追視し、手を伸ばしてつかもうとする。⑤透明板でさえぎられ、新幹線が3～5周するまで待たされても、ほとんど目を離さず、にこにこしながら見ている。この間、周囲の人が数唱を行うと、本児も「イチ」「ニ」「ゴ」に似た発声を時々する。⑥透明板が取り除かれると、手を伸ばして新幹線をつかもうとする（透明板の動きを見るため、手の出方が遅れ、すぐにはつ

かめないことがある）。⑦④〜⑥をくり返す。ただし、新幹線の回る方向が変ったり、7〜8周回るまで待たされたりすることもある。また、つかんだ新幹線を駅に置くように促され、置くこともある。⑧レールをはずして箱に片づける時、促されて本児も一部を行う。これらの一連の活動は、15分余りにわたって行われている。また、この活動の前に行われている活動（ポテトチップスを食べながら乗り物の絵本を見る）や、後に行われた活動（四輪車に乗って買ってきたジュースを飲み、ポテトチップスを食べ、動物等の絵の切り抜きを、画用紙に描かれた丸の中に本児が置き、援助されつつセロテープでとめていく）も、それぞれがゆったりとしたかかわりあいになっている。このVTRをもとに考える限り、第2期の考え方でもうしばらくかかわりあいを進めていってよいのではないかと思われる。

ところで、かかわり手の用意する活動A、子どもが提案してくる活動Bのそれぞれを十分に展開して、不全感を少なくし、さらに両者をなめらかにつなぐ活動Xをさしはさむという角田先生の考え方をもとに、種々の現場での指導をふり返ってみると、①活動Aが子どもに合っていないのに、かかわり手はやらせようとする、②活動Aが十分展開していないのに終了させようとする、③子どもの提案する活動Bにかかわり手がつき合わないで、制止したり、十分展開していないのに終了させようとする、④活動Aと活動Bをつなぐ活動Xをかかわり手が用意していない、といったことがしばしばあるように思われる。そのことが、とくに行動特徴として「多動」とか「固執」とかを指摘されがちな子どもの行動を一層まとまりの乏しいものにしたり、場合によってはパニックに陥らせる一因ともなっているのではなかろうか。カリキュラムや指導計画という指導の大枠の吟味はもちろん重要であるが、子どもとかかわり手の具体的なかかわりあいの場で、角田先生のように、ひとつひとつの活動を十分に展開しつつそれをなめらかにつないでいくという視点をもつことも欠かすことができないと考えられる。

さて、本事例の今後の課題についてであるが、事例報告とVTRとくに1985年1月28日の様子から考えると、活動A、活動B、つなぎの活動Xのうち、とりわけ角田先生の用意する活動Aの内容を吟味することが重要であると思われる。たとえば、ビー玉ころがし（図4-1）、玉さし（図4-2）、玉さしとリングさし（図4-3）、はめ板（図4-9、4-14）、ゴルフボール入れ（図4-13）、リングぬき（図4-15）などの目と手を使う微細な活動は、本児が自発的に、あるいは角田先生によるわずかな誘いで取り組む限りは、もちろん続けられてよいと思

うが、くり返し誘わないと取り組まない場合や、取り組んでもすぐに他の活動に転じてしまうような場合には、それを活動Aとして用意するのがよいかどうか、再検討の余地があると思われる。

これらの活動に比して、上に紹介した1985年1月28日の新幹線の場面、飲食する場面、絵の切り抜きを画用紙にはる場面などでは、本児と角田先生とのかかわりあいがなめらかであり、その内容も充実している。本児は他の場面よりも角田先生のかかわりをスムーズに受け入れ、また角田先生に向かって適確な行動を起こしている。その時、目と手は他の場面よりもゆっくりした確実な動きを示しており、表情も生き生きしているように見受けられる。このことから考えると、本児が関心を示す実物やその模型、あるいは写真や絵を主要な教材とし、それらをさしはさんで本児と角田先生とがかかわりあうことに重点をおいて、いろいろな形で工夫されるとよいのではないかと思われる。そのような試みを通して、活動Aでのかかわりあいが一層大きなまとまりとなり、物の出し入れや持ち運びというやや固定化した活動Bが徐々に縮小することになるであろう。活動Aのまとまりが大きくなればなるほど、こどものへやでの活動全体を見通すことが本児にも容易になると思われる。すなわち、こどものへやに来ることの目的が本児にとって徐々に明確になり、その目的のもとにいろいろなかかわりあいが展開され、終りをつくることも容易になると思われる。

最後に、本事例報告は、養護学校に通学する本児が、放課後に週1回母親と共にこどものへやでもった角田先生とのかかわりあいの経過である。母親が同席しているので、家庭で本児と他の家族とのかかわりあいにもまとまりが拡がることが期待される。他方、こどものへやと学校との連携という点では、今後に残されている課題があるように思われる。本児と周囲の人とのかかわりあいのまとまりを大きく育てる上で、家庭を中心として、学校、こどものへやの三者の連携を密にしていくことが重要であろう。

（松田　直）

◆ **5**

情緒障害対象の院内学級にいる子どもの課題学習に みる動きとそのまとまり
——特に外界刺激の受容の高次化を中心に

札幌市立平岸中学校静養院分教室

高橋　渉

I　はじめに

　人間の特に発達初期の問題を多く抱えていると思われる動き、たとえば、多動、寡動、自傷などがあるまとまりをもってくる時、その背景にはどのような条件が働いているのだろうか。

　私たちは、ある程度の行動のまとまりがついてきた状態を指して〝行動が軽くなる〟と形容することがある。これは行動の切り替えが比較的スムースになってきたことを意味している。つまり、指示が入りやすくなった、情況の理解がよくなった、こだわりが少なくなり、動きがよくなった、落着いて表情が明るくなったなどの肯定的な変化を指している。

　このような変化は周囲の事象や事物の受け容れがよくなり、関係がつきやすくなってきて、私たちとのコミュニケーションもいろいろな素材を用いて比較的容易にとれるようになってきたことを示している。このような状態の変化を一括して外界刺激の受容の様式が高まってきたと言い表わすことができるだろう。

　重度の自閉的な子どもや多動な子どもたちから受ける印象は、外界刺激の受容の様式が極めて貧弱で限られた刺激しか受容せず、行動のパターン化、固執、多動といった行動の一因を形成しているように思われる。従って、このような閉鎖的な外界刺激の受容様式から、外界に開かれた行動へと高めていくことは教育的なアプローチの根幹をなす部分であり、子どもの理解や教育方法を決める重要な視点の一つであろうと思われる。

　本報告でとりあげる事例Ｙ児も多動児と診断されているが、Ｙ児も外界刺激の受け容れ方に多くの問題を抱えており、そのことが多動あるいは欲求不満耐性の乏しさという行動の特徴を形成する一因になっているものと思われる。

　本報告では、このような観点からＹ児の「動きとそのまとまり」の条件につ

いて若干の検討を試みたいと思う。

Ⅱ　事例研究

1　事例　Y児　男　1968 年 4 月生

2　生育歴　胎生期、特記事項なし。周産期、満期安産。臍帯巻絡あるも出生後すぐに泣く。生下時体重 3,360 g。乳幼児期、授乳時目が合わなかった。睡眠浅く、むずがり泣くこと多く、生活のリズムをとるのに困った。頸定 3 カ月、始歩 11 カ月と運動面の発達は順調。あと追いはみられたが、人見知りははっきりしていない。顔を近づけると、よく反対方向を向いた。発語は 1 歳半頃、「汽車ポッポ」などのことばも出ていたが、理解できないことばや CM、オーム返しがほとんどであった。2 歳頃より表情も乏しく、暗くて気むずかしい感じとなった。他の子と遊ばず、近寄ると奇声を発して追い払い、一人遊びで地図や天気予報、新聞などを見るのを好んだ。家の中ではよく動きまわり、食事のときでもテーブルにつくことはしなかった。屋外ではどこに行くかわからなかったので常時ベビーカーに乗せていたが、買物のときには本当に困ったという。季節がわりには湿疹ができ、行動が荒れがちであった。自分の欲しいものがあると母の手を引いた。他人が話しかけても知らん顔であったという。

3　医学的所見　診断、①てんかん、②重度精神発達遅滞、③行動異常。1979 年（11 歳 5 カ月）、けいれん発作初発。以来、1981 年まで年 2 ～ 3 回、1982 年以降、徐々に回数が増える。行動が不安定になると、発作が認められることが多い。1983 年には、大発作 9 回、1984 年には 6 回。発作初発時の CT スキャン所見は異常なし。脳波は 1978 年、1982 年、1983 年に異常波が認められたが、ほぼ正常範囲内にあることが多い。発作初発以来、抗てんかん剤を服用している。

4　医療、教育歴　3 歳時、T 小児科受診、精神発達遅滞の診断。4 歳時、H 大学病院受診、①多動、②言語発達遅滞の診断。5 歳時、S 病院でグループ・セラピー受ける。6 歳時、養護学級入学。多動で教室から出ること頻発。時折、情動の不安定さを示し、噛みつき、突きとばしなどの乱暴がみられたが、落着いたときには指導にも乗りやすくなったと評価されている。10 歳時、S 病院入院、そして現院内学級に入級（1978 年 4 月 20 日）。

Ⅲ　問題の整理

入級時の診断には、①多動、②精神発達遅滞とあり、その主症状は「落着か

ない」、「欲求不満耐性が低く、奇声をあげ興奮する」と記録されている。事実、入級直後のＹ児は落着きなく、机に向かうことは少なかった。教室内では立歩き、展示物や教材に触れまわり、時折、物を投げたりした。教室外に出ることは頻繁で水に固執していた。強制されたり、欲求が容れられないときには激しく反応し、乱暴に及ぶこともしばしばみられた。ことばかけで行動を統制できる事態は少なかった。病棟では、食事あるいはベッドに入っているとき以外はよく動きまわり、放尿、放便があり、偏食も著しく、着脱、入浴、洗面など日常生活のすべての面で介助が必要であった。

　このような状態のＹ児に対して明確な指針があった訳ではなく、場あたり的な試行錯誤を繰り返すことになったが、おおむね次の諸点に留意して学習を進めた。

　①Ｙ児の主症状である落着きがない、待てない、我慢ができないという行動や状態は情況の理解と密接に関連しているに違いない。
　②パターン化した行動は限られた刺激受容の状態による現われである。
　③力の入った爆発的行動は、運動コントロールやその調整にあずかる感覚の使い方に問題がある。

　このようなことなどに留意し、Ｙ児の自発行動を誘い出す条件を探りながら、Ｙ児と我々とのやりとりをさまざまな素材、手段を用いてひろげ、安定した言語行動の形成を図る方向で学習を進めてきた。

Ⅳ　取り組みの実際

　本事例は 1978 年 4 月の指導開始以来、現在も継続中であるが、その経過にみられた本児の行動について、二、三の典型的な学習例を紹介し検討することにする。

1　なぞりの学習例から

　入級当初の本児は、すでに紹介したように多動で机に向かうことはほとんどなかった。そこで、いろいろな指示を必要とする課題は避け、簡単に理解や操作のできるもので結果が明確にでるものを用いた。たとえば、多孔式はめ板（図 5-1）などである。これは本児の状態に応じて、課題の量を調節しながら呈示し、少しずつ机に向かうようにした。更に課題は色の識別に関するものから〇△□の線図形の構成に関するものなどを経て、これから紹介するなぞりの学習へとつないだ。

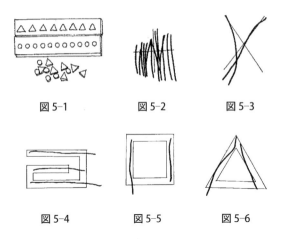

図 5-1　　　　　図 5-2　　　　　図 5-3

図 5-4　　　　　図 5-5　　　　　図 5-6

　この学習にはY児の刺激の受け入れ方やその対処の仕方がよく表出されていると思われるので少し詳しく紹介する。
　最初は直線や円型からはじめ、次第にいろいろな運動の組み合わせによって、まとまりのある図形をたどる課題へとすすめた。その中で特徴のある学習例をいくつか取りあげて説明にあてよう。
　まず、十字形のなぞりの例である（図5-2）。この課題では縦方向にのみ反応し、横の運動は出ていないが、横線の範囲まで縦線を引いており、その点で横線にも注意を向けていることがわかる。
　次に、斜線のなぞり（図5-3）であるが、左上からのなぞりの運動が、すでになぞった強い線に引きずられている様子がよく出ている。
　図5-4はいくつかの方向の異なる運動を継いでいく必要のある課題であるが、横方向に3本の単線で応じている。
　この図柄は横が長く、強調された形になっているので横方向に反応したものである。このように図5-2、5-3をみても、課題の強い要因に引きずられ、しかも、最も単純な行動の繰り返しで応じている。
　図5-5は四角形のなぞりであるが、この場合は縦方向にのみ単発的に反応し、縦・横いくつかの方向性の異なる運動を順序よく組み合わせ、図形を一つのまとまりとしてとらえた操作にはなっていない。
　このように課題全体の関係を正確にとらえることができず、その一側面に、しかも最も単純な行動で対応する特徴がみられ、そのことはリズム遊びや体操などの動きにもみられるもので、決して、なぞりの学習に限られたものではな

かった。

　このような部分的な反応を克服し、いかに対象全体を把握した運動にまとめていくかが問題であったが、三角形のなぞりの例を紹介しよう。

　三角形の線図形に対するなぞりも、図形の特徴のある部分に単発的に反応するもので、すでにみてきた例と同じ性質のものであった（図5-6）。

　そこで自作教材のなぞり盤（図5-7）を使用した。こ

図 5-7

図 5-8

図 5-9

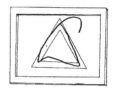
図 5-10

れは、深さ9mm、幅2cmの三角形の溝があり、その底面には鉄板が張られ、溝の内側の充実三角形、外側の長方形の板は取りはずしができた。従って、磁石画鋲を溝にそって指先でスライドさせることも、また、線図形の描かれた西洋紙をセットすることもできた。

　図5-8はこの教材で本児がクレヨンでなぞった筆跡である。これをみると、運動が溝によって物理的に規定されてコントロールされたものではなく、一応、三角形のまとまりを意識した運動の展開になっている。

　図5-9は三角形の溝の外側の長方形をはずした条件で三角形の線図形をなぞったものであるが、図5.2-8と比較すると大きくくずれているとはいえ、三角形にそった運動が勢いよく描かれていることが分かる。

　図5-10は三角形の溝を形造った内側の充実三角形と外側の長方形を取り除き、線図形が印刷されている西洋紙のみがセットされている条件で描かれた運動の軌跡である。Y児としては線図形にそってよくコントロールされた運動で描いている。

　この学習は非常に順調に進められた成功例であるが、Y児の刺激の受け入れ方や行動の起こし方について教えられることが多い。

　なぞりの課題は、とかく目と手の運動協応の問題、特に手指の巧緻性の問題に限定されて考えられる傾向にあるが、この学習例を見る限り刺激のまとめ方や理解の仕方がより重要であることを示唆している。もちろん、運動の分化が

理解を容易にする面もある。決して軽視することはできないが、情報としてより適確にとらえやすい条件を工夫することは、子どもたちがよりまとまりのある行動を周囲に向けて自発するために必要なことである。つまり、線図形のみの刺激（図5-6）では、その斜辺に単発的に反応し、図形としてのまとまりを欠いているのに対して、図5-8では三角形にそったまとまりのある運動となっている。これは深さ9mm、幅2cmの三角形の溝が用意されたことによって、Y児自身がどのように行動したらよいかがよく理解されたからに違いない。図5-9は図5-8の条件に比べて、はるかに自由度の高い課題になっているが、課題の内容にそった運動がでている。これは線図形の三角形の内側に厚さ9mmの充実三角形が置かれた格好になっているので線図形・三角形をひとまとまりの図形としてまとめやすくしていたからだと思われる。

図5-10は、線図形のみの課題であるが、これが容易であったのは図5-7からの課題を経験することによって、よく課題を理解することができたからだと思われる。

この学習の経過をみると、いかに情況の理解が微妙であり、しかも、大事であるかが痛感される。

結局、図5-6の線図形のみの課題では「線図形にそって順序よくたどってください」という意味を伝えることにはならなかった。つまり、信号性の低い素材であった。

しかし、図5-7、5-8、5-9と課題を工夫することで意味が伝わるようになった。その経過はY児にとって理解しやすい条件を整え、それを少しずつ変化させていくことで線図形の理解を容易にしている。

つまり、Y児の理解できる範囲で課題の条件を設定し、それを新たな条件にどのようにつないでいくか、そこに指導方法の吟味が必要となる。そして、この学習例のように、その吟味が成功すると、新たな素材、条件を通したやりとりが成立するようになり、行動が拡大する。

2　ことばの学習例から

絵カードの分類、見本合わせの方法によって事物の区別、あるいは特定の指示や基準に基づいた行動の調整を要する課題を経て、しだいに言語指示で絵カードや実物を操作する課題へと発展させた。

これは限られた関係の中であるとはいえ、ことばがやりとりの道具として使えるようになったことは非常に大きなことである。

最初は2〜3枚のカードから選択し、次第に数を増やした。当然ながら、初めは正しいカードをとる回数は少なく試行錯誤的反応が多かった。もちろん、指示されてカードを選択するまでには時間的な経過を伴うものであるから、その間は教師から発せられたことばを保持し、自己コントロールを続けることが必要となる。ことばによって自己を調整する機会の非常に限られたY児であるから、このような限られた情況の中であってもことばの有用性を経験することはとても大切なことであったと思われる。

　確かに教師の側からの一方向的な働きかけということになりがちであったが、少なくとも、ことばと関係した情況を用意し、その中でY児の行動をことばと関連づけて引き出すことは大切なことであった。

　このことは日常生活の場面でも常に考慮されなければならないことであるが、本児の場合、日常生活場面も極めて限られており、従って、課題学習情況の中でも、ことばの使われる条件に変化を与え、同じことばでも、いろいろな関係の中で使われることを知ることは大切な学習の一つであった。

　本児は、ことばの指示で絵カードの選択をするという同じような課題でも、指示を出すタイミング、呈示カードの配置などの時間的または空間的により間接的な条件にするにつれ混乱が生まれた。このことは、「○○と△△を下さい」という二単位の操作を必要とする条件下でもみられ、時間的に近い（後の指示のことば）△△にのみ反応することがほとんどであった。

　そのような理由から、ことばの指示によって二つの図柄を線で結ぶ課題を取りあげてみた。ここでその二、三を紹介する。

　課題1（図5-11）は、ことばの指示「ハサミ」で二つのはさみの間に線を引く課題である。最初ははさみの一方に○印をつけ（以前そのような学習をしていた）、二つの図柄を線で結ぶことはできなかった。Y児のように課題の一側面に反応しがちな子においては当然の反応であったが、二点間にガイドとなる線を引いておくなどによって比較的容易に克服した。

　課題1で単語の種類を多くするなどの変化をもたせた後、課題2（図5-12）では斜線で図柄を結ぶ課題をやってみた。結果は課題の用紙の上半分の船、はさみには正しく反応す

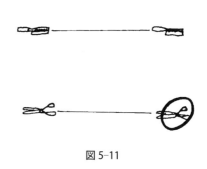

図 5-11

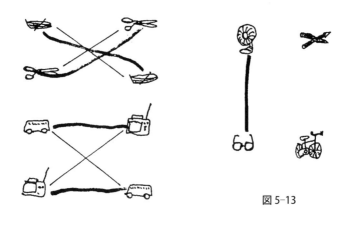

図 5-12

図 5-13

るが、下半分のバス、テレビには図柄とは関連ないステレオタイプな反応になりがちであった。このことは、船とはさみ、バスとテレビを入れ替えた課題でも同じ反応がみられた。

　課題2の発展として、同じ図柄をさまざまの条件で結ぶことが可能となってから、二つの異なる図柄を結ぶ課題3（図5-13）へ発展させた。この課題では、横の関係、たとえば、扇風機と鉛筆、あるいは縦の関係、たとえば、鉛筆と自転車とでは正しく結ぶことが多いのであるが、斜めの関係、たとえば、「エンピツとメガネ」の指示では図5-13のように扇風機と眼鏡を結ぶこととなった。つまり、斜め方向に正しく応ずることはY児にとって非常に困難なことであったと思われる。それは位置関係の見本合わせ課題にもよく表出されていることであるが、そのような場合には、自分にとって対処しやすい自己流をとる。この場合も、それに相当し、ことばでは時間的に近い眼鏡に、そして、運動では最も起こしやすい縦方向という組み合わせから図5-13のような結果になったものと思われる。

　先の課題2でみたように混乱はあったものの、同じ図柄では斜め方向でも正しく結べたのにもかかわらず、二つの異なる図柄になると混乱する。

　このようにわずかな条件の違いでことばの有効性が失われ、図柄の空間的配置や運動の方向性によって操作が左右されることになる。つまり、このように混乱に陥りやすい行動をことばによって自己調整できるようになることが、とりもなおさず、ことばの信号性を高めることになるものと考えられる。

課題4（図5-14）は、課題3では混乱があったのでことばの指示に加えて動作見本も加えることにした。この課題では、「スイカとウシ」の指示が出されると、いったん眼鏡から出発しようとした運動を停止して、新たに西爪から出発している。動作見本に助けられつつも、ことばの指示を受け容れ行動を自己調整している様子が現われている。

V　考　察

　以上、学習例を二種紹介した。そのいずれも初期の反応は課題の一側面に反応したものであり、自己流で対処したものになっている。しかし、課題の条件に工夫を加えることで、Y児の理解可能な条件をさがし、そのことで得た反応を足場にして、当初の混乱した条件を克服、そして新しい理解の世界を拡げてきた。

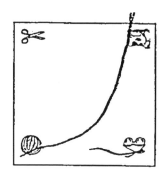

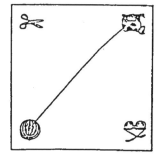

図 5-14

　課題には触媒のような一面もある。子どもの内に漠然としたかたちである行動の芽を課題に触れることによって外に表わし、新しいあるいはより安定した行動の形成、展開を促す機会となる。
　なぞりの例でいうと、図5-6の当初の線図形の課題では形にそったひとまとまりの行動はでなかったのだが、図5-7〜9の課題を経ることで新たな行動の世界が開かれたわけであった。決して、一方的に何回も機械的に繰り返し形成したのではなく、Y児の対象世界に対する理解に基づく行動の展開を用意してきたにすぎない。それは、誠に限られた世界ではあるけれども少しずつ対象世界が拡げられ、その対象世界にそった行動の展開が可能になってきている。つまり、行動のまとまりは対象世界の意味の取り出しであり、また、それに対応した行動の展開にあるのではないだろうか。
　その対象世界に触れるとき、Y児の行動の特徴、たとえば、事態の一面に過大に反応する、注意の範囲が狭く、持続性に欠ける、強い刺激に引きずられやすく、反応が直接的である、感覚と運動の協応が粗雑でパターン化しやすいなどの行動の起こし方が、いろいろな関係の中で自己調整されるようになり、少

しずつ行動のまとまりがついてきているのではないだろうか。

たしかに、今もって多動であり、我慢ができず、乱れた行動に出ることもあるが、以前に比べると、はるかにいろいろな関係がつくようになってきている。

最近では自発語も増えてきている。「ワタルシェンシェイ、ガッコウ」と、朝、近寄ってくることもある。「オカシャン」としか人の名を呼ばなかったＹ児が１年程前から私の名前を呼びはじめた。今、北海道は真冬であり、Ｙ児のあまり好まないスキーを連日のように行っている。「スキーにいくよ」の誘いには「イヤダ」と拒否したり、はいているスキーを「トッテ」と私に要求したりする。

母親は最近のＹ児を評して、つぎのように述べている。「以前はオーム返しとか、関係のないことばを言っていたが、最近では、まだ会話とまではいかないが、言葉数も多くなり、その場にきちんと合ったことを言えるようになってからはとても息子とうまくつきあえるようになった」と。

本報告では課題学習に表出されたＹ児の行動について検討した。勿論、日常生活のさまざまな素材を仲立ちにしたつきあいもあり、その面での検討も必要であった。課題学習にみられた問題と同じようなことが日常生活の中にも含まれているはずである。今後、それらの関連についても考えていかなければと思う。

●コメント

本報告事例Ｙ君は現在 17 歳になるが、情緒障害児対象の中学校院内学級で教育を受けている子どもである。

高橋先生はＹ君が 10 歳の時入院して以来、6 年余りにわたり、Ｙ君とかかわりをもって来られ、Ｙ君に対する教育実践の資料は豊富に蓄積されておられる。この間にもＹ君の指導および行動上の変化などについて、種々の機会に報告されている。本報告は、その指導の中から、今回の事例集のテーマ「動きとそのまとまり」という視点からまとめていただいたもので、指定された報告枚数の制約のため、高橋先生はまとめられる上で大変御苦心されたことが報告を読ませていただいて感ずるのである。

報告の内容に入る前に、事例の障害情況について若干述べてみたい。Ｙ君に対して、診断機関、診断時期によって異なる面もあるが、おおむね、①てんかん、②精神発達遅滞、③行動異常（多動）という診断がなされている。この中

でY君を語る際、行動異常（多動）ということが中心的な問題となっている。報告の中で、行動異常（多動）の主症状として、欲求不満耐性が低いという表現で行動の特徴が表わされており、具体的行動例として、指導当初のY君の行動状況を「落ちつきがない」「水に固執」「欲求が容れられない時は激しく反応し、乱暴に及ぶ」などで表現されている。高杉は昨年6月に訪ね、高橋先生の教育実践の場を拝見させていただく中で、Y君を直接目にする機会を得たが、この一回限りの印象に過ぎない中で、上記の表現をうかがわせるものを感じつつも、場面によっては、Y君は周囲の情況や人の動きなどを敏感に感じ取り反応している様子がうかがえる気がした。たとえば、授業場面で席を立ったり、戻ったり、手を打ち合わせたり、声を出したりなどの行動がみられたが、このような表面的に問題となる行動も、場面と照らし合わせてみると子どもなりに筋の通った行動であることが理解できることがある。このような観点から子どもの行動を読みとっていくことの中に、指導につながる行動があると思う。

　高橋先生がY君の落着きがない、待てない、我慢ができないという行動や状態は情況の理解と密接に関連しており、Y君のパターン化した行動は限られた刺激受容の状態の現われであり、爆発的な行動は運動コントロールやその調整にあずかる感覚の使い方に問題があると読み取っておられることは、行動の背景にある問題を深く洞察している点からも納得できる。このような洞察に基づき課題の設定がなされたのだと思われる。そして、報告の中では述べられていないが、高橋先生はY君の現実に示している行動の中から、指導の手掛りを見つけ出し、それを足場として、課題学習への導入が図られたのだと推測される。しかし、報告においては、「本児は多動で机に向かうことはほとんどなかった」、そこで、「本児にとって理解しやすい、操作が簡単にできるもので結果が明確に出るものを用いた」ということで課題が設定されている。この理解しやすい、操作が簡単にできると判断されたのは何故か、すなわち、高橋先生が、どうY君とかかわりをもち得たのか、どのような行動を足場として課題を設定されたのか、などを明確な形で述べていただけると、Y君のような子どもに接しつつも、課題学習へ導入を図ることに難しさを感じている教師たちにとって示唆を得ることが多いと思うからである。

　高橋先生の報告で非常に参考になることは、この報告が、課題学習におけるY君の課題への反応の内容から行動のまとまっていく経過を分析されていることである。「動きとそのまとまり」というテーマを与えられると、日常の行動や集団内での振舞い、学習情況での態度などに視点をあててみていくことが多

い。この視点は重要な視点であるが、本報告のように課題学習の経過の中でみていくことも大切な視点といえよう。

　高橋先生はＹ君の課題学習の経過でみられた代表例の第一として、形をどうとらえているか、またそのとらえ方がどう変化していったかの経過の内容をみていくことで、外界の刺激受容の様相の変遷をみていっている。当初はＹ君は刺激図形の持つ特性の一側面にステレオタイプ的に反応していたが、徐々に図形の輪郭に沿った運動が成立していっている。このことは、Ｙ君の物の見方がより整ってきた、つまり、三角形は三角形として見ることができてきたこと、また、それを表出する運動の調節（三角形の周囲をクレヨンで描くなど）がみられてきたことを意味している。

　もう一つの学習例として、ことばの学習があげられている。絵カードの分類、見本合わせから、言語指示による絵カードの選択、二つの事物の名称指示による線結びの課題を遂行していく中で、Ｙ君がことばの指示を受け容れ、ことばによって自分の行動を調整するようになった。

　これらの課題学習での進展に伴い、本児の日常の教師との付き合い、母親や家族との付き合いができるようになってきたと結んでいる。このように課題学習での効果が、日常の行動上に現われること、課題学習での学習内容の高次化と行動全般の高次化が大きく関連していることが仮説として考えられており、高杉の実践経験の中でも言えるように思われ、今後なお検討を要する問題を残しつつも、課題学習の果す役割りの一つとして注目すべきであろう。

　課題学習は指導者が子どもに即して課題を設定し、教材・教具を介在させつつ、子どもに課題の内容を理解させていくための条件を整えて呈示し、子どもは与えられた課題情況の中で解決を見つけていくことであり、このやりとりの中で子どもの反応を見極めつつ、より高次の学習へ進めることを目的とする。このように課題を段階を踏んで解決し、内容を習得していくことが、主たる目的であるが、それとともに、課題学習情況は、教材・教具を間にはさみつつ、指導者と子どもがお互いにやりとりする情況であり、物を介してのコミュニケーションの場であり、お互いが理解し合う場である。Ｙ君と高橋先生との関係が「軽くなった」のも、高橋先生がＹ君ととことん付き合ったことによることも大きいと思われる。

　以上のような意味からも、高橋先生の課題学習を通しての報告は「動きとそのまとまり」を考えていく重要な一視点として示唆に富むものである。高橋先生の考えておられることをさらに補っていくうえでは、子どもの課題解決に現

われた反応をみていくとともに、課題情況における子どもの行動、たとえば、どのように子どもが課題情況を受け容れたのか（席についたのかなど）、課題に取り組んでいる時の子どもの目の動き、手の動き、姿勢、学習につまずいた時の子どもの対処の行動（席を立つ、怒り出すなど）等も重要な情報としてみていくことが考えられると思われる。

また、前述したように子どもとのかかわりは、課題学習情況だけでなく、リズム遊びや体操など他の学習場面、日常生活の付き合いの中でも視点をもって取り組むことによって行動の変換を図ることができると考える。この場合は一見取り組みやすくみえがちであるが、しっかりとした視点と情況の整理を考えていくこととともに行動に対する深い洞察を要する。しかし、日常の行動の中で考えていくことは教育の出発点として見なおしていく必要がある課題であろう。

私の訪ねた時の一場面として、食事時のＹ君の行動のスムーズな流れに、高橋先生の「軽くなる」という表現があてはまる感を受け、また、今後のなお一層の行動の変換が期待される印象に残る場面であった。

（高杉弘之）

6

力ずくの対処を受けて閉じこもった人が外への動きに踏み出すまで

——力ずくの対処によっては生命活動の著しい縮小をきたすばかりであった人に対して生命活動の自己調整促進をたすけることを目ざした一実践研究の過程

東北大学教育学部
吉武清實
須藤昌彦
今野正良

I はじめに

　ベッドに横たわって動かず、摂食の活動すら3日に1食となる程に生命活動を縮小してしまう。力ずくの対処を受けてこのような調整を余儀なくされたMと、筆者ら大人側との相互輔生（梅津，1978）の歩みを報告する。

II 事例研究

1 事例

　M男　1966年3月生　家族構成　両親、M、妹の4人。

2 生育歴[1]

〈新生児期〉吸引分娩にて出産、臍帯巻絡2回半、仮死、チアノーゼあり、生下時体重3,580g。

〈乳幼児期〜〉喘息あり。5カ月時消化不良、表情乏しくなる。あやしても泣きやまず。泣いていると口周辺にチアノーゼ（2歳まで続く）。1歳時人見知り強い。初語12カ月、ただし「意味のある」発信は、2歳半頃から「オミズアゲルヨ」「チョコレートアゲルヨ」等の要求の発信として出現してきたとのこと。始歩15カ月。アイコンタクト（−）、8歳を過ぎて（＋）となる。夜泣き激しい。周囲への関心薄い。戸の開け放しを気にする。特定のもの（幾何模様、コマーシャル）への興味あり。物音を恐がり母親にべったり。2〜3歳から11〜12歳まで、〝水遊び〟（石けんを両手でこすって泡を作り続ける、ホースで浴室の壁・窓へ水を撒く等）が続いた。5〜8歳にかけて最も盛んだった。

3 医学的診断

3歳時国立S病院にて〝自閉性障害を伴う精神発達遅滞〟の診断を受ける。5歳時からT大学病院精神科で〝脳の発育促進剤〟（母親談）を2年間服用。

4 教育歴

5歳から都内T教育相談所でプレイセラピーを受ける。I小学校特殊学級に入学。4年時、T教育相談所と同じ建物内にできたJ小学校の情緒障害児学級に通級。5年時、M市のA小学校情緒障害児学級へ転入。同校卒業後、精神薄弱養護学校中学部を経て福祉作業所に3年間在籍。1984年4月より自閉症療育施設Nホームにて筆者ら（A_Y、A_S、A_K、A_M等、以下Aと記す）と週5日の係わり開始。

Ⅲ 1984年度におけるMの動きの様子

1984年初め、「動かなくなる・トイレに閉じこもる、何事につけ行動がスローテンポで困る、これらのことがなくなって、少しでも年齢相応のふるまいになってくれたら……」というのが母親の願いであった。

実際、1984年5月からAが係わり始めたとき、Mが動き出さない・動かなくなる・トイレに閉じこもるという場面にしばしば出会った。

それが《閉じこもりにじっくりつき合う》《その間に「……しに行こうか」と自発し易い活動種へ音声言語のみならず、絵・写真・実物で誘う》《その活動への切り換わりの気配が生じるまでじっくり待つ》《動き出す気配がみられたら「一、二の三」等、切り換えの諸信号を添えて促す》《トイレの前に椅子を置き、トイレでなくとも椅子への退却ですますことができるよう促す》という働きかけに始まって、1984年12月までには数種の活動（買物、調理、食事、勉強、掃除、日記）への誘いに対し、時間をかけてゆっくりと切り換えることが多くなった。それらの活動の部分部分をリードされながら行っていった。

1985年の3月まで、次のような場面がひき続きみられていた。①ひとりにされると、人の動きの少ない小部屋へ行き椅子に座って過ごす。②買物へ行くといって買物かごを持ち、門まで出たところで動かなくなる（動き出しを促すとオンブを求めてくる）。③所望のメニューが出されたにもかかわらず、そのそばに立ち続けたままで食べ始めない。

1年を通して母親は、〝幼ないことはできるだけやらなくてもすむように〟との思いから、Mの「オンブ」「ダッコ」の求めに対し、拒んでおられた。

Ⅳ　Mの生命活動の縮小、その後の拡大過程

1　1985年4月〜5月

　1985年4月、Nホームにおける状況の変動（指導員2名とも交代、通所メンバーも前年度の6名から10名に変化）を契機としてNホームにきたがらなくなった。この3月までやっていたNホームでの種々の活動に向かい難くなった。車がホームに近づく、あるいはその方向へ向かうだけで動揺する。身体を硬直させ、目を手でおおう。これに対して、力ずくの対処がなされたため、Mは起床とともに家のトイレに閉じこもるようになった。それでもなお力ずくで動かす対処がなされたため、ついにベッドに閉じこもり、1日のほとんどをそこに横たわり続けるようになった（図6-1参照）。食事もとらず3日に1食のリズム。みるみる体重が減少し目にくまができ始めた。要求の発信もすっかりなくなってしまった。〝スローテンポながらもこちらの言うなりに動いてくれる子である〞という、3月までのMをみての思い込みと、〝ホームへは毎日遅刻せずに行かねばならない〞とする不文律に支配されていたこととが、大人側に力ずくの対処をとらせた。状況はMにとってはなはだ苛酷であった。

　これに対して、母親と筆者らは、力ずくの動かしはしないこと、したがって、無理にNホームへ連れ出さないこと、減少した要求の発信に確実に応じること、あざむかないことを申し合わせた。

2　1985年6月

　力ずくの動かしがなされなくなると、Mは激しい閉じこもりからきわめてゆっくりとたち直り始めた。彼は徐々に徐々に活動を拡大していった（図6-2参照）。最後の拠点であるベッドへ退却しているばかりでなく、走行する車への閉じこもりも行うようになった。午後をドライブで過ごしては、次の2日、3日をベッドで過ごした。

3　1985年7月

　筆者らは、週の1日か2日、母親に代わってMのドライブの相手をし始めた。日没、筆者らの方で走行を切り上げるまで、Mが出してくる要求の発信に全て応じた。指定の場所へ着くと、Mは次の行先を指定してくる。そこへ着くや、Mはさらに次の行先を指定してくる。こうして時に9時間にもおよぶドライブの時間が流れていった。指定の行先へ向かう間、Mのべそ声の発信（たとえば〝海見ニ行クヨ〞）が繰り返し繰り返ししつこいほど続いた。

（1985 年）*¹

4・10（水）J・C ホットケーキ作り。

4・11 欠席*²

4・12（金）押し入れに入り込む。力ずくで出そうとしても、目を閉じ、体を硬直させ、動かず、昼食を取らず。

4・15（月）J・C ドーナツ作り。廊下掃除。

4・16（火）ホームに入らないのを無理矢理連れ込む。J・C ドーナツ作り。

4・17 欠席

4・18（木）

4・22（月）無理に力ずくで連れ込む。J・C 3 往復廊下を拭く。

4・23（火）J・C

4・24（水）

4・25（木）昼・夕食とらず。E スーパーへ行った後、家へ入ろうとしなかった。

4・26 欠席　朝食とらず。

4・30（火）朝 6 時半から長い間トイレにこもっていた。

5・1（水）トイレへのこもりは 5 時間に及ぶ。「ホームニイカナイ」

5・2（木）昼食とらず、帰りの会まで椅子に座ったまま。

5・7（火）この頃一日一食。朝トイレへのこもり。

5・9（木）掃除の時、固く目を閉じて椅子に座ったまま。手で目をおおっている。

5・10（金）畑でオシッコ。

5・13（月）車から降りない。AS が力ずくで降ろす。目をつむる。さらに目を手で押さえ、玄関から完全に閉じたまま。

5・14（火）両親がいつも以上に圧力をかけて、家を出るところまでこぎつけた。しかし、N ホームに着いてみると車から降りず、AS の力ずくに対して身体を固くし、窓のへりにつかまって、てこでも動かぬ程。ようやく降ろすと右手で目、左手で左耳をしっかりと押さえ、足は半分曲げて歩きを拒む。玄関の前に置かれた椅子でも目・耳を手で押さえている。

5・15（水）「海ニイクヨ」「海ニ連レテッテチョーダイ」

5・16（木）朝、トイレへのこもり。「N ホームは休みにしよう」と言うと、ニコッとして出てきた。ドライブの途中（母親は）N ホームへ連れてきてみた。カレースパゲッティ一皿食べる。

5・17 欠席

5・20（月）

　5・21（火）車から強引に降ろす。

　5・22 欠席

　5・23 欠席　朝無理に一階に下ろすと、部屋の隅で夕方まで立ち続けている。夕方自分で二階に上がる。夜汗をかいて気持ちが悪くなったのか一階に下りてきて風呂に入る。

　5・25　　終日ベッド

　　～28 欠席　終日ベッド

　5・29

　　～31 欠席　午前中ベッド。母親添い寝。母親寝入る。午後 1 時頃「オ母サン起キテ下サイ」と起こし、自ら一階へ連れて下り、炒飯を作らせた。しかし食べず、ずっと一か所に座っていた。

6・1（土）午前中、半日かけて母親が一階まで降りる。

　6・2（日）朝両親で一階に下ろす。

　6・3 欠席　朝両親で一階に下ろす。午後「E スーパー」店へ着くと「オカーサン、カイモノスルノ」

　6・4 欠席　朝両親で一階に下ろす。しかし、ソファーの一か所に夕方まで動かずにいる。風呂に入る頃から動きが出てきた。

　6・5 欠席

6・6（木）4 時少し前、子どもたちの帰ったところへやって来て活動。

　6・10 欠席　ひとりで一階へ下りてくる。

　6・11 欠席　ひとりで一階へ下りてくる。

　6・12 欠席　一日中、ベッドの中。

　6・13 欠席　お昼から、平泉までドライブ。夕方、家に着くが、車の中。窓しめきり、ロックしている。9 時頃、消灯して「もうみんな寝るよ」と母。しばらくして家へ入り食事。

　6・14 欠席　一日中、ベッドの中。

　6・17 欠席　夕方おんぶで一階へ。

　　～19 欠席　夕方おんぶで一階へ。

　6・20 欠席　N ホームへ TEL したいと言い出すが、いざしようとすると動かなくなる。

6・21（金）母が「E スーパーへ行こうか」と誘うと、「イヤダヨ、N ホーム」1 時過ぎ N ホームへ。

　　＊1　A との共同活動
　　＊2　N ホーム欠席

図 6-1　1985 年 4 月から 6 月：力ずくの対処にともなう M の活動の縮小化

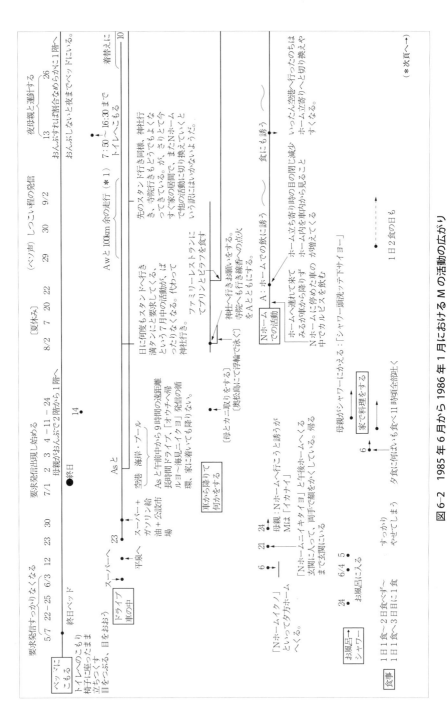

図6-2 1985年6月から1986年1月におけるMの活動の広がり

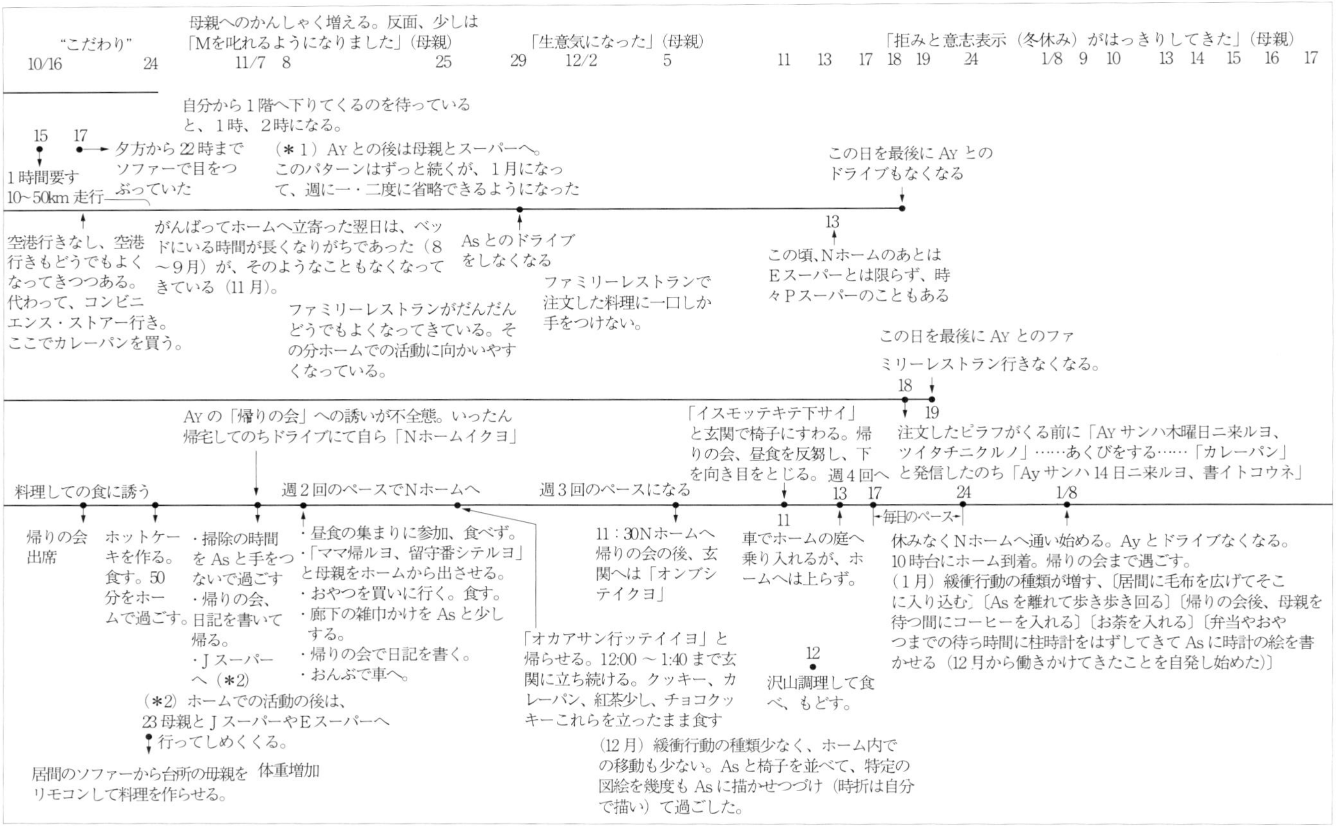

図6-2 1985年6月から1986年1月におけるMの活動の広がり（つづき）

母親とのドライブにおいても、筆者らとのドライブにおいても、幾つかのき
まった行先へ幾度となく走行させたが、なかでもガソリンスタンドで日に何度
も満タン給油させること、ある海岸へ行かせることをしきりに求めた。

　この係わりの中で、1日1食を摂るようになった。家庭において、風呂の活
動のほかに調理の活動を行う日も混じり始めた（いっときに何杯も食べ、3〜4
時間後に全部を戻してしまうことがしばしばだった）。

4　1985年8月〜9月

　猛暑の日、汗びっしょりになりながらも、Mは車窓を完全に閉めきって走行
を続けさせた。彼は、この動く空間を拠点として、少しずつ車外での活動を広
げ始めた。この先、必ず行かねばならなかった走行先がどうでもよくなるたび
に、Mはきまって飛躍をみせた。必ずしなければすまなかったことが、どのよ
うにしてどうでもよいものになっていくことができたか。あれだけ求め続けて
きたガソリンスタンドでの満タン給油は、母親がそれを渋ることの多かった間
しきりに続いたが、これを快諾するようになったとたんにぱったりなくなっ
た。そして、この満タン給油がどうでもよくなったとき、ひとつの飛躍——車
から出てする活動が現われた。Mは近郊の神社で賽銭を入れて拍手を打っては
そそくさと車へ戻った。丘陵の寺院で線香に着火してはこれまたそそくさと車
へ引き返した。

　その20日後、今度は神社、寺院行きがどうでもよくなってくると、ファミ
リーレストランで食事をするという活動が必須のものとなった。この頃、日に
2食の日も混じり始めた。

5　1985年10月〜12月

　10月半ば、8月末からA$_Y$との間で続いていた空港近辺への走行がどうでも
よいものになってきた。これもA$_Y$が受信を渋ったりけちったりしている間弱
まることなく、確実に快諾し始めたとたんに走行の短縮と省略が起こるように
なった。

　それとともに、短時間ながらNホームでの活動へMは自分から向かい始め
た。11月中は週1回のペースでMはホームへやってきた。

　12月始め、A$_S$とのドライブを求めなくなると週3回のペースになり、さら
にA$_Y$との走行が不要となった12月の後半からは、休みなくNホームへ通っ
てくるようになった。

この間の変化に対応して、Aとの〝ことば〟のやりとりの様子も変わって
いった。

9月以前には、目を手でおおい小声で独りごと発信が非常に多かった。Aへ
向けて発信してくるときには、自分の言ったことに応答させようとした。しば
しば、べそ声で同じ内容の発信を何百回と繰り返す。Aがその逐一への応答を
怠ると、Aの口へ手をのばして同じ内容を反復させようとした。

10月後半から11月中にかけて、小声で独りごと発信はめっきり減った。A
に向けてしつこい程にする同じ内容の繰り返しもまれになった（Mにとっての
重要な活動が実現しえないでいるとき、あるいはNホームで過ごしたのちの走行で
生じた）。車中ゆったりと座っているようになってきた。発信するときはAに
向かって軽く発信してくる。MはいちどAに言えばそれで足りた（それでもい
ちど言ったことをもういちど言い出すことがあったが、それは車が信号待ちで停車
するときにそうなる程度だった）。会うたびに表情がよくなっていった。

6　活動を切り換える自己調整の進展（実例）

Mが活動を拡大してくる過程で、〝動かなくなる〟〝動き出さない〟という行
動が、次第に消えていった。その様子を、記録からの抜萃で以下に示す。

例1.　1985年8月29日

　Mが「チャーハン食ベルヨ」というので母親が炒飯を作って出す。しかし
Mはこれを食べない。

例2.　1985年9月6日

　Mはベッドにいて「Aᵧサン来ルッテヨ、Aᵧサン来ルヨ」「オンブシテ行
クヨ」「全日空デ行クヨ」「枝豆煮テ食ベヨウネ」とあれこれ発信し続ける
が、一向に動き出さない（その前日も枝豆を煮て食べるというので煮て出した
のだが、食べなかったとのこと）。ドライブのために、Aᵧ（ずっとそばにいた）
におんぶされて1階へ下り出したのは1時間半の後であった。

例3.　1985年9月12日

　Mはずっとベッドにいる。10時50分過ぎ、Aᵧがそばへ行くと、目を右
手でおおったまま、左手でAᵧの腕をつかんで、「ママ帰ルヨ」「Aᵧサン来
ルヨ」「イヌノオバーチャン」「チョコレートパフェ」「カニピラフ」「Nスー

パー」「トンカツ」等、多くはべそ声で断続的に発信し続けるが、そのどの行動にも切り換えない。10数分後、A_Yに負われてNスーパーでの食べる活動へ切り換えた。

例4. 1985年10月17日

　ファミリーレストランでプリンを食べたあとの品目（カニピラフ）を、次週に延ばさせることにしてみた。レストランを離れたあと、Mは「Nホーム行コ」「オカアサンノトコ行コ」と葛藤状態にある。Nホームの昼食（カニピラフが用意してある）に誘うが、車から出ない。43分後帰途につく。途中「カニピラフ」と小声で独りごちている。A_Yとの別れぎわA_Yが車から下りるのを引きとどめる。帰宅後、夕刻からの5時間余を、目を手でおおってソファに座り続けた。翌日から翌週の約束の朝まで、「24日ニA_Yサントカニピラフ」とずっと言い続けて暮らしたとのこと。

例5. 1985年11月28日

　コンビニエンスストアK店でカレーパンを買うという行動が発現したとき、A_YがもよりのN店（K店と同系列）で買ってすまそうとしたところ、しばらくのべそ声発信ののち、Mは「オシマイ、オシマイ」と言ってA_Yの口許へ耳を寄せてきた。A_Yはそこへ耳打ちするように「オシマイ、オシマイ」と反復した。Mはにこやかにこのやりとりを続けた。カレーパンをK店で買うという行動の不全態[2]をA_Yとのこのようなやりとりによって処理し終わるまでに、Mは1時間余を要した。

例6. 1986年2月17日（Nホームにて）

・M「氷アズキ」—[3] 〝氷あずきを買って食べる〟活動（活動ⓐ）発現→展開：歩いてA_Sと買物へ。

・（ホームを出てすぐに）M「ソフトクリーム」「ナポリタン」— 〝EスーパーN店でソフトクリームを買って食べる〟活動（活動ⓔ）、これとセットの活動ⓖ（後出）および 〝N通りのレストランでナポリタンを食べる〟活動（活動ⓝ）発現→「しまってるよ。お休みね。Eスーパー行こう」とA_Sにとどめられ不全態のまま、M「Eスーパー、アイスクリーム」と活動ⓐ、および／あるいはⓔへ切り換える。

・（パン屋の前にさしかかる）M「パン買ッテ帰ルヨ」— 〝パンを買って食べ

る"活動（活動ⓗ）発現→「まずEスーパー行こう」と軽く制止すると不全態のまま、M「Eスーパー。パッフル。ソフトクリーム」と活動ⓔ（およびⓐと思われる）へ歩き出す。途中、何度かM「Eスーパー行ッテアイスクリーム買オウネ」とＡsへ言う。

・（EスーパーN店手前の店で）M「氷アズキ」と言って、これを6個買う→活動ⓐ展開。

・（買い終わるや）M「Eスーパー行クヨ」―活動ⓔ、ⓤ発現→「かき氷をホームに置いてから行こう」とＡsに軽く制止されると不全態のままUターン、M「分ケテ食べヨウネ。スプーンモッテキテアゲルヨ、オ皿」―活動ⓐへ切り換える。

・（ホームへ戻り始めに）M「ウドン、ウドン」―"Eスーパーの先にあるうどん屋でえび天うどんを食べる"活動（活動ⓤ）が頭をもたげている。

・（ホーム着。氷あずきを他の子どもたちと分けあって食べるが、食べ足りず、べそ声でM「痛カッタァ！」と十数回言う。Ａmの所へ行き、M「アイスクリームチョーダイ」と分けてもらう）。

・M「ウドン食ベニイクヨ」―活動ⓤ発現→Ａsが「うどん作ろうか」と言うと、M「ショウガ」と展開しかけたかにみえたが、すぐM「ボンテ鳴ルヨ？オンブシテ行クヨ」―"昼の弁当を食べる"活動（活動ⓧ）へ切り換える→展開：Ａsにおぶさり、時計まで行ってM「6時ニナッタラ、ボンテ鳴ルヨ[4]。コノ針が15マデキタラ」と言う。Ａsまだ鳴らないよ、この針が12まできたらね」と言っておろす。15分程、こうやって過ごす。途中、活動ⓤが一度だけ頭をもたげる。

・12時になり、活動ⓧ自全態化。（自ら「オ弁当片付ケテ」と言いつつ片付け終わると）M「アイスクリーム、酒屋サンニ行コウ」―活動ⓔ発現→展開。

・（ホームを出てすぐに）M「氷アズキ、Eスーパー」―活動ⓐ発現→展開：自全態化（Eスーパーで買って近くの神社で食べる。食べ終わると）M「オ掃除」―"ホームで掃除をする"活動（活動ⓒ）発現→Ａsに「まだ早いなあ」と言われるとM「氷アズキ」―活動ⓐ発現→Ａsに「もう終わりね」と言われM「ドーナツ、ドーナツ作ろう」―"ドーナツを作って食べる"活動（活動ⓣ）発現→展開：Eスーパーで材料を買って出る。

・M「ウドン、ウドン、ウドン屋サン」（とやや強く）―活動ⓤ発現→Ａsに「がまんしよう」と言われるやM「ドーナツ、作ロウ」と切り換える。

・（戻り道、午前中、氷あずきを買った店の前で）M「氷アズキ」―活動ⓐ発現

→Asが「もう食べたでしょう」と言うとM「ドーナツ、オ砂糖入レテ」
（と歩き出す）。

・（しばらくして）M「ナポリタン」―活動ⓐ発現→Asに「ん？ ドーナツ
は？」と応じられ、M「オ砂糖入レテ」―活動ⓓへ。

・（コンビニエンスストアの前へ来て）M「イチゴアメ、オカアサンニ買ッテ
モラオウネ」と自ら言って抑制。

・（レストランを少し過ぎたところで、歩みをゆるめ、下唇をかみ）M「ナポリ
タン」―活動ⓐ発現→「ドーナツにしよう」と促されるとM「オ砂糖入レ
テドーナツ」―活動ⓓへ。

・ホームへ戻り集中してドーナツ作り。小麦粉をかき混ぜるのに疲れたとこ
ろでM「カキマゼテアゲルヨ」と代わらせる以外には、ひとりで鮮かに作
り上げる。他の子どもたちと一緒に食べ終えるが、食べ足りない（不全態）
…中略…（誘われて、皿を洗い終えると）M「ソウジ」。

・椅子に座って日記を書く集まり（帰りの会）を待つ。日記の時間、Asと
腕を組んですごす。

・（サヨナラのあいさつが終わるや否や、Asの腕をとって）M「コーヒー」―
〝コーヒーを入れて数口飲む〟活動発現→展開。

・M「ウンウン」― 〝トイレへ行き排泄する〟活動発現→展開。

・M「オンブシテイクヨ」― 〝Asにおぶさって玄関へ下りる〟活動発現→
展開：玄関に下り靴をはく（迎えの母親と帰る）。

V　まとめと考察

Mが〝動き出さない〟あるいは〝動かなくなる〟というのは、Mにどのよう
な事情があってそのような行動を起こしているのだろうか。Mが活動を楽に切
り換え、活動に集中を作り出せるよう励ます状況とは、どういう状況である
か。例1～6の記録に、関連する情報を加えて、ここまでの経過を整理してみ
る。

（1）自分の起こす活動が容れられないときMはそこでの不全態の処理に非常
に苦労していた（例4～5）。9月半ばまで、あれこれの活動が発現しかかるも
のの、展開するに至らないことがほとんどであった。それがどのような行動の
不全態が尾をひいていることによるものか、その時々の係わりの中で仮定でき
ないことが多かった（例1～3）。

（2）その時期その時期に、Mがこれをすると決めている重要な行先、重要な

活動がある。これが阻まれるとき不全態が尾をひき、その後の活動の集中に支し障りが生じている（例4〜5）。

　(3) 1985年8月、9月、不全態が尾をひくとき、Mはそれを独りで処理しなければならなかった。Mは目を手でおおって動かなくなる。このような調整が10月中までみられていた（例4）。11月に入ると、まずMと母親、次にMとA、各々に相互の関係に一つの進展が生じた。Mは自分の起こす活動が不全態にとどめられたときの心理的動揺を、母親もしくはAγとのやりとりによって処理するようになった（例5）。

　(4) 1985年12月、弁当のおかずに餃子とMは決めていて、この〝決めたものを食べる〟ということにより、ホーム内に入って過ごすことがMにとってより行いやすくなっているようであった。Mは余り移動せず、Asと腕をくみ、特定の図絵を繰り返しAsに描かせて（ときに自分自身で描いて）過ごした。しかし、幾つか食べる活動を起こした（たとえば「イチゴチョコレート、Skニ買イニ行コ」）。Asはそれに応じて動いた。

　(5) 1986年1月前半、ホーム内をAsから離れて動き回ることが出てきた。食べる活動が増し始め、餃子の弁当に頼らずともすむようになった。1月下旬、Mは次から次に食の活動を起こそうとした。Asはいくらか抑制しようとして臨んだ。しかし、Mは〝渋りとけちり〟の対応にあうと、かえって発信を強くし、手の甲のかさぶたを引掻いた。2月に入り、Asが快諾して動き始めると、Mは楽に抑制するようになった（例6）。あれこれの食べる活動が不全態にとどめられようと、そのたびに自ら代案を出すことあるいは提案された代案にのることで、次の活動に集中することができる。

　(6) 1月の末よりMは、逐一の活動の切り換えを母親に発信することであるいはAに発信する（例6）ことで、行っている。代案によって次の活動に集中できるという調整のゆとりは、この絆（とりわけ家族との絆）の成立の上に生まれてきているのだと思われる。

注

1)　母親より呈示の資料による。
2)　いったん発現した行動が完了に至っていない場合に、その行動は不全態にあると呼び、完了に至ったとき自全態化したと言いならわす（梅津，1976）。
3)　―はMの発信をAがどのように読み取ったかを示す。
　　→　はMの発信に引続いて生起したことを示す。

：　は展開した活動の内容を示す。
4)　'86年に入って，毎日ホームへMが来はじめたとき、着がえもそこそこに、お弁当を食べ始めようとしていた。その度にAsは柱時計の下までMをおんぶしていき、「12時になって、ボンと鳴ったら食べようね」と言っていた。

文献

梅津八三（1976）「心理学的行動図」『重複障害教育研究所紀要』創刊号.
梅津八三（1978）「各種障害事例における自成信号系活動の促進と構成信号系活動の形成に関する研究――とくに盲ろう二重障害事例について」『教育心理学年報』第17集.

●コメント

　事例Mについて松田が入手し得た情報は、決して多いものではない。すなわち、①吉武先生をはじめとするかかわり手からの報告やVTR、②Mと周囲の人々とのかかわりあいの場に松田が臨み、直接行った観察（1985年8月29～30日および同年12月18～19日）、③Nホームや親の会からの印刷物、④小学校4年から5年にかけて通級した情緒障害児学級の担任との電話、これらを通して得た情報であり、Mがすでに20歳に達していることからすると、極めて断片的で粗い情報でしかない。しかし本事例は、Mのような行動特徴をもつ子どもへのかかわり方という点で示唆するところが多々あると思われるので、事例報告を補う情報を紹介しつつ要点をいくつか述べることにする。

　まず、Nホーム通所開始以前のMの様子について得られた情報を紹介する。

　Mが4年から5年にかけて通級していた東京のJ小学校情緒障害児学級のO先生は、電話の中で、当時のMについて、「言葉はあまりなかった。閉じこもりがちでおとなしかった。無理に何かをさせる指導はしていなかったためか、Mを動かすのに苦労はなかった。パニックもなく、指示には従っていた」という趣旨のことを述べている。

　MがM市に転居した後の様子について、吉武先生がそれぞれの担任他から得た情報は、概略次のとおりである。

　小学校5年～6年の情緒障害児学級の担任は、Mの行動に合わせて動き、いくらかずつ指導していくという姿勢で臨んだ。たとえば、Mが「ソフトクリーム描イテヨ」と言う度に先生はその通り絵を描いてやり、Mがそれを切り抜いた。この繰り返しを20～30分続けた。しかし、先生が「自分で描いてごらん」と言っても、Mは描かなかった。Mが動かなくなるということは、あるに

はあったがさほど目立ってはいなかった。むしろ指示は通った方であり、扱い
やすかった。ただし、偏食があり、嫌いなものは頑として食べなかった。

　精神薄弱養護学校中学部では、Mは子ども達のうちで最も扱いにくい子ども
であった。立ち止まり、動かなくなり、目と耳を手でおおっていた。ひとりで
うずくまっていることが多く、力ずくで集団行動に参加させられることもしば
しばあった。

　福祉作業所には3年間通ったが、作業にはならなかった。指示が通らず、部
屋の隅に立って外を眺めていることが多かった。2年目には、駅―作業所間の
送迎バスから降りないことが多くなり、無理に降ろしても作業所の建物に入ろ
うとしなかった。建物に一旦入れてしまえば、いつもの生活を送ることはでき
た。帰りのバスも駅前で降りず、車庫まで乗っていくことが多くなり、自家用
車による送迎に変わったが、車から降りない傾向は3年目の冬場には一層強く
なった。行動が止まることは2年目の後半から3年目へと頻繁になったという
ことである。

　Mは福祉作業所からNホームに移り、本報告の執筆者をはじめとする方々と
かかわりあうこととなった。Nホームは、「15歳以上の自閉症及び自閉的傾向
を有する者を、個々の能力に応じた適切な指導のもとに日常生活の自立をはか
り、社会適応能力を養ない豊かな人間形成と社会参加をめざすことを目的に」
1984年4月に設置された自閉症療育施設である。建物は市の旧公舎（約108坪
の敷地に36坪余の平屋）であり、市街地にある。通所者に直接かかわる大人は、
2名の指導員と補助指導者（ボランティアおよび保護者）である。

　1984年度は通所者6名でスタートし、治療教育、生活指導のほか作業指導
にも力が入れられた。Mは当初動きが止まったり、閉じこもったりが目立った。
しかし、報告の3にあるように、指導員がじっくり、ていねいにつきあうこと
により、徐々に行動の切り換えがスムーズになった。後半の3カ月ほどは朝8
時半から夕方5時までランドリーでの実習に参加し、シーツをたたむ、カバー
をより分ける等の作業をスローテンポながら行っていたとのことである。

　1985年度は通所者が10名に増え、また指導員が交代したこともあり、作業
指導は通所者個々の特性と日常生活に一層密着した形で行われることになっ
た。しかしMは、1985年3月に母親が腰を痛めたため、しばらく自宅での生
活を余儀なくされたこと、Nホームの状況が変化したこと（通所者の増加、指
導員の交代）、力ずくでNホームに通わせようとしたこと、等の要因がからみ
あった結果、これまでにみられなかったような激しい閉じこもりを示すに至っ

たのである。その端的な表れは、3日に1度の食事である。

　このような状態に陥ったことについては、「精神面で深い問題があることが推測され、精神科治療を必要とするのではないか」という見方もあろうが、吉武先生をはじめとする方々は、かかわりあいを通して行動の改善を図るという考えに基づいて対処された。すなわち、かかわり手は①力ずくで動かすことはしない、②減少した要求の発信に確実に応じる、③あざむかない（たとえば、ドライブ中にMが要求する行先に応じるふりをしてNホームに向かうようなことはしない）、の3点を原則として、随時工夫しつつねばり強いかかわりを試みられたのである。

　たとえば、松田が訪問した8月末には、吉武先生は次のようなかかわりをされていた。この日（8月29日）、Mは吉武先生の家庭訪問を期待していたらしく、ドライブに行くことを誘うとスムーズに車（As所有、吉武先生運転）に乗った。神社、スーパーマーケット等をMの要求に従ってまわった後、昼食のためM宅に戻ったが、Mは車から降りず窓をしめ切ったまま汗だくの状態で待っていた。その後ドライブを再開し、Mの要求するファミリーレストランに立寄った。プリン2個とピラフを要求し、ピラフを食べている途中でスパゲティも要求した。吉武先生は、食べ過ぎてはいけないことを繰り返し説明し、残りのピラフを全部食べるように促した。食べ終った後、店を出ようと誘うが、Mは立ち上がらなかった。吉武先生が駐車場までおんぶしていくことを提案しつつ、ドライブの続行を繰り返し誘うと、ようやくMは応じた。この後Mの要求に従ってあちこちドライブして5時すぎにM宅に戻ったが、Mは車から降りようとしなかった。後部座席に座っているMは、助手席の松田の肩をおさえ続けた。Mが乗っているAsの車からM宅の車に移って、母親とドライブすることへ誘うが、Mは応じなかった。松田が「今日のドライブは終りにして、次の会合に行かねばならないこと」、「そのために助手席ドアのロックをはずして降りること」をMに繰り返し説明した後に実行し、代りに吉武先生が助手席に座った。吉武先生はおんぶでM宅の車に乗り換えることを提案し、そのために後部ドアのロックをはずし、ドアを開けるように繰り返し誘った。かなり時間がたってからMはおんぶに応じてM宅の車に乗り移った。Asの車から数メートル前に止めてあるM宅の車に移るまでに、1時間以上が経過していた。

　このように、事情の許す限り上記の3点を原則として、じっくりとMにかかわることが実行されていた。その中で特に印象的だったのは、①Mの発信にはすぐに応じ、実行可能なことは確実に実行する、②実行不可能なこと（例―ド

106

ライブの行先として遠隔地を要求する）や、実行するとMに不都合が生じると思われること（例—食べ物を次々に要求する）については、実行できない理由を十分に分かりやすく説明することを繰り返す、③ ②と並行して他の活動へ繰り返し誘ってみる、ただし、圧力をかけることはしないで、Mがその活動や別の活動に切り換えるのを待つ、④Mがある活動に踏み出そうとしているが躊躇しているように読み取れる場合には、おんぶ等により助ける、等である。

　自力歩行が十分可能な19歳の青年に対して〝おんぶ〟で誘うことについては、実行上の困難は別にして、異論があろうと思われる。しかし、〝おんぶ〟で誘うことが固定化しないよう常に配慮を忘れなければ、Mのような閉じこもりがちな人から動きをひき出すための諸条件の一つとして〝おんぶ〟で誘うこともあってよいのではないかと考えられる。事実、1985年度後半のMは、前年度よりも一段と良い表情を示し、人とのかかわりあいも豊かになり、行動の切り換えがスムーズになったことは、上記のような考えに基づいた家庭やNホームの方々の努力のたまものと思われる。

　最後に、本事例研究をふり返り、Mの行動特徴についてまとめてみると、①人とかかわりあう行動において、乳児期からMには不十分さがあった、②周囲の事物への関心が十分拡がらず、水遊びのようないくつかの行動がかなり長期間固定的に持続した、③自分が思うように行動できない状況においては、パニックという爆発的な行動ではなく、動きを止めるという閉じこもりの傾向が早い時期からあった、④しかし、閉じこもりの強さは、小学校時代とそれ以後では若干異なっていると推測される、⑤この相異については、年齢に伴う心身の状態変化という視点から考えることも一方ではできようが、他方では、周囲の状況とりわけMにかかわる人のかかわり方に左右される傾向が大きい、と考えられる。

　とくにこの事例報告で記述されている最近2年間の経過は、Mのような行動特徴をもつ人において、周囲の状況の要因により行動がいかに容易に縮小に向かい得るか、それを再び拡大の方向に向けるためには周囲の状況を整えるうえでいかに多くの困難を伴うかを鮮明に描き出している。この事例は成人に近い年長者の事例ではあるが、乳幼児期からの一貫した取り組みのあり方を考えるうえで誠に貴重であると思われる。

（松田　直）

◆ 7

ある弱視ろう児の「視る力」を促す係わりについて

東北大学大学院教育学研究科
阿尾有朋
東京都心身障害者福祉センター
立石博章
東北大学教育学部
吉武清實

I　はじめに

　盲ろう児は、視覚と聴覚の二重障害により外部情報が絶対的に不足し、発達
が全般的に阻害される。それゆえ、盲ろう児の発達援助においては、残存する
知覚の積極的活用が重要である。完全な盲ろう状態を呈する子どもの発達援助
においては、主に触覚と嗅覚の活用が重要となる。視力または聴力がある程度
残存する盲ろう児においては、触覚や嗅覚だけでなく、それらの残存する視覚
や聴覚の活用も重要である（Martha, G., & Peter, V., 1991）。

　筆者らは、視力がある程度残存する盲ろう（以下、弱視ろうとする）の女児
を対象に、コミュニケーションや社会性の発達を援助することを行うなかで、
視覚を伴う認知機能の発達を促してきた。対象児（以下、S子とする）は、先
天性風疹症候群による白内障のため両眼水晶体摘出の手術を受けており、生来
的に強度の弱視である。筆者らが係わりを持ち始めた1歳4カ月当時、S子は
目の前の物体を拾うときも、眼で捉えて拾うというよりは、ただ漠然と顔を物
体の方へ向け、手を伸ばすという感じであった。遊びにおいては、手に取った
玩具を口にくわえたり、室内灯へ向かって顔を上げ、眼前で玩具を左右に振り
動かし光のちらつきを作るというふうであった。S子の「視る力」は、晴眼の
同年齢の子どもに比べ、コミュニケーションや社会性の発達と同様、はるかに
初期的な段階にあった。本来、視覚機能の発達は、コミュニケーションや社会
性の発達と切り離して論じることはできないと筆者らは考えているが、本稿で
は、S子の1歳4カ月時から7歳6カ月時までの視覚機能の発達と援助につい
て特に取り出して報告する。その際、「人の識別について」「視覚を介しての記
憶像または模倣について」「アイ・コンタクトおよび表情の認知について」と

いう三つの側面から記述することにする[1]。

Ⅱ　事例研究

　1　S子、1999年4月現在、7歳4カ月

　2　家族は、両親、姉（14歳）、弟（4歳）の5人

　3　**障害状況**　母親が妊娠2カ月時に風疹に罹患、生後1カ月時に視覚、聴覚、心臓に障害があると診断される。生下時体重1,595g。このとき保育器に入り、母親と約3カ月の間、分離状態にあった。先天性白内障により9カ月時と12カ月時に両眼水晶体摘出手術を受けている。視力は、0.06〜0.09程度（コンタクト装着時）と推測される。手にしたものを眼前約15cmの距離で視ることが多い。聴力は、聴性脳幹反応検査で90dB以上であり、日常生活場面での音に対する反応は見られない。

　定頸5〜6カ月、寝返り8カ月、座位10カ月である。移動・歩行は、2歳7カ月時につかまり立ち、2歳8カ月時に2〜3歩の伝い歩き、始歩は3歳11カ月時である。身体・運動面で、特に不自由は見られない。7歳6カ月現在、身長約108cm、体重約13.5kg。

　4　**療育・教育歴**　3歳4カ月時から4歳3カ月時まで週3回、障害児母子通園施設へ通い、4歳4カ月時から6歳3カ月時までは週5回、障害児通園施設へ通う。6歳4カ月時から盲学校へ通い始める。

　5　**津守式乳幼児精神発達検査（7歳6カ月現在）**　運動18カ月時、探索・操作18カ月時、社会（子どもとの相互交渉18カ月時、大人との相互交渉15カ月時）言語11カ月時。

Ⅲ　視覚機能の発達

　弱視幼児はその生活空間において少しずつ視覚機能を成立させていき、やがて一定の限界点に達するものと思われる。S子においても、徐々に視覚機能が向上してきた。

1　人の識別について

　識別距離について　人の識別は、人に抱かれてその姿勢でその人を視て、はじめて視覚的に識別できるという状態がまずあった。2歳2カ月時、父親に抱かれるつもりで他の大人に近寄っていき、その人に抱き上げられてから父親でないことに気が付いた。2歳4カ月時には、抱っこされる前に足下から相手を

見上げて相手を識別できるようになった。2歳の終わり頃になると、識別距離はさらに2～4mへと延びた。7歳6カ月の現在、識別距離は特に延びてはおらず、5m以上離れていると相手に気が付かないことが多い。このように識別距離はある程度までは延びてきたが、紛らわしい対象に対しては混同が生じており、そのような時には識別距離も近くなる。3歳頃、外出先で、自分の母親と同じような体型で同じようなズボンをはいた女性を自分の母親と間違えて近づき、その女性の足下で抱っこを求めた。その時点で自分の母親でないと分かり、その女性から離れていった。こういった人違いは、場所にもよるのだが、両親（またはボランティア）と服装や体型が似ている人に対して起きる。

人を視るときの目線について　4歳以前のS子は、人を視る時捉え所のないような目線をしていたが、4歳3カ月頃より一人一人に視線が停留し、一人一人を特定しようとしているような見方となった。

人の何処を視るか

S子は3歳まで、自分の周りにいる人や人がしていることに対して眼を向けるということがなかった。人の方へ向くのは、大人に何かを要求する時ぐらいであった。ただ、その時にも相手の人の顔を視るということはなかった。

3歳中頃から、コミュニケーションの面で大きな進歩が見られるようになり、視覚機能の面でも変化が見られた。すなわち、自分に働きかける人の動作に目を向ける姿が散見されるようになった。4歳6カ月時になると、S子は大人に抱っこされた姿勢で、自分の顔を大人の顔に約15cmの距離まで近づけ、耳や口の辺りを手で触ったり、匂いを嗅いだりするようになった。こうした変化の背景には、次のようなS子の対人関係における変化が関係しているように思われる。S子は長い間、それが母親からであっても、人から頬ずりされることを嫌がった。これは出生直後に約3カ月のあいだ母子分離の状態にあったことが原因していると思われる。それが3歳2カ月時になって、漸く母親に顔を近づけられても押し除けないようになった。そして3歳4カ月時には、初めてS子の方から母親に頬ずりをするという出来事が生じた。

4歳7カ月頃になると、S子の関心は人の口や顎だけでなく、その人の着ている衣服へも向けられるようになった。上着の袖口やフードの紐を手に取って眼前約15cmの距離で振ったり、上着の裾をたくし上げ、シャツの模様を視たりした。4歳10カ月時には、人の頭髪に関心を持ち、母親やS子宅を訪れるボランティアの頭髪を一束握っては眼前で振ったり、軽く引っ張ったりした。5歳5カ月時、それまでは視ようとしなかった人の口の中を、懐中電灯で照ら

して覗き込むということをした。5歳7カ月時、大人に口の形や舌の形をいろいろと変えさせたり、頬を膨らまさせたりして、その形の変化をじっと視るという行為を頻繁にするようになった。この行為は7歳6カ月の現在も毎日のように続けられている。

　両親からの頬ずりを許すようになった3歳初め頃から、S子は人がしてみせることに対して、少しずつ視線を向けるようになった。3歳7カ月時、立石（以下、Tとする）がS子の眼前約30cmの距離で大きさが少しずつ異なるコップを積み重ねてみせたところ、S子はその様子をじっと視てから、床に落ちている小さなカップを手に取り、Tが積み重ねたコップの上にそれを積み重ねようとした。5歳中頃になると、自分の方から両親や弟の方へと近づき、両親や弟がしていることをじっと視るということを始めた。5歳8カ月時、洗濯物を畳んでいる母親の膝に座り、母親の手によって洗濯物が畳まれていく様子をじっと視た。6歳1カ月時、両親が台所で食器を洗っている時、S子はボランティアの一人の手を引っ張って流し台の近くまで連れていき、そこでそのボランティアに抱っこしてもらい、その状態から流し台の方へ身を乗り出して、食器が両親の手によって洗われる様子をじっと視た。

2　視覚を介しての記憶像または模倣について

　S子の4歳後半という時期は、既述のように、いつも係わりを持つ両親やボランティアの様々な口の形や向きの変化に伴う顎の見えの変化を、（抱かれた姿勢で）よく観察するようになった時期である。そして5歳という時期は、大人に服を脱ぐように求めたり、別の服を着るように要求する行動を起こすようになった時期である。6歳という時期は、母親が洗濯物を畳んでいるところに寄っていって覗き込んだり、弟がおまるに座っているところへ寄っていってじっと視たり、弟が先ほどまで遊んでいたミニカーなどの玩具を手にとってじっと視るなど、周りで人がしていることを注視しに行くという行動が初めて見られるようになった時期である。そして7歳という時期は、大人が出す指文字・手話（5歳4カ月時から導入を試みてきたもの）に対して、じっと眼を向けるようになった時期である。

　このようにS子は4歳から7歳にかけて、人のすることや周りの状況にじっと眼を向けるようになっていった。

　しかしながら、視覚を介した模倣は、S子にはなかなか起こりにくい行動項目のようである。特に、人が物を操作しているのを見てそれを模倣するという

ことは、これまでに僅かな回数しか見られていない。

2歳7カ月時に、人がして見せたことを見てそれを模倣するという場面が初めて見られた。大人がS子の眼前、約15〜20cmの距離で棒さしの玩具に棒をさしてみせると、S子がその棒を抜いて自分で玩具に棒をさすことがみられた。

次に視覚的模倣が観察されたのは一年後の3歳7カ月時のことであった。TがS子の眼前、約30cmの距離で大きさが少しずつ違うカップを積み重ねてみせたところ、S子は床に置いてある小さいカップを手にとって自分でもそれを積み重ねようとした。

この後、4歳代に2場面、5歳代に3場面、6歳から7歳6カ月現在までに2場面の新規の模倣が観察されている。このように、視覚性の新規の模倣の発生は限られているが、生起する間隔は少しずつ短くなってきているようである。

一方、模倣の質は変化してきた。4歳代までの模倣は、大人に見せられるという状況の中で生じた模倣であったのに対し、5歳、6歳代の模倣は、日常生活場面の中で大人がしている行動を自分から認めてそれを真似たという点で、4歳代までの模倣と異なっていた。たとえば5歳8カ月時、玩具の櫛を手に取り、それを使って自分の髪をとかした。6歳代初めには、テレビのリモコンを自分一人で操作するようになった。

視覚を介した身振りや手話といったサインの模倣については、4歳8カ月時、阿尾（以下、Aとする）がS子の眼前、約30cmの距離で五指を順に折り曲げて見せたところ、S子は自分の指を順々ではないがそれらしく折り曲げた。4歳10カ月時、ボランティアの一人が訪問を終え帰宅する際、玄関でS子の眼前約30cmの距離で「バイバイ」と掌を振ったところ、S子はボランティアの掌を触った。その1週間後、同じ状況において、手を振り返した。この直後から、S子は「バイバイ」を他のボランティアや通園施設の保母に対してもするようになった。

筆者らは、5歳4カ月時、S子の周囲に身振り・手話・指文字使用の交信圏を形成する段階に入ったと考えて、「S子プロジェクト」と称して指文字・手話の講習を家族とボランティア、盲学校教師に呼びかけ実施した。これを契機に、まず、S子は係わる大人の作る手指の形を視るようになり、簡単な指の形・動きから次第に複雑な形や動きへと模倣を発展させてきている。

3 アイ・コンタクトおよび表情の認知について

S子は長期にわたり、人の顔が自分の顔に近づけられることを嫌がり、3歳

2カ月時に漸く、母親と顔と顔で見合うことができるようになった。しかしながら、母親はS子と目と目で見合っていると感じることができなかった。この時期、S子は大人に要求を伝える手段として、「人がいる方向を視る」ということをしたが、この時にも要求を受けた大人はS子と目が合っているとは感じられないでいた。4歳代、アイ・コンタクトの成立を暗示させるような場面がいくつか生じた。4歳7カ月時、Aが6倍の老眼用の拡大鏡をS子に手渡した。S子はこれを受け取り、レンズ面を自分の眼に接眼させて、Aの口や顎の辺りを視るということをした。この時、AはS子と瞬間的に眼が何度か合うという感じを得た。4歳8カ月時、AがS子へ〝あやしかけ〟をする中で、S子が笑ったときに眼と眼が合う瞬間が数回生じた。5歳2カ月時、S子がAの膝に座って絵を描いて遊んでいる時、S子がAの方へ振り向いて、Aと楽しい気持ちを共有するかのようにAの顔を視るということがあった。この時、AはS子が確かにAの眼を視ていると感じることができた。ただ、7歳6カ月の現在、両親とAを除いて、S子と周りの人との間で眼と眼で見合うということは頻繁には生じていない。今後、アイ・コンタクトが周りの人との間でどのように成立していくのかは検討する必要がある。

　表情の認知については、S子にとって理解が困難なようであった。S子は3歳頃から、人に抱っこされている時に人の顔に自分の顔を近づけ、顔（特に耳や口の辺り）をじっと視ることを始めたが、その時に人がS子に笑いかけてもS子が人に笑い返すことはなかった。人がS子に怒ったような表情を見せた時も同様であった。4歳6カ月時頃から、S子は人の顎や口の辺りを頻繁に触ったり視たりするようになった。4歳8カ月時、AがS子を抱っこしている時に、S子に対して少し大袈裟に笑い掛けたところ、S子がそれに呼応するかのように笑うということがあった。7歳6カ月現在、笑いについての表情理解は可能であるが、怒りや悲しみの表情については理解が困難なようである。

Ⅳ　係わりの態度と援助の経過

　S子の両親および筆者らは、主に以下のような係わりの態度でS子と接してきた。

・S子が拒む時はむりをしない。
・S子の自発的な行動をできるだけ制止せず尊重する。
・S子の要求にはできる限り応じる。
・S子の行動をよく観察し、それに応じて随時適切な応答を検討する。

7　ある弱視ろう児の「視る力」を促す係わりについて

・身振り（身体接触による）音声言語を使って、健常児に対するのと同じように語りかけを行う。

こうした係わりの態度は、S子の対人関係の形成を促し、両親や数人のボランティアとの深い情緒的関係を素地として、徐々に対人関係やその他の諸側面の発達を促してきたように思われる。

S子の対人関係形成を促すうえで特に重要であったと思われる行動の一つに身体揺らしがあげられる。S子は、1歳のはじめから、横抱きに抱かれて上体を後ろへストンストンと落とすようにしてもらうことを好み、毎日のようにこれを父親やボランティアに求めた。この身体揺らしは、7歳6カ月の現在までS子の中心的な遊びの一つであり、S子の体調が思わしくない時や情緒が不安定な時には、これを求める時間が長くなった。S子の2歳9カ月時に弟が誕生したが、この時にはそれまで数十分で済んでいた身体揺らしを約2時間求めるようになった。また、1歳から2歳はじめの時期は、この要求に十分に応じないとS子の生活リズムに影響が生じた。夜中に起きて活動する時間が増え、食事の量が減るなどした。父親やボランティアは、この身体揺らしの要求を、S子の自発的な要求行動として尊重し、できる限りこれに応じてきた。3歳5カ月時になると、父親に対してはほとんどこれを求めなくなったが、4歳6カ月時以降にS子と係わりを持った5人の男性ボランティアに対しては、7歳6カ月現在も週1回の訪問時に必ず1、2時間の身体揺らしを要求する。この身体揺らしの要求に十分応じてくれる人物は、S子にとってより親密で重要な人物となっていき、そうした人物に対しては徐々に関心を広げていった。すなわち、4歳半ば頃になるとS子は人の顎や口、頭髪の辺りを触ったり、じっと視るということを始めたが、それらはすべて身体揺らしに十分応じてくれる人物に対して生じた。

以下に述べる、筆者らが行った援助の一つである弱視レンズとビデオカメラの導入においても、それらを通して見た最初の対象は、身体揺らしをはじめとする自発的な要求に十分応じた人物（親や係わりの期間の長いボランティア）であった。

―援助の経過―

1 弱視レンズ

4歳7カ月時に、S子との遊びの中に弱視レンズを取り入れた。その後間もなく、物の見方やアイ・コンタクトに変化がみられた。

弱視レンズ使用までの経過：Ｓ子が弱視レンズを上手く使うようになるまでの経過は大体次のようである。4歳7カ月時の一時期、Ｓ子は子ども用の虫メガネを使って光と影を視るという遊びを好んでした。そこで、Ａは、試しに6倍の老眼用拡大鏡をＳ子宅に持ち込み、Ｓ子を抱っこしている時にＳ子にそれを手渡した。Ｓ子は拡大鏡を受け取ると、レンズ面を自分の眼に接眼させ、Ａの口や目の辺りを視るということをした。拡大鏡を眼に接眼させているので、対象はぼやけて見えるが、Ｓ子は必ず拡大鏡を接眼させた。Ｓ子はこの拡大鏡をＡの訪問の度に手にしていた。Ａは、この拡大鏡ではＳ子には重いだろうと考え、約1カ月後、Ｓ子の手にちょうど合うような大きさの、ピークラベルと卓上レンズ（いずれも、Ｓ子のコンタクトレンズと同倍率の＋15D）を手渡した。Ｓ子はこれらのレンズを受け取りはしたものの、これが何なのかよく分からなかったためか、直ぐにはそれらを使おうとしなかった。この時両親は、それらの弱視レンズをオレンジ色の箱に入れ、Ｓ子の眼に留まりやすいような特定の場所に置いた。その後暫くの間、Ｓ子は箱を開けて中身を視ることはあっても、弱視レンズを使おうとしなかった。5歳2カ月時、初めてＳ子の方からレンズを取り出して手に取った。当初、Ｓ子は弱視レンズで光や影を視たり、卓上レンズを通してテレビの映像を視たりしていた。このように、Ｓ子は弱視レンズを手に取り始めた当初、レンズを「対象を拡大して視る」というためには使っていなかった。この時、両親やボランティアは、Ｓ子に適切な使い方を無理に教えようとはせず、できる限りＳ子の自然な使い方に任せるようにした。5歳5カ月時、ピークラベルを使って玩具のブロックの側面に描かれた絵を視るという行為が生じた。この後、Ｓ子は卓上レンズを使って絵本の絵を視るなど、小さな物を拡大して視るという目的で弱視レンズを使うようになった。以上のように、Ｓ子が弱視レンズを「細かな対象を拡大して視る」という弱視レンズ本来の使い方を獲得するまでに約1年という期間を要したが、使い方は自分で獲得していった。

　弱視レンズの導入後暫くして、Ｓ子は手にした物に対して「視る」という行為を起こすようになった。この変化は、遊びの中で特に顕著であった。

　Ｓ子は、1歳代はじめから身体の揺らしを強く求める遊びを好み、視覚を使った遊びをほとんどしなかった。この身体揺らしを伴う遊びをしている時以外は、電灯や太陽光に物をかざすことで、光や影を作って楽しむという遊びや、小さな玩具（ブロック片等）を手にとって、眼前約30cmの距離で左右に振ってちらつかせたり、口に入れて舐めたり噛んだりするのが遊びの中心で

あった。S子は小さな玩具や身の回りの物を眼前で振ったり、口に含んで嚙んだりするというこの行為を5歳初め頃まで毎日のようにした。5歳2カ月時になると、先に導入した弱視レンズを使って、玩具を始めとする身の回りの物を手にとっては視るということを始めた。5歳5カ月時、玩具のブロックを手に取り、その側面に描かれた絵をピークラベルを使って視るということをした（写真7-1）。この弱視レンズを使っていろいろな物を視るということをし始めてから、S子は徐々に物を口に含むという行為をしなくなり、6歳半ばには完全に消失した。

2　ビデオカメラ

ビデオカメラを活用した遊びを通して、S子の視界が拡がり、周りの出来事に視線を向けるようになった。

ビデオカメラ導入までの経過：Tらは、S子との係わり始めより、発達の経過観察用にビデオカメラを持ち込んでいた。S子はビデオカメラにはほと

写真7-1　弱視レンズを使って玩具を視る

んど関心を示すことはなかったが、4歳の初め、S子は室内に三脚で立ててあるビデオカメラに近づきファインダーをのぞき込むということをこの時初めてした。この時期係わり手がTからAへと代わり、Aが4歳6カ月時から訪問を開始してからはビデオカメラに触らなくなった。5歳4カ月時になると、S子は再びビデオカメラに触るようになった。Aが持ち込んでいたビデオカメラには側面に小型液晶画面が付いており、S子はこの液晶画面を約30cmほどの距離で視るということをした。ビデオカメラは机の上に置いて、自分でカメラの向きを変えては、液晶画面に映る風景が変わるのを面白がった。この遊びはAが毎週1回訪問するごとに2時間近く続いた。1カ月後、S子の父親の発想で、ビデオカメラを三脚で固定し、カメラをテレビに接続して、カメラで映した映像がテレビ画面（モニター）に映し出されるようにした（図7-1）。S子は、「カメラで映したものがテレビに映る」という仕組みに気づき、カメラにいろいろな物を映して楽しむようになった。ビデオカメラを使っての遊びは、5歳4カ月時から6歳6カ月頃までの間、もっとも中心的な遊びであり、この間毎日のように続いた。

S子のビデオカメラの使い方は、次の四つの段階に分類することができる。

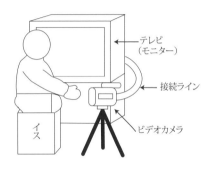

図 7-1　テレビとビデオカメラを接続した装置

第 1 段階（5：04-5：10）　小さな玩具を手に持ってカメラの前で左右に振り、テレビ画面に映し出される揺れのちらつきを視るということをした。

第 2 段階（5：11-6：03）　ビデオカメラを拡大鏡として、カメラに小さな玩具や人形を映すということを始めた。対象物は、左右に振るということはなく、様々な角度から映した。6 歳 2 カ月時、人形を映した時には、人形を裸にして、人形の向きをいろいろに変え、それを画面で視るということをした。また、画面に映った映像と実物とを交互に見比べることもするようになった。

第 3 段階（6：01-6：03）　S 子は自分の顔をカメラに映して視るようになった。カメラに自分の顔を映し、横目でカメラに映る自分の顔を確認しながら、表情を変えてポーズを取って視るということをした（写真 7-2）。また、大人にカメラの前に座らせ、カメラに向かっていろいろな表情をさせたり、大人をカメラの前で飛び跳ねさせたりするなど、カメラを通して大人の行動を統制するということも見られた。

第 4 段階（6：03-6：06）　6 歳 3 カ月頃になると、人や物だけでなく、部屋の中の様子もカメラに映した。最初の 1 カ月間は室内の電灯を映すのみだったが、次第に室内の壁の飾り物や天井などを映すようになった。6 歳 5 カ月頃には、室内に居る人を映すということを始めた。6 歳 5 カ月時、室内で弟が遊ぶ様子を映し、テレビ画面に映るその様子をじっと視た。

以上のように、S 子はビデオカメラに強く関心を持ち、積極的にこれを使った。そこで、両親は S 子を連れて外出する時には、ビデオカメラを携帯し、S 子の様子や S 子が視ているものを撮影するようにした。S 子は外出先から帰宅すると、撮影されたテープを再生

写真 7-2　ビデオカメラに自分の顔を映して遊ぶ

7　ある弱視ろう児の「視る力」を促す係わりについて　｜　117

して視るようになった。

V まとめ

以上S子の「視る力」を促す係わりについて述べてきたが、その内容は環境の整理と係わりの態度の二つに分けることができる。

環境の整理については、二つの援助についてその経過を述べた。一つは弱視レンズを活用した援助であり、一つはビデオカメラを活用した援助である。前者においては、S子が係わり手Aの口や顎の辺りを頻繁に触るようになった時期に、弱視レンズをS子に手渡した。S子は、Aの顔をただ触るだけではなく、弱視レンズを通して視るということを始めた。この中で、両者が時々眼と眼で見合うという瞬間が生じた。5歳2カ月時、S子とAがお絵かき遊びをする中でアイ・コンタクトが成立した。また、5歳3カ月時になると、それまで専ら眼前で振るか口に入れてばかりいた、小さな玩具や小物に対して「視る」という行為をするようになった。後者においては、S子が興味を持ったビデオカメラをテレビに接続し、カメラに映したものがテレビ画面に出力されるという装置を作った。S子はこれについて様々な使い方をした。S子は、まずこれを細かな物を映すなど拡大鏡として使用した。次に、大人をカメラの前に立たせて跳躍させるなど、ビデオカメラを介して、他人の行動を操作するということをした。他にも、カメラを通して一個の物や人を映すだけでなく、室内の装飾や様子などその場の状況にもカメラを向けるようになった。これにより、S子の視覚世界が拡大し、一個の事物だけでなく、自分の周りの状況にも広く視線を向けるようになった。

S子は、弱視レンズやビデオカメラの使い方を自分の力で少しずつ獲得していった。その際、両親と筆者らは、S子が自発的に使うということを第一に尊重することにし、使い方を教えるなどの指示はせず見守るという態度をとった。発達の段階によって、使い方、見る対象が変わっていった。

二つ目にS子との係わりの態度について述べた。S子は1歳のはじめ頃から、横抱きに抱かれて上下にストンストンと揺らしてもらうことを好んで大人に求めた。この身体揺らしの要求に十分応じてくれる人物は、S子にとってより親密で重要な人物となっていき、そうした人物に対しては徐々に関心を広げていった。身体揺らしに十分応じてくれる人物に対しては、その人の顎や口、頭髪の辺りを触ったり、じっと視るということをするようになり、それが人のすることをじっと視るということへとつながっていった。弱視レンズとビデオ

カメラを通して視たのも、身体揺らしを始めとする自発的な要求に十分応じた人物（親や係わりの期間の長いボランティア）であった。

　S子の発達について振り返ると、S子の自発的な行動をよく見定め、それを尊重したことが、S子と周りの人との情緒的な対人関係の形成を促し、親密な対人関係を基にした諸側面の発達を促すことにつながったと思われる。

注
1）S子の1歳4カ月時から3歳11カ月時までは立石と吉武が、4歳6カ月時から7歳4カ月現在までは阿尾と吉武が係わりを持ってきた。

文献
Martha, G., & Peter, V., (1991) Early Intervention for Infants with Deaf-Blindness. Exceptional Children, December/ January, 200-210.
立石博章（1995）「視覚・聴覚二重障害幼児の発達過程とインタヴェンション」東北大学大学院教育学研究科修士論文.
岡本夏木監修（1995）『発達心理学辞典』ミネルヴァ書房.

●コメント───────────────────────────

S子さんと阿尾さんの係わり合いに触れて

　本報告は、阿尾さんと対象となった子どもとの係わり合いから、主に視覚をめぐる事柄について取り上げてまとめた報告になっている。係わり合いにおける一つの事実にも、そこには記されていない多くの背景があることはいうまでもない。対象児の視覚機能については、細かなエピソードも含みながら詳細に紹介されているので、ここでは背景に思いを馳せつつ係わり合いの様子や援助の方針について筆者の印象を述べてみたい。

　S子と著者との係わり合いに先だって、本文にも紹介されているように前任者との係わり合いがあった。筆者はたまたま前任者とともに何度か、S子を自宅に訪ねた経験があり、その頃のS子の様子を細部はややあいまいながらも記憶している。著者が「対人関係を促す上で特に重要であったと思われる」と記した「身体ゆらし」が、長時間にわたってとどまることなく続く様子が印象的であった。「いろいろやりとりしたいと思っても、ほとんどの時間がこれ（身体揺らし）に占められています。」とそのとき前任者は説明してくれた。筆者自身も数回この身体揺らしに直接つきあう経験を持ったが、数分

ならまだしも数時間に及ぶと腕が筋肉痛をおこすほどにかなりの体力と忍耐力を係わり手に要する活動であるように思われた。このS子の求めはきわめてはっきりとしており、それだけに曖昧な形で返答することのできないそれであった。毎回生じるこの求めに応じるかどうかは、その場にいる係わり手にとっては重要な決断を要することであったと思われるが、前任者は記述にもあるように、むしろ積極的にこれを受けるという方針をとり、毎回出会ってしばらくは、この身体揺らしが続くことになった。むかしから、子育ての世界ではやたらと子どもを抱くと抱き癖がついて甘えた子どもになるから止めた方がいいという。それをそのままこの場に持ち込めば、S子は極めて激しい抱き癖をもっているということになるのかもしれない。しかし、この「身体揺らし」がS子において持っていた意味や働きは何だったのかという視点で振り返ってみると、いくつかの考えるべき点が浮かび上がってくるように思う。まずこれが中心的な遊びであったこと、そして体調が思わしくないときや情緒が不安定なときにこれを求める時間が長くなったこと、特に弟の誕生期に急激に長時間を要するようになったこと、そしてこれに対する十分な応答がないと生活リズムそのものが大きく乱れるようにもなったこと。これらの考察から、この「身体揺らし」が単なる遊びではなく、S子の落ち着きのために機能しているらしいこと、S子の気持ちの安定がどの程度保たれているか、その一つの指標ともなりうることが考えられる。そしておそらく重要な点はこの遊びの良し悪しを考える前に、S子が日常の生活において、このような「揺れ」や「めまい」にも似た活動を繰り返し繰り返し、かつ場合によっては長時間に及ぶほどに必要としているというその状態、つまりそれほどに「落ち着き」と「安心感」が十分ではない状態にあるということではないかと思う。このことは、たとえばS子が自ら母親の顔をのぞき込んだり、目と目を見合わせたりすることがずっと後に表れることからも十分に類推できる。通常、顔を見合わせ、目と目を見合わせることで気持ちの通い合いを経験することが、自らの気持ちの安定を図るうえで極めて重要な働きを持っていると言われている。ところが先の事実は、S子は成長の過程において、そのような経験が少なくともその時点までに十分に出来なかったことを意味している。3歳半ば頃までのS子は母親との接触においてもそれほど積極的ではなかった。これらのことがS子の対人関係を通じての気持ちの安定化に大きな影響を与えていたように思われる。まして、S子は視覚と聴覚の両方に障害を持っている。そのことは外界の情報を得ることにおいて極めて大きな

ハンディであることを意味し、それだけにS子は分かりづらい状況に立たされがちになる。その当時のS子の活動の様子を含めて考えると、S子の抱えていた不安や落ち着きのなさは、相当のものであったと考えてよいのではないだろうか。「身体揺らし」はそのような落ち着きのなさ、不安の現れであるとすると、これを単に「しつけ」の問題として取り上げ、応じるか、応じないかという問題としてだけ考えるのはあまりに一面的に過ぎる。S子と係わり手の間にどのように「落ち着き」と「安心」のある関係を築くか、そのことへの一つの対処としてこの「身体揺らし」要求への応答があったのであろう。この対処が果たしてS子に取って意味をもつかどうか、その結果は次第にはっきりとした形で表れてきているのではないだろうか。S子は、求めに応じてくれる人を「親密」で「重要」な人物として認めるようになり、それらの人物に対して「徐々に関心を広げて」いき、さらに本文中には記載されていないが、前任者を表すサインが成立するようになった。それは「カセットケース（前任者がいつも持参していた）」であった。いつも定時に来る係わり手がたまたま遅れるということがあり、そわそわするS子に母親がカセットケースを使いながら、説明してみせたということがきっかけになったとS子の母親に聞いた。S子において最初にモノによるサインが成立したのが、この前任者であったことは、前任者との係わりがS子においてもった意味、つまりS子の気持ちの安定においていかに重要な存在であったかということと無関係ではないと思う。阿尾さんは、この前任者の方針を重要なものと考えてそのまま受け継ぎ、さらに一層S子との関係を深めていかれた。その後S子が係わり手との関係に支えられて、周囲の世界に文字どおり目をむけるようになり、細部にいたるまで確かめるようになる様子は本文に細かく記載されている。S子がS子なりの探索活動を自主的・能動的に行うようになるためのいわば基盤が、S子との丁寧なつきあいによってしっかり築かれていたことが、その後の見事な展開を支えているように思われてならない。

　もう一点、経過の中で印象深いことは、環境へのはたらきかけのタイミングについてである。この報告では道具としての弱視レンズやビデオカメラの導入、それに周囲の環境としての身ぶりや手話の導入が主なものとして取り上げられている。弱視児に様々なエイドが有用で、早期からの導入を検討することの必要性はこれまでにもいわれている。S子の場合は、レンズの導入にあたって特別な訓練を行わず、遊びの中に自然な形で入り込ませていった

という印象が強い。著者らは「Ｓ子が自発的に使うということを第一に尊重することにし、使い方を教えるなどの指示はせずに見守る」という態度をとられた。これはおそらくそうすることが一番いい導入の仕方だということよりは、当時のＳ子との係わり合いの質がそのような導入の仕方を要請したのではないかと思う。つまりこちらの指示によって導入する道具の使用法を学ばせるといった係わり手主導型の係わり合いがＳ子の納得のいく形で無理なく成立するような状況ではなかったのではないか。当時のＳ子の様子の一端を知るものとしては、このような導入法がけっして不親切なものではなく、むしろそのときのＳ子にとって適切なものであったように思われる。ビデオカメラの導入も、Ｓ子のカメラへの気づきを的確に捉えその機会を逃さないようにすぐさま遊びの形に持ち込んで、Ｓ子の楽しめる活動へとつなげている。想像するに、阿尾さんは係わり合いの中で様々な新しい活動への促しや提案をされているのだろうと思う。そして首尾よく展開しないものも少なくない。その中で、首尾よく展開したもののうちＳ子の視覚機能と深い結びつきのあるトピックを記述されたのであろう。そのようにして係わる阿尾さんは終始次なる手だてを講じるために注意深くＳ子の様子を窺っているように思われる。このことなしに、適切な促しもまたないのであろう。促しや提案がそれを受ける身にとって無理のあるものとなるか、受け入れうるものとなるかは、その時々の係わり合いの質によって決まるのであろうし、そのタイミングもまたその時々のＳ子の行動全体の様子あるいは生活のあり方から判断するものであろう。どのような手だてを講じるかは一人一人違うという教育的係わり合いの原則に立って、方法がそれ自体良いものだからとか、情報がそれ自体大切なものだからとかの理由だけで、それらを係わり合いの場に持ち込んでよいということにはならないと言えそうである。この報告に述べられた出来事も、相手の様子と相互の関係の質そしてタイミングを見極めていくという作業を慎重に進める中で生じている。自然体で持ち込まれたように見えるこれらの導入の背景を丁寧に読みとる必要があるように思う。身振り・手話・指文字使用についてその「交信圏を形成する段階に入った」と考え、そこから周囲の交信環境への整備が始められた。ここにも、先のタイミングの見極めがあるように思う。手段の重要性に目がいくばかりに、周囲がやや過剰にある種の「ことば」の導入を押し進め、その後受信するサインは増えたものの自発するサインがほとんどみられないまま交信そのものに拒否的になった例が少なくないように感じる筆者にとって、ここにも阿尾さんを

はじめS子の係わる人たちの「時を見極める」適切な判断があったと思う。そしてそのような経過に、S子の成長とともに周囲の人もまた成長していく姿をみるように思う。

（菅井裕行）

◆ **8**

ある特定の対象へのかかわりがみられた
重度・重複障害幼児の観察指導経過
──課題学習を通してみた移動行動

重複障害教育研究部

進　一鷹

I　はじめに

　重度・重複障害児は、人の顔に注視したりその顔を見て笑ったり、また自的的に玩具に触れたりその玩具を操作したりする行動が乏しい。それと同時に、外界の人や物へ自発的に接近していく移動行動[1]も乏しい。したがって、人や玩具へのかかわりを高めることと併せて、人や物へ向かって接近していく移動行動を育てることは、重要な課題となる。重度・重複障害児といっても、障害の程度や要因により子どもの実態は多様である。移動行動に視点を当ててみても、移動は可能であっても、人を注視しその人へ近づいて行ったり、玩具を見て取りに行ったり、ブランコなどの遊具へ近づいていったりするというように、外界とのかかわりを持った移動行動が見られない子どもがいる。また一方では、重度な運動障害を併せ有しているために、行動からみると、移動ができないが、人を注視、追視したり、人が近づくと見て笑ったり、また、玩具が近くにあると、不自由な手足で操作したりするというように、外界とのかかわりを持った行動が見られる子どもがいる。したがって、後者の子どもに対しては、肢体の機能訓練などを試みることにより、肢体の不自由が改善されれば、その子なりに移動行動も育ってくるであろう。しかし、前者の例では、外界とのかかわりが乏しいので、機能訓練を集中的に実施することで、身体の機能面だけを改善しようとしても、移動行動へ育っていく素地がないので、移動行動への高まりが見られないことが多い。

　健常な乳児の行動をみると、寝返りや四つ這いによる移動が可能になる時期には、目で玩具を捜す、箱の中に物を入れたり、出したりして遊ぶ、人を見て笑う、母親の後を追う、音がすれば振り向く、などの外界とのかかわりが豊富になってきている。したがって、寝返りや四つ這いが可能になると、寝返りや四つ這いを利用して人や玩具へ接近する移動行動も育ってくる。本報告で紹介

する事例児は、いわゆる上記の意味での外界とのかかわりの乏しい重度・重複障害児（来所時2歳9カ月）である。本児は、現在でも四つ這いによる移動を示し、運動面での遅れが見られる。指導の当初は、いざり移動で、姿勢を保持したり立て直したりすることが不十分で前倒することが多かった。本児は、鈴という限定された玩具へ向かって移動するが、それ以外の玩具や人に向かって移動することはない、という移動行動に関して問題を有している。また、いざり移動で自発的に移動することは可能であるが、観察者の眼から何に向かって移動しているかが読み取れないなどの問題をも有している。このような本児に対して、箱の中から鈴を取る、棒に沿って鈴を抜き取る課題学習を通して、目や手を使った外界とのかかわりを高める指導をした。この指導を通して、移動行動にも改善が見られたので、本児の指導経過を振り返りながら、重度・重複障害児の移動行動について若干の考察をすることにする。

Ⅱ 事例研究

1 **事例児** 1975年12月生（現在満5歳）。

2 **生育歴** 胎児期：特記事項なし。出産時：満期出産で吸引分娩。生下時の体重は3,120g。

乳児期：哺乳力は普通。生後7カ月で、首がすわらない、立たせても立とうとしないなどの運動面での遅れが目立ち、T医大小児科受診、20日間の入院検査の結果、首を前屈する臨床発作と同時に、脳波上に異常波が見られたことにより投薬治療を開始し、現在も継続中である。

幼児期：姿勢が不安定であるため首のすわりは不明。1歳6カ月で座位は可能。1歳8カ月で、鈴を見つけるといざり移動で鈴を取りに行き、鈴を両手で打ち合わせて遊ぶようになる。2歳より、病弱、睡眠の不安定等の、健康面での問題がなくなったので、T園へ2週に1度の割合で保育および肢体不自由の機能訓練を受けに行く。1978年9月（2歳9カ月）、本研究所教育相談に来所、以後行動観察と指導を継続中である。

Ⅲ 来所初期の状況

1 **行動面** ①移動：いざり移動は可能であるが、いざる時の姿勢が不安定で何度も前倒しながら移動する。人や玩具へ自発的に移動することは少ないが、リングベル（以下鈴と記す）が視野の範囲内に入ると、いざって鈴を取りに行く。しかし、三角マットの頂上に鈴を置くと目でちらっちらっと見るが、

鈴を取りに行けない（図8-1を参照）。②感覚：自ら積極的に注視、追視する物は、鈴である。追視の際の眼球の動きはスムーズではない。眼位は右方向に位置していることが多い。その他の玩具に対しては、注視、追視は明確には観察

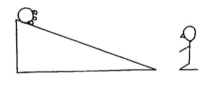

図8-1

されない。いざって移動する時は、物を避けて通る。聴覚的には、太鼓の音には一瞬行動が停止するが、音源へ振り向く行動は見られない。③手の動き：鈴に対しては、積極的に手を伸ばし、鈴を取って両手で打ち合わせる。その時、目は手もとへ向いていない。また、自ら変化をつけて鈴を打っているようには見えず、同じパターンで繰り返し両手を打ち合わせている。仰臥位の姿勢で、顔にタオルをかけると、両手を打ち合わせ首を振るが、タオルに手が伸びない。バルーンにのせ姿勢を傾けると、手を口へ持って行くことはあっても、手で体を支えようとしない。また、いざる途中で前倒しそうになると、手を伸ばし支えようとするが、うまく支えきれずに頭を打つことが多い。④意思表出：泣く、笑う等の感情表出は読み取れないが、空腹に関しては、食事時間前の空腹時には機嫌が悪くなることから、母親には分ると言っている。⑤日常生活：食事、衣服の着脱は全面介助。排せつはおむつ使用。

　2　医学面　後頭部は偏平で、胸部はロート胸である。対光反射、瞬目反射あり、膝蓋腱反射は正常であるが、刺激に対して足蹠にバビンスキー様の動きがある。四肢の筋に関して比較的高度な緊張低下がある。身体面については、2歳9カ月の来所時には、身長90 cm、体重10 kg、頭囲48 cm、胸囲60 cmで、5歳の現在では、身長105 cm、体重15 kg、頭囲50 cm、胸囲60 cmである。脳波上は、広汎性の鋭波および棘波が右半球優位に出現、また、右半球に不規則な棘波および棘徐波が出現。臨床発作として、全身性の強直発作がみられる。重度な知的な遅れを伴う脳障害が推定される。

Ⅳ　問題の整理

　行動発達全般の遅れが著しく、とりわけ外界とのかかわりの乏しい重度・重複障害児である。まず移動行動への素地になる外界へのかかわりについての本児の問題を整理し、次に移動行動に関する問題について検討してみることにする。

1　外界へのかかわりが乏しいこと

対光反射、瞬目反射があり鈴への注視、追視の行動があり、また太鼓や鈴の音には一瞬行動が停止することがあることからみれば、差し当たり視覚や聴覚の活用を妨げるほどの問題はないと考えられる。しかし、玩具を呈示しても、積極的に注視、追視する行動が少ない。鈴を打ち合わせている手もとに視線がいかない。音のする玩具に対しての振り向きや、音源へ向かって移動する行動はない。手に関しては、いざり移動や姿勢のくずれに対して手で体を支えるが、タオルを顔から取ったり、バルーンが傾いた時手で体を支えたりするために手を活用することはない。鈴以外の玩具へ手を伸ばし触ることは少ない。以上のように、本児は、感覚や手を活用して、自発的に外界の人や物を定位、探索して働きかける行動に乏しい。本児に対して、種々の玩具を用いて多方面から助きかけることで、本児が外界へかかわる行動を育てることも一つの方法である。しかし、来所時の2歳9カ月まで、母親が種々の玩具を用いて働きかけを行ってきたにもかかわらず、外界へのかかわりにほとんど高まりがみられないことを考えると、本児が行動を起こしやすい鈴を素材にして、本児の感覚を使った基礎的な行動（たとえば、鈴を見ながら振る、鈴の音へ振り向くなど）を高めることが必要となる。鈴に対する行動が確実になるにつれ、外界へかかわる対象が拡がり、かかわり方も高まってくるであろう。

2　移動する対象の拡がりが見られないこと

本児が積極的に移動して行く玩具は鈴である。それ以外の玩具や人に対して移動して行くことは少ない。これは、本児が感覚や手を活用して外界へかかわる行動が乏しいということが、その背景にある。したがって、鈴を素材にして、感覚や手を使った基礎的行動を育てることにより、外界へのかかわりの対象が拡がり、移動行動の対象も拡がっていくと考えられる。

3　段差や斜面のあるところでは、移動行動が生起しないこと

筋の低緊張を有していること、また座位姿勢やいざり移動時の姿勢のバランスの悪さなどの問題があり、上記の場面での移動行動が妨げられているとも考えられるが、四つ這い、直立歩行との移動の形態を問わなければ、そのこと自体は重要な問題とは言えない。筋の低緊張や姿勢のバランスの悪さから考えると、交互パターンを出させたり、姿勢を保持させたり、立ち直らせたりするために身体を直接あつかって、肢体の機能訓練的な指導を本児にすることも一つ

の方法である。しかし、人や物へ向かって移動することが少ない、移動の際、目を十分に使用していない、物との関係で手や体を十分に使っていない、ということの方が本児の移動行動にとって重要な問題である。したがって、移動行動を促すためには、種々の場面や状況を設定することにより、目や体を使った移動行動を育てる必要がある。

V　指導経過

1　鈴を素材にした課題学習の中で基礎的な行動を育てる試み（1979年1月～1980年10月）。

鈴を用いて、注視、追視の行動をスムーズにする、床面や机上で種々の位置から鈴を取る、高さ3cmのソケット台から鈴を抜き取るなどの学習を進めた後、箱の中から鈴を取る学習をさせた。

（1）箱の中から鈴を取る課題学習

テーブル付き訓練椅子で体幹を固定すると、姿勢が安定して、視線が前方の箱に向き、手が伸び箱に触れる。そこで、指導者は、大小の円形の箱を数種類用意し、その箱の中から1個机の上に置き、本児の正面に鈴をかざして注視させた後、箱の中に鈴を入れた。

直径40cm、高さ5cmの大きさの箱の場合、左手を伸ばし鈴を取ることは可能であった。しかし、直径30cm、高さ5cmの大きさの箱の場合には、箱の中にある鈴を注視して両手を伸ばし鈴を取ろうとする行動が見られたが、両手は箱のふちを何度も触れるだけで鈴を取ることはできなかった。箱から鈴を取る場合、箱が視野内に入ると箱のふちへ注意が奪われるためか、それとも箱のふちと鈴との遠近の関係が十分に把握できないためか、また双方によるためか、本児は鈴に手を伸ばすことはできなかった。そこで、本児の正面に、直径30cm、高さ5cmの箱を呈示して箱の外側から内側へ鈴を揺らしながら動かすと、鈴に導かれて手を箱の中に入れ、箱の中の鈴を取ることが可能になった。鈴に導かれて手を動かす際、鈴の動きに沿って目も動かしていることが観察された。この課題を繰り返していると、同様の大きさの箱であれば、鈴を注視し、箱から鈴を取ることが可能になった。しかし、箱の大きさがこの箱より小さくなると、両手で箱のふちを繰り返し触るだけで鈴を取ることができなかった。

直径30cm、高さ5cmの大きさの箱であれば、箱の中心部へ鈴を置くと鈴を取ることが可能になったので、指導者は本児からみて箱の内側の手前、奥、

右、左に鈴を置いて、本児が箱の中から鈴を取る課題を設定した。奥、右、左に鈴を置くと、鈴を取ることが可能であったが、手前に鈴を置くと、箱のふちで視野がさえぎられるためか、鈴を取ることができなかった。そこで、本児の正面で鈴をかざし鈴をきちんと注視させた後で、箱の手前に鈴を置いた。その際、箱の中に手を伸ばし鈴を取ろうとするが、鈴が手に触れないとすぐに手を引っ込めた。しかし、箱を動かすことで鈴を鳴らしたり箱を傾むけ箱の中の鈴を注視させたりしてから、鈴を取ることを促すと、手を箱のふちから中心部へ動かしたり、箱の内側を手で触ったりする手さぐりが生じ、鈴が手に触れると鈴をつかみ取ることが可能になった。この手さぐりが見られてから、箱の中から鈴を取る行動の確実さが増した。さらに、一度手さぐりして鈴が取れないと、箱の中をのぞき込み、再び手さぐりして鈴をとるという目による探索行動や協応した目と手の活用が観察されることもあった。箱の中から鈴を取ろうとする時に、箱が動くことがあるが、その際右手で箱を押さえて固定し、きちんと体幹を保持して、鈴が見やすいように頭部を傾むけ、鈴を注視し、左手を伸ばして鈴を取るという統制のとれた行動も観察されるようになった。これらの行動が観察されるようになって以来、箱の大きさが直径10cm、高さ10cmの円形の箱と同程度の箱であれば、どんな形の箱であっても、何度繰り返しても失敗することはなく箱の中の鈴を取ることが可能になった。この課題が可能になったのは、鈴を持続的に注視、追視すること、奥行のある箱の中から鈴を取るという遠近の把握が育ってきたこと、箱の中の鈴と箱のふちとを分離して箱の中の鈴を取るという図と地の関係把握がより育ってきたことがあげられる。

(2) 棒から鈴を抜き取る課題学習

上記の課題と並行して床面で棒さしから鈴を抜き取る学習を進めていった（図8-2を参照）。本児は、座位姿勢で床面から30cmの位置に鈴をかざすと、注視し手を伸ばし鈴を取ることが可能であった。そこで、高さ30cmの輪なげ台の下部に鈴を入れ、棒に沿って鈴を上に抜き取る場面を設定した。本児は何度も鈴へ視線を向け注視した後、鈴に手を伸ばして取ろうとしたが、鈴を手前に引くだけで棒に沿って鈴を抜き取る行動は観察されなかった。

図8-2

指導者は、本児が上下へ手を動かすことは少なくても、左右へは頻繁に手を動かして両手を打ち合わせていることに注目し、棒を横にして、右側あるいは

左側あるいは左側から一方向に棒に沿って手を動かして鈴を抜き取る学習を設定した。当初は、鈴を手前に引くだけであったが、その後わずかながら棒に沿って鈴を横へずらす行動が観察された。そこで、本児の手に指導者の手を添えて鈴を横へずらすことを繰り返していると、棒に沿って10cm位まで鈴を動かすようになった。10cmの位置まで鈴へずらすと、それ以上鈴をずらすことができず、鈴を手前に引いて、鈴が取れないと手を離してしまうことが多かった。手が鈴から離れると目も棒から離れてしまった。しかし、30cmの棒の最先端から10cmの位置に鈴をかけると、手を伸ばし鈴を抜き取ることが可能であった。棒の最先端と鈴との距離を徐々に延ばしていき、棒に沿って鈴を横にずらして鈴を取る学習を繰り返していると、手を棒に沿って動かす手さぐりが出現した。手さぐりが見られるようになってからは、棒に沿って手を動かしながら鈴を横へ押し出して鈴を抜きとることが可能になった。この課題では、手の動きと同時に目の動きが鈴の動きに従って動いていることが頻繁に観察された。

　今度は再び、棒さし台を縦にして、鈴を抜き取る学習を進めた。本児は、棒に沿って手で棒を持ち上げようとしたが、上体を後方に反らすだけで、手は棒さしの下部から上部へ向けて動かなかった。そこで、棒の最先端から10cm位の位置に指導者が保持した鈴を抜き取ることを学習させ、その距離を徐々に延ばしていきながら、30cmの棒さしから鈴を抜き取る学習を積み重ねていった。そうすると、上体を後方へ反らすことなく手で鈴を持ち上げて鈴を抜き取ることが可能になった。鈴を抜き取る時、目は鈴を注視していることが多かった。

　棒に沿って鈴を抜き取る間、持続的に鈴を注視し棒に沿って手を動かすことにより、目と手を同一方向に動かす方向性のある運動となり、目と手の活用を高めることになった。前述の箱の中から鈴を取る課題において見られた手さぐりと棒に沿って鈴を抜き取る課題における手さぐりについて考えてみると、箱の課題での手さぐりは、ある枠の中で手を動かすという意味の手さぐりである。しかし、棒さしの課題での手さぐりは、手指や手掌を棒に沿って連続的に動かすという意味での手さぐりである。このように、課題に応じて手さぐりが多様なものとなり、しかもこの手さぐりの際、目でその方向を捉えていることは、外界とのかかわりを高めていく上で、本児にとって重要な行動となるであろう。

　これらの指導経過の中で見られるようになった本児の行動を簡単にまとめて

みると、色々な玩具へ手を伸ばし触る、顔にかけられたタオルを取る、課題がうまく遂行できないと、キィーキィーという発声を伴って怒りの表情を示す、母親や起きあがりこぼしを持続的に注視する、家庭では外へ連れ出すと喜ぶ、頭を床に打ちつけると泣く、などの行動がある。玩具へのかかわりが拡がり、また感情面でも本児は育ってきていることが推測できる。

2 玩具や人へのかかわりを高める試み（1979年11月〜1980年3月）。

　課題学習を通して基礎的な行動を育てる試みの中で、目や手を活用して玩具へかかわる行動も見られるようになった。そこで、種々の玩具を呈示することにより、本児がかかわる玩具の対象を拡げたり、そのかかわり方を高めたりすることにした。玩具を呈示すると、玩具に触れたり触わったり手さぐりしたりする行動が見られ、さらに玩具の種類により触れ方や手さぐりに違いが見られた。これらの行動が見られるようになると、床面に種々の玩具を置いておけば、目で玩具を捕え玩具へ向かって移動するようになった。この玩具を呈示することで、いくつか注目すべき行動が見られたが、ここでは音のする玩具や起きあがりこぼしに対する本児の行動を記述することにする。

　ラッパやミュージックパックなどの玩具を耳のそばや後方で鳴らすと、振り向きの行動や笑いの表情が観察された。

　次に、起きあがりこぼしを呈示すると、当初その玩具の首のひもを手でつかむと、玩具が揺れるのでその揺れを注視していた。その後、起きあがりこぼしの顔の部分に両手を伸ばして何度もその玩具をつかもうとする行動が観察された。そのうち、起きあがりこぼしが視野内に入ると、顔全休で笑いの表情を示すようになった。この笑いの表情が見られてからは、母親が何回か続けて声かけをし、母親の顔が視野内に入ると、笑いの表情を示すようになった。また母親が近くにいると、ひざ立ちして頻繁に母親の顔や髪の毛を触るようになった。この笑いが一つのきっかけになって、母親は本児に対して声かけをしたりほほ笑みかけたりして働きかけを頻繁に行うようになった。このように、母子間のかかわりが深まったためか、家庭では、母親がいなくなると本児は涙を流して泣くことがあると母親は報告している。

　上記のように、種々の玩具への本児の働きかけを高めると同時に、次のような課題学習を並行していった。本児には、前述の課題学習を通して、感覚を使った基礎的行動が育ちつつあるので、さらに次のような課題を設定した。それは、指導者が机上で鈴の上に透明の半円球のボウル（直径20cm、高さ

10cm）をかぶせて、本児がボウルを手で取って鈴を取る課題である（図8-3を参照）。

鈴にボウルをかぶせると、鈴を注視しボウルの外側を上部から下部へ、また下部から上部へ鈴を取ろうとしてボウルの上を手さぐりする。片方の手で取れないと、両手でボウルを手さぐりする。その際、両手が下部へ行くと、両手の手掌でボウルをはさんで持ち上げて、ボウルをわきに落して鈴を取る。しかし、不透明のボウルで鈴を取る場面では、ボウルには手を伸ばすが、ボウルを持ち上げて鈴を取る行動は観察されない。この課題学習の際、課題がうまく遂行できないと、本児はわきにいる母親へ視線を向け、母親の手へ本児の手を持っていくことがあった。この行動は、指導者には母親という特定の人に対してではあるが、本児が要求を表現している行動と受け取れた。この時期には、本児が鈴へ手を伸ばしている途中に、鈴へタオルをかけると伸ばしていた手を引っ込める行動も観察された。これらの行動から考えると、本児の起こす行動には視覚的な手掛りが重要な役割を演じている。

図8-3

3　具体的な場面設定の中で移動行動を促す試み（1980年4月～10月）。

(1) 斜面や段差のある場面（図8-1を参照）

三角マットの頂上に鈴を置き、本児を三角マットの前に座わらせる。当初は、鈴をちらっちらっと見てはいるが、鈴へ向かっての移動は生じなかった。しかし、指導者が鈴を本児の前にかざしながら、徐々に頂上に向かって持っていくと、前述の箱の課題や輪なげ台の課題が可能になるにつれて、姿勢は不安定ながらも、鈴を目で確かめて、手足を交互に出して四つ這いで斜面を上り、鈴を取りに行くようになった。次に、三角マットの後側に、鈴を置くと、マットの斜面を上り、頂上で一度止まり、手で床を手さぐりした後、手が床に着いてからマットを乗り越えて行くことが可能になった。頂上に達した時、目で何度も前にある鈴を注視することも頻繁に観察された。この課題が可能になったのは、床面での移動で手足を交互に運ぶ、姿勢を保持したり、姿勢を立て直したりすることが上手になり、姿勢が安定してきていること、前述の課題学習の中で視覚や手の活用が育ち、それが具体的な移動場面で活用されたこと、などがある。家庭でも、段差や斜面のあるところを移動して玩具へ近づいて行く行動が頻繁に観察されるようになったと母親は報告している。

(2) 障害物を乗り越えて移動する場面（図8-4を参照）

トレーニングロールの前に本児を座らせ、その反対側に鈴を置くと、当初は一瞬鈴を見るが、それを取りに行く行動はみられなかった。しかし、くり返し試みていると、両手を前に出して身を乗り出し足で何度も床をけり、勢をつけて前へ転り込む形でトレーニングロールを乗り越える。それから、姿勢を直して、目的の鈴を取りに行く。これは、姿勢が安定してきたこと、足でける動作が出てきたこと、前述の課題学習の中で目による探索も育ちつつあること、などにより可能になったと考えられる。

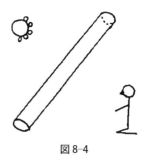

図8-4

(3) 障害物を避けて移動する場面（図8-5を参照）

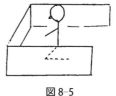

図8-5

玩具を呈示してかかわる中で玩具へ振り向いたり音源へ向かって移動する行動が見られるようになったので、本児の左右と前方の、三方を囲んだ状況を再度設定した。本児の真後で続けて鈴を鳴らすと、音源に向かって移動しようとし、左右や前方に目を向けた後、右手を背後に回して重心を移しながら、姿勢を変換し後方の鈴へ向かって移動するようになった。このことは、床面での移動で姿勢の変換が可能であったこと、三方を目で把握できたこと、音への定位行動が育っていたこと、などにより可能になったと考えられる。

(4) 椅子の背後にある鈴を回り道して取りに行く場面

鈴と本児の間に椅子を置き、本児とは反対側にある鈴を取りに行く場面を設定した。椅子の間に手を伸ばし鈴を取ろうとするが、鈴に手が届かないと、四つ這いになり手足を交互に動かし鈴へ向けて姿勢を変換し、鈴を注視しながら椅子のそばを迂回して鈴の横に座わり、左手で鈴を取った。移動の際、鈴から目がそれると、鈴へ向かう行動は起こらない。鈴へ手を伸ばしている途中にタオルを鈴にかけると、伸ばしていた手を引っ込めることと関係づけて考えると、視覚的な手掛りが移動行動を促進するうえでさらに重要であることが示された。

(5) 母親へ向かって移動する場面

この場面は指導者が意図的に設定した場面ではない。本児の指導を進めてい

く際、常に母親が同室にいる。本児が部屋の中を四ついで移動している途中
で、母親が本児の視野内に入ると、母親に向かって移動して母親の前で止ま
り、ひざ立ちし、母親の顔や髪を何度も触る。この行動が出現したのは、母
親を見て笑う、課題学習の中で母親に助けを求めるような動きが見られる、な
ど、母親に限定されているが、人へのかかわりが生じてきているためではない
かと考えられる。

　以上のように、本児は、障害物があっても、目的とした玩具や人へ向かって
の移動行動が見られるようになってきた。

Ⅵ　考　　察

　本児の指導経過を振り返って、本児の移動行動について考察する。

　移動行動の対象が拡がらない、段差や斜面のある場面で移動行動が生起しな
い等の問題を有する本事例であったが、外界との関連で目や手を使う基礎学
習として、箱の中から鈴を取る、棒さし台から鈴を取るなどの課題学習を試
みた。その結果、目や手の使い方が高まり、遠近の把握や図と地の関係把握も
育ってきたと思われる。なお、この学習中に、鈴がないと箱の中をみて再び手
を伸ばし鈴を取る、手さぐりする、体幹、頭部、手、目などの身体の各部分を
うまく活用して鈴を取るなどの統制のとれた行動が可能となった。その後、玩
具や人へのかかわりも高まり、種々の玩具へ手を伸ばす、触る、手さぐりす
る、母親を見て笑う、母親の手へ本児の手を持っていこうとするなど外界との
かかわりが高まってきた。これを通して、種々の玩具や母親へ接近していく移
動行動も育ってきた。視覚的な手掛りがあれば、障害物を乗り越えて移動した
り回り道をして移動したりすることも可能になっている。移動行動が拡大
していった背景には、一方では姿勢の安定や交互パターンの出現など身体の機
能面での高まりも一つの要因であるが、前述の課題学習を通して、目や手を
使った外界へのかかわりが育ってきたことが大きな要因である。

　課題学習の際、棒に沿って手を動かしたり、箱の中を手で探るなどの手さぐ
りが観察され、その手さぐりが移動の際に活用されたことは、段差のある場面
で移動することを可能にした。また、視覚的な手掛りがあると、回り道をした
り障害物を乗り越えていく移動行動が育ってきている。しかし、本児には、手
掛りがなくなると、それ以上移動行動は生じないという問題がある。本児は視
覚的な手掛りがなくなると、伸ばしていた手を引っ込めるというように、外界
へ向かって行動が起こらない。このことを考えると、今後、遮断場面を設定す

ることにより、視野から手がかりがなくなっても、目や手で探索する行動を育てる必要がある。そうすれば、一時的に移動の目標物が消失しても、その方向へ向かって接近していく移動行動も育ってくると考えられる。母親へ向かっての移動行動も見られるが、まだ母親を捜して移動することはない。現在、本児は、課題場面で母親へ向かって要求らしき行動を示しており、また、母親を見て笑う、母親がいなくなると泣くなどの行動も見られている。これらの行動を重視し、今後は一層母子間のかかわりを深める様に母親を指導することにより、母親へ向かっての移動行動が一層明確になってくると思われる。

起きあがりこぼしに対して笑いの表情を示したことは、母子間のかかわりを深めるうえで重要なことであった。このことにより、母親が子どもに接する態度に変化が見られる。したがって、母子間のかかわりを深める手段として、母親だけを指導するよりも、むしろ子どもの行動を育てながら、それを背景にして母親を指導していくことも重要である。この笑いの表情を示した背景について触れてみると、課題学習を通して視覚の使い方が向上したこと、起きあがりこぼしは、リズミカルな動きをし赤色の光沢のある玩具でしかも人の顔型をしている玩具であるという刺激特性を持っていること、などがある。

本児は、筋の低緊張を有しているが、姿勢が安定してきており、交互の手足の運びも出現しており、四つ這いで移動する限り、特に問題がない。しかし、今後歩行での移動を考えると、体重を支えて立たせる場合、何らかの形で工夫する必要がある。

以上の経過を振り返ってみると、本事例児のような外界とのかかわりの乏しい重度・重複障害幼児は、感覚を使って外界へ接近する行動を引き起こす方向性が子どもの側に育ってきていない。したがって、外界へ向かっての移動行動も乏しいと考えられる。一般に、移動を問題とする場合には、発達の順序に沿った形で、次の指導方針を決定することが多い。本児のように、移動を引き起こす必然性が少ない重度・重複障害児の場合に、四つ這いが可能であるので立位保持の訓練をするというように、発達段階に沿って無理に指導を展開すると、外界とのかかわりの芽生えつつある子どもの行動を抑制する可能性がある。したがって、重度で重複している子どもの場合は、他動的に身体を動かす訓練をするというように、直接的に移動を促す指導を試みるよりも、迂回路を経ることになるが、基礎的な行動を育てつつ外界とのかかわりを深める方がより移動行動を拡げたり伸ばしていく可能性がある。

最後に、特に移動行動に限定しないで、今後の本児の指導について考えてみ

ることにする。本児の発達の遅れに関しては、感覚や手の活用にも問題があるが、難治性のてんかんを有していることも一つの要因として考えられる。しかし、現在は、行動からみると、てんかんが学習を妨げるほどに行動上出現していない。てんかんに関しては、今後長い経過を見ていくことが必要である。本報告で示したように、本児は視覚的手掛りがあると、種々の行動が可能となっているが、その手がかりがなくなると行動が生起しない。したがって、遮断場面を設定することにより、または手で玩具を操作させたりすることにより、今後とも目や手を活用した基礎的な行動を伸ばしていくことが大切である。聴覚については、玩具の呈示により、振り向き、笑いなどの反応が観察されているので、今後は、聴覚面の確認と同時に聴覚の活用を図る指導形態を導入することも考えなくてはならないであろう。人との関係については、母子間でのかかわりが深まりつつあるので、母親を媒介にして、母親以外の人にもかかわりを持たせる機会や試みも取り入れて、本児の人とのかかわりを高めていくことも今後の指導にとって重要となるであろう。

注
1）移動は身体がある地点からある地点まで動くことを指し、移動行動は自発的に外界の人や物へ向かって接近する行動を指す。

文献
1. 高杉弘之（1979年）「重度・重複障害児の移動行動に関する事例的考察」『日本特殊教育学会第17回大会発表論文集』.
2. 高杉弘之・大坪明徳（1980年）「重度・重複障害児の移動行動について――初期行動の視点から」『国立特殊教育総合研究所研究紀要、第7巻』.

◆討論

　この討論は、進が報告した事例について、重複障害教育研究部のスタッフ全員（7名）が参加して行われたものである。

　この事例については、進以外のスタッフも教育相談の経過の中で、直接本児とかかわったり、あるいはまた、行動観察の機会をもつことができた。そこで、討論は必ずしも進の報告にこだわらないことを前提にして、自由に行われた。紙面の都合上、割愛せざるを得ない発言も多かったが、事例報告と合わせてみて、この討論が事例をより広くとらえることに役立てば幸いである。

司会：進先生から事例報告に沿って、この事例の概略について述べていただきました。あわせて 8 mm・ビデオ等の記録も見せていただきました。まず、何か質問がありましたら出して下さい。

T ：来所初期の状況ですが、日常生活の自然な場面での行動はどうでしたか。

進 ：はっきり把握していないんですけど、やはり家庭でも鈴を主に玩具として使っていたようです。お母さんは、一時期はかなり玩具を与えていたんですけど、この子は使わないということで押し入れにしまい込んだらしいんです。比較的物が少なくて広い 6 畳位の部屋の中で動いているという状態だったんだろうと思います。

T ：この鈴がなければどうしているんでしょうか。

進 ：鈴がなくても動くのは動いていたようです。時には段差も落ちるようなこともあったという報告を受けています。だから、目や手をあまり活用していないと感じられますね。

M ：そうすると、食事場面で食べ物に目を向けたり手を出したり、あるいは食卓へ寄って行くなどは全然ない子なのですか。

進 ：お母さんは、「そういうことはあまりない」と言っていました。それでそのまますましてきたという問題がありますね。こちらに来て、食事なども食べさせることがあるんですが、お母さんが膝に乗せて、口の中に入れてやるという形です。本児は、口を開いて 2 ～ 3 度噛んで飲み込みます。嫌なものであれば、舌で外へ出すことは可能です。弁当に目を向けることもあります。

M ：今だったら食事の場所に近づいて行くのですか。

進 ：家では特定の椅子を使っているらしいんですが、それと食べ物や食器が出て来ると這って行きます。確実ではありませんが……。

T ：当時の母親の遊び方、対応の仕方で何か特徴のようなものがあったのですか。

進 ：ただ私に子どもをあずけているだけでした。途中から子どもにかかわり出しました。たとえば、課題をやっている時に声をかけたり、「ちゃんとやりなさい」と言って体の向きを変えてやるなどです。

K ：私もそばで見ていてクールな母親と感じていたのですが、今では自分の子を自慢して「この子はこんなこともやれるようになったんですよ」と言っています。

8 ある特定の対象へのかかわりがみられた重度・重複障害幼児の観察指導経過 137

T ：やり方自体を親がわからない、学んでいなかったということもあったのではないですか。

進 ：そう思います。

O ：どんなお母さんですか。この子に対して優しいけれど、とまどっていたということですか。

進 ：とまどいはあまり感じられませんでした。むしろ、「この子はこうなんですよ」と割り切っている感じを受けました。

M ：「家ではどうしたらいいでしょうか」という質問はお母さんから頻繁にありますか。玩具、食事、着替えなどいろいろありますね。

進 ：やはり、こちらから言うことが多いですね。お母さんは、とにかく子どもを外へ連れ出して体を動かすことを重点にしているようです。

M ：外へ連れ出して公園でブランコに乗せるとかですか。

進 ：ブランコにはまだ乗れないですけどね。この子から窓へ行くなども見られるので、外へなるべく連れ出して行くようにしているということです。外へ連れて行くと、「キィーキィー」とかん高い声がよく出るそうです。

O ：先ほどの話しで、「割り切っている」ということですが、心理的な防衛機制がまだ働いているんですね。H先生どうですか。

H ：それもあるかも知れませんが、むしろずっとやってきても、あまり目に見えた効果がないので「あきらめ」てしまったのではないかなという感じがします。進先生がかかわり出してから、お母さんも少しゆとりをもてて、「ああそんなことやってみるのもいいのかな」とか、少し距離をおいてみることができるようになってきた、そんな中で少しずつお母さんも変わってきたのではないですか。

M ：子どもは一人ですか。

進 ：いえ、お兄ちゃんがいます。今、小学校2年生です。体を動かすなどけっこう相手をしてくれます。

M ：お父さんはどうですか。

進 ：研究所に来たこともありますけど。お母さんにまかせるタイプです。でも、暇な時に体を持って起き上がらせたりとかはやっているらしいです。

〈当初の移動〉

司会 : 当初の移動の様子はどうでしたか。例えば、1カ所でグルグルまわっているだけとか、物にぶつからないで迂回するとか、部屋の中を行ったり来たりするとか。

進 : いや、そういうことではなくて、部屋をまっすぐ行くこともあれば、グルッとまわることもあり定まってはいませんでした。

K : たとえば、壁の方へ行き、壁の近くでグルッとまわって方向を変えるとかはどうですか。

進 : 壁の近くに来れば方向は変えられることはありました。

K : ところで、「何度も前倒しながら移動する」と書いてありますので、かなり積極的な移動という印象を受けたんですが。

進 : そんなに動きまわってはいません。ごろんと横になる、すわる、動くことが3分の1ずつ位ですね。

O : たしかに、移動や外界とのかかわりが乏しいと思いますが、この子自身の動きは、ある意味で激しいという印象を私は持っています。

〈てんかん〉

司会 : 発作の様子はどうですか。全身性強直性のようですが、時間はどの位ですか。

進 : きちんと確認はしていないんですけど、時間にして30秒～1分位ですね。頻度は年に1回か2回で落ち着いています。

O : 脳波所見を見ますと、臨床発作に必ずしも結びつくものではありませんが、いろいろな発作型の脳波異常がたくさん出ています。これは無視できないのではないでしょうか。外界とのかかわりという時に、この子の脳内で刺激あるいは興奮を受けとる時に、影響を受けざるを得ないんではないでしょうか。脳波所見では中等度以上となっていますが、教育的には重度な脳波異常であり、やりにくさをもっていると考えた方がいいでしょうね。

M : そうすると、脳波異常と移動の関連はどう考えたらいいのでしょうか。

O : まず当初の子どもの動きと脳波上の異常（突発波の出方）とかなり対応しているのではないでしょうか。それが気になります。しかも覚醒の時の前頭の徐波が突発でなくともディスリズミア（律動異常）なかっこうで出てくるということは、子どもが自発的に何かをやる時に足を引っぱ

8　ある特定の対象へのかかわりがみられた重度・重複障害幼児の観察指導経過

る感じがしますね。そういうことを含めて、本児に自発性とか進先生が
やろうとしていることとか、お母さんが今までやろうとしてやれなかっ
たことなどを考え直す必要があると思います。

司会：本児の実態について話か進んできましたが、今度は進先生が試みた指導
の内容について考えてみたいと思います。

〈鈴への移動〉

M　：床の上の鈴は目で見つけてそこへいざって行ってつかむことと、顔の上
のタオルは手で取れないということと、この二つの極端な事実はどう考
えたらいいのでしょうか。

進　：顔の上にかけると手では取れないが、首を振ることはありました。

M　：顔の上に鈴を乗せたら取れるでしょうか。

T　：それはおもしろいな。

進　：それもおそらく取れないでしょう。

T　：鈴は鳴っていないと見つからないのですか。

進　：私が振り鳴らし、その後床に置くと視野に入った時に取れます。

T　：外の見えている物には目を向けたり、手を伸ばしたりするのに、顔に乗
せたタオルは取れない子どもが他にもいますね。

M　：たとえば、タオルではなく、目に何かゴミでも入っている時には目をこ
することができますか。かゆければかくとか。

進　：顔や頭に手をやることはあります。

K　：音に対して振り向きがなかったとありますが、鈴に対してはどうです
か。

進　：振り向きませんでした。

K　：すると、鈴に対して移動を促す際にはどうするんですか。

進　：とにかく見せることが必要です。

K　：距離はどの位ですか。

進　：1〜2mまでは大丈夫です。

K　：鈴を置いたら寄ってくるのですか、それとも、ずっと振らないといけな
いのですか。

進　：振っていた方が速いのです。振らなくてもたまたま体がそちらへ向いた
り、目がそちらへ向いたりすると、鈴を見つけて移動します。

〈図地関係〉

K ：課題学習のことになりますが、箱と書いてあるのはお菓子の缶ですね。鈴をその缶から取ることと、輪投げ台の棒から抜くこととが可能になったことが、移動行動に大きな影響を与えているように書いてありますが、この学習以外の要因もあると思うし、図地の関係（129頁）などもそれ以前にできていなかったのでしょうか。

進 ：それは図地関係そのものが育ってきたというのではなく、ある限定された場面でこういう行動が育ってきたということです。図地関係といってもいろんなレベルがあると思います。同じように私が遠近という場合にも、例えば、段差のある移動場面で手を使い出したということなんです。

T ：図地関係と言っても具体的な課題状況での物と物との関係の中で出てくる、そういう関係把握ということが大切なんですね。

K ：カーペットの上に鈴がある時に、這って行って取れるということになると……。

T ：その時に、いろんな物があっても、鈴だけを特定化して取るということは、他の物には行動を起こすだけのものをもっていないことになりますね。言いかえると、例えいろいろな物が目に入ってもそれだけでは取ることにはならないわけで、鈴であれば取りに行くということがここでいう図地関係ではないでしょうか。

O ：するとあくまで図地ということから言えば、例えカーペット上に鈴の入った箱があっても、図は鈴、箱が地になるわけですね。するとこの子の顔にタオルを乗せた時の図地とは何でしょうか。

H ：鈴そのものは家でかなりやっていたから素材として取り上げたんですね。すると、図と地の学習はすでにできていたと考えていいわけですね。そして進先生は、それを箱から取り出す、また、輪投げ台から抜き取るということを明確に課題としてセットされたわけですね。ですから、ずっと以前からの延長線上の課題として理解できないでしょうか。

〈探索〉

Ts ：最初箱から鈴を取るなど、自分は動かないで物を自分の方に近づけることをやったわけですが、それが遠くにある鈴に近づいて取るということに結びついたのですね。子どもと物の関係で、方向の異なるこの二つの

ことがらをどう関連づけたらいいのかをお聞きしたいのですが。

進　：鈴を机の上のいろんな所に置きました。すると手が出ても取れないで、体幹を動かす工夫が必要になります。つまり、課題に即応した体の動きというのが出てきており、その動きが移動行動につながった重要な要素としてあると思います。

〈課題学習と移動行動〉

M　：さっきの鈴との関係で探りがあちこち出てきた、目も向けてきたとありますが、探ってから目が動くのですか、目を向けつつ探るのですか。

進　：それほど明確ではありませんが、手を箱に入れていったん手の動きを止めてからのぞきます。

T　：最初からのぞかないのですか。

進　：最初はのぞかないですね。

M　：それではどうして手が動くのですか。

進　：私が鈴を振ると目に入ることがあるからです。

T　：目でまず見るんでしょ。

進　：そうです。いったん見て、手を入れて、それからまたのぞくようにして見るということです。

M　：探っている時の指の動きはどうですか。

進　：指というよりも手首を動かしています。棒の場合には、探るというよりは棒に沿って鈴を追っかけて行くような感じです。

M　：鈴が棒からはずれた時には見てつかむんですか。

進　：途中でやめてまたつかみ直すので、落ちることはあまりありません。

M　：棒の方向はつかんでいるのですか。

進　：棒の先端が右側にある時は右手が出るというように、向きによって出す手が変わります。

T　：方向が分化しているわけですね。

K　：両手が出てくるようにも見えますが。

進　：どちらかと言えば、という感じです。

M　：棒の方向がそのように目でつかめていることからすると、探ることの意味合いが変ってきますね。

T　：そうですね。

M　：あちこち手を動かしてみて、どの方向に抜き取れるかということではな

くて、見た瞬間にこっちだとかあっちだとか大まかにつかんでいるよう
ですね。すると、目の方面は進んでいるのではないでしょうか。

進　：そういう面もあります。

Ts：鈴は全く同一でないと駄目ですか。

進　：いえ、鈴であれば多少違っていてもいいです。

T　：鈴のピカピカ光ってるところが目に入るのかな。

進　：試してみたんですけど、鈴全体のまとまりが重要なようです。輪だけを
見せたり、輪に付いている鈴だけでは手がでません。

Ts：この子の事物の世界を拡大していくことを考えると、単に鈴というこ
とだけでなく、鈴の何が条件になっているかをはっきりさせていくこと
が必要となりますね。

進　：そうですね。

〈移動と移動行動〉

司会：移動と移動行動が混然一体となっている感じもしますが。

K　：それは、体が動いている時に、おもちゃなどの具体的な対象があるかな
いかで区別しているのですか。例えば、グルッと見まわすというのは移
動ですか。

T　：移動とは要するに動くことで、その中に移動行動は入ってきます。けれ
ども、ただ体が動いたということだけではなく、何のために体を動かし
たのかということが問題となります。

K　：目的的行動ということですね。

T　：そうですね。移動の意味を考えるというわけです。

K　：観察者が見た時に、特定の対象があり、それとの関係で子どもが動いて
いるという時に移動行動というのですか。

T　：特定化するのは難しいがそうですね。例えば、お母さんが近づいたら顔
を向けたとか、お母さんが通ったらそっちの方へ移動したというよう
に、状況をはっきりさせないとわかりませんね。だから、グルグル部屋
を回る場合でも、どういうことで動いているかを見つける努力を怠って
はいけないんですね。

〈機能訓練〉

司会：この子は機能訓練を受けていますが、その内容はどうですか。

8　ある特定の対象へのかかわりがみられた重度・重複障害幼児の観察指導経過　　143

進　：よくわからないのですが、鈴を使って這わせる練習をしているということです。

Ｔ　：問題提起としてですが、こういう子ども達の機能訓練をどう考えたらいいか、どういうことをやるのがいいかという問題があります。一応移動できるし、手足も動くわけですよね。見て手でつかむこともしますね。その時の肢体の機能訓練は必要としても、どういう内容がいいのですか。立位へもっていく準備として考えていいのかどうかということです。

進　：低緊張だから他動的に筋力強化を図ることと、四肢運動の交互パターンをつくり出すということも方法だとは思うのです。しかし、例えば段差というような、交互のパターンの必然性がある状況の中で、体を動かさせるということがいいと思います。

Ｏ　：多くの脳性まひは、痙直とか突っ張る筋緊張の亢進として考えてもいいですよね。低緊張の脳性まひはあるのかないのか、ということを言う整形外科の先生がいるのですが、この子に関しては、低緊張の脳性まひと言っていいんじゃないかと思うんです。それと、右側にわずか軽い片まひがありますね。この子のVTRを見ると、最近は足を開いた姿勢を保持して、物をいじることができるなどの変化がわかります。ですから、この子の場合には、リラクゼーションで柔らかくするような形の機能訓練ではない、別の機能訓練的なかかわりが必要な気がします。

Ｔ　：しかし、低緊張の場合の機能訓練はよくわからないですよね。

Ｏ　：難しいですね。一番初めの時には、手も足もバラバラに動いていたのが、今では手で鈴を取っている時に足が静止して突っ張っています。ある目的に対して動く以外の無駄な動きも少なくなっています。従って、結果的に機能訓練的なかかわりを受けてきたといえるのではないでしょうか。

進　：例えば、乗り越える時に足のけりが出てきたとか、足が交互に出てきたとかがありますが、印象としては設定した状況の中で出てきたと思うのです。現在は立たせると突っ張りが出てきていますが、やはり足に歪みがかなりみられます。ですから、機能をうまくコントロールして立つのはちょっと難しいように思います。

Ｏ　：こういう子どもの場合に、「四つ這いが可能であるので立位保持の訓練をするというように、発達段階に沿って無理に指導を展開すると、外界とのかかわりの芽生えつつある子どもの行動を抑制する可能性がある」と書いてありますが、この子の場合、首から下肢へと順にしっかりして

きていますね。ですから、次に足でけとばすというような変化を期待し
てもいいのではないでしょうか。もちろん問題は残ると思いますが。

M ：さっきの議論に戻るんですけど、進先生が機能訓練と言っているのは、
かなり他動的にある姿勢をとらせたり、ある運動パターンを反復練習を
させることと言っているわけで、それがこの子の場合には疑問だという
ことで、むしろ外界とのかかわりを高める学習が必要だという方針なの
ですね。O先生が機能訓練的な意味も実際にあったんだと言いました
が、こういうタイプの子に他動的に訓練することは、果たして意味があ
るのですか。実際の現場ではかなり問題だと思いますが。

O ：立たせる、歩かせる、握らせるというような日常動作をいきなり訓練す
るのではなくて、例えば足の位置がどこにあるのかわからないようなこ
ともあるし、腕が伸びた、縮んだ感覚などは、他動的にやらないと覚え
きれないんじゃないかなという感じがするんです。だから、筋の固さを
とるというんではなく、こういう位置に足がいくんだということなどを
教えるには、ある程度他動的に動かしてやることが必要です。

M ：進先生の考えでは、その場合目を使わせて、足の位置を確認させること
が入ってくると思うのですが、まったく他動的というと、目がどこを向
いていても足の屈伸をやることになりますね、実際には。

O ：両面からかかわる方が一層いいかも知れませんね。

進 ：私は動きを引き出すことが基本じゃないかと考えています。だから動き
がある程度出るようになってから、動きを修正できるところは修正して
いくというように考えています。ただある子の場合には、他動的に訓練
すると動き自体が止まってしまい、かえって指導しにくくなることがあ
ります。
　本児の場合、座位での姿勢保持ではそれほど低緊張の影響を感じないん
ですが、立位では困難が多いように思います。と言うのは、立位で重心
がまったく定まりません。今後の指導で立たせる時の何か工夫が必要だ
ろうと思います。

O ：立位箱の中に立たせてそれから歩行というのでなく、この子の場合には
這い這いをうまくさせるために、一時期立位箱を使って足腰をしっかり
させるというのはいいのではないでしょうか。本児は歩くことでなくて
這い這いをうまくさせることが大切だと思います。

進 ：お母さんは立たせたら次は歩くのだと思っているので、お母さんとのズ

8　ある特定の対象へのかかわりがみられた重度・重複障害幼児の観察指導経過　　145

レも多少出てきます。

〈外界とのかかわり〉

司会：進先生は「外界とのかかわり」ということばを使っていますね。外界と
のかかわりと移動行動との関係ですが、外界とのかかわりを深めること
によって移動行動が高まると言っていますね。外界とのかかわりとは何
かということですが、どういうことをイメージしていますか。

進　：外界とのかかわりという時に、人と物とがあり、そしてかかわる対象の
拡がりとかかわり方も含まれますね。たとえば、鈴を一定のパターンで
振っている時に、振り方の変化をつけさせたり、目で見させたりという
ように、行動としてより高いものにもっていくことですね。また、人に
対しても単に注視する、笑うことから、相手とのやりとりができるこ
と、例えば本児の場合、今お母さんを見て笑いが出ていますが、それが
発声も伴うように変わっていけば、人に対してもかかわりの高まりと言
えますね。

M　：でも進先生、人とのかかわりという点で指導する場合、子どもに対して
お母さんや進先生とが体を接触させながら、情動的に揺さぶっていく方
法もありますね。

進　：そうですね。

M　：そのあたりはこのケースの場合どうですか。例えば、おんぶする、お母
さんとリズム遊びをするなどは。

進　：そういう遊びを設定する必要は確かにあると思います。しかし本児の場
合、起きあがりこぼしの場面で情動的な反応が出てきてから、お母さん
に対しても積極的な行動がでてきました。このことからすると、単に揺
さぶるだけでなく、場面設定しながら他の行動を育てていくように、両
方並行する必要があると思います。

T　：外界とのかかわりが乏しいとみられる場合でも、子どもは何かの行動を
起こしているわけですから、その行動がどういうプロセスで起こってい
るのかを見極めることは大切なわけです。しかしその際、「こうあって
欲しい」という我々の観点を問い直すことと、行動を見極める具体的な
方策を工夫することが重要だと思いますね。

司会：報告の後半の方で、進先生は、母親とのかかわりを高めていく必要があ
ると書いていますが、具体的にはどういうことですか。例えば、食事の

場合はどうですか。

進 ：椅子に座らせて食べさせています。ビスケットなどいろんな物に対して、手を出してつかんで口へ入れて嚙むことはあまりうまくできません。そういう場面でお母さんは、声かけしながら少しずつ渡すなどのかかわりが見られるようになっています。

K ：母親とのかかわりのことですが、「母親を探して移動することはない」と「母親がいなくなると泣く」の二つが書いてありますが、どういうことですか。

進 ：「母親がいなくなると泣く」というのは、部屋の中に長い時間ひとりきりにしておく場合です。「探すことはない」というのは、母親を探して見まわすことはない、ということです。

K ：泣くというのは、母親がいないことが原因なのに、探さないのはどういうわけですか。

進 ：そのへんがわからないのですよ。

K ：お母さんが戻ってくるとニコッと笑ったりするのですね。

進 ：そうです。

M ：進先生は行動の必然性というか、そういうものを準備する必要があると書いていますね。すると、家の中でこの子が移動していく時の必然性をどう培っていくか、ということが問題になりますね。そのへんで、親へのアドヴァイスも折りに触れてやっていかなければいけなくなりますが、家の中での過ごし方に、はっきりした節目をつけてやるとか、合図を入れるとかの工夫が必要になると思いますが。

進 ：確かにそういう必要性は感じますが、実際には難しい面があります。本児の場合、食事の場面や、外へ出る時にお母さんが声かけしたり、毎日外へ連れて出るなどが考えられます。

H ：お母さんの役割について最初からそのように考えていたのですか。

進 ：どちらかというと経過の中で考えてきました。

H ：本児と進先生との関係はどうですか。人とのかかわりという時には、指導者とのかかわりも含まれますから。

進 ：私が近い距離から声をかけると、最近は反応があります。もちろんお母さんに対しての反応の方が速いのですが、私に対しても笑いが出てきました。私は、人とのかかわりと言っても、単に人との関係だけを問題にするのではなく、人との関係でも使う感覚を物とのかかわりの場面で伸

ばしていくことが人との関係を育てるためにも、まず大切だと考えました。

H ：私は、人も最初は物として認知される段階があり、それがだんだん人として認知されるようになると思いますが、2年間のつき合いで、そのへんはどうでしたか。

O ：かかわっている時にはなかなかわからないもので、ケースから離れてみるとわかるのですよ。

T ：確かに、人との関係というのは、ねらってできるものかどうかというと、なかなか難しいですね。

H ：後で整理してみるとわかる、ということですね。

T ：特に人との関係を意識して指導すれば、そういうことが整理されるでしょうね。でも私は、特にそれを意識しないで、子どもとかかわっていく中で、関係が少しずつ深まっていくのだと考えたいですね。

〈基本的課題〉

O ：人とのかかわりの問題もありますが、物との関係でも、例えば、鈴をはっきり放すとか、はっきり逃げるとかが、この子に欠けているように思います。その点が、指導上の一つのポイントではないかと思いますが。

進 ：確かに放すのではなく、投げています。

O ：投げているとみるのはどうでしょうか。つまり。嫌な時に逃げるとか、拒否するとかの問題ですね。泣くことは出てきていますが。

H ：この子の場合、精神発達の遅れ、筋の低緊張、抗てんかん剤という三つの要素から考えてみると、かなり弱いところがある子だなと思いますね。しかし、体の動きはこの子なりに育ってきたし、てんかん発作はある程度落ち着いてきています。すると最後には、精神発達の側面が残ってしまうように思います。そこで、自分が歩けなくても、手が出せなくても、取りたいとか、動きたいとか、そういう意志を育てていくことが、精神発達を促す上で基本的に大切だと思います。

O ：ところで、経過の中で親子の情緒的なつながりが出てきたというのはどうしてでしょうか。発達がスムーズに進むのではなくて、節みたいなものがあるように感じますが。

H ：来所する前に母親が家でいろいろかかわったけれど、あまり子どもが変わらなかったということですね。そこでまず考えたいのは、母親がその

時期に具体的にどのようにかかわったかという点です。もうひとつは、効果がないようにみえた時期に、実は重要な素地が培われていて、それが後になって具体的な行動となって出てきたという考え方もできると思います。ですから、一見効果がないようにみえる時期に、どういう刺激をどういうふうに与えるかが重要なことになると思います。

M ：今後の課題の中で、「目」は、「耳」は、と分けて課題を考えていますが、視、聴、触の感覚それぞれに対応していくのがいいのか、反対に、ミックスさせていくのが揺さぶりとしていいのでしょうか。感覚統合という考え方もありますね。この子を伸ばすために、刺激の出し方、玩具の出し方をどうしていったらいいでしょうか。

進 ：玩具を子どもに出す場合に、確かに音のする物、目で見やすい物も必要な条件になると思いますが、さらに大事なのは出し方を工夫することだと思います。それでひとつの感覚をねらうか、統合を重視するかということになると、私は、指導の観点との関係が出てくると思います。つまり、行動の見極めをやろうと思った時には、感覚ごとに検討してみることも必要だし、そこにつまずきが見られれば、それに対応して指導していくことが必要でしょう。でも、日常生活の場面では、もちろん、まとまったいろんな要素を含んだ物を呈示することが必要になります。だからその意味で、お母さんと私とのかかわりが、ある面で違ってきてもいいと思っています。私のこの子に対する指導を深めるためにも、日常生活での行動について整理してみたいと思っています。

H ：前回の事例研究の時にも話題になりましたが、研究所でやっている教育相談の役割はなんだろうかということがあります。私は、回数が重要なのではなく、月に1回でも、しみ通っていく感じで親に捉えてもらえれば、それは結果的に毎日来るのと同じだと思います。逆に言えば、毎日来てもそういうものがないと、あまり効果がないということも考えてほしいのですね。

T ：そういう支えを、学校であれ、通園施設であれ、教育相談であれ、しないといけない役目みたいなものがあるわけですね。

司会：どうもありがとうございました。

（重複障害教育研究部）

9
一重度・重複障害児の接近行動の発現と展開の経過

重複障害教育研究部
高杉弘之

Ⅰ　はじめに

　ここで取り上げる事例は、筆者らが4歳5カ月から現在（9歳11カ月）まで、5年余りにわたってかかわっている重度・重複障害児である。本児は脳の透明中隔欠損症と診断され、また、てんかん発作を有している子どもである。本児のかかわり当初の行動状況は、極めて限られた設定状況では目を向ける、手を伸ばす行動はみられたが、一人にしておくと常同的な動作に終始し、外界に向けての行動が非常に乏しかった子どもであり、現在も、外界への探索行動、事物・事象への接近行動は乏しく、移動行動はまだみられていない子どもである。本児のこのような行動の発現を滞らせている要因が何であるのか未だ明確化しきれないでおり、従って、本児へのかかわりの経過は、本児側のもつ障害の内容、また、本児への行動の展開を図るかかわりの内容と方法を模索してきた経過であり、この中で、本児はわれわれに多くの考えるべき問題を呈示してくれており、教えられることも多かった。このようなわれわれのもがきつつの本児とのかかわりの中で、本児は行動上にいくつかの変化をみせてきている。本稿では、その中で、外界の事物や事象への接近行動（対象に対して目を向ける、手を伸ばす、身体を動かすなど）の発現と展開の経過に焦点をあてて報告をする。

Ⅱ　事例研究

　1　事例　H．女　1976年3月生（1986年2月現在9歳11カ月）
　2　生育歴

　胎生期には特に異常は認められなかった。満期出産。出産時に心音が弱くなり吸引分娩にて出産。臍帯捲絡あり。生下時体重3,250g。定頸3カ月半。座位1歳6カ月。この頃から寝返りや座位などへの姿勢を変えることがみられて

きた。しかし、対象に向かうような移動的動きはみられない。

生後3カ月時にけいれん発作が出現し、4カ月時に脳波検査を受け、異常が認められ、服薬を開始した。5カ月時に大学病院に1カ月入院し、諸検査を受け、脳の透明中隔欠損症と診断された。3歳半頃までは1日20〜30回の小さい発作と週2〜3回の大発作が頻発していた。それ以後大きな発作はやや減少したが、現在も月2〜3回の大きな発作がみられる。4歳4カ月時の脳波検査で徐波傾向が指摘された。

3 訓練・指導歴

2歳3カ月からドーマン法による訓練を受け、通園・通学などにより、プログラムの縮小の中でドーマン法の訓練を8歳頃まで継続した。2歳から4歳まで保育園に通園した。4歳から就学時まで、肢体不自由の通園施設に通い、運動機能訓練および保育指導を受けた。

1980年8月（4歳5カ月）に本研究所教育相談に来所し、週一回（一回当り約1時間半）通所し、現在に至っている。

1982年4月、肢体不自由養護学校に入学、現在4年生である。

Ⅲ 教育相談来所当初の状況

1 相談内容

種々の訓練を受けているが、目立った変化がみられず、寝返りも体の向きを変える程度である。意欲がないためか、転がって移動することもしない。周囲のことに無関心である。物への興味をもたせるにはどうしたらよいか指導してほしい。

2 医学所見

脳の透明中隔欠損。顔貌等所々に小奇形をうかがわせるものがある。体格はやや小さく、姿勢は前屈姿勢である。膝蓋腱反射の亢進、自動歩行反射、足蹠反射など初期反射、異常反射が認められる。脳波上はやや徐波傾向にあるが、顕著な異常波は認められない。動きの乏しい、けいれん発作を併せもつ、重度精神発達遅滞児である。

3 行動の状況

（1）身体の動き：四肢ともに麻痺などの顕著な運動障害は認められない。臥位から座位、座位から臥位への姿勢の変換は認められるが、外界の事物・事象

9 —重度・重複障害児の接近行動の発現と展開の経過 | 151

と関連ある寝返りなどの動きは認められない。

（2）視覚・聴覚：視覚や聴覚面での障害は指摘されていない。眼前に光る物（金属性のものなど）や動く物を呈示すると目で追うが、周囲を見回わす、周囲の人や物を見る、音や声に振り向くなどの行動は全くみられない。

（3）手の動き：手の動きとしては、頭を掻く、顔をおおった布などを掻く動作で落とそうとする、姿勢を支えるために手を使うなどの動きはみられるが、これらの動きは緩慢である。右手は眼前の物に手を伸ばすが、肘が曲がっており、限られた範囲でしか動かず、しばしば対象に届かず空を切る動きで終ってしまう。一方左手は物に手を伸ばす役割りを全くせず、頭を掻く動作、布を掻き取る動作に使用している。このように、右手と左手がそれぞれ固着した使い方をしている。

（4）他者からの働きかけがない時の行動：他者から本児への働きかけがない時は、仰臥位か座位の姿勢でいる。両姿勢においても、閉眼または焦点の定まらない視線で、両手を絡み合わせる動作や口をもぐもぐと動かす動作などの常同的行動に終始し、無表情である。座位姿勢は背中を丸くし、頭を垂れている時が多い。

（5）他者からの働きかけに対する行動：椅子に座るなどの体幹を安定させた姿勢で、スプーンなどの金属性の光る物を本児の眼前の限定された位置に呈示し、ゆっくりと動かすと、本児はそれに目を向け、右手を伸ばしてくる。右手が動き出すと視線がはずれ、手が空を切ることが多い。援助を加えながら、それを握らせると、口に運ぶ。しかし、口にうまく入らず、スプーンを落としてしまうことが多く、一度手から放れるとそれで行動は終ってしまう。他者からの強い働きかけには、嫌がる発声やもがく身体の動きがみられる。

（6）日常生活動作：日常生活面では全面介助である。食事内容は、嚙まないのできざみ食だが、何でも食べる。水の類は余り好まない。

（7）発作の状態：小さい発作様の状態はほとんど毎日みられ、大きい発作も月に数回起こしている。大発作の場合、その多くは２分前後続き、硬直がゆるむが、弛緩するまでに至らないうちにまた発作が生じることもある。大発作の後、チアノーゼ、呼吸数や体温の低下があることもあり、昏睡状態が１時間続くことが多い。この状態から覚めた後も臥位でも座位でもうつろな状態で、不随意様に全身がピクピク動くことがみられ、興奮状態を示す。発作後数日間、食欲の減退が続く。

Ⅳ　問題の所在

　本児の行動の状況をみると、姿勢を変える動きがあり、眼前の物に目を向け、手を伸ばすことができ、左手で頭を掻く、両手を絡み合わせるなど身体の動き、手の動き、目の動きなどは限られているとはいえ起こしている行動がある。従って、行動の乏しい子どもとはいえ、よく観察していくといくつかの動きがみられている。しかし、それらを活用して、他者からの状況設定なくしての自発的に周囲に目を向ける、手を伸ばす、姿勢を変えて接近するなどの外界とかかわろうとする行動がみられていない。本児のこのような行動を起こし難くしている要因として、てんかん発作による激しい状態の変動の繰り返しで学習の積み重ねを困難にしていることが考えられる。また、脳の透明中隔欠損症との診断およびけいれん発作等から行動の発現・展開を難しくしている身体の奥深い障害を推し測ることができるかもしれない。

　しかし、子どもとかかわっている我々は、子どもの行動の発現や展開を図るためには、子どもの起こしている行動を見極めつつ、大切にし、少しでもその方向に促進するよう手立てを考え、援助の方法を工夫していくことが役目である。我々の子どもへの取り組みは本児の行動を起こしにくくしている問題を探りつつ、人間の行動の成立過程と照らし合わせながら一歩一歩進むことである。

　本児への取り組みの目標は上述のように、本児の外界の事物や事象に対して、本児の実情に合わせて、少しでも行動が発現し、より拡大する方向に展開していくことである。本児は来所するまでも、ドーマン法による神経系への刺激を与えるとされる訓練やボバース法による運動機能訓練を受けており、また、保育指導を受けてきているが、その成果は余り認められていない。これらの訓練が他律的で、かつ、直接、本児の身体への働きかけという訓練にとどまっている。筆者がドーマン法による訓練を見せてもらった際、パターニングなどに対し、本児が何らかの反応をみせるのは、訓練開始の一、二回であり、後はなされるままになっている。行動を起こす要因として、本児の内的要因もあるが、外界との関係をもった行動を起こさせるには、外界からの刺激を本児自らが取り込むことが基本であり、従って、かかわりをもつ者は本児に対し、本児が外界からの刺激の受容を受けやすいよう状況を設定し、それに対する運動を起こしやすいよう援助することである。そのための出発点は、本児自らが外界とつながりをもつ行動があればそれを見つけ出し、それを手掛りとし、より拡大・展開する方途を図ることである。

9　一重度・重複障害児の接近行動の発現と展開の経過　│　153

このような視点に立って、本児の行動を見直してみると、他者からの働きかけを要するとはいえ、スプーンが目の前に呈示されると、目を向け、手を伸ばし、握り、口に運ぶという行動がみられる。これは本児が自ら外界の事物に対し、接近している行動として重要なものである。そこで、これらの行動を手掛りとして、本児の目を向ける行動、手を伸ばす行動、目と手の協応した行動、それらをもとに、身体の物への接近した動きをより拡大した方向へ導くことにした。

V　取り組みの経過

本児への取り組みは、週一回、一回当り一時間半を原則として行ってきた。また、かかわり手としては、筆者及び同じ研究室の落合俊郎の二人が話し合いつつ進めてきた。

取り組みの経過を述べるに当り、外界の事物・事象への接近行動（目を向ける、手を伸ばす、姿勢を変換するなど）の発現状況の経過に焦点をあてて報告し、次の事項に関しては特に関連する場合以外は本稿では言及しないことにした。

（A）てんかん発作の影響について

本児はかかわりの経過の中で、てんかん発作の頻発がみられ、発作からの回復に数日を要することも多くみられ、取り組みを中断したり、取り組み内容の出発点からのやり直しなど、発作による影響は行動の拡大・展開を図る上で大きな妨げとなっている。この本児の頻繁に起こる大発作によって、それまで形成されてきた行動が崩れ、再び構成していく発作からの回復過程にみられる行動には注目すべきことがいくつかみられたが、本稿ではそこまで言及しないことにした。

（B）取り組みの内容で本稿で余り言及できなかった点

(1) 本児が事物や状況をどのように把握し、行動を起こしているかという、本児の知覚・認知の面に関して、取り組みの中で多くの時間を割いて試みと検討がなされてきた。このことは、本児の起こしている行動を読み取っていく上で重要な点であるが、本稿では表層的な言及にとどめた。

(2) 本児のコミュニケーション行動を高める試みも併せて行っており、かかわり手から本児に対しての働きかけや声かけ、本児からの表情や身体の動き、手の動き、発声などの発信行動の発現を促がす試みがなされ、いくつか示唆される点がみられているが、これについても最小限の言及にとどめた。

1 手による物の把握の拡大について

来所当初の本児が、眼前にスプーンを呈示すると、目を向け、手を伸ばし、握る行動を起こすことを手掛りに、より拡大した手の動きを引き出すことを試みた。状況設定の条件として、①仰臥位では全く手を伸ばさないので、椅子座位をとらせる。本児は当初から座位姿勢保持ができていることは、自己を中心軸として、外界と自己との関係づけができやすく、手を伸ばす上でも重要なことである、②呈示物は、フォークにパンやバナナなどの食べ物を突きさして呈示する、③本児の視線に入りやすい範囲と距離（約20cm）でゆっくり動かして呈示する、④手が伸びてきたら、握る、口に運ぶ動きに対し適宜補助を行う、などであった。

(1) 初期においては、呈示物に対し、目を向け、手を伸ばす動きをするが、手の動きが始まると視線がそれてしまい、手が空を切ることが多くみられ、握らせるのに補助を要した。手を伸ばす動きは一回の動きで終り、手の調整する動きはみられなかった。伸ばす手は必ず右手で、左手に握らせようとするとひっこめてしまう。このような状態にあったが、徐々に目で見て、呈示物に手が届くことがみられてきたが、その範囲は本児の両肩の内側前方に限られていた（1980年8月〜1981年10月）。

(2) 本児の両肩の範囲内で、台の上に皿を置き、スティックパンなどを載せておく状況でも、本児はそれを見、手を伸ばすことを繰り返すようになり、皿の物を握ることがかなりできるようになってきた。この状況で注目されたことは、一つは見る——手を伸ばすの繰り返しを行うようになったことと、もう一つは、皿の縁などに触れながら手を調整する動きがみられたことである。

この時点では、本児の右肩の外側に物を呈示すると、目はそれを追視するが、手は正面に伸ばし、空を切る動作になり、不思議そうな表情を見せた。この右手が伸びた時に、右手の呈示物の側の甲に軽く触れると、触れられた方向に動くのがみられた。また、呈示者が呈示物を右外側に呈示し、その呈示者の腕に本児の手を触れさせると、腕を伝って呈示物にたどりつく手の運びが可能となってきた。やがて、右肩の外側に呈示しても、見て、手を伸ばし、握るようになった。この手の動きに伴い、上体を呈示物の方向に傾むけていく動きが出てきている（1981年10月〜1982年7月）。

(3) 本児は対象物をまず目でとらえ、それに続いて手を伸ばすという行動を起こしている。この「見る」という行動をより確実に促進させていったのは、選択状況の導入によるところが大きい。バナナと握りやすい玩具などを同時に

二つ呈示すると、初めは手に触れた物を握って口に運んでいたが、徐々に目で見比べをし、選択して手を伸ばすことがみられてきた（1982年7月〜1982年12月）。

このような一連の本児の変化をみていくと、対象物との関係の中で、目と手の協応動作による手の動きの拡大がみられ、腕の回旋、手首の返しなどの手の調整動作がわずかながらみられてきている。また、手の動きに伴い上体の物の方向への接近的動きが生じてきている。

2　呈示物の違い、呈示状況の違いによる行動の変化について

取り組みの経過の頭初のところで述べたように、本児への取り組みの中で、本児が事物や状況をどのように把握し、行動を起こしているかについて、多くの時間を割いて、仮説を立て、試みを行ってきている。ここではその概略を以下述べていく。

（1）玩具や電池など握りやすい物を呈示すると、呈示者の手からそれを取ることがみられ（1981年10月）、次いで、バナナと色や感触の似ている物はつかんで口に運ぶようになった。また、かかわり者（呈示者でもある）が手を出すと、その手に手を伸ばすということもみられた（1982年7月）が、徐々に、バナナとそれ以外の物を見て判断し、手を伸ばさなくなった（1984年9月）。

この本児がバナナとそれ以外の物とを区別して握るに至った経過を概観してみると、①呈示された物は何でも手を出す段階、次に、②色で判断して選択する段階、たとえば黄色いスポンジなどには手を出すが、赤い玩具などには手を出さない段階である。黄色の物を手にすると口に持っていき、それがバナナでないと分ると手から放す。このように大まかには視覚のみで選択をしているが、それ以上の弁別は口に運んでそこで行う。さらに、③口にまでもっていかなくても、手で触れただけで分るようになる段階を経て、④視覚のみでバナナを選択できるまでに至った。

（2）次の試みとして、バナナ全体を直接見て、取る状況から、眼前に衝立てを置き、わずかな間隙からバナナの一部が見える状況を設定した。本児は、その間隙でバナナを把握し、衝立てを倒してその背後のバナナを取ることが可能となった（1984年10月）。この状況の発展として、現在、本児の前に全く呈示物が見えないように遮へいの衝立てを立てると、その衝立ての脇から背後を見ようとする行動や衝立てを手ではねのけようとする行動がみられてきている。

（3）本児がバナナの黄色という属性に対し手を出すことに注目し、さらにバ

ナナの形の属性に目を向けさせる試みとして、バナナの形に切り抜いた紙と他の色や形の切り抜き紙を呈示し、選択を行わせた。バナナの形の方を選択するとバナナが与えられた。この試みの中でバナナの形と色の紙の選択がみられたので、写真の導入を図った。バナナやみかんの実物の前に、それぞれの実物を写した写真を置き、本児が手を出して触れた写真の実物を食べさせた。写真にはよく手を出すようになったので、次にバナナかみかんの写真と他の物の写真（コップ、黄色いラッパ、赤い自動車など）を対にして呈示した。つまり、食べられる物と食べられない物の写真を呈示した。そして、本児が選択した方の実物を与えた。食べれない物を選んだ時、その実物を与えると、時に口にまでもっていくことがあるが、だんだん、顔をしかめ、不満そうな発声をして、手から放した。その場合バナナやみかんの写真を選択し直す行動は見られず、手を絡み合わせるなどの常同的行動に引き戻ってしまった。しかし、徐々にバナナやみかんとそうでない物との区別ができるようになった。そこで、箱を二つ並べ、一方にはバナナ、他方には玩具の赤い自動車やラッパなどを入れ、蓋をして、それぞれの写真をのせて呈示すると、バナナの写真の方を選ぶことが多くみられてきている。しかし、必ずしもこれらの行動が確実ではない。その要因として、まだ、視覚的には正しく写真を見て、選択していても、それに手を伸ばす際、手が正しく選択した箱に到達せず、手が触れた箱にこだわりがみられ、選択した箱の中の玩具が出されると、それを握ることはしないが、戸惑いの表情を示してしまうなどがあげられよう。

3　対象の把握と身体の動きについて

　(1)　食べ物を取る状況で、自ら手を出す範囲が拡大し、上体をひねる動きがでてきた（1982年7月）。また、仰臥位でいる本児に、鈴のついたハンカチを見せて、本児の脇におくと、その方に首を向け、ハンカチを指にはさんで取り込むことがみられたが身体の大きな動きはみられなかった。

　(2)　そこで、本児の臥位から座位への姿勢の変換が可能である動きを活用して、伏臥位の姿勢でバナナを呈示し、伏臥位から座位へ姿勢を変えてバナナを取るという場面を設定した。その状況は、まず、本児を伏臥位にさせ、本児の左右の方向からバナナを見せる。遂行すべき行動は、その呈示物を見る、伏臥位から横臥位に移り、横臥位から座位、そして、食べ物に再度目を向け、手を伸ばして握って口に運ぶという一連の動作である。初めは、バナナをみて、取ろうとする身体のもがき様の動きは認められたが、姿勢を変えるまでに至らな

かった。そこで、姿勢の一連の動作をガイドしながら導いた。本児は、左側で
あれば、この一連の動作を行って、バナナを手に入れることをするようになっ
た。この状況は、呈示物を見て、次の一連の動作の間は、対象物が視野から無
くなり、動作を終えて、再度、対象に目を向けるという状況であり、一種の見
通し学習といえる（1982年12月～3月）。

　（3）これまでは、呈示物を呈示する位置は、本児の手の届く範囲に限られて
いたが、見る範囲を拡大するための二つの試みをした。その第一は、プレー
ルームの中に、四カ所を設定し、各々に、ミュージックパック、おき上りこぼ
し、母乳、バナナをあらかじめ定置しておき（各設置場所間は約3m位離れてい
る）本児を箱車に乗せ、2～3m離れた地点で、それぞれの対象物を見せ、本
児が視線を向けたら、車を押して物に接近させ、そこで、その物を充分触わら
せる試みを行った。本児はバナナ以外には、ほとんど関心をみせず、一瞬、目
をやる程度であったが、バナナに対しては、2m離れていても、手を伸ばそ
うとする動きがみられた。

　第二は、立位姿勢での対象物への接近の試みである。1983年3月頃、壁な
どにもたれさせると、立っていることがみられた。ただし、余裕のある立位で
はなく、足をつっぱり、膝はとても曲げられない状態である。本児を後ろから
支えて、立位をとらせ、本児の前、3m位離れた所に、呈示者がバナナを呈示
した。足の運びには介助か必要であった。本児は対象の物が視野に入らない時
と入った時では明らかに動きが異なった。視野に入らない時は、視線が定まら
ない状態で、促しても全く動こうとしなかった。しかし、視野に入ると、途端
に手を伸ばす動き、それに伴う上体を前に傾ける、足の運びを促すと、交互に
足を運ぶなどの動きがみられ、バナナに接近すると、手を伸ばして取る、口を
つき出してくるなどの動きをした。この状況の設定は本児の歩行を促すためで
はない。歩行を試みるには、まだ、身体、膝の自由な動きがなく、重心がとれ
ない状態である。

　これらの試みの中で、本児はある程度離れた対象物に対しても、視線を向け
ることがみられてきていることが認められた（1983年4月～7月）。

　（4）これまでの本児の動きをみていくと、前項のように、他者の援助のもと
では、ある程度移動的動きはみられるが、自ら、対象物に対して移動する動き
はみられない。その契機を促す試みとして、座位の姿勢で、その周囲にある物
に対し、身体を変換させながら接近する動きを引き出す試みを行っている。

　本児の座位姿勢の状態で、バナナを直接、または皿に入れて、本児の右側ま

たは左側に呈示した。

　本児にまず呈示物に視線を向けることを導入して、本児の動きを引き出した。この場合、右側に置く場合と左側に置く場合では、本児の起こす行動パターンは異なっている。それは、右手で物をつかみ、左手ではつかまないことに起因する。当初はガイドを要したが、徐々に、自ら動き出すことがみられてきた。右側の場合は、身体を右側にねじり、右手を伸ばそうとする。バランスがくずれて、右側に倒れることがあるが、倒れた姿勢でも、右手を伸ばしバナナをつかむこともみられてきている。左側の場合は右手を左側に伸ばし、腰をひねる。それでも届かないとあきらめる。そこで左手を左側に突くことをガイドしていった。これがうまくいくためには日時を要したが、左手を床につき、両足を曲げ身体の向きをバナナの方に向け、右手を伸ばしてバナナをつかむことをすることがみられてきた。体調のよい時は、これを繰り返すことによって、座位で身体を少しずつ回転させ、一回転することもできた（1983 年 9 月〜現在）。

　(5) 1985 年 10 月以降、(4) の状況をより発展させることをねらって、傾斜のついた所に座らせ、バナナ等を呈示する状況を設定して試みている。状況の設定は、小型のトランポリンと床の間にタタミを架け渡し、トランポリンでかかわった後、本児に「降りよう」という指示を与え、タタミの上端に座らせる。一方、呈示者がタタミの下段の端からバナナやミュージックパックなどを呈示し、声かけをする。

　本児は、バナナが視線に入らないと動きはみられないが、視線に入ると手を伸ばし、足を曲げたりする動きを示し、すこしずつ、ずり降りてくる。呈示物が近づくにつれ、手を伸ばす―届かない―身体を動かす―ずり降りるの繰り返しが盛んになり、手が届くと、つかんで口に運び、それ以上は動きがなくなるという行動がみられてきている（1986 年 2 月）。

Ⅵ　1986 年 2 月現在（9 歳 12 カ月）の状況

　ここでは、経過の中では述べなかったことも含めて、現在の状況をまとめておく。

　1　発作は現在も月 2 〜 3 回起こしており、一度起こすと、2、3 日連続して起こすこともあり、体調の変動は著しく、回復に日時を要することも多い。

　2　体調のいい時は、姿勢も起き上っており、周囲を見回したり、周りの人の動きや人の声、物音に目を向けることがみられる。特に、バナナの入ってい

る紙袋の音がすると、目を向け、要求する発声がみられる。

3　他者が抱いたり、揺すったりすると笑いがみられ、また、人の髪や顔を撫でる行動もみられてきている。抱かれた時の身体のバランスがよくなってきている。

4　人との関係では、バナナなどを手の届かない所に置き、本児の側に人がいると、本児はバナナを見、脇の人を見、助けを求める表情をする。他者がその腰に手を出すと、本児はその手に触れ、バナナを取ってやると、他者の腕を伝ってバナナをつかむなどがみられる。

5　バナナやみかん、ケーキが好きで、これらを他の玩具などと並べて呈示すると、邪魔な玩具は取りのけて、食べ物を取ることができる。

6　視覚でとらえながら、手を調整する動きが確実になってきた。

7　箱などからバナナをつかみ出す時、手を調整する動きがみられる。また、口に持っていった時の手首の返し、口に入れ損った場合、握った物を放さず握っており、再度、口に運ぶことなどがみられてきている。

8　写真によって、バナナを選択的に区別していることがうかがえる。

9　バナナが、ある程度（2、3m）離して呈示されても、視線を向け、バナナの方へ接近しようとする身体のもがき様の動きがみられる。また、本児の身体の脇に呈示されても、それが目に入ると、腰をひねる、左手をつくなどしながら、対象の物への接近行動がみられる。

10　床面などでの対象へ向かう、身体全体の移動する動きはまだできないが、体幹・手足の動きが身体の動きとして出やすい傾斜面を使用して、移動行動を引き出す試みを行っている。

Ⅶ　考　察

本児とのかかわりは、4歳5カ月時に接してから、現在9歳11カ月という5年半にわたっている。問題の所在のところで述べたように、本児が外界と関連をもった行動を起こしにくくしている障害の内容について、取り組みの経過の間常に頭を離れない問題でありながらもなお不確定なことの多く残されているのが現状である。

取り組みの経過の中では、行動の発現と展開が認められたことを中心に述べてきたが、それらは体調のよい時に示す行動であり、また、この段階に至るまでの経過は行きつ戻りつのギクシャクしたものであったこと、現在において、必ずその行動を遂行するという程に確実性をもったものでないことを断ってお

く。

以下、経過では述べ得なかった全体的な本児の行動の像を含めて、いくつか項目に分けて考察を加えてみる。

1　発作について　本児の行動の拡大を考えていく上で、発作が介在していることによる影響は大きい。現在も大きな発作が多い場合は週に1〜2回起こすこともあり、その回復に2〜3日かかる。大発作が終了し、昏睡状態からさめても、座位が困難であったり、不随意様の動きを示したり、食べ物を口にしないことがある。発作後の行動の出現経過をみてみると、体を丸く前屈させ、両手を屈曲させ、動きがない状態を示す。次いで、口をもぐもぐさせる、手を絡ませるなどの行動状態を呈し、物に対する行動は、取り組み当初に示した目と手の協応が不充分な状態を現わす。それから徐々に体を起こし、目と手が物との関係をもってくる。このように、発作の回復期に示す行動の変化は、本児の取り組み経過の初期の段階から現在までを縮小した形でみせている。

2　視覚による対象の把握と目と手の協応について　取り組み当初にも、眼前20〜30cmの所に光る物などを動かして呈示すると目を向け、手を伸ばしていたが、それは極めて限定された条件の下である。本児は取り組み当初の頃は、外界の何に視線を向け、焦点を合わせてよいのか分らない状態に近いものであったのではないだろうか。従って、目の前で物が光を反射したり、動きによる刺激布置の変化に対してのみ視線を向けることを起こしていたのではないだろうか。また、視覚による対象の保持のもとに手を伸ばして握るようになるまでにも、見る─手を伸ばす─握る─口に運び食べるという、対象の物の確かめの経過、また、自分で手を動かしたり、他者から手に触れてもらったりしながら対象に到達する中での視覚と触覚でとらえた筋感覚によるフィードバックなどの複雑なプロセスの中で、目と手の協応動作が可能となってくるように思われる。

3　身体の動きについて　本児は取り組み当初において、腰をうまくつかって、臥位から座位への姿勢の変換をしたり、左手で頭を掻く動作、両手を絡み合わせる動きなどはそれほど不自然でもなく、緩慢でもなく行っている。ところが、外界の対象に向う行動としての右および左手の動き、足の動き、姿勢の変換の動きになると、非常にギクシャクした緩慢な動きになる。上述の姿勢の変換、頭を掻く、両手を絡み合わせるなども本児が学習してきた動きであろうが、それがパターン化、固着化した一連の動作として定着している。ところが、外界の物に対する場合、外界の状況に合わせて運動を起こさないといけな

い。つまり、外界の物と自己との関係を把握しつつ行動を起こさなければならない事態である。この事態に対し、本児は常に戸惑いをみせ、自分の手足体幹でありながら、自縄自縛の状態を示す。このような手の動き、姿勢の変換の動きも、前項の目と手の協応のところで述べたように、自発的に対象への接近を試みる中で徐々に運動の図式を形成していくと思われるが、現在でも、自分の手や足、身体をどう動かしていいのか考えているような様子を示すことがしばしば観察される。その一つの現われとして、手を伸ばして箱の中の物をとろうとしたが、うまくいかない時、手をひっこめ、両手を絡み合わせる行動に戻り、そこから再度手を伸ばすことに取りかかるという行動を示すことは興味深い。

4　対象の視覚による把握について：本児がバナナを見て、取ることができるまでの変化をみてみると、視覚のみで対象を弁別し、選択行動を起こすには、視覚・触覚・味覚→視覚・触覚→視覚という経過を踏み、視覚で物を選択する対象の属性の抽出の経過は、光る物・動く物→食べ物→握りやすい物→黄色の物→写真のように移行してきた。ある事物をみて取るということ、すなわち、事物が分るということには、それに至るまでに対象のもつ属性を捨象したり抽出したりするという複雑な段階を踏んでいることを示唆している。

5　対象への接近行動について：取り組み当初の限られた状況での見る、手を伸ばす状況から、周囲を見回す、音や声かけに振り向く、ある程度離れた対象に対しても視線を合わせ、接近しようとする動きがみられてきている。接近行動が生起するには、上述の1から4での検討してきたこと以外にも検討すべき問題は残されていると思われる。接近行動の現われ方として、大まかにみると、目で対象をとらえる→手を伸ばし、握る→それに伴って、姿勢を変える→身体を移動させるという系列が考えられる。すなわち、より小さな動きから徐々に身体全体の動きへと拡大していくと考えることもできるのではないだろうか。少なくとも、接近や移動行動を起こさせるためには、他律的な機能訓練では不充分で、自発的に外界とかかわる行動を起こさせる手立てを考えていくべきではないかと本児とのかかわりの中で思っている。

付記　本事例は高杉および同研究部落合俊郎が共同で担当し、協議しつつ指導にあたっている子どもである。落合は在外研究出張中のため、本稿は高杉の責任のもとにまとめた。

文献

高杉弘之・大坪明徳（1983）「重度・重複障害児の接近行動に関する一考察」『国立特殊教育総合研究所研究紀要』第 10 巻，75-82.

落合俊郎・高杉弘之（1984）「一重度・重複障害の探索行動とコミュニケーション行動について」『日本特殊教育学会第 22 回大会発表論文集』488-489.

落合俊郎・高杉弘之（1985）「一重度・重複障害児にみられる知覚・認知機能について（Ⅰ）および（Ⅱ）」『日本特殊教育学会第 23 回大会発表論文集』558-561.

◆討論

　この討論は、高杉が報告した事例について、重複障害教育研究部のスタッフによってなされたものである。

　この事例については、高杉以外のスタッフも教育相談の経過の中で、行動観察の機会をもつことができた、そこで、討論は必ずしも高杉の報告にこだわらないことを前提にして、自由に行われた。紙面の都合上、割愛せざるを得ない発言も多かったが、事例報告と合わせてみて、この討論が事例をより広くとらえることに役立てば幸いである。

〈病　歴〉

Hs ：透明中隔欠損症と言われていますが、他に障害はないのでしょうか。

高杉：診断名としてはそう言われていますがその診断では、実際に、この子が困っている問題を表わしているとは考えにくいのです。

Oт ：CT などで割と分かりやすい脳損傷のひとつとして、透明中隔欠損症という診断名が出されているが、それだけでこれほど大きな障害になることはありません。もっと他に脳の奇形や損症があるのではないでしょうか。透明中隔欠損症からだけで、生後 3 カ月の時に大きなてんかん発作があったということは考えられません。生まれつきもっていた障害に、てんかんによるダメージが加わったと考えられますね。

高杉：確かにてんかんによる影響は大きいと思います。それにしても、この子がどういう子であるかを書きかけたのですが、それが難しい。重度・重複とか重度精神発達遅滞とか、透明中隔欠損症とかの言葉だけを並べても明確に表現できません。

Oт ：しかし、この子どもに精神発達のかなり重い遅滞があることは認めざるをえないだろうと思います。それと運動面では、左右の動きの差を考え、

9　一重度・重複障害児の接近行動の発現と展開の経過

また手の肢位から考えると、稀なケースですが、低緊張性の片まひと言えるかと思います。これまで4年間フォローしてきて、単なる発達遅滞ならもう少し動いてくれてもいいのですが、あまり動かないところをみると、そういう感じがします。

高杉：それと、手足が左右バラバラに動きます。身体全体が失調型のように、自分で足をどう曲げたらいいかわからないという問題をかかえているのです。

OT：想像ですが、かなり脳全体に、しかも深部のところにまで及んでいる機能不全があるという感じがしますね。

Kw：大きな発作が起きると、その後1時間位昏睡状態に陥ってしまうということですが、そういうことは、教育相談の場面で実際に遭遇しているのですか。

高杉：何回もあります。たとえば、来がけに日光がパッと当たって自動車の中で発作を起こして、研究所に来てもグッタリして寝てしまい、2時間位の間結局何もしないで帰ることがあります。

Kw：その間、声かけしたり、ゆすっても立ち直らないのですか。

高杉：それほど無理をしたことはありませんが、立ち直らないことが多いです。

Kw：発作後、2～3日食べ物を口にしないというのは、随分発作の影響が長く続くのですね。

高杉：ほとんど飲まず食わずだということのようです。2～3日というのは大きい場合のことです。たびたびあることではないですが。

Kw：単に食べたくないというよりも、食べる元気もないと理解した方がよいのですか。

高杉：ええ、調子が悪い時はバナナを出すと何となく手で取ろうとはするのですが、口に入れてもそのまま30分でも40分でも飲み込まないのです。

〈問題のとらえ方〉

司会：問題のとらえ方に関してはどうでしょうか。

Kw：「本児側のもつ障害の内容また本児への行動の展開を図るかかわりの内容と方法を模索してきた経過」というところを、「実態を探ってきた過程」というふうに読みかえてもいいのでしょうか。私は、実態があってその後に指導がくるというよりは、実態を探り続けることが大事だ、と

いうことを学校の先生方などに話すことがあるのです。

高杉：実態というと、全体としてこの子はこれこれだというように、何か全体
　　　的になってしまうような感じがするのです。やはり一つ一つの問題とし
　　　て取り上げることが大切ではないかと思っています。

Kw　：実態ということで、何も社会性がどうか、とかの意味ではなくて、その
　　　子の一番問題と思っているところを、いろいろと条件を変えながら探っ
　　　ていくという方向もあると思うのですが…。

高杉：私自身は、やはりかかわっていて、ひとつひとつの行動がどういうとこ
　　　ろでつかえているのかをみていきたいのです。たとえば、トランポリン
　　　で〝もっとやってほしい〟という動きをひき出そうといろいろやってい
　　　るのですが、そのような動きがなかなか出てこない、そういう問題を考
　　　えたいのです。

Kw　：高杉さんは、こういう条件ならこの子は行動を起こす、ということを
　　　スーッと書いているように思うのですが、そのことと、行動を滞らせて
　　　いるのは何なのか、ということは必ずしもイコールではないと思うので
　　　す。

Tc　：できることを明らかにしていく、あるいは、どうすればできるように
　　　なるかを明らかにしていくということは、逆に言うと、障害という言葉
　　　を使うのがいいのかどうか分からないのですが、できないことを明らか
　　　にしていくことと表裏一体だと思います。

Kw　：それは分かります。

Nк　：高杉さんの報告自体で言うと、子どもにどうやって援助しようかという
　　　のが主眼で、障害を探ろうというのは副次的なのだと思うのです。われ
　　　われ研究部の仕事全体の流れとしても、まず子どもに援助して、その中
　　　から自ずと障害が分かってくることがあるという取り組みをやっている
　　　と思います。

高杉：そうですね…。

Hs　：障害という言葉がその辺全部含んでしまっていて、あいまいなのでは
　　　ないでしょうか。

〈訓練法〉

司会：ドーマン法とかボバース法が、他律的な訓練で、この子の場合にはあま
　　　り成果が認められないというわけですが、そのあたりいかがでしょう

か。

高杉：これは、教育相談に来た時の親の訴えが、「種々の訓練を受けているが目立った変化がみられず」ということだったので、それを受けて書いたのです。

Hʀ：何故ドーマン法やボバース法を親がこの子に必要だとして取り組んだのかという点を考える必要があると思いますが、それと同時に、子どもが外界への働きかけをするためには、自発的な動きを引き出す場がもうちょっとこの訓練の中にもあっていいのではないかと思います。

高杉：あまり成果がないとはいえ、親としてはやっぱり訓練をやらざるを得ない意味というのがあると思うのです。

Hʀ：そうですね。

高杉：ボランティアを頼んででもやらざるを得ない、一日にこれだけは、ということをしないと、子どもに対して何もしてやれないような感じがあると思います。

Mᴛ：お母さんと子どもとの関係はどうでしたか。

高杉：このお母さんは一生懸命にあちこちの訓練機関等に行ったり、いろいろ試みたりしているのですが、子どもとの密着度からみると、割合にあっさりしている面があります。

司会：動作訓練の立場で、Hsさん、どうですか。こういう子も動作訓練で、自分の体をどう動かすかの学習が可能だと考えますか。

Hs：まずこの子について具体的に動作訓練という方法がどうかを考えてみると、おそらくまひが強くないということで、それほど顕著な弛緩訓練の効果は出てこないと思います。ところが、VTRの後ろの方で立って歩かせるところがありましたが、歩かせ方などは脳性まひ児への援助の仕方が使える、そういうふうに思います。この子の外界との関連ということは、かなり重要なポイントだと思います。それさえも訓練でというのは、ちょっと難しいのではないかと思いますね。ただその前に、この子自身が自分の身体について、どう課題を見出していくかという援助、その面では訓練で援助できるところがあるかもしれません。私は大筋そんなふうに考えています。

Hʀ：私か気になるのは、少し一般的になりますが、ドーマン法やボバース法の訓練の必要があったのかなかったのかという点です。たとえば、ドーマン法については、本児は対象外の子どもではないかなという気もする

わけです。それが、8年も続けてきたというところに、親の気持ちが現れているように感じます。やっている事柄を認めながら、同時に足らないところを補っていく役割をとって援助するという形で、高杉さんや落合さんが取り組んできたことが大事だと思います。自分の興味の対象でみるのではなくて、この子に必要だから取り組んでみるという、そういうところまで専門の人達が入っていかないといけないなあという気がするんです。

〈手による物の把握〉

司会：経過は大きくいって3つのかたまりに分かれているわけですが、一つめの手による物の把握の拡大についてどうでしょうか。

Kw ：食べ物の呈示位置がある範囲からはずれると、手は正面で空を切るということですね。大人が腕を出しているとその腕に沿って伝わっていって食べ物を取れるというあたりですが、私は、それを伝わらなくても、早く欲しいという意味でグイッと引っ張ってくるのもあっていいのではないかと思うのですが。

高杉：それはしないですね。

Hs ：この子の場合、腕をたどる時は、なめらかにたどっていくのですか。

高杉：飛び飛びにたどっていきます。

Mт ：飛び飛びにしかたどれないのですか。

高杉：そういうことです。運動調整がうまくいかないということです。たどれるということは、運動調整がきいているということですよね。

Mт ：しかし、そういう飛び飛びの運動が持続するのは、目標物を見ているからですね。

高杉：見ているからです。

Nк ：見ていることプラス触るものがあるということですよね。見るだけだったらきっと難しいんではないでしょうか。

高杉：難しいでしょうね。触るものがない時に手を空中でコントロールして動かすのはとっても難しい。

Hs ：この子は、手を出し始める時は見ているが、後は目がはずれているんでしょ。

高杉：この子の行動をみてみると、見てから手を出すということでは、目と手が関連しているのですが、見る行動と手を出す行動がそれぞれいわばパ

ターン化した単位となっているようにみえます。そこで、手を伸ばす行動を起こし始めると、見る行動は終っている感じです。最近は、見ながら手を伸ばすようになってきましたが…。

〈選択的状況〉

司会：選択状況が見る、手を伸ばすという活動に有効だということですが…。

高杉：ひとつだけポンと出したんでは、適当に見てしまって目できちんと見ることにはならないと思うのです。見比べることが必要なのではないでしょうか。

Mt ：それは、選択状況を導入してもいいほどに見る活動が育ってきたからというわけですか、それとも、最初から選択状況にするということですか。

高杉：私は最初から、常にそれは考えておくべきだなと思いますね。この子を見ていると特にそう思いますね。選択肢を三つ四つ出されるとそれは大変ですが、二つだと意味があると思います。

Hs ：見る必然のある状況を作ってその中で見ることを育てていこうというわけですね。

高杉：できるだけね。

〈写真の導入〉

Mt ：写真の導入をはかったというのは…。

高杉：その根拠は、ちょっと弱いのです。ただ何となく…。

Hs ：写真を導入したことによって得たものは何ですか。かかわりがやり易くなったとか、切り換え易くなったとかいうことはあるのですか。

高杉：それはありませんね。ただ箱が2つあってそのどちらかにバナナが入っている時に、写真があるとそれを選んでバナナをもらうということはありますね。

Kw ：このレポートを見ていて、こういうふうにアプローチしていくと、こんなに早い時期でも写真は導入できるのかという、ひとつの驚きがあるのです。写真の導入というと、すでにかなりいろんな行動を展開している子どもが使えるというのが一般的な考え方だと思うのですが…。

高杉：いや、これは改めて考えると、できるんだと思うんですよ。写真のいろんな属性の内、あるものを取り出しているだけなのです。バナナもいろ

んな写真を作って、ちょっとしか写っていない写真とか、大きく写っている写真とかやっていますが、やっぱりある属性をつかんで、何回かやっているとそれでのみ対応するようになります。だから、写真を導入するというのは何か高次なようにみえるけど、本当は、それほど高次ではないのではないかと思うのです。

Hs　：バナナの型に切り抜いた紙を使ったのは…。

高杉：これは何を手掛かりに取っているのかをはっきりさせたかったからです。形はバナナにして、色は赤にしてみたりしていろいろやってみたわけです。要するに、Ａが欲しいか、Ｂが欲しいかという形での写真を使うコミュニケーションはある程度考えてはいましたけれども、写真の次にたとえば線画のようなより構成的な信号体系に変えていくということまではまだ考えていません。

Mт　：箱をのぞいて取る、写真を見比べてから取るというような、中間の見る作業に注目して広げていく方向がひとつありますね。また、たとえば、器の仕掛けを変えることによって、取る操作そのものを変えるという方向での広がりがありますね。前者の方向で進めたのは何か理由があるのですか。

高杉：要するに、直接目で見えていると手を出すので、ある意味では遮断かも知れないが、たとえば、積木でじゃまをした時にそれを除いて取れればと考えていました。しかし、ふたを開ける操作は、ちょっと考えられないものですから、今も一方の箱を指さしたら、私がふたを取ってあげています。

〈探索活動の広がり〉

Mт　：呈示物や呈示状況の違いで行動がどう変わるかということですが、どうしても中心はバナナです。もっと違うものにも手が伸びてくるというような、そういう探索的な面はなかなか出にくいんですか。

高杉：そうなって欲しいのですが、なかなか他の物には手が出にくいのです。

Mт　：いろいろな果物を出してみるのはどうでしょうか。

高杉：ケーキに対しては手が出ます。ケーキには、銀紙が付いてますね。

Mт　：銀紙だけで手が出るのですか。

高杉：ええ、そういう意味ではすごいところがありますね。その他には、最近、ミュージックパックの音がしているといい顔をしているという位で

す。

Nκ ：私か一番気になるのは、人に向かっての行動がないということなんです
　　が、VTRでも、トランポリン上で取っ手を握るようにガイドしようと
　　して手に触ると手を引っこめてしまいましたね。バナナ以外に手を出さ
　　せようとすると、こちらのガイドは必要不可欠だと思うのですが、今の
　　このままの状態ですと、人に触るどころか人に触られることにも十分慣
　　れていないというか、拒否しているというか、その辺が、物への探索を
　　広げようと思う場合にも、先ず根本的に大きな障害となっているような
　　感じを受けたんですが。

高杉：そうですね。かなり手を握っても逃げないことも増えてはいるんですけ
　　ど。

Nκ ：後半の方では、人の髪を触るなどという記述があるので、そういう動き
　　がいろいろなかかわりのなかから出てきつつあるのかなと思います。そ
　　の辺が成長するのがこれからの大きなポイントになるのではないでしょ
　　うか。

高杉：それは重要ですね。

Mτ ：最近は、お母さんが動いた時に追っかけるような目の動きはあるのです
　　か。

高杉：最近は、特にお母さんかどうかは別にして、人が動くとすぐ目で追いま
　　す。

Mτ ：距離はどれ位ですか。

高杉：かなり遠く、4～5m位です。最近は、音でも目が動きますね。部屋の
　　戸がガラリと開くと、すぐにその方を見て、入ってきた人の動きをよく
　　目で追っています。

Kw ：必ず見られますね。

高杉：見るようになったということは大きいです。

〈食べ物の利用について〉

Hʀ ：視覚と触覚が話題になっていますが、バナナというと味覚と嗅覚もあり
　　ますね。バナナを取りあげたのは、食べることに重点を置いたためなの
　　ですか、それとも、手を伸ばさせる手段として活用するためだったので
　　すか。

高杉：どちらかというと、後者ですね。こちらがバナナにこだわりすぎている

というか、作り上げちゃったんですね。スタートした時に利点があったもんだから…。

HR ：私は思うのですが、食べる行為には自発的な動きを出し易い部分がありますね。ですから、バナナ以外の食べ物にも、それを取り込もうとする行動を育てることが、今後大切だと思います。この子は、食べることを通して、外界へのかかわりを持ち易いタイプの子どもなのかなあと思うのです。一般的に食べる行為は、かなり選択的な行動を発現させる場になる感じがします。嗅覚や味覚がもっと使われる機会になりますし、その辺は親も日常的に工夫できる領域ではないかという感じがしているんです。その辺いかがですか。

高杉：一般的にはその通りだと思いますが、この子の場合、空腹でも欲しがらないし、食べさせればいくらでも食べるという状態です。選択して食べるもののレパートリーを増す方向での取り組みはやってみたいと思います。

MT ：普段の食事で、お母さんが口に入れた時に受けつけるとか受けつけないとか、食品による違いがどの位あるのでしょうか。

高杉：水類が嫌いですね。それは受けつけませんね。けれど、その他は割と何でも食べるようです。選択はしないでね……。

〈姿勢の変換や移動〉

司会：立位、歩行のあたりの、何故立たせるかという点ですが……。

高杉：その前に箱車に乗せていたんですが、それだとやっぱり乗せられたままになってしまうんです。この子は支えれば立つので、後ろから支えてどういう動きをするかみてみると、身体全体を前に傾けることがみられてきました。一度動き出すと交互に足を運びます。何にしても、状況の一つとして、ある程度離れたところに対して目を向けてそちらの方へ身体を動かしていくということをしたいと考えてきました。

Hs ：ここでの歩行は、全く他律的な移動ですか。

高杉：歩行という意味では捉えていません。むしろその次の畳の坂のように座ったまま、あるいはころがって自分で動いてくれる方が自分で動けるという意味で本物だろうなという気がします。

NK ：立位の場合でも、少しでも自分なりにそちらの方へ動こうというものを取り入れることが、この子の場合にいいんじゃないかと思いますね。そ

れをやって何か特に際立った変化というものはあったんですか。箱車に
比べて。

高杉：歩くわけではないのですが、この姿勢だと、自分で動きうる部分が多い
という点て利点がありました。

Nκ：自分から積極的に行くという……。

高杉：ええ。

Mτ：お母さんに抱っこしてもらって、その近くにバナナを呈示しておいて、
親にそっちへ近づけてほしいという、そういうふうにして親を使ってく
れるようにならないかな…。その方がトランポリンでもっと動けという
催足よりも引き出しやすいように思うのですが。

高杉：箱車での取り組みはMTさんのいわれたことを考えてやってみたつもり
です。日常的にお母さんにやってもらうことを考えてみたいと思いま
す。

司会：V-3（5）のあたりはどうですかね。

Hs：かなり角度がありますね、この斜面は。

高杉：もう少し角度をゆるめることもしています。この状況は、わざわざ坂の
上に連れていって降りるのを誘うようなことはしないで、一連のかかわ
りをして、その中の降りるというひとつのプロセスとして坂を設定して
みたのです。

Hs：V-3（4）がある意味ではとてもよく動いてますよね。動きを引き出す
ということでいうとかなりはっきりした反応がみられますね。

高杉：それははっきりしてますね。身体をくずしてフォローしてますからね。

Hs：考えてみますと、座位を保持すること、座位を自らくずすこと、逆に座
位に戻ること、これらはすでにレパートリーにあったわけですね。それ
を元にしてV-3（4）を展開したというのが良いと思います。

Oτ：あのグニャンとしていた子が、そういう動きを出せるようになったとい
うことは、やっぱり何か前にやったことのボバース法等の訓練の効果が
あったのかなという気がします。

Hs：それもあったんでしょうけど、バナナの呈示位置がこの場合、坂を降り
る時よりも近くにあったのでしょう。

高杉：ウーン、でもね、見えないこともありますからね。

Hs：それではどうやって見させるのですか。

高杉：音をさせるとか、バナナだよとか声をかけると、その方を向くからその

時に見るのです。

Hs ：声をかけると人の方を見るからですね。その辺は、本児の姿勢変換の中に組み込まれているのですね。

高杉：組み込まれてきつつあります。

MT ：坂での動きの発展として、いずれいざる方向へ行くんですか。

高杉：ええ、もしできたらいざって、または、身体を少しくずしながらまた立て直すというふうにして移動できれば……。

〈見ることの意義〉

司会：さて、「まとめ」から「考察」にかけてはどうでしょうか。

MT ：きわめて大まかに言えば、見ること、見比べるとか、あるいは、弁別するとかの働きがかなり上向いてきたということが、一番の原動力になった、それが手の動き具合だとか、姿勢の変換とかにつながったというふうに読みとれるのですが…。

高杉：それと同時に、見ると言ってもやっぱり、触るということとのかねあいで、見るものが特定できるということも書いてあると思うのですね。

MT ：でも、まず見ることですね。

高杉：ええ、まずはこの子にとっては見るということがあります。そして、その見る内容を豊富にするのは、手で触れるとかある操作をするとかを通してですね。

MT ：私は、見るということと、最初の親の主訴である子どもの意欲とか、興味とか、関心とかとは、かなりつながっているという感じがするのですけど……。

高杉：そういう意味では、もう一度この時点で、どういうものに対して特によく見るのかというような内容も確めておく必要があると思いますね。一番最初の頃は、見てもどこを見ているのか、たとえば、木の枝の揺れを見ているのかなと思って葉っぱの方に近づけても、どうもそうでもなさそうだという具合に、結局見る内容について分からなかったですね。

Hs ：見る内容がはっきりしない中で、バナナは見ているなと感じたのですが、バナナを用いるかかわりの糸口を発見した契機は何ですか。

高杉：糸口はやっぱり目の前で動くものは見るなということですね。大体はスプーンみたいなものですね。

Hs ：キラキラしていて…。

9　一重度・重複障害児の接近行動の発現と展開の経過　173

高杉：ええ。

Tc ：そうすると、食べ物についてはそういう接近するようなところが、もう確認できていたのですか。

高杉：いや、最初は確認できていません。本児の前に呈示したものは何でも口にもっていって、しゃぶってしまいました。

Tc ：でも、途中からは食べ物とそうでない物との区別がついたわけですね。

高杉：ええ、しゃぶるんだけど、そこでパッと手を放して落としますね。それが段々、握ると違うなと思うと手を放してしまいます。そして今度は、もう最初から見るだけで、という経過をたどりました。ところが、大まかにはそういう経過を経ながらも、急にまた何でも口に入れたりするのです。何ということはない、こちらが何も持たないで手だけ出しても、本児は手を出してくるというような短絡的な行動なのです。どうして、このように何にでも手を出すのか驚きました。

〈「行動の拡大」への2つの視点〉

Tc ：実際に自分が教育相談で子どもとのかかわりをもった場合に、どういうところから子どもとのかかわりを発展させるか、子どもの行動の拡大を図る手がかりを見つけるかということになるわけですけど、その見つけ方のひとつとして、こちら側にも取っつきやすさというか、そういう部分が現実にあると思うのです。たとえば、高杉さんの今回の取り組みがそうだと思いますが、一種のミクロな見方というのか、子どもの行動をより細かな調整へと、つまり分化させていくような形で、一歩一歩進めていくという働きかけ方がありますね。そういうかかわりのなかでこの子の場合でもたとえば動きとしては各々個々にもっていても、そのこととそれがあるひとつの枠組みというか、あるいは対象に向けられた動きとしてうまくまとまりをもって調整されていくようになることとは別なのだということを改めて教えてくれたりします。だから、こういうふうな行動の拡大というのはあるなということは一方ではとてもよく分かるのです。またもう一つは、マクロな見方というか、いわゆる行動のレパートリーを拡げるとか、探索的な側面を増すとかの面をやはり一方では積極的にやっていくことも必要なのだろうなと思うのです。どちらか一方でよいというのではなく、子どもの行動をとらえるに当って全体を広く広角レンズでみたり、あるいは、ある部分をよくみるために望遠レ

ンズでみたりするその切り換えというか、そのバランスをどのようにとりながら子どもとのかかわりを進めていくことが本当の意味で子どもの行動を拡大していくことなのか、私自身いつも問われているように思います。

高杉　：全くその通りだと思います。何とか動いてほしい、何とかやってほしいと思うあまり視野が狭くなっているのかも知れない。もちろん、散歩したり、あちこち連れていって触わらせたりすることをやるのですが、〝やらせ〟になっている感じがしないでもありません。ただそういうかかわりをずっと続けて工夫していく面が欠けていたことは反省しますね。

Tc　：いや、私は、欠けているのでは、と言いたいのではなくて、実際に自分が限られた場所と時間の中で子どもと対応してかかわりをもっていく時に、どこにこちらのかかわりの焦点を当てていったらよいか、非常に難しいと感じているのです。この子の場合も、バナナとケーキの中での選択を子どもに求めることも必要だし、バナナをより的確な操作で取る方向に進める、ということも必要なわけですね。

〈〝とまどい〟の意味〉

HR　：考察の3のところで、外界のものに対する自分の体の動きにとまどいが常に見られるということが書かれていますが、このとまどいというのは、やっぱり内的に何か自発的なものがある。つまり、プラスの要素があると高杉さんは見ておられるのですね。

高杉　：そうです。自分がやりたいけれどもどうやったらいいかが分からないようです。

HR　：うまくやれなくて声を出すとか、逆にうまくやれたというように、成功感みたいなものを顔に出すとか、そういう行動はかなりあるのですか？

高杉　：それは出て来ています。前はなかったのですけどね。どうしてだろうと不思議そうな顔をしたりね。ある場合には何とか早く出せとか、そういう要求の声とかがあるんですよ。だからこういうとまどいを見せると、どうも助けてあげたくなるんですね。

Hs　：さっきのVTRの中で、電池、自動車、ラッパ、バナナが並んでいる時に、どうしても一番右の自動車に手が行っていましたね。

高杉　：ええ、あの場面はわざとバナナを一番左に置いた場面です。

Hs　：また手を戻して少し左向きの方にねらって手を出すんですけど、出し方

9　一重度・重複障害児の接近行動の発現と展開の経過　175

が十分左にスライドできずにおろしていく、そのうち段々助走がついた
というか、今度は電池をどけて、次にバナナへ行きました。こちらから
見ていると、明らかにバナナをねらっているなっていうのが今までの経
過で分かっているだけに、バナナに到達するまでの手順が下手ではある
かも知れないけれど、本児なりに頑張って、しかも続いて動いているこ
とがよく読み取れます。そうすると逆にとまどいというのは見えやすく
なっていますね。

高杉：あの時間は2分か3分かも知れないけど、そのぐらい続くのです。それ
　　　は大したものですね。

Nk ：大きい動きに関してはとまどいは少ないですね。たとえば畳の坂をずり
　　　おりてバナナに行く時の大まかな調整ですむ動きに関しては、非常に
　　　自信をもって進んでいますよね。そしてなかなか行けない時は「アー
　　　アー」と言っています。やっぱり細かいところになると相当むずかしく
　　　なるという感じで、粗大なところに関してはかなり乗り越えつつあるよ
　　　うですね。

Ot ：足の動きはどうですか。

高杉：今は曲げるようになりました。曲げて伸ばすから動くんですね。それを
　　　工夫しているんですね。

Hr ：すばらしいですね。

Hs ：あれは畳だからよかったのですか。フィードバックという意味では自分
　　　がずっている感じがツルツルの坂よりも分かりやすいですね。しかも傾
　　　斜がかなり急だから、ちょっとしたことでも動くし…。

高杉：そうですね。

〈運動発達の方向性について〉

Mt ：一番最後のページのところなんですけれども、小さい動きから徐々に大
　　　きい動きに拡大していくという考えが書かれていて、この考え方は、運
　　　動発達について言われている粗大から微細へという方向とは合わないよ
　　　うに見えるのですが……。

Kw ：高杉さんが書いているのは、微細運動からという方向とはちょっと違う
　　　んじゃないかと思うのですけど……。

Hs ：本児自身が支配できるというか、自分が使える部分というか、それが広
　　　がっていったという見方ではないでしょうか。

Mт ：私は、生後何週目かの子どもが寝た姿勢で眼球や首を動かしている時に
　　　生じていることは、高杉さんが書いているようなことではないかなと思
　　　うのです。一般に粗大運動から先に発達するように言われていますが、
　　　それはおかしいのではないかと内心思ってきたのです。

高杉：たとえば生まれてすぐ眼でものを追いますね。それから片方の眼でしか
　　　見えないのが段々焦点を合わせて輻そうができるようになります。そう
　　　して、眼の視線に従って首の回転が出て来るでしょ。大体そういう道筋
　　　ですよね。見るということは対象を視線でとらえ、追視する、それに応
　　　じて頭部の回転が出てくる。首の固定は頭部の動きと関連があるのでは
　　　ないかと思っています。人の初期の行動の出現の道筋は、対象への頭部
　　　の動き、手を伸ばす動きが、次に体幹の動き、寝返りなどの動きにつな
　　　がっているというふうに考えてみることはできないでしょうか。

Nк ：さっきのVTRのように、すべっておりる活動の方が非常にとまどわず
　　　にやっていて、細かいことになるととまどうという現実がまた一方では
　　　あるわけですね。

高杉：子どもの行動を展開していく道筋としては、先程のように考えています
　　　が、確かにNкさんの言われたとまどいが本児にみられ、そこに私とし
　　　ても本児への取り組みの難しさを感じているのです。

Hs ：先程ちょっとでました運動発達の点ですが、大きい運動から小さい運動
　　　へという見方の中には、未分化な動きから分化した動きへという考え方
　　　があるように思います。本児の場合は、未分化というよりも範囲の狭い
　　　ものから広いものへ、あるいは部分的なものを使うのからそれを組み合
　　　わせたものを使っていくというふうな変化ですよね。

高杉：そういう意味ではなくて、見るというのもひとつの運動ですが、それに
　　　よって他の動きが引き出されるという意味で書いているのです。

Tc ：Hsさんの言っていることとどこが違うのですか。

Hs ：私は、体のコントロールできる範囲みたいなもの、どれだけ統合という
　　　か動員できるかという文脈で考えています。これに対して粗大から微細
　　　へというような見方は、つまり分化の文脈だろうと思います。

高杉：私はこういう意味かと思っていました。たとえば、右手でできて左手で
　　　もできて、また眼もできて、それが段々統合されていくというふうにと
　　　られたとすれば、ちょっと違うんだと言っただけなのです。そうではな
　　　くて、ここでは眼で見るということはのぞき込むということで、必然的

に上体が傾いていくというひとつの流れがあるのかなと思うのです。

HR ：さっきMTさんが言われたことと関係深いことなのですが、たとえば多動な子どもたちの粗大な運動というのは一見動きがあるようでいて、中身がないというように私は見ているんです。ここで言われている見るとか手を伸ばすとか、物に手をちゃんと出して握るとか、そういうプロセスを飛ばして来ている感じがするんですよね。ですから、さっきから言われているようなことをもう一度再学習させていくことによって、粗大な行動もまたコントロールされてくるという感じを私はもっているのです。微細な働きかけというか、意識させてそれを動かさせていくような、その自発的な動きですよね。自閉的な子どもたちというのは、そういうものが発達の上ですごく欠けているような気がするのです。

TC ：HRさんの言われた問題についてですが、動きがあるかないかだけで今まで済ましてきたからいけないんじゃないでしょうか。そうではなくて、動きがあるとかないとかはもちろんそうなのですが、その上でその子どもは今、その状況でどういう調整をしているのかということを見ていく視点をもっていれば、大きな動きは大きな動きなりに、細かいところでは細かいところなりに、それぞれ調整をすすめる点で同じと言えると思うのです。状況との関係で、少しでもその調整がより高まるというか微細な調整になっていくということが重要なのではないでしょうか。

HS ：私もその表現の方がピンと来ます。これは、それこそ状況との関連をどううまく出して乗り越えさせていくか、またそれをどう変えて広げていくかという努力をされた取り組みだろうと思います。もうひとつ訓練的なことになるのですが、外の状況だけで全部すむ訳ではなくて、本人が身体そのものをどうやって動かしていくかという面も欠かせない訳で、やっぱり両面がいるのではないかという気がします。

OT ：ちょっと私も申し上げたいのですが、一番はじめに診察をしたのは4歳5カ月でしたよね。そのくらいの時は、さっきみたいな粗大とか微細とか、いろんな形のものが一見合うように見えますが、この子はもう10歳ですよね。10歳の子どもに、0歳から1、2歳までの運動発達の段階を踏まえて考えていくところに間違いがあるのではないかと思うのです。

Hʀ　：個々の子どもについて動きを引き出すためには、そのような発想の転換
　　　が必要になってきますね。
司会：どうもありがとうございました。

（重複障害教育研究部）

10

視覚障害・運動機能障害・知的障害のある
重複障害幼児の視覚活用を促す支援

重複障害教育研究部

佐島　毅

I　はじめに

　子どもは視覚を通して外界のさまざまな事象に関する情報を取り込み、自分自身の内なる認識の世界を拡げていく。すなわち、外界からの新しい事象が子どもの知的欲求を喚起しそれを受けとめ、さらには自ら環境を探索し主体的に働きかけ、未知の世界を自己の内なる「既知」の世界へと内在化させていく。こうした自己と環境との相互作用によって、子どもは質的に異なる認識の世界を拡げていく。視覚は、この自己と環境との相互作用を支える重要な役割を果たし、子どもが外なる世界に興味・関心を向け認識を拡げていく原動力となっている（佐島，1999）。

　視覚を通して外界の様々な事象に関する情報を取り込むための初期的な能力は、新生児期から乳児期の間の早い時期に急激に発達し獲得される。眼前30cmぐらいに提示した視覚的対象物に新生児は生後すぐから短時間ではあるが注目し、条件を整えればゆっくりと動くものを目で追うことができる。生後4週には対象物を持続的に注目することができ、12週にもなれば基本的な追視の能力は獲得される。さらに、生後4カ月～6カ月になると眼球と頭部を自由にコントロールして数分間にわたり物を見て楽しみ、さらには見た物に手を伸ばすことができる（Erhardt, 1990）。生後4～5カ月には、すでに外界の環境を知るための初期的な視覚を活用する能力が育つのである。

　しかし、これらの発達は視覚に障害がなく適切に視覚情報がフィードバックされる中で、その相互作用によって育っていく子どもの場合である。視覚に障害のある子どもでは配慮がなければ、それを学習するための機会を量的にも質的にも十分に得られない。その結果、外界からの視覚情報を取り込む時点で困難さを抱え、多かれ少なかれ子どもの認識を拡げる上で影響していると考えられる。このことは、見えにくい子どもの視覚活用と外界に向かう意欲にも影響

を与えると思われる。

したがって、視覚を通して魅力ある外界の事象に気づき、その興味・関心をモチベーションとして主体的に環境へ働きかけ、その結果を実感して内在化させていくための基本となる「視る力」を育てることは、視覚に何らかの障害のある子どもにとって重要と考える。すなわち、「視ることが嫌にならない」で「視ることが楽しい」と感じ、「積極的に視よう」とする意欲と、それを支える基本的な視覚を活用する力を育てることが重要と思われる。

本報告では、中枢性の視覚障害のある子どもに対する視覚を活用する学習支援の実践の分析から、その効果と視覚を活用する学習の方略について検討する。

II 事例研究

1 対象児

(1) 年齢：6：2（1999.1）

(2) 医学的診断

頭部髄膜瘤　頭蓋破裂　脳奇型　水頭症　視力障害　三肢マヒ　精神遅滞

(3) 生育歴：〈胎生期〉妊娠中は異常はなかったが、エコーにて頭が小さいのでハイリスクといわれた。

〈分娩期〉在胎41W　体重3,205g　身長47.0cm　胸囲34.0cm　頭位31.0cm　正常分娩　APスコアー：7点（1分）→9点（5分）黄疸軽度

〈新生児期〉頭蓋の後頭部が閉じておらず、脳がでている状態で、出産病院から子ども病院へすぐ転送され、6時間後に修復術が行われた。術後、映像を映す部分を切除したので将来、眼が見えなくなるかもしれないと言われた。

〈運動発達経過〉　定頸　　　0：3　　座位0：8

　　　　　　　　　這い這い1：0　　初語1：0

(4) 通院・通所・教育歴

　　0：3〜　　A医療センター脳外科・眼科

　　0：7〜　　Bリハビリテーションセンター療育相談、PT・OT訓練

　　　　　　　Cライトセンター（不定期）

　　2：7〜　　Bリハビリテーションセンター通園（週3日）　D盲学校幼

　　　　　　　稚部（週2日）

2 学習開始当初の発達の状態

(1) 姿勢・運動面

右上・下肢と左下肢のマヒがあり、歩行は困難である。移動は四這い中心で、摑まり立ちの姿勢を準備すると保持することができる。右上肢は握り込んでいて、把持・リリースなど実用的な操作には活用せず、物を持ち替えるときに口を使うことがある。左上肢はスムーズな把持・リリースができる。

(2) 言語理解・表出

「これ何？」「～して遊ぼうか」「早く～しようよ」など、表出言語は多く日常的な会話が成立する。それに比して理解レベルは差があり、鼻・歯などの顔の部位、身体部位の理解や、色・大小の理解などは難しい（これについては視覚との関係から後述する）。

(3) 人との関係

トランポリンなどのダイナミックな遊びを人と一緒にする中で、その状況を人と共感したり、「どうする？」といった問いかけに「もう一回やろうよ」と応答するなど、人と場を共有して楽しみその中でやりとりをすることができる。また、遊びの中での表出言語は多い。しかし、「先生買い物に行こうよ」などと、突然その場の状況にまったくそぐわない表現をしたり、一方的に表出し他者からの問いかけに答えないこともある。それは、見えにくさから実際の状況を十分理解していないこと、あるいは実体験から言葉の意味を十分理解していないことが背景となっていると考えられた。すなわち、その場にそぐわない表現は、見てよく分からない状況におかれた時に思いついた言葉を文脈なくとりあえず言ってみた行動として、一方的な表出は対人関係や他者との共感性が十分に育っていないということよりも、十分に（見て）把握できていないためにその場の状況を共有できないことに起因して、やりとりがすれ違って嚙み合わない結果として捉えられた。

(4) 視覚機能検査

①屈折：97.9 に眼鏡処方（遠視性乱視：A医療センター眼科）

　　処方度数　R：sph ＋ 1.5D　cyl-1.0D ax70°

　　　　　　　L：sph ＋ 2.0D　cyl-1.0D ax110°

　　97.10 から眼鏡装用を試み、教育相談の場面ではかけるようになる。

②視力（Teller Acuity CArds）0.15（両眼、97.7）

(5) 視覚行動・認知

光への反応：ペンライトに対する反応では、正面に提示するとすぐに分かる。左側が右側に比べると反応が早く、上方はあまり反応しない。スライド映写機で光を暗い部屋で提示すると、方向が変わっても光に手を伸ばす。

縞への反応：Teller Acuity Cards の縞を好んで注目して手で指す。

視覚定位：扉や窓の位置など、遠くの環境の状況に対しては漠然と分かるようである。目の前のトランポリンを発見できずにぶつかるなど、近くの状況を視覚的に捉えることが難しい。机上に物を提示すると取るときに手探りになることが多く、視覚によって対象物を定位することに困難さが見られる。

追視：人の動きなど大きな動きでかつ遠い距離のものに対しては気づくが、スムーズな眼球と頭部の動きを伴った追視は観察されない。

視覚による対象の認識：言語的に物の名称を理解しており、触ってみると何であるか分かるが、具体的な事物や色を提示して「これは何？」あるいは「〜はどっち？」と問いかけると視覚的に捉えて識別することは困難である。声がするとすぐに誰であるかが分かるが、母親や常に接している数人以外は人の顔を視覚的に識別するのは困難である。

(6) 広D-K式視覚障害児用発達検査の結果

CA　4：11 時

運動発達：全身運動（0：11）手指運動（1：0）
　　　　　　　移動（0：11）

知的発達：表現（2：8）　理解（1：11）

社会的発達：活動（1：10）食事（1：9）
　　　　　　　衣服（1：8）　衛生（1：5）
　　　　　　　排泄（1：10）

3　見え方を中心とした発達像の把握

視力は 0.15 であり、閾値からすれば近づいて見ることによって図形、絵などを拡大をすることなく捉えることが可能である。脳の視覚野の切除された部位が担当する視野は、情報が入力されないため、視野障害が予想される。また、0.15 という視力から少なくとも傍中心部の視野は保有すること、遠い距離の人の動きに対しては気づくことから広範囲の視野欠損および視野狭窄はないことが推測された。

一方、行動レベルでの視覚の活用においては、扉や窓の位置などの遠くの環境の状況は漠然と分かったり少し離れた人の動きを捉えたりすることができるものの、目の前のトランポリンを発見できずにぶつかるなど、近くの状況を視覚的に捉えることが困難であった。手元の物を取るときには手探りになることが多く、生活の中では視覚よりも触覚（正確には手の運動感覚；以後、運動感覚とする）を活用して具体物を捉えており、視力や視野の機能レベルから推測

される視覚活用との間に大きな隔たりがある。日常生活における視覚の活用に関する様子（母親から聴取）では、人の顔は視覚だけで判断することが難しくかなり慣れ親しんだ人でも見て分からないことがある、そばにある玩具が見つけられない、どこを見ているのか分からないことが多いということが挙げられた。生活の中で確実に見て分かるものとして、毎日食事で使っているコップが挙げられた。

　上記の点から、視力と視野の障害に加えて何らかの視覚認知の困難さを抱えていると推測された。視覚野と運動野の中間の連合野は視覚的対象の空間的位置の識別や運動視、立体視、空間的特徴の識別などの視覚認知に関わっている（酒田・泰羅, 1995）。本児は運動機能のマヒがあることおよび視覚野の損傷があることからその中間部位の損傷が予想される。

　したがって、本児の見えにくさは視力および視野の障害による視覚的情報の分かりにくさと、視空間認知の困難さがある中でその不鮮明な視覚情報を利用して認識する必要があるという状況が相乗的に影響しており、「視覚活用」を非常に困難にしていると考えられる。視力が比較的良好なことから、特に行動レベルでの視覚活用の困難さや視覚定位・追視・形態認識などの困難さは、視覚認知の困難さの要因が大きく影響していると考えられた。具体的には、手元の物（目の前にあってすぐに発見できそうな静止した物）は、広い視野の中から大きな網膜像の視対象を把握する必要があるため視覚定位・追視・形態認識などの困難さが強く影響し、手探りになることが多いと考えられる。一方、光や扉や窓の位置などの遠くの環境の状況が漠然と分かるのは、実は窓からの「強い光の刺激」、開いている扉とその壁から形成される「明暗（コントラスト）」を情報として、これまでの生活経験からの知識をあわせて利用して理解していると考えられる。同様に、離れた人の動きを捉えられるのは、「動き」という情報が何か対象があることを捉える点では非常に分かりやすい情報であり、何か動いてそれが限られたその場にいる人の誰であるかを予想することは本児にとって容易なことであると考えられる。すなわち、遠くの人がいるのが分かるという行動は、その対象の形態（人の顔・物の形）を識別して認識というよりは、動きという非常に捉えやすい視覚情報とその場の状況をあわせて理解していると考えられる。日常生活の中で毎日使っているコップが見て分かるというのも、「毎日・家で・食事の時に・同じ場所にある」という状況をともなっており、「コップが見て分かる」という行動が成立する要因として強く働いていると考えられる。

また、発達検査の結果では「表現」と「理解」、すなわち表出言語と理解言語の領域間差が大きい。これは、聴覚的な情報に基づいて言葉を記憶したり表現することに比べて、実生活の中で視覚的に外界の事象や事物を捉える経験からその言葉を理解することの困難さと、それによる生活経験の制約と捉えられた。さらに、これらのことが本児の「視る」ことへの意欲にも影響していると考えられた。

Ⅲ　視覚を活用する学習の仮説と方針

1　視覚を活用する学習の仮説

　視機能の障害と視空間認知の困難さを独立して考えてみると、視力は比較的良好で視機能のレベルとしては軽度の弱視児で、視覚活用に関する学習を積極的にするべきである。また、これまでの視覚経験という視点からは、手の運動感覚による対象の把握の状態が示すように、視覚活用の困難さからこれまで本児にとって分かりやすい、情報となりうる環境の中で学習経験を積み上げてきていないと考えられる。高次脳機能障害による視空間認知の困難があること、本児が4歳という脳機能の発達期の年齢であることから、学習経験を積むことによって機能的な向上が期待できると思われた。

　したがって、本児の見え方に応じた学習の機会を準備し、その経験の質と量を積み上げることによって、視覚を活用する力を育てることが期待できると考えた。

2　視覚を活用する学習の方針

　以下の点を学習の基本的な方針とした。

　(1)　視覚活用の基本的な力を育てる。具体的には、本児の興味を示す近距離での視覚を活用する活動を通して、①対象に気づき捉え（視覚定位）、②見た物を持続的に把握し（視覚的把握の持続）、③動いている対象を追い（追視）、④視覚的に把握した視線を別の物に移して再度把握する（注視点の移行）力を育てる。

　(2)　本児の興味を示す活動を通して、とる・出す・入れる・抜く・積むなどの視覚−運動協応の力を育てる。

　(3)　本児の知っている興味を示す物を用いて、具体物を認識する力を育てる。

　(4)　上記の活動を通して、視覚を活用することへの意欲と自信を育てる。

　上記のような基本的な「視る力」を整理された学習環境の中で育てること

が、様々な視覚的情報のある日常生活の中で視覚を活用して「視て分かる」機会を拡げることにつながると考えた。

Ⅳ 方　法

1　学習環境

子ども自身の能動的な気づきと活動への興味・意欲を支えるために、以下のような環境的配慮をした。

（1）姿　勢

不安定な姿勢は、視覚活用にかかわる全ての活動に不利益を与え、子どもの活動への積極的な意欲を阻害する。視覚や視覚－運動協応による活動がしやすく、かつその能動的な活動の結果がフィードバックされるように、子どもに合った高さの机と椅子を準備した。

（2）視覚的対象の提示

①見やすさと操作しやすさの視点から、視覚的対象の提示の方法を活動それぞれの場面で工夫した。視覚的対象を提示するときに机上に物やカードなどを置くと視線が下方に向き、手の操作的活動が加わると姿勢が崩れやすい。垂直な体幹を軸として正面で視覚的対象を捉えるために、書見台を必要に応じて活用した。書見台を用いない場合でも、なるべく視覚的対象が子どもの視線の正面に垂直になるように提示した。

②つむ・抜くなどの操作的な活動では、子どもの行為の結果が正面で視覚的に捉えられるように、上下あるいは左右の活動の範囲に配慮した。

③型はめや穴に物を入れる操作的活動では、入れる側の穴がなるべく視覚的に垂直な体幹の正面に向くようにした。

④物を提示する距離が近いほど視野内の視対象の占める割合が大きくなり、僅かな対象の位置の変化によって周辺視をする必要がある。物を提示する距離は活動の内容によって異なるが、視力との関係を考えて40～50cm程度を基本とした。子どもの様子を観察しながら、対象を捉えにくいときには50～60cm程度の距離で提示したり、入れたり積んだりという手で操作する学習では少し離れた所に提示した後に操作できる距離に近づけるようにした。また、動いている対象では視距離が短くなると視線の移動範囲は広くなるため、はじめは同様に少し離れた距離に提示した。実際の提示する視距離については、活動の内容と子どもの状況に応じて配慮した。

（3）視覚的刺激のコントロール

　机や書見台などの背景と物とのコントラスト高く保つように配慮した。また、周囲の視覚的刺激が複雑にならないために、机から2m程の背景にボードを置き、必要な場合は机の側面にもボードを置いた。光源に子どもが向かわないように机を配置し、最初のうちはカーテンを閉めて学習を行った。

2　教材・教具と活動の選択

　子ども自身が能動的に気づき視覚活用するために、教材・教具の見やすさに配慮した。はじめは光（スライド映写機の光など）あるいは動くと反射して光るもの（単2電池・マグネフなど）を用いた。また、コントラストの高い縞模様のものや原色のものなど、子ども自身にとって十分情報になりうるものかどうかをそれぞれの活動の中で確認しながら教材を選択した。

　また、視覚活用を促す学習活動の選択にあたっては、子ども自身の内発的興味と意欲に基づいて展開するために、以下のような点（佐島, 1999）に配慮した。

　①その子どもにとって情報となりうる（見える）対象を用いること

　②見ておもしろいと感じる、あるいは見て分かる、すなわち、子どもの知的興味に合った活動であること

　③子どもが自分自身で繰り返しできる活動であること

3　学習の手続きと結果の分析

　学習は月に1～2回、研究所のプレイルームで行った。学習の様子は、VTRに録画した。VTRをもとに1年6カ月間の子どもの行動について記述するとともに、視覚定位や追視、視覚−運動協応などに関する子どもの行動の変化を分析した。

V　学習の経過と結果

1　視覚活用の基本的な力を育てる学習活動

（1）対象の視覚定位

①目の前に提示したものへの視覚定位

　本児は、扉や窓の位置など遠くの環境の状況に対しては漠然と分かるものの、目の前のトランポリンを発見できずにぶつかったり机上に物を提示すると取るときに手探りになることが多く、視覚によって対象物を定位することに困

難さが見られた。まず、目の前に提示した視覚的対象に子ども自身が能動的に気づきそれを把握することが、保有視覚を活用する第一歩と考え学習をはじめた。

はじめは、興味を示しそうなおもちゃを目の前に提示して注目を促したが、全く気づかないことが多かったため、最も視覚的に強い刺激の光を用いてそれを定位する活動を行ってみた。具体的には、部屋を薄暗くしてスライド映写機の光を子どもから40〜50cm程度離れた床や壁面に提示して、注目するように試みた。眼の前に光を提示すると気づいて見定めたり、その光に手を出す行動がすぐに見られるようになった（写真10-1）。

光に対する視覚定位が安定したあと、見やすいものを用いて同様に目の前に提示したものを定位する活動を行った。活動で用いる物として最初に、縞模様の缶を用いた。縞模様を教材として選択したのは視覚的に最もコントラストの高く、本児が視力測定で非常に興味を示したためである。はじめはトランポリンなどで自由に遊んでいる場面で、眼前40〜50cmのところに縞の缶を提示し

写真10-1　暗い部屋でスライドの光への注目を促す

た。はじめは気づかないこともあったが、一度それに気づき手に取ると次にはもっと容易に発見できるようになった。この学習は、手に取った縞の缶を母親や筆者に投げたり手渡すなどの子どもにとって楽しい活動の中で行い、見つけたときには一緒にその達成感を共感して喜んだり誉めるようにした。そうした視覚定位の学習を重ねるごとに、目の前に提示した物を見つけて定位する力が育ってきた。

さらに、音の出るおもちゃ（押すと笑う赤い人形・手に取ると音楽のなる教材・マラカスなど）、スイッチを押すと音の出る教材など本児にとって興味のある楽しい物を用いて縞以外のいろいろな物を視覚定位する活動へと拡げていった。同時に、より整理した環境で視覚的な情報を受け取り、操作的な活動への展開にもつなげるために、机上で視覚定位をする学習へと誘った。机上で姿勢を保ち背景の刺激をコントロールして活動を展開する中で、目の前に提示された物への視覚定位は確実になっていった。

図10-1は、遊びの中で縞の缶やおもちゃを目の前に静止した状態で提示した場面を取り上げて、それをすぐに視覚的に発見できたかどうかの変化を約2カ月ごとに分析したものである。それぞれの場面数は初回から順に4回、21回、10回、7回であり、全体に占める視覚的に定位した割合を示した。2カ月ごとの学習場面の様子を分析し、横軸にその変化を示した。初回は目の前に示してもすぐには気づ

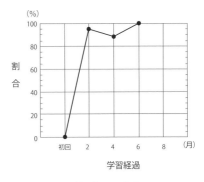

図10-1 目の前に提示したものへの視覚定位

くことはなかったが、学習を重ねる中ですぐに提示したものに眼が向くようになり、それを手に取るようになった。2カ月後には95.2%と目の前の物へはすぐに気づき定位することがほとんどであった。4カ月後（90.0%）、6カ月後（100.0%）とその後の経過においても安定して定位をしていた。

②空間の中の物の視覚定位

前述の光や縞の缶、おもちゃなどによる目の前に提示した物への視覚定位の活動と平行して、空間の中の任意の場所にある対象の視覚定位に関する学習を行った。具体的には、光や縞の缶を定位したあとに一度それを隠して別の場所に提示し、見つける遊びを行った。目の前から少しずつ範囲を広げ、一定の視野から物を見つけ出すように促した。これらの活動は、光や縞の缶を用いてトランポリンなどの自由な活動の中で取り入れながら、なるべく机上で「視る」環境を整えた中で展開するようにした。活動の中では、「見つけられない」という失敗経験が続かないように、その時々で子どもの様子を観察し物を提示する範囲に配慮した。また、見つけて取った物を投げて遊んだり、一緒に音を鳴らして楽しんだり、あるいは本児とかかわり手のどちらが早く見つけられるかというゲーム的要素を取り入れるなどして活動への興味を支えるようにした。

任意の場所にある物を見つけるときの様子は明らかに手探りで探しているときと、視覚的に見て探している場合、そしてどちらとも判断できない場合があった。はじめは明らかに手探りをしている状態が多く見られ、何処にあるかあらかじめ分からない物を探すということは最初の2〜3カ月は非常に難しいようであった。しかし、楽しみながら活動を行う中で机の上の縞の缶やおもちゃなどを探して見つけることに意欲を示し、徐々に定位することに成功する

頻度や定位するまでの時間が短くなってきた。

　図10-2は、物を机の上に提示して本児が手に取った場面を取り上げ、提示してから手に取るまでの時間の2カ月ごとの変化を示したものである。場面数は初回から順に6回、8回、9回であり、それぞれの平均時間および±1SDの範囲をエラーバーに示した。最初は手に取るまで5秒程度を要しSDも大きかったが、3回目には平均2.5秒、4回目は2.1秒となった。学習を重ねるうちに置くとすぐに探して手にとるようになり、視覚的に容易に探し出しているように感じられた。

(2) 視覚的把握の持続

　縞の缶やおもちゃなど見る活動の流れの中で、それを持続して把握する、すなわち繰り返し遊びながら見続ける時間を長くしていくように試みた。はじめは、物を手に取ってしまうとすぐに上を向いて、手に取った物を振ったり叩いたり打ち合わせたりしていることが多く、手に取ってしまうとその瞬間に物から視線が外れて持続的に見ることが弱かった。そこで、活動の連続性を保って興味が持続するように、スイッチを押し続けることで音楽がなる活動を行い、見ていないときにはスイッチを動かして改めて探すように促すことにした。縞の缶や好きなおもちゃを手に取る遊びの中では取ろうとして見たときに、時々筆者が先に取ってそれから手渡すようにした。また、物を提示するときに「どこからでるかな？」といって期待を持たせて筆者の手に注意を引きつけたり、「次は何かな？」といって違う物を繰り返し出して持続して見るように促した。

　図10-3は、活動の中で持続的に見ている時間について2カ月ごとの変化を示した。取りあげた場面数は初回から順に5回、18回、20回、20回、5回で

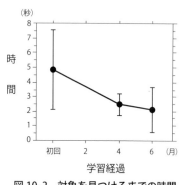
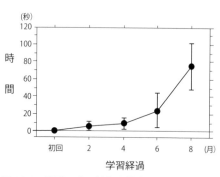

図10-2　対象を見つけるまでの時間　　図10-3　活動の中で対象を持続的に見ている時間

あり、その平均時間と±1SDを示した。はじめ全く持続していなかったのが2カ月後には10秒程度持続するようになっており、6カ月を過ぎると繰り返し物を用いて平均25.2秒持続して見て遊ぶようになってきた。8カ月には平均77.0秒と、持続することへの困難さは感じられないようになった。

(3) 追　視

視覚定位で取りあげた光や縞の缶などの活動の流れから、それを見て追う学習へ展開した。光をゆっくり動かして定位した物を追うようにしたり、見つけた縞の缶を転がして追うようにした。特に、最初の印象は「物を追わない」という印象であった。しかしそれは、はじめに視覚的に物を把握できない状況、つまり全く任意の場所から物を転がすような場面が多いことに気づき、まず物を提示して把握したあとに動かすようにしてみた。そうすることによって、はじめの数回は床の上の物を転がしたり目の前の物を動かしても違う方向を見ていることもあったが、最初の学習の時から追う様子がしばしば見られた。学習を重ねるうちに、見やすい物であれば追視するようになった。

図10-4の●は、学習開始から2カ月後と4カ月後の追視の様子について示した。それぞれ場面数は5回と13回であり、本児に物を提示して把握したあとゆっくりと転がし、それを追視した割合を示した。初回から20％は追視をしており、2カ月後にその割合は92.3％と高くなっている。

(4) 注視点の移行

注視点の移行、すなわちある物を視覚的に把握したあとに別の物が示されたとき、もう一つの物へ視線を動かすことを、型はめやボールを器に入れる活動の中で行った。これは、単に見つけるということではなく、今見ている場所から視線を解放して新しい場所へ視線を移す必要があり、複数の物を見比べて類似点や違いを認識する学習に欠かせない「視る力」である。視覚定位や持続的把握の学習をしている最初の段階では、空間にある任意の物を探し出すこと自体が困難であったため、別の物に視線を向けることもほとんど見られず、困難な印象を受けた。

実際にそれを意識して活動とし

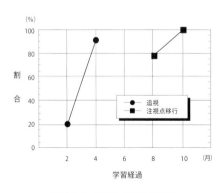

図10-4　追視・注視点移行

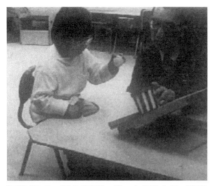

写真10-2 縞の容器にボールを入れる（書見台で少し角度をつけて穴が見やすいようにする）

写真10-3 ブラックボードに貼ってあるマグネットを見つけてとる

て取り入れ観察したのは指導開始から8カ月頃である。図10-4の■には、学習開始から8カ月後と10カ月後の注視点の移行の変化を示した。縞の缶などを注視しているときにもう一つ別の物を提示した場面で視線を移した割合を示し、それぞれの場面数は23回と11回である。学習を開始して8カ月頃に実際に観察してみると、そうした場面で視線を移すことが多くなり、10カ月頃に

写真10-4 缶を積み上げる

はスムーズに新しい視覚的対象にすぐに視線を移すようになった。

2　視覚と運動との関係

「視る」ことの基本的学習に加えて、容器にボールを入れたり（写真10-2）、ブラックボードにマグネットを貼ったり取ったりする活動（写真10-3）、あるいは縞の缶や積み木を積み上げる活動（写真10-4）などを行い、視覚と運動を関連させて活用する学習を多く取り入れた。入れる、貼る、押すといった活動を観察してみると、学習の開始当初は手探りでやっていることが多いように感じた。

そこで、視覚と手の動きの関係に注目し、手の運動が視覚的に入れたり貼ったりする場所を確認してから起きたのか、それとも手が先に動き出した後か

写真10-5　容器からボールの方へ視線を移して視覚的に確認してから手を伸ばして取る　　写真10-6　マグネフ

らその場所を見て確認したのかの違いについて、学習経過から変化を追ってみた。すなわち、入れたり貼ったりの活動における視覚−運動の協応の手順を見てみた。後者（場所を見る前に手が動き出した場合）には、入れる場所を触ってから見た場合も含めた。はじめは、よく見ないうちに手が先に動き出し、視覚が先行することは少なかった。そうした場面では、手が出てたまたま視界に入ったときには見るが、そうでなければ手の感覚（触覚）に頼って入れているように思われた。しかし、比較的順調に「見てからする」という手順（写真10-2、写真10-5）で視覚と運動を協応させて遊びを展開するようになった。

　そのきっかけになったのは、マグネフを使った指先で押して玉を落とす遊びであった。マグネフは、直径約10cm、厚さ約1cmの黒の円盤状の物に直径約5mmの丸い穴が120個空いていて、磁石が触れると穴から銀色の玉が浮き出てくる教材である。指先で押すとその玉が落ちるようになっており、高コントラストで非常に見やすい点と、落とすときの触感と音が楽しい点が本児の興味を引いたようである。この教材を使って、見て玉を確認してから操作することが繰り返し見られるようになった（写真10-6）。

　図10-5はその変化を示したもので、容器にボールを入れたりホワイトボードにマグネットを貼るときに「見てからした」割合を縦軸にとっている。観察場面数は初回から順に、16、21、24、15、14回である。初回は18.8％であったが、2カ月後に71.4％、4カ月後は79.2％となり、6カ月後には100.0％となった。

　また、物を取るときの視覚と運動の関係、具体的には容器にボールを入れた後に次のボールを取る際、入れた容器からボールの入っている器に視線を移し

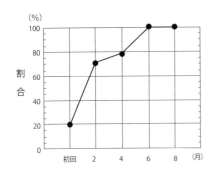 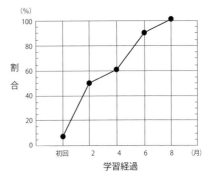

図10-5　物を入れたり貼るときの視覚と運動の関係
物を入れたり貼ったりするときに、視覚的にその場所を確認してから操作したか、見るより先に手を出したのかどうか、視覚的に確認してから操作した割合を示した。

図10-6　物を取るときの視覚と運動の関係
物を取るときに、視覚的に把握してから手をうごかしたか、視覚的に確認せず手を出したのかどうか、視覚的に把握してから取ろうとした割合を示した。

てから取ったのか、あるいは手元を見ないで取ったのか、その手順をみた。図10-6は、その変化を示したもので、観察場面数は初回から順に、14、10、20、39、7回である。初回は7.1％であったが、2カ月後に50.0％、4カ月後が60.0％、6カ月後が89.7％、8カ月後には100.0％となった。学習を重ねる中で「見てから取る」割合は高くなっている。また、「見てからする」（図10-5）と比べてみると、「視てから取る」方が学習に時間を要している。

3　具体物の認識

　物の形態の違いを見て認識する活動を学習を開始して6カ月ごろから取り入れた。本児にとって難しい学習課題であり、現在もその内容を模索していることである。二つの物を提示して筆者やお母さんの言った方を選択して取るという活動を行っている。色のついたコントラストのはっきりした絵カード（濃い緑の背景に黄色いバナナを描いたカード等、鈴木出版社製）を最初に用いてみたが、予想に反して全く識別することが困難であった。

　そこで、実物等を用いて本児がはっきりと違いの分かる物から試行錯誤しながら学習を展開したところ、次のようなことが示された。まず、段階を踏んで分かることが増えてきた経過として、以下のような点があげられる。

　①明らかに大きさも形も色合いも異なる物は分かる（小さな黒いくしと大きなボール・ドラエモンのぬいぐるみと青いエコーマイクなど）。

②大きさが似ていても、大きい物で色合いや形態が異なると分かる（ボールとアンパンマンのぬいぐるみなど）。

③形態と大きさが似ていても色合いが違うと分かる（赤茶系のアンパンマンと青白系のどらえもんなど）。

④色合いと大きさが多少似ていても、形態かなり違うと分かる（青系のエコーマイクと青系のどらえもん・赤いボールとアンパンマン・エコーマイクと青系のボール）。

⑤エコーマイクなどの興味のあるもの（それを取るとカラオケ合戦ができる）は、似通った形や大きさや色のものでも識別するときがたまにある（触ると分かるので、間違えるとあわててもう一方のものを取る）。

また、分かりにくい状況は、以下のようなことが挙げられる。

①小さい物では、色がかなり違っていても分からない（スプーンとくし・赤い歯ブラシとむらさきのフェースブラシなど）。ただし、手に取れば触覚ですぐ分かる。

②絵カードなどの平面のものは分からない。

③大きさと色合いが似ていると、形態が少し違っていても分かりにくい。

具体物の識別を困難にしている要因として、二つの対象を見比べるという、視覚的な技能そのものの困難性があるのではないかと考え、二つの物を提示したときに見比べてから選択したり操作しているかどうかについて観察してみた。観察場面数は順に、8回、6回、17回である。学習を重ねる中で徐々に見比べる割合は増えてきているが、8カ月後においても二つの物を見比べてから選択したり操作する割合は40％に満たない。視覚定位などの技能に比べると見比べることの難しさが示された。

Ⅵ 考　察

1　視覚活用の基本的な力について

本児との学習の方針として、本児の興味を示す活動を通して視覚活用の基本的な力を育てたいと考えた。光や縞の缶を用いて目の前の対象を視覚定位すること、すなわち「まず目の前にある物に気づく」ことが子どもの「視る力」を育て拡げるためのスタートであり、学習の結果そうした力が育ってきたと考える。

また、視覚的把握の持続も遊びへの興味を上手く引き出し繰り返し活動を展開することで育ってきたが、視覚定位に比べると視覚的把握の持続の方がその

10　視覚障害・運動機能障害・知的障害のある重複障害幼児の視覚活用を促す支援　195

変化に時間を要していた。それは、「見つける」力に加えて対象に注意を向けることが、「見続ける」ことに必要であることによる。一方で、視覚的把握の時間は徐々にであるが全く持続しない状態から、着実に時間が延びてきていた。この結果は筆者の受けた印象以上であり、改めて観察すると片マヒがあり操作性に困難があるにもかかわらず物を発見して手に取り、それを持ち替えて入れたりと、連続的に見て活動していた。学習の中で筆者がなかなか持続して見ないという印象を持ったことは、子どもと分かったことやできたことを共感したり、もっと見やすい状況を準備する上でマイナスになったと考えられ、反省点となった。

　追視については、筆者の予想以上に最初から安定してみられたが、動的な対象を捉えることは静的な対象を捉えることに比べて容易であることを考えると、予想される結果である。床の上や目の前の空間の動くもの、生活場面で動いているもの捉えること（車や人など）は、周囲に様々なノイズとなる視覚的情報があり、そのことが対象を見て追うことに影響していたと思われる。

　注視点の移行は、発達的には定位や追視の次の段階となる。　図10-4は学習を開始して8カ月以降の様子を示したものであり、これ以前にそうした場面を設定していなかった。視覚定位に関する活動などを通して注視点移行の力も育ってきたと考えられる。特に、任意の空間にある物を探すような視覚定位の活動は、新しい対象を発見するという点で注視点移行の学習と重なっている。

　これらの学習を展開し子どもの様子を観察する中で、「よく物を視ない」、あるいは「眼を使わない」と捉えられた当初の子どもの行動は、本人にとって情報となる視覚的環境が整ってなかったこと、その中で本人自身が気づき目的的に見る経験をあまり積み上げられてこなかったことが影響していると考えられた。子どもの様子を客観的に観察し、その子どもが「今、視て分かる・できる」活動、そして「子どもにとって興味のある活動」からはじめることが重要であると感じた。

　また、視覚定位、視覚的把握の持続、追視、注視点の移行といった視覚活用の基本となる学習の内容は、実際の活動においては一つ一つが単独で行っていることもあるが、いくつかの内容が一つの活動の中に同時に含まれていることが多い。すなわち、学習の当初は視覚定位、追視、注視点の移行といった基本的な「視る力」を一つ一つ取り出してボトムアップするような内容が多かった。しかし、視覚　運動協応を促すような学習へと展開しいくにつれて、それらの力を一連の遊びの中で活用し展開する必要がでてくる。たとえば

写真10-7 積んだ缶を倒して転がし、それを追って取る　　写真10-8 二つの缶のうち一つを狙って自分の缶を転がす

　写真10-7では、写真10-4で積み上げた缶を手で倒し、そして転がっている缶が落ちないうちに取ろうと手を伸ばしている場面である。また、写真10-8は、立っている二つの缶のうちの一つを狙って、それを倒すために自分の持っている缶を転がしている場面である。こうした学習では、「見つける」、「追視する」、「見比べる」、「探す」、「見て取る」、などの力を一つの連続した活動の中で適切に活用する必要がある。

　「視る力」を育てるためには、視覚定位、視覚的把握の持続、追視、注視点の移行といった一つ一つの力を独立して整理して活用する道筋を示すことが重要であると同時に、それらのいくつかを協調させて、あるいは連続して活用する学習の機会を提供することも重要と考えられる。すなわち、視覚定位や視覚的把握の持続の力を一つずつ取りあげて積み上げるような学習の機会と、定位したものを追ったり、それを手にとって入れたりといった一連の活動の展開の中で同時に活用するような学習の機会とを準備し、一つ一つ積み上げた力が子どもの遊びの拡がりにつながるようにすることが重要であろう。そして、その両方の視点を持ち、何を狙いとして今学習を展開しようと考えているかを明確にして指導することが一番大切であろう。

2　視覚と運動との関係

　入れたり貼ったりする活動の中での視覚と運動に関する手順は、手の運動感覚が先行しそれに頼って操作しているのか、あるいは視覚を活用して視覚的に状況を認識した上で手の動きをコントロールして操作しているのか、という点で大きな違いがあると考える。別の視点からは、「見てから入れたり取ったりする」ことについて言えば、運動というもう一つの要素が加わっても「視覚定

位」をして活動することができることを意味し、「視覚的に把握してから物を取る」ことは同様に運動の要素が加わっても「注視点移行」をすることができることを意味する。

視覚的に状況を認識したうえで手の動きをコントロールして操作する力を育てることは、注視点の移行と同様に、物をきちんと見比べて違いや類似点を認識する学習などをすすめる上でも重要であると考える。

3　具体物の認識

具体物を認識する学習は予想以上に難しく、またそのステップをどのように考えたらよいか試行錯誤の中にある。具体物の認識を困難にしている要因として次のようなことがあるのではないかと考える。

①二つの対象を示したときに、それを定位すること自体の困難さ。

②見比べることの困難さ。すなわち、二つの対象をそれぞれ定位しかつ、注視点を動かすこと、そしてそれを何回か繰り返して「見比べ」、その違いを視覚的に導き出すこと。

③形態を捉えることの困難さ。すなわち、視力・視野、その他の予想される空間構成にかかわる困難さが複合的にからんだ結果としての見えにくさから、色合いやコントラストから二つの物の大まかな違いは分かるものの、全体の輪郭をとらえて判断することの困難さ。

この点については今後、視覚以外の感覚も併せて活用して認識を拡げることも含めて、どのようなプロセスで具体物や形態を分かっていったかを検証する中で考察したい。

4　「視る」ことへの意欲と自信

視覚活用の基本的力や視覚－運動協応、具体物の認識の力を育てる活動を通して、視覚を活用することへの意欲と自信を育てることが、本児との学習の重要な方針の一つであった。

視覚定位や注視点移行などの学習では、「自分で視て発見することができた」という経験を実感し積み重ねることで、「視る」ことへの意欲が育つことにつながったと考える。また視覚－運動協応に関する学習では、はじめはあまり見ないで手探りで操作をすることもあったが、「見て分かってからする」ことができるようになると、繰り返し持続的に見て活動する時間が長くなり、子ども自身の「視る」ことへの楽しみや自信が拡がってきたように思う。つまり、具

体的に操作する活動の中で「こうして見れば入れることができるんだ、貼ることができるんだ」という達成感や成功感を実感したことで、自分で分かる喜びや自分でできる喜びと活動への自信を得ることができたのではないかと考える。

　「視る力」を育てる学習は、視覚を通して子ども自身が魅力ある外界の事象に能動的に気づき、その興味・関心をモチベーションとして主体的に環境へ働きかける中で展開されなくてはならない。そうした主体的な活動の中で視覚を活用することへの成功経験・達成感を積み重ねることによって、「視ることが嫌にならない」で「視ることの楽しさ」を実感し「積極的に視よう」とする意欲、自分自身で「視てできた」「視て分かった」ことへの自信を育てることが重要と考える。そして、私たちは子ども自身が自ら気づき「分かる」、「できる」ことを支えるために、さまざまな面から学習の環境や機会を準備することが重要であろう。たとえばそれは、見やすい教室環境を準備すること、その子にとって見やすい机とイスを準備すること、教材の大きさやコントラストを工夫することであり、子どもの知的興味にあった楽しめる学習の内容を準備することでもあろう。子どもの学習への意欲を支えるために、その時々でどんな声かけをしたり、どんな教材の提示の仕方をするかなどを工夫することでもあろう。これらは、どれか一つが大切なのではなくて、「その子にとって今必要な学習の環境や機会」という視点から考えられる全てを準備すること、そして子どもの発達に応じて日々新しい工夫をし続けることが重要と考える。

Ⅶ　おわりに

　これまでの学習の中で結果として、「子どもの視る力は育ったか」、「彼の持っている視る力を引き出すような環境や学習の機会を準備できたか」という点については、一応の成果があった。一方、本事例への取り組みは、彼の見え方をどのように捉えるかを筆者自身が知る過程でもあった。換言すれば、彼にとって情報となりうる状況は何であるかを知り、彼の持っている見る力を活用する環境を準備するにはどのような視点や内容、ステップが必要なのかを私自身が学ぶ過程であった。

　また、「視る力」の育ちは他の発達領域や生活の拡がりにつながったかどうかについては、今回十分に検証することができなかった。今後の課題としたい。

文献

1) Erhardt, R. P. (1990) *Dvelopmental visual dysfunction: Models for assessment and management.* Therapy Skill Builders. 紀伊克昌監訳『視覚機能の発達障害 ——その評価と援助』医歯薬出版，1997.

2) 酒井英夫・泰羅雅登（1995)「頭頂葉における空間視のニューロン機構」『神経研究の進歩』39（4)，561-575.

3) 境　信哉・奈良進弘・佐藤直子・牧野マキ・佐々木公男（1999)「皮質性視覚障害を呈する重症心身障害児に対する作業療法」『作業療法』18（2)，102-109.

4) 佐島　毅（1999)「視覚認知の基礎指導」大河原潔・香川邦生・瀬尾政雄・鈴木篤・千田耕基編『視力の弱い子どもの理解と支援』教育出版，86-103.

◆討論

　佐島の事例報告をめぐり、1999年3月4日に重複障害教育研究部スタッフによる討論を行った要旨を報告する。討論では、佐島からビデオで子どもの学習の経過を紹介しながら報告内容の説明がなされた。今回の「視る力を育てる援助」というテーマを考える一助となれば幸いである。

司会：まず、幾つか事実の確認とか質問のある方、お願いします。

〈眼鏡と見え方について〉

K　：遠視性乱視で0.15ということと、たとえば近視で0.15ということとでは、子どもさんの見ることを誘ううえで配慮することに、違いというのは何かあるんでしょうか。眼鏡をかけてしまえばどっちがどうと構わないのでしょうか。

佐島：遠視性乱視と書きましたけれども、遠視も乱視も強くはなくて、これぐらいの度であれば、他に眼科的疾患がなければ視力は0.5、6くらいは出る…。

K　：眼鏡をかけた場合ですか。

佐島：いいえ。ただこの子の場合は、一方で脳の損傷に起因する見えにくさをもっているから、かけるかかけないかの影響は逆にあったかもしれない。視力値としては変わらないけれど、眼鏡をかけることによって見え方がずいぶん変わったと思う。

〈生活場面での見え方について〉

S ：この人の見えの様子について、盲学校での活動や普段の遊び中での、取り上げるべき情報がもしあればお願いします。

佐島：お母さんに普段の様子を聞いてみると、やはり遠くの物をなんとなく目安にして動いているようです。家の中では様子が分かっているのでどこにでも好きなところに行けるようですが。それ以外では明るい方とか、ドアの方とかを目安にして動いているみたいです。生活上「見てわかるという物」にどんなことがあるか尋ねると、やはり扉とか窓とか電気とか、それからエレベーターだということです。

N ：エレベーターはドアが閉まっている状態ですか？　扉と窓は明るさで分かっているということでしたけれど。

佐島：ええ、たぶんコントラストがあるんでしょうかね。白い壁に赤い扉とか、D盲学校にはエレベーターがあるんでしょうか。（S：あります。グレーの扉のエレベーターがあります。壁は白です）

佐島：あと、やはり近くの物は気が付かない、初めての場面では特に近くの物はわからず、ぶつかることがあると聞いています。それからイスを回したり、扉にこだわって、開いているとすぐに閉めに行くということです。お母さんも言っていましたが、家ではすごく記憶に頼っているところがあるような気がします。覚えているということで、必ず位置がわかっているかどうかは別かもしれない。それは家の中でもいつも同じ場所に、たとえばイスがあった場所から移動しちゃったりすることがありますよね、いつもある場所にその洗濯かごがないとか、ソファがないとか。そうなると混乱すると言ってました。

N ：なくなったこと自体はわかるのですか？

佐島：ええ。自分の好きな回転するイスで遊ぼうとしていつもの場所に行って、そこにないと見つけられないということを言っていました。相談の場面でも、いつも座っている青色のイスがたまたま目に入れば見つけれることもあるけれど、ほとんどあの空間のなかから見つけることは今でも困難です。それと、お母さんでさえ、黙って動かずにいると、相談の部屋の中で見つけることができないことがよくあります。家では実物を見てわかるのは自分のコップとお椀がわかると言っていましたね。机の上に置いて、たぶん見ていつも同じ食卓で同じ色のコップとお椀を使っていると思うんです。

10　視覚障害・運動機能障害・知的障害のある重複障害幼児の視覚活用を促す支援　　201

N ：自分のということは、お椀一般、コップ一般じゃなくって自分専用の物
　　ですか。

佐島：そうです。

N ：そうすると、色ですか？

佐島：色とか大きさとか、それから状況、つまり食事ではコップとお椀とお皿
　　のどれかが目の前にあることは分かり切っていて、場所も多分同じよう
　　な位置にいつもある、そうした状況を含めて判断していると思う。

T ：資料に「人の顔は視覚的に識別するのは困難であり、声がするとすぐに
　　誰であるかわかるが、黙っているとじっと見つめたまま固まっている」
　　とあるんですけれども、ここでいう資料の中にある人はどこの誰かわか
　　らず、あるいは不意に出くわした人、そういう意味ですか。

佐島：そうです。遊んでいるときぼくは必ず脇にいて、後ろにお母さんがいる
　　わけで、「できたよ、佐島先生」、「お母さん」って人に働きかけるのは、
　　顔の識別以前に誰がどこにいるか分かりきった状況だからです。私の方
　　から声を出さずにそっと待っていると、じっと見ていて 15 秒とか 20 秒
　　待っていも黙っていて見つめている。「○○君」ってしびれを切らして
　　いうと本人も「佐島先生」って言うんです。あるいは、自分から近づい
　　て顔や手を触って確認して「佐島先生」って言います。見るだけでは確
　　信が持てず、識別が困難です。

T ：この子がビデオの中で佐島さんやお母さんに対してみせている顔を向け
　　て見るような動きは、もうそこにその人がいるということをほぼ把握し
　　ている中での目の向け方っていうふうに大きく捉えられるんですね。勿
　　論状況からも判断しているのでしょうか。

佐島：そうですね。

T ：物はどうですか。手の方が優勢になってしまうんですか。あるのはわ
　　かっていても。

佐島：物を取ったり上に積むということでは、目で見てわかる。物が存在す
　　る、少し探して見つけ出す、手を伸ばすというように、すごくスムーズ
　　になってきている。

T ：それがスプーンだというのがわかったとしたら、そしてそこにスプーン
　　があれば次からもう手に取るときに手探り状況ではないんでしょう。

佐島：スプーンしかなくって「スプーンどこにあるの？」って聞けば発見はで
　　きるんだけれども、スプーンとフォークがあって、二つあったときに

「どっちが？」って形を見分けねばならない状況になると、できる部分とできない部分があります。スプーンとフォークだとまだわからない。家でもそうです。私も最初そのへんがよくわからなくて、ペンやスプーン、フォーク、赤い歯ブラシ、フェースブラシ、櫛とか、小さめの物でいろいろ準備してやってみました。小さい物だとまだまったく分からないです。

〈色に対する認識と見え方について〉

N ：もう一つ質問していいですか。できるだけ今度は中身の方について。

先程も少しお聞きしたんですが、「図形や色の概念も獲得していない」とあるんですけれど、後半の物を色で区別している様子とか、あと皮質性の視覚障害の場合は形とかより色が非常に有効であるというのが今までの研究では言われていますし、形よりも生活の中で色を手がかりにするということと、周りの雑多な物をできるだけ単一にしてわかりやすくすることが言われています。そういった皮質性視覚障害の多くの研究で色の有効性が指摘されている中で、この概念というのは、たとえば色の呼名とか、たまたま提示した色の区別がつかなかったというのはあるかもしれないけれど、先程のたとえば自分のコップとお椀をテーブルの上で見つけ出すという能力を視覚的に発揮している子どもについてこの記述をこのままとらえていいもんだろうかという疑問を抱いたんですね。もう一つはどのくらい皮質性視覚障害の先行研究を把握して、どの程度のところまで今、たとえば全く色がわからないのか、まず、光についてはかなりわかると、遠方の窓とかドアとかが開いているとかね。その他に次の段階として、これからの佐島さんの学習のステップにも関わるんですけれども、たとえば佐島さんがいつも同じ色の服を着ていたならば、離れていても見つけられるかどうか、声を出さなくってもね。色についてはここに書いてある以外に何か情報が最初の頃あったでしょうか。

佐島：色については今ははっきりした色であれば識別するようになってきています。学習開始当初は色を識別することが困難な状態にあったということです。色がわからなかったということなのか、まだ見比べたり発見したりすることそのものが難しくて、できなかったのかもしれないです。その当初からもしかしたら力としては識別する力があったのかもしれな

いけど、それを実際の場面で見分けているととれるような状況をぼくが設定できなかったし、彼自身も違いを見比べて表現することができないために、結果として識別が困難だったのかもしれません。当初の時点で、色の識別については行動的に見ると実際に困難であったということです。

T ：細かいことかもしれないけど、色の概念となると、ちょっと意味するものがどうなのかって問われるでしょ。今の佐島さんの話のほうがわかりやすい。色はわかるかなって様子を見てみたことはあるんですか。直接的にその様子を見たんですか。それとも物を扱ったりなんなりの中で色の区別は難しそうだなっていう間接的な把握なんですか。色の対象物を出して様子を見たんですか。

佐島：直接見ました。ただ手続きが良かったかどうかは……。たとえばビックマックで赤におかあさんの声が入っていて、黄色は入っていないというときに（T：なるほどね）、結果としてはうまく見比べられないからできないかもしれない。

司会：それは二つ並べて、どっちという設定ですか。それとも机の上で一つのビックマックが移動する中での色の視覚定位なのですか？

佐島：色の区別です。

N ：色の区別ですね。ふたつの中からで、一応さわってはいた？　さわってはいたけれど、区別がつかなかったのか、見つけることもできなかったのか？

佐島：見つけることはできます。

〈「視る力」を育てることと言葉による援助について〉

司会：では、実際の取り組みの方に移りたいと思います。流れとしては幾つかあると思いますが、意見や質問があるところを優先して、後で整理したいと思います。

K ：佐島さんのこの取り組みをみていると、この人の見えがどうなっているのかを探ってきたという経過のようにみえるんですね。ところが事例集のテーマである「視る力を育てる援助」という観点に立てば、たとえば、先程、トランポリンに頭をぶつけたと言ってたでしょ。その時に、たとえば、「ぶつかるから気をつけてね」とか、「頭を気をつけてね」っていうような「視る」ための手助けの言葉をすると次から注意できると

なれば、それも助けることになるんじゃないかなあと思う。何かを「視る」ために、注目してほしいと言ったらいいのかな、そういった手がかりの提示の仕方みたいなことは、どんなふうにしてきたのでしょうか。「視ること」を助けるのは、一つは場面状況を、環境を整えていくっていうことが一つ。それと同時に、この人は音声言語があるわけで、クルクルだねえとか、ピカピカだねえとか、あえて視覚印象を言葉で表してやるような手助けもあるかもしれない。助ける方で何か、実際やってかかわられたことでここに記述していないことがあるんじゃないですか。

司会：場面状況というのは、ああいう机上の学習のことですね。

K　：そうそう。背景を混乱しないようにとかね。（佐島：コントラストとか）そうそう、それはもちろんそうだけど、他にも「視よう」とする注意をかなり集中させようとするような力を育てようということですね。佐島さんがあえて視覚の「視」を使ったのはどういうことなんだろうと思うので、援助はどうしたのですか。

佐島：質問とずれるかもしれませんが、この子に限らないんですが、入れるとか、取るとかのときに「よく見てごらん」とか「みて、みて」とか、そうした言葉は極力使わないようにしています。

K　：それは、どういう理由なんですか？

佐島：それは、自分から「視て」もらうためにそうした言葉は使わないように心がけているのです。なぜかと言うと、子どもがどんなふうに見えているかぼくには実際にはわからないわけですよね。何がどの程度みえるのかとか、彼はどんな物や状況ならば見て気がつくのだろうかということを、実際にやってみて、そして子どもの様子を見て、こんなことだったら気がつくんだな、こんなことだったら発見できるんだなとか、こんなくらいの速さだったらぱっと手が出せるんだな、そういう彼がより能動的に視覚を活用できる環境や物を探すわけです。

K　：場面設定だけを配慮して、具体的な言葉をかけて助けていくような取り組みは極力避けるということですか。

佐島：物を出して、「ほら、よく見てごらんよ」、「ほらここだよっ」「ほらここにあるじゃない」、「入れてごらんよ」というふうなことは、時と場合によるけれど、極力言わない。

K　：見ろ、見ろというふうには、しないってことですね。

佐島：二つの場所のどちらかから出てくることが分かっている状況で、「い

くよ」、「どっちから出てくるかな」ってそういう期待感をもたせて、そーっと好きな物を出したりする。そうして、「見てごらん」ではなくて、子ども自身の興味を引き出し、能動的な気づきを引き出すように心がけている。もし気づかなければもう少し近くから提示したり、この辺で気づいたのならばもっと外側から出してみようとか、ステップアップをしていく。

K　：とすると、ここから出したのに目を向けられたから、次からはここに必ず出すようにするということなのかな。つまり、ここが一番見やすいとわかったとすれば、次からはできるだけ同じ所に物を提示してもっとそれが注目されるようにするのか、それともここが見えたんだからもっとそれが広がるようにと、今度はちょっと位置を変えて出すということかな。

佐島：両方あります、それはステップの問題です。ただ、特に失敗したとき、うまく入らないときに、「ほら、ちゃんと見てごらんよ」っていうふうに、ついついいってしまいがちですが、本人はどうやって見ていいかわからないからできないんで、そのときに「よく見てごらんよ」、「ちゃんと見なさい」というのは、具体的な見る手だてのないままの励ましにだけになっている。それは、なるべくしないように心がけています。そうではなくて、子ども自身が「あっ、ほんとにあった。おもしろい」という気づきと動機づけがあって、そこから共有するものをつくって、「あっ、これなら必ずわかる」っていう経験を大切にする。そして活動、視覚を活用することへの意欲を育てる。そこから、ちょっと小さくしたり、ちょっと遠くに出したり、少し速いスピードで提示したりして、ちょっとずつステップアップしていく、全体的にはそのようなかかわり方を一番大切にしている。

T　：その「よく見ろ」とか、「見て、見て」っていうのはただ「がんばれ」って言っているのと同じようなもんだっていうことでしょ？

佐島：その意味で「見て見て」とか「よく見なさい」とか「ちゃんと見て」というようなことはなるべく言わない。それは、うまくできない時に言ってしまうことが多いわけで、結局跳べないハードルがあるときに、ちゃんと高く跳びなさいって言っているようなことだからです。

K　：ぼくが聞いたのはそういうようなことではないです。

G　：Kさんが言おうとしたこと、ぼくも聞きたかったんだけど、今言ったよ

うに、たとえば、「視る」ということに対してより見やすい環境をつくるという支援の仕方とこの子どもさんのようにかなり聴覚的なところから入ってくる刺激に対するある部分の理解と、こんだけ言葉が出てくるし、ある部分の基本的な言語の概念もちゃんとできあがっている。だからその時に見ろ見ろっていうそういう刺激ではなくって、たとえばすくう物はどれだとか、この白い物があるだろうとか、その子が見やすい手がかりを言葉で表現するという支援はできないだろうかと、いうようなことができないかとぼくは思ったんですよね。言語的な支援をすることで見やすさを支えていくというような形…。

佐島：でも、この子は触った瞬間にスプーンもフォークも櫛もわかる、彼は知的にはそうした理解力のあるレベルにある。フォークが刺す物、そういう、意味でもわかっている。

G　：いや、フォークというのが見えていないのか、フォークという物の属性がわからないから識別できないのか、その辺りはどうなんですか。

佐島：それは、今は見比べることが上手になってドラエモンとドラミちゃんを見比べて識別できるようになってきた。前は、エコーマイクと四角い積み木なんか出すと間違えていましたよね。そのものが知識として理解力としてわからないということではなくて、視覚的に識別することが困難であるとぼくは思うんですけど。

〈「視る力」を育てるための構えについて〉

T　：こういう学習場面で仮に援助って言葉を使えば、どういう援助なり働きかけをしたのか知りたい訳ですね。佐島さんがせっかく書いたものに対して言うのは失礼なんだけれども、ビデオを見せてもらうとその辺が伝わってくるような気がします。でも佐島さんの文章にはそのような記述はないですよね。その辺のことが今のKさんの質問に絡むし、テーマの「育てる援助」っていう観点からすると、再考する余地は少しあるのではないですか。文章だけから感じるのは学習の積み重ねというのはただ同じ事態を繰り返したって程度にしか取れないんですけれども、実際にビデオを見ると、その場その場でのちょっとした工夫とか、セッティングを変えたりとか、してると思うんですよね、声かけにしても。見ろ見ろとそういうシンプルなもんじゃあないと思います。

　　　それから別の話ですけれど、Nさんが言ったような環境、周囲の状況

そのものの中に、見る手がかりの、なにか物的な属性に関するような、そういった部分って勿論あると思うし、そのとおりだと思います。だけど、たとえば、「視る」ということは構えと大きく関係してくるわけですよね。そうするとその子の、たとえば構えをつくるということがずいぶんと「視ること」を助けるということがあると思うんです。それが「視る力」を全体としてどう育てるかとなると難しい議論だしぼくにはわからないけれど。この場で「視る」ということを活発にするという意味では、構え的なものをどうやって自分の中で取り入れていくかっていう援助の仕方、間接的な援助の仕方かもしれないけど、あるという気がするんだよね。そういったものって佐島さんの取り組んで来た中で、もっと記述されると良いなって気がするんです。そういうところがKさんの議論なんですよね。

K　　：そうだね。

佐島：今の構えって言葉ですごく納得できました。その部分が記述しにくかったんですね。直感的に瞬間瞬間子どもの様子を見ながら実際はすすめているから。今言われて、どんなことがあったかって言うと、構えってやっぱりあるし、それがすべてで、そのためにどんな条件があるかって言うと、一番は本人が見てわかるってことです。電池とか、縞の缶でも何でもいいんですが、それを回転させるとどんな子どもでもよく見るんです。ずっと見てて転がっていくとこを最後まで見てたりとか、その時に私が動きを止めたり、取ったりすると一所懸命子どもがそれを探したりとか、そういうふうにしてまずは本人が興味を持つもの、見て興味を示すものを探します。毎回、「視ること」に気持ちを向けるために最初の10分くらい缶とか電池とかで遊んで、ウォームアップをする。今は面白がってごろごろ缶投げしたり。それを毎回必ずやってます。そのうち、缶を積んだりとか、出したりとか、さらに入れたり、見て分けて狙って倒すとか、目標とするようなところに展開していきます。基本は常に本人が見てわかる、やっておもしろいと思うような状況を意識してつくって、できたときに共感する。

K　　：そういう意味では、「視る」ことに自信をもつような場面設定をしてきたという……。

佐島：そう。そして自信もそうだし、本人自身が自分から、さっきTさんがいっていた構え、要するに自ら気づいて意欲的に能動的に視覚を使って

いくこと、そういう姿勢を育てることが一番大切に思う。与えられてわ
かるのではなくて。そのポイントをいつも探っていた。

〈「視る力」の領域の独立性と関連づけ〉

司会：もう二つぐらい話題を取りあげたいので、できれば違う話題に移りま
　　　しょう。

T　：佐島さんにちょっと説明してもらえるといいかなって思うことがあり
　　　ます。視覚定位、視覚的把握の持続、追視、注視点の移行云々というと
　　　ころで、「いくつかの内容が一つの活動の中に同時に含まれていること
　　　が多い」と書いてあります。それから「一つ一つの力を独立して整理し
　　　て活用する道筋を示すこと」と「それらのいくつかを強調してあるいは
　　　連続して活用すること」と両方必要だとも書いてありますよね。これは
　　　具体的な場面で言うと、どういう子どもとのやりとりの場面で、どうい
　　　う点を注意するとこういう見方が出てくるんですか。

S　：ぼくも文章としてとってもよくわかるんですけれども、実際の彼との経
　　　過の中のどういうところからそれを考えられたのか聞かしていただけま
　　　すか？

佐島：やることとしてはそんなに変わらないんです。まず、見つけることがき
　　　ちんと経験できるように、さっき言ったような電池を使ったりして見つ
　　　けたり、追視であれば転がしたりというようなことになります。それを
　　　どれくらいの範囲だったら見つけられるのか、一つ一つステップアップ
　　　していくことが大切だということ。一方で、見つけて空間的な位置を把
　　　握して入れたり、もう一回他の所に視線を移し取って入れるような、一
　　　連の活動の中にいくつかの要素を入れて活動していく、その両方が大事
　　　だと。

T　：実際に分けて取り組んだということですか。一緒にやったの。

佐島：その時その時で意識はしています。最初に見つけるとか探すとかいうこ
　　　とをやり、その中で段々と見つけられるようになってきたら、もう少し
　　　広げていって複合的な活動に展開させたり。遊び自体は連続してますけ
　　　ど、ぼくの中では何を目的にするか意識をしています。

S　：前段の部分は単に視覚活用ということで括るのではなく、いくつか分析
　　　の視点をもってこちらで活動を組んでいくことの必要性と、後段の部分
　　　は、そういったものも総合的に含まれたような活動も用意しましょうと

いう意味でいいわけですか？

佐島：そうです。

〈人との関係・やりとり〉

司会：他に何かございませんか。

Ｉ　：人とのかかわりの中で表出と理解のアンバランスがある。これは実際ビデオをみるとそんなに強くは感じないんだけど、検査の中では出ていますよね。それでかなりかかわりが一方的になるということが書かれているんですけど。

佐島：最初の頃はそうですね。

Ｉ　：佐島さんとのやりとりの中ではですか？

佐島：今、やりとりは本当にスムーズになりました。ただ一方的になる面はあって、それはその場の状況を子どもがうまく摑めないことが主な理由と思います。集団の中にいてもそうだし、お母さんと話していてもそうだし。耳で聞いて色んな言葉を覚えて理解する力もベースにはあるけれど、具体的にどんな状況かが見て把握できないから、その場を共有したやりとりにならない。やりとりが一方的になるというのはそういう意味です。

Ｉ　：かかわりの中で、できたっていう時にすぐにお母さんの方を振り向くでしょ。承認を求める、裏返せば、自信のなさがあるのかなと思うんですけど、（佐島：そうですね）日常的に、彼がやったっていうときに周りが盛り上がって誉めてくれるというような、本人に注目してるというか周りの姿勢も、そういうことがこれから必要じゃないのかな。

佐島：そういうことなんだと思う。つまり、見えないとか見通しがつきにくいことによって、どうしてよいか分からなかったり、かかわりが一方的になっているのであって、実は状況が整って分かるようになればやりとりがきちんと成立する。その意味でベースの理解力と見てわからないことのギャップが大きいし、それを埋めるための具体的な手だてを私が考えなければ彼を追いつめてしまう。

司会：ここでは、発達の状況の把握のところには生活経験の制約と書いてますけどで、それだけでなくてその場その場での見通しの悪さなどが、もう少しここに含められると、突然「表現と理解言語に差が見られる」という、発達検査でこう出ましたという処理の仕方でない、ではどうしたら

いいのということに繋げられるかなあと。

S ：人との関係のところで、「対人関係がスムーズでやりとりが成立する」と、この字面からは、お互いに共同活動が容易に成立して、こちらかの問いかけにもよどみなく応えてくれる、そういった構えもあるというふうに取れるように思うのですが、実際この前のビデオを見せてもらうと、必ずしもいつもいつもそうではなくて、初期の頃は佐島さんが彼のペースに合わせていくというか、彼が注意を向けるものに佐島さんもあわせていくという、そういう形でそこにやりとりをつくっていくところから始まって、だんだん彼の興味関心がわかってきますから、ある活動が共同活動として出来上がっていく、という印象をもったんです。その辺の初期のやりとりの様相というものが、もう少し書かれていると、それ以外の情報を読みとるときにも少し助けになると思います。

K ：この人は視覚にたよらなくて、触れることが活発だということと音声言語をある程度もっているということなのですが、それ以外の、たとえば音に対する関心とか、音楽に対する関心とか、そういった側面はどうなんでしょうか？

佐島：音のでるモノに対してはすごく興味があります。会話としては、「先生、今何してたの？」、「お母さん、このごろ眼鏡かけてこないよ」、自分の眼鏡をはずして「かけてごらんよ」、「どんな眼鏡してんの？」とか。

K ：そういう中で「視ること」に関する言葉、「見えにくいよ」とか「何か小さいものがありそうだ」とか、「視ること」に関して言葉を使うとすれば、たとえば、どんな感じなんでしょうか？

佐島：あまりそういうのはないです。色も音として知っているから、「何色？」と問われれば名前を言うけれど、適当な色を言っています。

〈遠くの物をどのように捉えているか〉

N ：もう一つ質問いいですか。視覚の定位で遠くの環境の状況を漠然とわかるようであるということですが、これも今回佐島さんの中で特徴的な皮質性の視覚障害ということで、皮質の損傷を受けた時に、視覚が回復するとき、割と遠方視力の方がよりよく出てくるということが、いわれているんですが、うんと近いところよりも、そこらへんは彼も観察されたでしょうか？

佐島：少し遠くの大きなものとか、人の動きとか、扉とか窓の方向とか、そう

いうのは気づく。

N ：それで後ろの方ともつながるんですが、佐島さんが工夫した学習は比較的この近い距離のモノをどう見て追視して見比べたりというのをやって、それはすごく大事だったと思います。また半面、せっかく遠くはみつけているというのを活用して、遊びを展開したりとか、そういったことも、どうも皮質性視覚障害の人というのは全員ではないのかもしれないけれど、私が観察した部分と文献などでは、遠方はわりと見やすい傾向があるようなので、とにかく近くでも遠くでも、楽しく見て便利であるという部分もふくらませる可能性もあったのではないか、というのをちょっと感じたところなんですね。

K ：それはなにが違うんですかね。遠くのものには気づきやすくて、近くのものには気づきにくいというのは、何故なのか十分よく理解できないんだけれども。文献上といわれているのも、どういったものに気づきやすいといっているのですか？

N ：文献上、私が読んだのでは、割と回復しやすいのは、3フィートから10フィートですから、1〜3メートルくらいですね。

K ：対象物の位置が見つかりやすいと。

N ：位置というか色のようです。色のものがみつかりやすい。赤いボールであるとか、中間色よりは、はっきりしたプライマリーカラー、黄色とか赤ですね。色の手がかりを入れるとモノを見つけやすくなる、ということは文献に出ています。また、文献にでているのは扱ってみておもしろいものがいいから、いくら鮮やかなものでもプラスティックの、あつかってもおもしろくないものではだめで、実物がいいと。オレンジとか…この子も最後の方でカラオケのマイクはすごくよく見つけると、好きなのね。それとお母さんに聞いてもらったら、自分のコップはテーブルの上でも見つけだすというそういう側面があったと。

〈皮質性の障害と見え方について〉

T ：質問ですが、学習の仮説と方針のところで、視覚を活用する学習というところに絞り込んでいるわけだけれども、もう少し説明してくれませんか。

佐島：いわゆる弱視児で視力0.1程度であれば、目の前のモノを入れたり出す活動に困難はないし、まして目の前のものが見つけられないということ

はありえない。でも彼は他の見えにくさも重なっていて、視力はあるのに初期の頃は手探りが多くて、目の前のものを見つけることも困難だった。だから、探し出すとか、見比べるとかそういうところに学習の中身を絞っていったというところです。

T ：言い換えると、視覚を活用する学習ということでまとめられてきているわけだけれども、このような学習がこの子に用意された背景には、単なる弱視ということではなくて、空間認知の困難さということを考慮して視覚活用の学習に関してもこのような組立をした、というふうに捉えればいいわけですね。

佐島：ええ。そういう認知の困難さにしっかり焦点を合わせて、なおかつ 0.1とか 0.2 で見えるようなものを準備する、そうしないと視力という意味でも彼には情報にならないので、その辺りを配慮するかが一番大切な視点です。特に、最初のステップとして、対象を「見つける」力をきちんと育てることが、視空間認知に困難さのある子には大切に思います。

T ：そうすると視覚を活用する学習というか発達ということは、単に視力では言えない、もっとこう「認知的」なものが色濃く反映されているといえるわけですね。子どもさんによっても違うけれど視力によって決まるというものでもない。

佐島：そういう状態がきれいに分析できればわかりやすいんですが、彼の場合その視力の障害もあるし、視野の障害もあるだろうし、空間的な理解の困難さもあるだろうし、片麻痺で左の上肢がうまく機能しないために見て触って確認するということが困難であることも「視ること」に影響している。そういった一人一人のいろんな状態があって、それと実生活の状況があいまって、その子の今の「視ること」の困難さの状態がある、というふうに理解しています。

〈「楽しい活動」と「学習」について〉

K ：楽しく活動する中でそういう活動する場面を用意していくんだということなんで、前回やったようなことを誘うとやるとか、覚えていてやるとかいうことが多いですね。新しい課題を導入するときには、抵抗なくやりますか？　いやだとか、最初は抵抗していて何回か誘うとのってくるという感じでしょうか？

佐島：遊ぶことに関してはとても好きで、机上でも、それで「やろうよ」とい

うと自分でちゃんと座ろうとします。新しいものでも、やります。「や
だ」となるのは、こちら側の配慮が足りなくて分からない場面、できな
い場面なわけです。本人はやろうと思ってやるけれど、よく見つけられ
なかったりとか、うまく入れられなかったとか、そういうのが何回か続
くと、最初のうちは「いやだ」と言っていました。回数重ねるうちに1
回失敗しても、今度試行錯誤して繰り返しやろうというように変わって
きました。本人にとって分かるところをうまく支えてあげると、意欲を
もってやります。

I　：相談の中で「遊びに関しては」というお話があったんだけれども、学習
　　の場面と、これから（学習が終わったんで）遊ぼうという場面とはっき
　　りと分けているんですか？

佐島：「視ること」を拡げるための学習を準備しているわけだけれど、それは
　　本人にとって分かること、できることが拡がるような状況で楽しい活動
　　である。楽しみながら子どもの興味を引き出しながら学習活動をしてい
　　る。彼にとっては楽しい「遊び」であるし、またそういう状況を準備す
　　ることを大切にしている。見え方や興味にこちら側が上手に配慮した活
　　動を準備できれば、1時間以上続けて楽しく遊びます。難しければ当然、
　　モチベーションが下がって「やらない」ということになります。

I　：かなり「学習」という言葉がたくさん出てきて、多分これを読まれる方
　　は「学習」の場面として設定している中でこういうやり方というかかわ
　　りをしてきたのかな、というふうな印象をもつかなと思ったんですが、
　　今の佐島さんの話では、遊びの中でこういうふうに見やすい環境をつ
　　くったり、「視ること」を促していくようなことを、自然に取り入れて
　　こられたのかなと思いました。

K　：考察の方で、目的的に「視ること」を学んで、「視る楽しさ」を実感す
　　ると書いているわけですけれども、今の係わりの経過の中で本人が佐島
　　さんと実際のやりとりを楽しんでいる部分と、見て楽しんでいる、たと
　　えば色が鮮やかに変化していくのを楽しんでいる、というような場面と
　　両方あるという気がするんですけれども、見て楽しんでいる部分はどこ
　　なんでしょうか？。

佐島：活動をしていて本人にとって見てわからず、出来なくて失敗すれば、す
　　ぐに嫌になってしまいますよね。楽しくない。だから、そういう状況を
　　つくらないというのが、課題設定や状況・場面設定のときの全ての絶対

的な前提条件です。これが難しいのならばまず光からとか、光に気づいたら、「あっおもしろいね」って共感してあげる。全ての活動は、本人自身が「視て分かって」「視て気づく」、そして子どもが成功感、有用感、達成感を常に得られるように工夫する。できる喜び、分かる楽しさ、それが主体的な学びの意欲を支える。

K ：本人が自ら楽しいという言葉を出ださなくても、活動が継続されていくということは、楽しくなきや継続しないんじゃないかと。

佐島：本人自身が見て、「あっ、あったね」って気づいて、それを共有してかえしてあげる、「じゃちょっと別のとこに出してみよう、あるかな」、という具合に展開することで、本人自身が目的的に活動を展開できるような状況をつくれることを大切にしている。

K ：でもそういう記述があまりないでしょ。前提として考えているからかな。

T ：でも縞模様の缶のところは、雰囲気出ているよね。

佐島：一番最初のところでいうと、普通の状況では見て何か把握することは難しすぎて子どもは嫌になってしまったから、まず一番わかりやすい光で遊んでみた。やってみると、これが「おもしろい」と感じて光に手を伸ばすという行動が展開されてきた。がんばって見させるというのではなくて、いかにその子にとって見て分かる状況をこちらが準備し主体的な活動を引き出すかが全て。

〈机上学習場面での変化と生活との関係について〉

N ：佐島さんのセッションは月に1回か2回ですね。より多くの時間をお家やなんかで過ごしている。私も月1回くらいのケースの場合は、その間にどういった特徴的変化があって、どれだけその中で、私のセッションとは別に使われているのかというのを、1カ月2カ月のケースの場合聞いています。特にそういった記述がないのは、何か理由があって、このセッションだけを押さえてやりたいという。変数としてこのセッションもすごく重要な役割を果たしているけれども、ものすごく広い。そういった時に、データとしてここに書いたり、出したりするときのやり方なのかもしれないんですが、そのセッション以外のところの学習というのは書いたらきりがないと思うんですが、親から、だいたい長いインターバルのときは細かく話を聞いて、どんな生活をしてたかということ

を確認しながら先に進むということが私の場合はやっているんですけれども。回数のことを言ったのは、このセッションだけで変化していったという印象を与えるかなっていう気がしたんです。もちろんセッションも重要な役割だけどそれ以外のことも考慮していく必要があるんじゃないかと、今思ったんです。そのへんこう久しぶりに来たときに親御さんに目の使い方とか、どうなっているかというのはきかれる時間はとっていました？

佐島：家庭での様子や学校での様子については毎回、終わったあとで30分くらい聞いてきています。

Ｔ　：佐島さんがやったのは課題的、学習的場面という基本的な構造をもっていて、ただそれを一方向じゃなくてね、ゲーム的、遊び的要素を取り入れてやった、実際はそうだったと思うんですね、ビデオを見てそう思いました。それで逆説的に言うけれども、そういう場面だからこそ、その中でこれだけの変化を示したんだと、むしろ考えていいんじゃないかと思うんですね。生活の中でこの子は触覚的な手の動きが優先しちゃうわけですよね。この子が目をなるべく使ってほしいというときやはりそこにあるセッティングをする、だからこそその中で示す子どもの変化、というようにむしろ受けとめることができますよね。Ｎさんの言うのはとてもよくわかるんだけれども、佐島さんがやっていることから考えてみると、そういう風に捉えていいんじゃないかなという気がするんだね。

Ｉ　：「視ること」の変化とは別に机に向かって座って、机の上に提示された物を見たり、といった活動ができるようになってきたというところもあるんですよね。机の前に座れるようになった、そこで活動ができるようになった変化…。それが出来たとするならば、自分の捉えやすい範囲の中で何かいろいろ、楽しいことがあって、こう、無理矢理机に座りなさいという形でやってきたわけじゃなくて、このいろいろな教材とかそういうものを使って、係わりが机の場面の中で展開されるということ自体に注意を向けられるようになった、それが楽しめるようになったと。

佐島：視覚を活用する学習の方針の一番最後のところに、4番目にあげたのがそういった活動を通して、子ども自身が視覚を活用すること、「視ること」への意欲や自信をつけていく、それがこの学習の最終的な目標です。そういう意味で、環境を準備する中で本人が自信をつけて、新しいものや新しい状況に積極的に係わったり活動を展開していって欲しいと

思っている。

I　：「視ること」に自信をもつということですか?

佐島：自分の視覚を活用して、繰り返し一つのもので遊んだり、新しいものにも興味をもって試行錯誤して考えるような、そうした気持ちや意欲が育って欲しいし、育ってきたと思う。それは、やっぱり本人自身が見て楽しい、本人自身の気づきから始まる学習でないといけないし、じっくりそれを支えてあげて時に少しお手伝いする、そうしないとただ無理矢理やらせている。という状態になってしまう感じがしています。

〈「視ること」と「動き」について〉

T　：少し話題を変えていいですか。視覚と運動との関係のところですが、佐島さんはこの「視る」ということからこの子の動きを捉えようとしているわけですね。でもこの子は麻痺もあるし、片手しか思うように使えないという状況にあるわけですから、この子の動きの方から、「視る働き」がどういうふうになっていたかという記述がほしいですよね。見方の変化はある。でもひょっとしたら見方の変化と動きの変化、がこう同時的におきてるかもしれない。だとしたらこの子は「動きの中で視る」、あるいは「視る中で動く」っていうか、そのへんの相互の関係ということを書き表してくれていたらいいなと思います。

佐島：一番動きで変わったなと思うのは右手、完全に握り込んでいる右手をすごくよく使うようになったというのは感じます。

T　：実際に佐島さんが用意したセッションと何か関係があるような印象はもっているんですか?

佐島：たとえば「入れる」とか「積む」といった活動はとても拡がりが出てきた。そうすると、もっといろんなことをしようと思うと、物を持ち変えないといけないことが起きてくる。彼はその対処方法をよくわかっていて、入らないと縦の方向に持ち変えたりする。はじめは右手が握り込んでいるので、口にくわえて方向を変えていたのが、もっと上手くやりたい一心で、マヒの強い右手を補助手段として随分使うようなことが、変わってきた部分かなと思います。

〈「学習」と「遊び」〉

司会：考察の方へ動きたいんですが、その前にずっと考えているSさんの方か

ら何かありませんか？

S ：経過の部分の具体的な様相の変化っていうものが、見えないという点ですが、その部分に関して新しくなったところで、確かに少しわかりやすくなった部分もありますが、でも私の思いとしてまだ、あのときの疑問は消えないんです。それはなんなのかなとずっと考えていたんです。が、佐島さんの分析は「視る」ことを中心にその局面からの切り込みで各経過の部分、部分を取り上げて書かれている。で、そのことによって見えることにおけるこの子の変化っていうのはわかるんですけれども、どうしてそういうふうに「視る」ようになってきたかとか、「視ること」に積極的になったのは何故なんだろうか、という部分はどうなんだろうと思ったときにですね、先ほどのＩさんとの話からいえば、学習として押さえながらも事実やっていることとしての遊び、遊びそのものの様相の変化というものが、やっぱり色彩薄いように思うんです。だから、その一番最初に対人関係のことを言ったんですが、これも曖昧な言葉ですけれど、だんだん呼吸があってきて、そのものがおもしろくなっていってる、そういう流れだと思ったんです。あのビデオを見た時に、最初は課題性が前面に出た「お勉強」という感じの強いものが、だんだん彼と佐島さんとが遊べるようになっていって「遊び」の時間が充実していくようになっていく、その部分の変化っていうものが実は、あるいはその変化の中で同時に、お互いに関係しながら、「視る」ことの伸びっていうものを支えたんじゃないかなと私は思うんです。

N ：Ｔさんがいったように課題的なところでも、だからこそ育った部分があるんじゃないか、それは否めないですね。だけどもやはり子どもはそのセッションの場以外ででも長い長い時間を過ごして必ず目を使って生きている。家庭の中とか、幼稚園、学校で。佐島さんがやったセッションの合間の情報の報告っていうのも、こういった経過の中に入ってくると、それがどう生きたかっていうフィードバックと、それだけじゃなくて、そういった現実の暮らしの中から私たちの課題の学習のフィードフォワードしてくれるものがあると思うんですね。私はやっぱり、そこはＴさんの意見はそれはそれでとても意味があると思うけれども、やはり特に長いインターバルのケースの場合には、間の暮らしがすごく重要じゃないかと思っています。一種の定点観測にはなると。だからそのへんの経過の記述のときに両面が入ることがいるんじゃないかなっていう

気がするんです。

〈日常生活での配慮について〉

Ｉ ：形態の弁別についての考察が一番最後にあるんですけれど、この形態を視覚的に弁別することは予想以上に難しく、これからどういう風に考えたらいいのか。佐島さん自身も、まだ試行錯誤にあるっていうことなんですが、さっきも皮質性視覚障害っていうことで、これがもう絵カードというような平面的なものを捉えるところが難しく、かなりコントラストが強くても、うまくつかめない、そういった場合、現状としてそれにかわる何かこう手だてっていうか、日常生活の中で、平面だけじゃなくて標識が見えないとか、実際に困難が起きるようなところをどう援助していくのかは、けっこう少し緊急に考えていかなければいけないところも、お母さんとの話で出てきているのかなと思ったんです。

Ｎ ：たとえば横断歩道なんか見つけられるんでしょうか？　あれは、わたしの見てる皮質性視覚障害の子はとくに新しい黒っぽい道路ですとよく見つけます。近寄って行くんです。自転車に乗っている皮質性の視覚障害の子も、自転車でその前でとまったりして、日常生活の中にすごく重要な大事な安全を守るために、手がかりになったりしているんです。

佐島：今のような物は、コントラストが強いので入りやすいと思います。今の時点で考えられることとして、たとえば、彼の下駄箱を縞模様にしたり、イスの背中を縞にすると自分で発見できたりとか、別に縞じゃなくてもいいんですが本人自身が見てわかるような配慮を生活に取り入れていけるかなと思っています。それは「視る」という視点からですが、生活の中では触覚や言葉などを上手に活かしていくことが大切と思います。

Ｉ ：スプーンとフォークが見て分からないと、いうことがありましたが、たとえばフォークの柄に縞の模様をつけるなど。

佐島：お母さんと話して、ランチョンマットをひいてコントラストをはっきりさせるとか、そういうことは話をしてやってもらっています。その手がかりとして、彼自身の中に少しずつ育ってきた「視る力」を上手に生活の中に取り入れていけたらいいかなと思います。

Ｎ ：この形態の弁別、Ｉさんからも少しご意見が出たところですが、最後の方で「形態でとまどった」とありますが、形態っていうと通常形とかで

すが、取り上げた事物は形以外の要素がいっぱい入るようです。うまく出来た物がどう活用できて、いかに次に進んでいくかというふうになると、皮質性視覚障害をもっている方々に参考になるんじゃないかなと、ちょっと最後の方残念に思ったところです。

佐島：事物ですね。

N　：これ形態といいますからエッジの検出となりますが、彼はエッジの検出ではないところでこの弁別課題をやっていたな、という気がします。それからあくまでも、弁別というところでやっていたというところも一つの大きな条件ではないかなという気がしました。

〈「視る力」を育てることと活動の「楽しさ」「成就感」〉

T　：もう一つだけ。佐島さんは、子ども自身が一生懸命「視る」ように、その方向に向かうように当然方向付けをしていると思うんだけれども、「視ること」がちゃんとできたという気持ちっていうのがこう成就感としてあってこの子が喜んでいる、つまり自分がよく見えたということをよくこう自覚するようになってきているということですよね。

佐島：それはそのとおりです。できることを味わってる。発見できたとか。それと、それを私や他の人と共有すると、いうことが何といっても喜びです。

G　：ぼくはですね読まして頂いて、皆さんの意見にも出ていましたけれども、いわゆる子どもが佐島さんの提示をした課題をしていく成就感を味わっていって、味わうことで「視る」ということの意味を知っていったと、というようなことがストーリーなのかなと思いながら、いたんですよね。それはそれですごく事例としておもしろいものだなと思って読ましてもらったんですが、ところで見る楽しさとか、違う用語がすとんとはいってくるもんでややこしくなってきたんだけれども、見る楽しさとなったら、本当にこの子は見る楽しさをずっと実感してきたんだろうかと。表現からみるとうまくなってきたんだけれども、だけど成就感は必ず持っていたと思うんですね。達成して成就感をもって意欲的になった。そのことが「視る力」にどこかで結びついてきたということがものすごくあるんじゃないか、だからこの子が成長してきているというのは言われるとおりなんだろうなと思うわけなんだけれど、楽しさと言われた時にはどこでこうすっと一致するのかなと、読んでみてすっと自分の

中に入ってこない、だからかえって楽しさということの言葉はそんなに全面に出なくても成就することの、成就感を育てることが「視る力」を、その意欲的にしたと、さらに「視る力」をつけることになったと、そのことが環境を整備することの必要性というものがあるんだということが佐島さんのもともとの発想なんではないのかなと、思いながら読んでいたんだけれど、それだけではいけないわけ？　どうしてもそこのところが、見る楽しさというのがあるんだというところを強調しないといけないのかなと、ちょっとこの論文からは自分の中ではすとんと落ちないんですね。

佐島：やはり実際の活動では、なんといっても子ども自身がやってみたいと思うこと、子ども自身の活動への動機づけ、モチベーションがすべての基本条件で、そのためには子どもにとって楽しくて分かる内容であることが大切と思う。それはイコール、子どもの今の「視る力」に合った学習の内容を適切に準備することであるし、次の段階の学習内容を見通して準備することでもあるんです。同時に彼の知的な興味をそそる、つまり知的欲求水準にも見合った活動内容でないといけない。そうした活動を準備して、子ども自身からやってみようという内発的な興味を引き出す。それに支えられて子どもは「視ること」の新しい力を自ら伸ばしていく。自ら学んでいくんだと思うんです。私は、そうした子どもの学びへの意欲、新しいことの発見・気づきを何とか工夫して支えたい。そして、できたことを一緒に子どもと共感してあげたい。そうしたどの条件が欠けてもいけないと思います。一言で言えば、「子どもの内発的な興味と意欲に基づいて自ら気づき発見する中で主体的に子どもが学ぶことを私は援助し支えたい」ということです。そのためのあらゆる努力を惜しまないというのが基本姿勢です。だから活動は、必然的に子どもにとって興味と意欲をそそるような楽しいものだし、そうでないといけない。

G　：楽しくみるための基礎的な力をきちっとつけてこられたと、いうような感じはしますよ。確かに。

司会：議論は続きますが、これで切り上げ討論を終わりにしたいと思います。

（重複障害教育研究部）

第Ⅱ部

状況作りに視点をおいた事例研究

状況作りに視点をおくということ

宮城教育大学
菅井裕行

　あらゆる教育的事象はすべてなんらかの「状況下」で生起している。このいわずもがなの事実に改めて立ち返り、教育することとはすなわち「状況をつくること」であることを様々な事例から考察するのがこの第Ⅱ部の主要な課題である。事例集第15集のテーマが「状況作りに視点をおいて」であるが、このテーマを第Ⅱ部のテーマにしたのは、ここに集められた事例報告いずれもが、子どもにとって「分かりやすい」状況、「動きやすい」状況、「行動をおこしやすい」状況を模索しているからであり、その模索から読み取れる様々な工夫や視点が、実践に示唆するものがとても大きいと考えたからである。

　事例集第15集の巻頭言によれば、「とりわけ、障害が重度で、しかも重複している子どもの場合は、周囲の状況を的確に把握し、その状況にかなった行動をすることに多くの困難さが見られることから、係わり手が一人ひとりの子どもに合った状況を意図的に用意することが極めて重要なこととなる」。しかしながら、実際に教育の現場ではそこに用意されている状況がその場にいる子どもにとって理解しやすく、行動をおこしやすい状況になっているかどうか疑わしいことが少なくない。ともすれば、子どもにとってではなく、係わり手である大人にとって、適当な場になりがちであり、あるいは特定の理論や方法を実践するためにやりやすい場になっていることすらある。もとより、子どもにとって適切な場がいつも係わり手や大人にとって適切ではない場であるというわけではなく、両者にとって適切な場であることもある。しかし、私たちの生活を成り立たせている多くの原理や理由が、大多数の見えて聞こえて知的に素早く判断できる人たちを「標準」として考えられていることは自明のことである。それだけに、様々な障がい状況にある子どもをそのような状況にただ置くだけでは、子どもが状況を理解し状況に見合った行動を、しかもしばしば複雑であることが多い状況に相応しい行動をするようにはならないのもまた自明なことであろう。筆者の恩師は「子どもの障害のせいではない。状況が子どもに

とって複雑すぎるのだ」といつも語ってくれていた。

　したがって、問われなければならないのは、子どもにとって、理解しやすく、行動を起こしやすい状況とはどのようなものか、そして、そのような状況をいかに設定すべきなのか、という事例集第15集の問いそのものである。かつて、梅津八三は、障がい者といわれる人々に現におこっている障がい状況、そしてその障がい状況に対面し相触している人の障がい状況、このような「相互障害状況」が教育という仕事における目標の対象であるとして、教育において係わり手がなす「しかけ」を「状況工作」と称した。私たち教育実践に身を置くものが障がいのある子どもに向き合うとき、その仕事は子どもの脳内にメスを入れることでもなく、体内に服薬させることでもなく、あるいは社会的制度を整備することでもなく、その子どもの生活という状況に何らかの（何もしないことも含め）工作をすることである。あらゆる事例報告はこの状況工作の経過報告といえるが、この第Ⅱ部では特にその状況の作り方（工作の仕方）に焦点をあてた報告を集めている。

　以下、各事例について紹介する。

・細目事例「積極的な営為としての『待つ』こと」は、日常生活に滞りが生じ拒否や暴発が激しく繰り返された全盲の子どもとの係わりの経過である。細目によれば、不安定な状況にある子どもの援助者は、常識的な対応からひとまず離れて不安定になっている行動の意味を考えてみる必要があるという。全身全霊、準備状態（いつでも即応できるスタンバイ状態）でひたすら「待つ」という実践は、「促し」を無前提に良しとしている教育実践家に鋭く再考を迫っている。子どもの主体的な活動、子どもが自分で決めることの重要性を否定する人はいないと思われるが、子どもにとって自ら選び、決めるということがどれほど厳しいものであるかをこの事例は重く迫っている。

・矢目事例は、行動全般に抑制傾向が目立ち、生活の端々に滞りが見られる一人の先天全盲児に対して、思い切って教師側からの要求を控え、時間割も廃し、集団活動への参加も強制しない対応を試みた経過である。それはけっして教育の放棄でも放任でもなく、子どもの不自然な自己抑制からの解放を目指した状況作りであった。次第に子どもは楽しいやりとりを展開できるようになり、興味を持てる活動に取り組む中で概念や技術を獲得していく過程が描かれる。

状況作りに視点をおくということ　│　225

・村松事例は、重度の知的な障がいと肢体不自由のある子どもが自分の置かれている環境を自ら探り、知っていく活動を子どもとともに探り、育て、拡げていこうとした経過である。活動が中断されたときに「もっと」の行動を見出し、さらに活動に入るための手続きを作り出し、そしていくつかの活動から何をやるかを子どもが決めるようになるまでの「やりとり」の経過が報告されている。

・西谷事例は、「重心施設」に入所している重症児の「指導の場」を整理し制限の多い条件下であっても個人的に工夫をくわえつつ、親しい人間関係を基盤に心身の安定を図ること、食べようとする気持ちを育てること、運動機能の維持・向上を目指すこと、自分の意思を伝える方法を確立することを係わりの目標として取り組んだ経過である。

・中野事例は、著者が主宰する簡易母子通所施設で係わりあいをもつ一人の子どもをめぐって、「わかること」とはどういうことかをその一人の子ども以外の多様な事例にも言及しつつ考察をめぐらした論考である。子ども一人一人に、その子どもなりのわかることがあり、それは必ずしも大多数の大人のわかることと同じではない。それぞれの生の展開があって、その展開の過程で子どもが考えるということにつき合うことの重要性を指摘する。そのつき合いの中で、子どもの振るまいの中にあるでたらめではない、秩序ある姿を見出すことについて考察されている。

・研究部事例（川住）では、レット症候群を疑われた女児に対して、「過度の緊張状態」を示さないで済むような場を考え、そのうえで探索的な活動を支援し、目的的に手を使えるようになるための具体的な援助方法を検討している。川住によれば「状況」を構成する要素には、活動の場、活動を促進する教材・教具、そして援助者の三つがあるという。討論においては、子どもの状況を把握する上での注意点が議論され、さらに子どもが示す一つひとつの行動の意味をめぐって討論が進行し、子どもの内的世界まで含めて理解することの難しさと重要性が確認される。

・研究部事例（中澤）は、買い物の場面での数計算のプロセスを取り上げ、長期にわたる実践経過が報告された。まず子どものできる活動から始め、失敗

から学びつつ、具体的操作をたっぷりすることの重要性が指摘されている。討論においては、買い物学習を生活の地平で捉えることと、関係の概念を対比の中で学習すること、支払いの方法に関する基準を増やしていくことなどが議論されている。

・研究部事例（早坂）は、「重心施設」を訪問しての係わりの報告で、入所している子どもにとっては生活の場でもある施設を、指導の場としてどのように構成するかについて検討した経過である。この係わりは学校の担任教員とともに実施されている。家庭での養育と同じ視点を持ちながらも、さらに訪問指導においては、たとえ短時間でも子どもの意思や気持ちを受け止めること、うれしい・楽しいといった感情を伴うやりとりが成立しやすい活動を大事にすること、病弱であることから体調が良好なときには外気にふれる機会を多く持たせること、取り巻く大人がたくさんいることを利点に変えることなどが考察された。

・研究部事例（菅井）は、一人の盲難聴事例との点字学習を通じた係わり合いの経過を報告している。筆者は、相手にとって「分かりやすい状況」をつくることの重要性に言及し、学習の場もまた「分かりやすい」活動の拠点として工作していくことの重要性に触れている。さらに学習は「やりとり」の過程であり、同時に「関係形成の場」でもあるとする。その意味から学習の場を、先決的なプログラム実行の場というよりも、相互に調整しあう中で相手と共に探求する場として捉えることの必要性を考察している。

状況作りに視点をおくということ

11
積極的な営為としての「待つ」こと

宮城県立盲学校
細目里美

I はじめに

　子どもの日々の行動に滞りがおきるようになると、親や教師は対応に困惑することになる。多分にそれは、円滑な日常生活に対する不安によるものだろう。子どもが自分の行動の内容を変革したり足場を広げようとすれば、不安定になることは当然だと考えられる。そのとき子どもの援助者は、常識的な対応からひとまず離れて不安定になっている行動の意味を考えてみる必要がある。

　H君の拒否や暴発という行動が、彼が自分の意思で行動したいということの現れだと受け止めたにしても、援助の仕方がすぐ見つかるわけではない。彼とかかわる構え自体が援助の内容を決めるものと思われる。

II 事例研究

1　H君　男　1989年4月生（現在小学部5年生）
2　生育歴
　　・妊娠中及び分娩時の異常は認められていない。
　　・先天性無眼球症で全盲である。
　　・舌形態膠着の手術を5歳半時に受けた。

　H君は、就学前、本校の教育相談を続けて受けたのだが、担当したYの第1回目の記録では、「お母さんの腕をしっかりつかみ、Yの話しかけに意味不明の発音をし、パンツを脱いでYに背を向けて座り込み、いざって逃げようとした。そのうちに『ジュー』といってジュースを要求し、母がないと答えると泣いて自分の頭を激しく叩く。Yはまったくそばに近付くこともできなかった。母の訴えの主な点は、『なぜこのような状態なのか理解できなくてつらい』、『どうやって遊んでやれば良いのか分からない』ということである」と書かれてあり、最後の教育相談（7回目・5歳）では「教室のドアを激しく開閉して遊

ぶ、Yが話しかけても逃げなくなった」とある。これが入学前のH君の置かれている状況であった。

Ⅲ　入学後の様子（1986年度〜1988年度：小学部1年生〜小学部3年生）

　H君を3年続けて担任したKは、中学部にいた教師であったが、小さい子供の担任を希望していた。Kの意欲的な取り組みは、不明瞭な発音とともに表出されるH君の行動の意味の読み取りに重点が置かれ、極めて的確な対応がなされていた[1]、その結果、3年間で極めて安定した「滞りのない教室での生活」が出来上がっていた。母や妹と一緒に登校し下校するまでの間、ごく普通の会話のやり取りで1日の流れが進行し、集団による音楽や体育にも素直に参加していた。Kは、これなら新任の先生とだってうまくやっていけるに違いないと考えていたし、周りの人達も同様に思っていた。そこで4年生になる担任替えの時に、普通の中学校で理科を教えていて新しく本校に赴任してきたSが新しく担任になった。ただ、前担任のKが不十分だったと心配していた机の上の学習は私が担当した。

Ⅳ　担任変更後の様子（1989年度：小学部4年生）

　（1）4年生の新学期が始まって数日は、3年生の時の1日の流れをなぞるもので順調だった。教室に来たら、私と着替えをして、くつをはいて、朝の会と音楽集会に行く。その後教室に戻ってキーボードや道具で遊んで片付け、小便をして買い物に出かける。学校に戻ると、小便をしたうえで教室に入り、机に向かう。椅子に座り、お茶を飲みながら机の上の学習に向かう。終われば、ひと休みしてSと遊び、給食の道具の入ったバッグを持って移動する。途中で小便をし、食堂にいって給食をたべる。小便をして教室で待っていると、母親が迎えに来て帰っていく。

　（2）強い拒みの出現

　ところが2週間もすると、1日の流れを手伝ってもらうことへの拒みが出てきた。まず、それは着替えから始まった。前担任のKがやっていた通りにやるのだが、どこかが違うらしい。次に、教室から出るように誘うと「イカナイ・イカナイ」と暴れ、くつを放り投げた。ものをいじってはなさず、いつまでも遊んでいる。給食のバッグを持たせようとすると「モ・イヨー」と言い、動かず給食にも行かない日があった。母親が迎えに来ても帰らないと拒むことが多くなった。また、原因の分からない暴発も時々出てきた。誘い方なども前担

任のKがやった方法も含めて工夫してみたが、あんまりかんばしいことにはならず、むしろ、食事や登下校のときは無理強いせざるをえないことが起きてきた。「こんなはずではない」と思いつつ1年が過ぎた。これはH君にとっても同じ思いだったろう。Sや私に対する拒みは、彼が強く誘われている時と、自分の期待していることを理解してもらえないでいる時に、泣き出し暴れ、つかみかかったり頭突きをするという形で何度も現われた。放って置いてもしだいに収まるのだが、新しく担任になった人は、これをやられると内心穏かでない。かかわる方法が下手で嫌われていると見えてしまうからでもある。しかし、その暴発した行動を静めるときにおんぶや抱っこという要求があったし、時には担任を笑顔で叩いたり引っ掻いたりして挑発していることもあったから、担任が嫌だとか、ある種の人嫌いというわけでもない。

（3）誘いと拒否についての再検討

4年生の時、誘いに対する拒みが頻繁になってきたころ、キーボードやおもちゃから離れられなくなった。その時々にやっていることから次のことへ切り替えられないでいるのだ。3年生までに出来上がった「滞りのない教室の生活」というのは、KとH君の間で入学時から築き上げられた、たくさんの意識されないものをも含めた信号のやり取りがあり、信頼と期待による「あ・うん」の呼吸で成り立っていたと思われる。たまに、彼が切り替えに困っているときに、強く興味を持つものに誘うとか、体の向きを変える、体を軽く押すとか、音で気を引くという方法で手伝ってみて成功したこともあるが、次には同じ様にならず、かえって警戒された。しかし、おやつの買い物と机の上の学習は、私の誘いにのって必ずやっていた。この机の上の学習のように、新しくH君と私が作り上げたものは、始めも終わりも私が誘った通りになっていた。

また、H君は便所や廊下の位置関係をよく理解し、口でも「オシッコー」と言うが、教室からは一人で出たことがない。さればといって、人に近寄ったり手を引いて誘うこともしない。また、知らない場所に行ったり、はじめての人とかかわる時は、極めて柔順で素直なのに、反対に、学校や教室内でも知っている場所と馴れた人ほどこだわったり拒みが多い。一方、言葉も沢山あり話しかけてくるのでそれに従ってみるが、彼の期待と対応しないことが多いのだ。だから「イコー」も「オシッコ」や「オソトー」もそれだけのことではなさそうであった。自分のやりたいことが行動に移せないだけでなく、本当の要求が伝わりにくくなっているのではないかと考えられた。

V 本年度の方針（1990年度：小学部5年生）

　誘いに対して拒否を頻発するようになってきたことは、H君の自己主張の現れだと思われたし、行動の始めと終わりを自分で決めたいようにも見られたから、対人関係の再構築が課題になっていると考えてみた。そこで時間的にも誘う必要のない時は、彼が自分で決めて動きだすまで、誘わないで「待つ」ことにした。

VI かかわり合いの経過

　5年生になっての6月、はじめて一人で便所に行った。誘われたことへ行動を切り替える手段として使っていた小便が、したい時にする目的行動となり、大声を上げながら大便所の戸を開けて付き添わせた。2学期になると便所の中で、食べ物を要求した。そのつど店に買いに行ってやったり、教室に取りにいっているうちに、便所の切り上げも早くなってきた。

　2学期になって「オソトー」と言い玄関やドアから外に一人で出た。校庭や校舎の位置関係や建物の外側と内側の関係を探索して、ほとんど一人で歩ける。その校庭ではネコ車[2]という一輪車に乗ることがいたく気に入り私に押させることを始めた。

　4年生の時から誘えば必ずやっていた買い物と机の上の学習は、今年になって、彼は買い物に行くことを拒み、次に机の上の学習の方はお菓子が嫌だと言って「箱」ごと返した時から、誘うのをやめてみた。校庭の探索が忙しいこともあって、ひと月ほど机に向かわないでいたら、彼の方から誘ってきた。そして今度は、始めも終わりも自分で決めている。これらの具体的な展開を記録から述べてみる。

　⑴　ネコ車で遊ぶことを始めて2日目のこと

　1990年11月22日（木）

　ⓐ今日は意外に早い登校（9：30）。

　　《2学期になって、H君は、9：00から11：00までのさまざまな時間に
　　登校する。彼の母は朝食をとることと学校へ行くことを、H君が決めるま
　　で待っているからである。1学期の末に彼の母から、「登校時間を守ろう
　　とすると、何かにつけて無理強いするようになってきた」という話があっ
　　たので、「食べることを決めるのはH君ですから」と言ったら、あっさり
　　「そうですね」と変更し、ゆっくり待つようにしたら、自分から朝食を食
　　べに来たという。急いで朝から無理強いすると、その日1日それ以後の切

り替えに尾をひいて影響するのは彼の母も分かっていた》

ⓑ廊下の北側を手でたどって早足で歩いてくる。「おはよう」と声をかけたら「オソトー（外だ）」と焼却炉に出るドアを開け5〜6歩外に出る。昨日初めて乗ったネコ車のある場所のほうを向いて立ち止まり、「オウチー（中だ）」と廊下にはいって「オシッコー」と叫びながら廊下を駆け出す。

《ほんとうは昨日始めたネコ車に乗りたいのだろうが、いきなり直接行動には出ない。彼は奥ゆかしく毎日の作法を守るのである。作法の一つである小便は、2年生ごろから行動を切り替えるための手段として使っていたことである。ところが次第に、排便が終わるまで壁を叩いたり「デター」と騒ぎ、便所の戸を開けて呼び私を待たせようとした。排便は確立したと思っていたのだが、まだ便所は不安に駆られるところだったらしい。日によっては1日便所でつき合う日もあった》

ⓒまず、二つの小便器におしっこし、ズボンを下げたまま大便所に行き、便器の上にまたがりガタガタ揺すったり、声を出し壁をたたいて「アー・アー・ダメダ」と注意しに来いと呼んで騒ぐ。近づくと「リンゴー」というから「教室で食べたら」というと「ウン」という。

《便所の中で私を待たせているようになって、会話をしたくなったのか、「オフロー・イチゴー・ラーメン・ボーアイス・リンゴー」などと並べだした。彼は状況に合わない言葉を使いすぎるから無視されることが多かった。便所でもはじめ「それはお家で注文して下さい」などと、適当な返事をしていたが、言葉は役に立つべきだと考え直し、ボーアイスやりんごをそのつど買いに行ってやったり教室に取りに行って、便所の中で食べさせたら嬉しそうに食べた。要求として出した言葉の実現に、手間ひまがかかるほど言葉の威力は実感が出る。また、便所で食べながらというのはそこでの緊張も緩むものらしい。彼は、葉っぱやタオルの糸・毛玉などを食べてしまうこともあるが、理由が同じなら食べ物のほうが良い。最近は食べなくとも良くなり、便所の切り上げも早くなったし、言葉の方も無駄な言葉が少なくなってきている》

ⓓ「オチャー」「カールー」と小声でつぶやく。

《お茶とカールのお菓子は、以前、机の上の学習のときに使われていたものだから、便所の後はお勉強に誘うのかと言っているようなので、「まあ」とか「それはあります」とか生返事だけにする》

ⓔ大声で「オチャー」と言い、ズボンを上げ便器から下りて廊下に出る。

私の手を引き一気に教室まで走って戻り、手洗いの水道で、自分のコップを捜し水を飲み始める（10:00）。

《以前ならこの後、机に行ってお勉強になるのだが、水をつづけて飲むのは何かを決めかねているときが多い。案の定、水を飲みながら右手はドアに時々かけている》

ⓕ少しして「リンゴー」と言う。やるとりんごを食べながら、何度もドアのところへ行って戸を叩く。

《以前ならすぐ戸を開けてやって、外のネコ車へ誘ってしまうところだが、そっとしておく》

ⓖりんごを食べ終って「モ・イイヨー」と食べかすをよこし、出口へ行って戸を開けるが、すぐ閉めて戻ってきてストーブにぶつかり、私の様子を見ながら「ヨイショ」と片足をかける。知らんぷりをしていると、乗っかり立ち上がって棚の上のものを取り出して投げる。そして小声で、やっと「エコー（ネコ車のことである）」と言う（10:30）。

《ここも、そっとしておくことにする》

ⓗ誘われないので困ってしまい、ストーブからおりカーペットにいってしゃがみこむ。近くへ行くと抱っこにきて「コチョコチョー」と言って、私にくすぐらせ、「オクスリー」と言ってワセリンやマキュロンをつけさせる。

《4年生の冬、彼のひびわれしやすい手と、アトピーでかゆがるところにワセリンをつけてやっていた。これが、朝の挨拶がわりになり自分から抱っこをしにくるようになった。何かを要求するために人に近づく彼の作法になりつつある》

ⓘ5分もすると、起き上がり無言で教室を出る。出たところで私が「ちょっとまって・お外へいくの？」と聞くと、すぐ焼却炉の出口に行く（11:00）。

《やっとのことで教室を出た場合は、また便所に行って「切り替え」ようとし、今度は便所から出られなくなることが多い》

ⓙ「ネコにのるの？」と聞くとニコニコする。

《この時点では、まだお願いするという意思表示はできなかった。1991年1月の現在は大きな声で「オソトー」「ネコー」と要求している》

ⓚネコ車に乗って頭と手を振って喜んでいる。校舎の周りを回ってひと休みすると、車の上に腹ばいになって体を揺する。

《これは、押してくれというサインである。「モットー」の言葉も使える

のだが、彼は遠慮深いから、あからさまには人へ要求をしないのである。「もっと押すんですか？」と問えばこそ「モトー」とも「ドンドン」などとも言うのだ》

①ネコ車を左右に揺すってローリングの要求をする。ローリングをしてそのうち間違ってころげ落ちたら、言葉で「ナオー」と要求した。

《「ナオー」は以前、道具がはずれたり壊れたりして困っていた時「直してやりますか」と言っていたら、私を修繕係として使う言葉になった。今は遠慮なしに私を使う言葉である》

⑩少し様子を見ていると、自分でネコ車を起こして、乗り込み体を揺すっている。寄宿舎の裏の坂道を上がったり下りたりして行く。寮母のＹが柿をもってきてくれた。

《ＹはＨ君の表情が最近とても良くなってきたと言う。表情を読むというのは主観的で当てにならないようだが、行動をつまらなく解釈するより正しいことが多いと思う》

⑪また校舎を一周りする。そろそろお昼近いので食堂の近くの、コンクリートの土管に行く。昨日はネコ車を自分で土管から引っ張り出し、校庭を引いたり押したりして歩いた。「土管に行きますか」と聞くと「ドカン・ドカン」と喜ぶ。また土管にネコ車ごと入れてやると声を反響させたり、土管の内側と外側を手で調べる。

《彼は最近、内側と外側に強く興味を持っている。１月ほど前は母親の乗用車を外側から調べた。滑りにくい泥ぐつで屋根の上に立ち上がったりして１時間もいろんな角度から登り降りした。母親は、よそ様の車をやられるよりはと、屋根を内側から押して直していた。この後、軽トラックを１台調べて満足した》

⑫そのうち、食堂からみそ汁の匂いがしたのか、「オツユー」と言いだした。「それでは給食に行きますか」と言うと、すぐネコ車から下りて近くの木の下で小便をし、食堂のほうへ自分で歩いていく（11：50）。

《校庭は、５年生の２学期になって自発的に探索したところである。１学期に点字ブロックで方向を見つけ（偶然だが机の上で方向の学習をした教材が同じ形だった）、点字ブロックから外れても戻れるようになった。次に、階段の踊り場では、手すりを伝って上って行き離れて進み、向かいの壁につき当たり反対に向きを変える。その後慎重に手すりに戻る。気が散って位置が分からない時は、壁の両端から真ん中をさがし、手すりに戻った。

この作業の終わりの方では、壁の端から45度の角度で真ん中の手すりに戻ることをした。始め何をやっているのか分からなかったが、階段を踏み外さないように手伝っていたら、ひと月ほどで確実にできるようになった。そして、焼却炉への出口と生徒用玄関で、出口に戻る練習をした。分からなくなったら戻れるということは、盲児にとって、大変な世界が開けたことになる。たちまち校庭は自分のものになった。校舎や寄宿舎の位置関係を知るのに、手を打っての反響音も使いだした。危険なところだけ声をかけて注意していたら、常に見ていてくれるのを知ったのか、思いきって探索していた。校庭にはどこでも小便ができるという利点もあった》

ⓟ食堂に入って、出来たてのすり身汁をふうふう言いながら食べる。事務室長さんが通りかかり、「今日は穏やかですな」と声をかける。すり身汁を「モトー」と4杯ほどおかわりして「オワリー」と、おわんを前に出す。今日は終わりをはっきりと自分で決めている。

　　《この食堂でも彼はいろんな苦労を積み重ねてきている。その結果、私たちは食事の原則は安心と満足であるということをH君から学んだ。食堂のスタッフにも伝わってきていて、彼のための特別のお代わりが用意されることもある。誰も甘やかしているとは言わない。H君の味方が増えてきた》

ⓠ牛乳を少し飲んだところで、「給食の後、またオソトでネコやるの」と聞くと「ウン」と言いさっさと食堂を出る。外に出て小便をして、ネコ車のある土管の方に手をつないでいく（12：20）。

　　《この手のつなぎ方は対等な感じである。彼は昨年まで便所の行き帰り以外は一人で歩くということはほとんどなかった。それも、手を引かれている、ぶら下がる、絡まるという感じが強かった。今年は、なるべく手をつながないで一人で歩きたがるようになり、2学期になって校庭をはじめほとんど一人で歩くようになった。そして、分からないところだけ手をつなごうとするようになった》

ⓡネコ車に乗ってまた校庭をまわり、機嫌の良いところで私は隣りの組のM先生と交替する。今日の午後は、訪問指導に行く日である。M先生は今日が昨日に続いて2回目のつき合いである。私が出かける時は普段先生にお願いしている。

　　《A先生は今年の4月に本校に転任してきて同じ教室にいる人だから、1学期の「モ・イイヨー」「イカナイ・イカナイ」という暴発も知っている。

だから極めて慎重につき合う。また、同じ教室のS先生も昨年一緒に担任し、彼の猛烈な拒否や頭突き、パンツ脱ぎをまともに受けてきたから、H君のやることは腑に落ちないことだらけで慎重どころか緊張してしまうと言う。このM先生とかH先生やK先生にも交替してもらうこともあるが、珍しい人だとどういう訳か素直になってしまうことがある》（12：50）

ⓢM先生に聞くと、この日の午後は前日と同じで大変素直でネコ車で遊び、ブランコに一緒に乗り、お茶のむかと聞いたら飲むと言い、一人で教室に入ってお茶をもらって飲んだ。そのうち母親が迎えに来たらさっさと帰っていったという（2：00）。

《この2時の下校時間も、2学期になってから決めたものである。1学期までは担任の訪問指導が午後にあり、H君の妹が幼稚園から帰宅する時間が1時半になるので1時下校にしていた。昨年もそうだったが、母親が時間を気にして焦るほど帰らないことが多く、時々力づくに及ぶことがあった。2時にしたら母親は妹と弟を車に乗せて迎えに来る。家族はマンション住いだから遊ぶところが少ない。H君が帰ることを決めるまで家族みんなで遊んでいればいい。遅い時は4時過ぎになったこともある。しかし、無理強いしなくなったら順調に帰るようになり、下校の度に気を使っていた周りの教員は拍子抜けした》

(2) 机の上の学習を再開して3日目のこと

12月11日（火）

ⓐ登校（9：30）したが校舎に入らず校庭で待っている。私の声が聞こえた途端、土どめの上に登り「オシッコー」と小便をして（オチャー）、そのあと「オウチー」と言い、玄関に向かうが方向がはずれ、外壁を伝ってボイラー室の方に行ってしまう。少し機嫌が悪くなってくる。校舎の非常階段にたどりつき（オチャー）、3階まで激しく登り降りしながら、手すりの桟を叩いて響かせて聞く。いらいらしているせいか、高いところで頭や手が手摺の外に出る。そのうち足まで出てきた。「あーっ・だめだー」と言い引っ張る。引っ張られるとむきになってしがみ付くからなお危ない。むりやりはがして引きずるように抱えて、教室に連れてくる。

《今年から力ずくでやるのは危険なときだけにしている。これほど強引にしたのは、H君とのつき合いで初めてである》

ⓑいきなり暴れようとするから、押え込むと、力を抜いて笑顔になる。またいらいらするを繰り返す。しだいに収まって、「コチョコチョー」をせが

みながら落ち着いてくる（オチャー）（10：10）。

ⓒいきなり「オシッコー」と一声、さっさと教室を出る。西便所に一緒に行き小便器と大便器を繰り返し使い（オチャー）、また時々「アーッ」「ダメダー」とも言っている。

《少し強くやりすぎたかなという思いのほうが強くあって、H君が何のために時々お茶のことを言うのか分からない。だから、「オチャー」と言いながらズボンやパンツを上げて、廊下に出たり引き返す行動に、あいまいな誘いしか出せない。またH君も遠慮深いのである》（11：50）

ⓓついに、給食の時間が近づいてきてしまって、給食に誘わなければならなくなった。今度は「オツユー」と言いながら、同じことを繰り返す（13：00）。

《教室でのお茶と、給食に行きたいのとが混じってしまって、よけい切り替えられなくなった》

ⓔそのうちに、給食の時間もすぎて、「もう給食もおわりになってしまったから、教室に行ってお茶にしますか」との私の言葉に追いつめられて、完全に怒る。ズボンとパンツを脱いで放り投げ便器の枠にうずくまり、ついに上のシャツまで脱ぎ出す（13：30）。

《H君は期待を理解してもらえない時、パンツを脱いでしまうということをする。以前は何かにつけてこれをやったが、最近はめずらしい》

ⓕ「今日は寒いからそれだけは」と押えるとやめて、「教室でお茶飲んでりんごでも食べようか」と言ったら、あっさりと便所から出る。そしてすぐ「オンブー」と下半身を出したままおんぶし、股間を手でかくして笑っている。

ⓖ教室にはいるなり「オチャー」といいコタツでお茶を飲み始める。つぎに「カキー」と柿をがりがりかじり、そして「リンゴー」も勢いよく食べる。食べながら手でまわりをさがし「ガムー」というので箱に入れてやった。しかし周りがうるさいので機嫌が悪い。

《この時間帯は、W先生やI先生たちが、H君の教室でEちゃんやR君に食事をさせているのだが、そろそろおしまいの時間になっていた。先生たちは、彼のけんまくに押されてコタツの上をせっせとかたづけた。「オチャー」や「リンゴー」まではコタツの上という場所の意味になるが、「ガム」と言われれば前日に行った選択する箱の中にガムを入れること、つまり机の上の学習である。こうなればよいよ、最近になって再開した

二つの箱の茶碗の右左を対応させるお勉強に入ってみることになる。はじめは手、次は耳、次に口の右左を意識化させ、右か左の箱を選択してガムを取って食べる。ここまでは9月中に完成した。次は、茶碗の右左を手で触って右・左の信号にして、箱を選択する。これも10月半ばにできるようになって止めていたものである。3日ほど前にガムを食べていたときに選択する箱にガムを入れて出したら、両手を出してきたので復活した。そこで昨日から二つの箱の位置をずらしていき、茶碗の前に一方の箱が来るようにしたら、これもできた（図11-1）。茶碗の位置から少しでも過ぎると混乱する》

ⓗ今日はここまで20分ほどやった。若いM先生やW先生が驚いてみている。さっきあんなに機嫌の悪かったH君が下半身裸のままで、次第に機嫌を直し笑顔になり、手を振り頭を振って笑っているからだ（14：00）。

《思い出してみると、朝玄関に入る前に小声で「オチャー」と言った気がしたが、初めからこの課題をやりたかったのだろうか。H君の言う「オチャー」は単に喉が渇いたからお茶を飲みたいということではない。以前の意味は、次の行動に切り替える手段に使う時、緊張を紛らわす時、人を使ってみる時に使われていて、机の上の学習にお茶は欠かせないものになった。そして、「オチャー」の意味は机の上の学習になった。しかし、やめていた期間に以前の意味に戻っていて、私は気がつけなかった。H君は同じ言葉で机の上の学習をたてなおそうとしていたのである》

図 11-1

ⓘこの日はお母さんが迎えに来てもしばらく帰らなかった（14：30）。

(3) 再び滞りのない一日

12月12日（水）

ⓐ今日は歯の治療をしてからの登校（10：30）。ちょっと抵抗したが後はおとなしく治療させたとお母さんが喜んでいる。

《H君は体を人にさわらせないし、信用できるものしか口に入れない人だったからどんな治療もさせず薬も飲んだことはなかった》

ⓑ着替えをして、うつぶせになって「カイヨー」と背中に手をやって掻く。

「オクスリー」という。「ここか」と手で触ると「ウン」という。

《H君は、人の手を取って何かをさせたり、自分の手で指し示したりすることは得意ではなかった。「カイヨー」といった時「どこ」と聞いたら「ココ」ということも、たまに出てきているし、擦りむいたところをズボンをめくって見せることもある》

ⓒ5分くらいすると小さい声で「オチャー」という。聞きかえすと、すぐ大きい声で「オチャー」という。

《昨日の度重なる切り替えの失敗は、朝からいきなり机の上での学習を考えているはずがないという、私の勝手な思いこみによるものであった》

ⓓさっそく、お茶を注いで「どこで飲みますか」というと、コタツのところに来て座る。お茶を飲んですぐ柿を一口食べて「リンゴー」という。さっそくりんごをやるとおいしそうに食べて、すぐ「ガムー」という（11：00）。

《この場合の「リンゴー」は机の上の学習に気分を転換することだし、「ガムー」は左右の箱の側の選択と見本合わせの課題学習をしようということである。今日はガムも沢山用意してあるのでH君が止めようというまで勉強を続けるつもりだった。しかし40回ぐらい続けても止めようとしない》

ⓔ「もう終わりにしてもいいですか」と聞くと「モトー」箱をさし出す。しばらく続けて、もう一度聞くと「オワリー」と箱を返した（11：50）。

《以前の机の上の学習の時は、私がやめようかというとすぐやめていたものである。再開してからは自分で決めることが多くなった》

ⓕ今日の給食は彼の大好きなおそばである。食堂では心得ていて、お代わりを用意していた。しかしそれでも足りなくて、周りの人からもらうことになった。あとは快調に用便をすませネコ車で遊び、事務室によってお茶を飲む。その後小便をしているとお母さんが迎えに来たので便所でさようならをしてさっさと帰って行った（14：00）。

《お母さんに聞くと家庭でもH君の暮らしの再構築が行われているようだ。戸棚の中身を配置替えするから父の書斎は鍵をかけて防衛している。たびたび家族の布団に潜り込んでくるようになって驚いたら、実はおねしょをした時で今まででこんなことはなかった。大嫌いだったはずのご飯が炊き上がるのを匂いをかいで待っているという》

Ⅶ おわりに

　盲重複障害児の行動は担任にとって不可解なものが多い。不可解な状態で担任を続けることは不安だから、性急な理由付けをして納得しようとする。不安な状態では子どもの行動を見続けられず、常に現象面に捕われる。また、かかわり合いが思い通りにならないために焦り、せきたてたり強い指示が出ることが多くなる。担任を続けていると慣れも手伝って、盲児であることを忘れていることがある。担任の焦りは子どもの不安を増幅して、言葉や動きを次第に少なくする。

　子どもを理解する最良の方法は、子どもの立場に立つことである。そのためには、子どもの心や体の動きを絶え間なく感じ取れる構えが必要である。子どもの行動が理解できない時は、待つべきである。不用意な働きかけをせず、子どもが嫌がらない場所で行動の意味を考えながら待つことである。そうすれば、少しずつ子どもとの距離のとり方や声のかけ方などの援助の手がかりが分かってくる。H君との便所での時間は相当長いが、考えさせられ再発見したことは沢山ある。

　子どもの気持ちが落ち着いてくると新たな動きが出てくる。子どもの動きが明確になると、それに伴って意図も理解しやすくなり待つことも楽になる。しかし、子どもの意図が分かっても、急いで誘ってはならない。大事なのは「子ども自身が決める」ということである。H君はネコ車にのろうと自分で教室を出ることが必要だった。つまり、誘われて動くのではなく、自分の意思で目的に向かって動きだすことである。教室を出るまでの過程は、彼にとって極めて大切な意味がある。行動を切り替えられないように見える一つ一つの滞りが彼の切実な課題であり、それを乗り越えようとしているのである。また、手助けする援助者の反応も確かめている。この過程における丹念なかかわり合いがあれば、自力で決定できる。そこまで待つのが私の仕事である。

　人に何かをお願いするのは厄介なことが多い。ましてそれを伝えることはもっと大変である。H君は誘いに対して拒否や暴発で意思表示をした。その意味が了解されていく過程があって、彼自身で物事が決められることを確信した。その後から探索活動全般が急展開した。校庭や校舎の隅々を大胆に探索ができるのは、私が傍でいつも見守っているのを知っているからである。彼が開始する探索行動自体に、私に見守れという要求も含まれているのである。彼の方から再開した机の上の学習は、始めも終わりも自分で決めているし、中身にも注文をつけたりするから、私も不安なく課題を出したり変更したりできる。

今や、彼の毎日の行動はほとんど彼自身が決めているが、行事などで彼の予定のとおりにならなくても、楽に切り替えられることが多くなっている。家庭でも、あれこれと誘わないようにしてきたら、かえって急な頼みも素直に聞く時が多くなってきたという。彼にしてみれば、日々のあれこれを自分で決めたり選んだりできる立場が保証されているので、余裕も見せられるということになるのではないか。

●コメント

H君と細目先生に会いに仙台を二度訪れた。最初はこの事例研究をお願いして数カ月経た時でトイレでの長い時間を二人とともにすることができた。その時H君はトイレでリンゴを食べたことが印象に残っている。二度目はこの報告の初稿を送っていただいてからで、その日H君は教室で（本文にもあるような）茶碗をつかった学習に集中していた。この報告を読むと二度の訪問の際に同席したH君と細目先生とのやりとりが今でも鮮かに目に浮かんでくる。またこの報告を読むことで、二人のやりとりを支えている深い「事情」をいくらかは知ることができたように思う。と同時にこの報告を読み終えた今、わたしは妙に落着かないものを感じている。それは、この報告は一読してすませるにはあまりにも重い問いを発し続けているように、わたしには思われるからである。それが何であるのかを報告の記述を手掛りに探ってみたい。

〈ひととの関係はそのひとごとに新たに創造するものだということ〉

3年生まで担任であったK先生との間には「滞りのない（教室での）生活」あるいは「素直さ」が成立していた。4年生になって係わり手が細目先生とS先生（担任）になると、当初は3年生の時の生活をなぞる順調なものだったが、2週間もすると徐々にしかし強い拒みがH君に現れてきた。「前担任のKがやっていた通りにやるのだが、どこかが違うらしい」、「『こんなはずではない』と思いつつ1年が過ぎた」と細目先生は書いている。またそれはH君の様子から「担任が嫌だとか、ある種の人嫌いというわけ」でもなかった。本文Ⅳ（3）の「誘いと拒否についての再検討」を経て、細目先生はH君が「自分のやりたいことが行動に移せないだけでなく、本当の要求が伝わりにくくなっているのではないか」、またこれは「H君の自己主張の現れだと思われたし、行動の初めと終わりを自分で決めたいようにも見られたから、（細目先生やS先生との）対人関係の再構築が課題となっている」と結論し、そこから5年生の新たな取組

11　積極的な営為としての「待つ」こと　　241

みが始められた。その取組みの骨子は本報告の題にもあるように「時間的にも誘う必要のない時には、彼が自分で決めて動きだすまで、誘わないで『待つ』こと」であった。その経緯は本文のⅥ「かかわり合いの経過」に詳しく述べられている通りである。そしてⅦ「おわりに」にあるように、「(H君は) 自身で物事が決められることを確信し」、「彼の毎日の行動はほとんど彼自身が決め」ており、「彼の予定のとおりにならなくても楽に切り替えられることが多くなっている」など、日々のあれこれに「余裕」もみられるようになってきたということである。

　ここにはH君と細目先生とのかかわりあいが、H君とK先生とのかかわりあいをなぞるようなものではすまされず、「H君の自己主張の現れ」とともに「行動の初めと終わりを自分で決めたい」というH君の側の事情に対して、「彼が自分で決めて動きだすまで、誘わないで『待つ』」という細目先生の新たな対処が、H君と細目先生との新しい「対人関係の再構築」に不可欠であったことが述べられている。

　ここで「自己主張の現れ」や「行動の初めと終わりを自分で決めたい」というH君の側の事情に対する細目先生の新たな対処ということから視点を変えて、〈新たなひととの関係の創造〉という視点から二人の関係を見直してみよう。

　H君は細目先生やS先生の誘いに対する拒みが強くまた頻繁になってきても、「知らない場所に行ったり、はじめての人とかかわる時は、極めて柔順で素直」であったし、5年生になって細目先生の取組みがだいぶ進展してきたころでも「珍しい人だとどういう訳か素直になってしまうことがある」ということである。このようにH君は誰かれかまわずに「自己主張」し、「自分で決めたがって」いたわけではない。盲というH君の条件を考えれば、いささか色濃く現れていたとはいえ、新奇あるいは未経験といった不確定な状況では、外の手掛りをもとに行動を起こすという行動発現の〈外拠〉方略をとることは十分に合理的であるからである。したがって、細目先生やS先生とのかかわりあいの当初の数日は「順調」であったということは、H君がこの〈外拠〉方略をとっていたからだといえないだろうか。

　しかし細目先生がいうように「前担任のKがやっていた通りにやるのだが、どこかが違う」のであって、そこに〈外拠〉方略をとっていたH君にある種の〈ゆらぎ〉が生じることになった。

　その違いは細目先生やS先生からH君に発せられた信号の形式や様相の違いというよりも、発信者が違うということに大きく拠っていたと考えてみるこ

242

とはむしろ自然ではないだろうか。発せられた信号がコミュニケーションを成立させるか否かはメッセージの内容や信号の形式や様相ばかりか、誰が発信者かによっても決まってくるということはわかりきっている。にもかかわらず、子どもと直接むきあう事態となると、我々は〈同じようにやっているのに……（うまくいかない）……〉という問いがともすると日常のこととなってしまうのは何故であろう。K先生と違う細目先生やS先生がいつもK先生と同じように発信してくるということはある意味では〈不自然〉で〈不気味〉であるともいえる。われわれは〈分かりやすい〉という要請のまえに容易に〈同じように〉という対処を考えてすませているが、同時に相手が変われば関係も変わる（新たに創造する）ということを忘れてはならないし、むしろそのほうがひととひととの関係の公理であろう。またそのことで細目先生が二人のかかわりあいの初期に「対人関係の再構築を」覚悟されたのは二人にとって幸運であったといえる。そこには「自己主張の現れ」や「行動の初めと終わりを自分で決めたい」というH君の側の事情を洞察し、それを「対人関係の再構築」の基本においた細目先生の慧眼があった。K先生との間の数々のやりとりに支えられて「滞りのない教室での生活」としてすでに形成されていた場そのものが、細目先生やS先生がH君と新たにかかわりあう場であったのだからこそ、〈ゆらぎ〉が生じたと考えることはいかがであろうか。この推論が許されるのも、細目先生が「……（おやつの買い物と机の上の学習のように）……新しくH君と私（細目先生）が作り上げたものは、始めも終わりも私（細目先生）が誘った通りになっていた」と記しておいてくれたからである。

〈行動を選択することの困難さと中継ぎ行動について〉

　ここではH君のトイレでの小便あるいはリンゴを食べることを考えてみよう。細目先生がいうように、H君は２年生頃から「誘われたことへの行動を切り替える手段として」小便を「使って」いた。この様子はⅣの「担任変更後の様子」の(1)やⅥの「かかわり合いの経過」の(1)に具体的に述べられている。そして「２学期になると便所の中で、食物を要求する」ようになっていった。そして「そのつど店に買いに行ってやったり教室に取りにいっているうちに、便所の切り上げも早くなってきた」という。

　われわれは一般に行動を次々と切替えて全体としての生命活動の流れを作っているといえるが、主題となる行動が切替わる合間あいまに挟まれたかたちで主題とは直接関係のない行動を起こすことがある。これはそれまで展開してい

た行動を終止させ、新たな行動に切替えるという変化ないしは〈ゆらぎ〉から生じる衝撃を緩める働きがあるとされるもので、煙草をすったりお茶を飲んでから次の仕事にとりかかるという場合や、ひとりごとのように声を出してから動きだすといった経験は誰でももっているものである。そして一般に行動の切替えに困難がともなうほど中継ぎとなる行動は頻繁に現れ、その程度が増すと考えてよいであろう。このような枠組みで考えるならば、H君が「2学期になると便所の中で、食べ物を要求」するようになっていったということの意味するものは大きい。H君は何故トイレでリンゴやアイスを食べたのであろうか。「食べ物を要求した」のは明らかに、H君にとって行動を自分で選択するあるいは「始めと終わりを自分で決めてもらう」ということが決して容易なことではなかったからである。H君にとってトイレで小便をするだけでは次の行動を自分で決め、移ることはできなかった。同時にその状態のまま、トイレで長い時間を過ごすこと自体も決して楽なことではなかった。それゆえリンゴやアイスを食べることはトイレにとどまるために必要だったのではないか。細目先生は「便所で食べながらというのはそこでの緊張も緩むものらしい」と書いている。このようなやりとりのなかで、難儀しているH君をみつめ、「待つ」という対処に徹したのが細目先生であった。

　このような状況に長く子どもをおくことの是非については議論の分かれるところであるとおもう。子どもの様子を注意深くうかがいながら、いくつかの（行動の）選択肢を呈示して子どもが行動を選びやすい状況を作ることで、次の行動に移ることを促すという対処も十分にうなずけるからである。このような対処が可能ななかで細目先生はあえて「待つ」（「追いつめない」）という対処をしたところが、本報告の表題にある「積極的な営為としての『待つ』こと」なのであろう。この意味を二人のやりとりの経緯からどう考えるかをわれわれ読者は迫られているともいえる。

　最後にVIの「かかわり合いの経過」の(2)机の上の学習を再開して3日目の⒣にある机の上の学習に触れてみたい。「あんなに機嫌の悪かったH君が……（学習に取組むなかで）次第に機嫌を直し笑顔になり……笑っている」とある。一定の形式をもつ安定したやりとりがいかに心地よく、そこに集中することが〈ゆらぎ〉からの回復をもたらすものであるかがわかる。それゆえわれわれはそこに頼り（机上の学習に）のめり込むことにもなる。自戒を込めるならば、実践の場にいるわれわれにとって〈安定〉とは両刃の剣なのであろう。

（土谷良已）

注

1）『実践報告集・H君が私達に教えてくれること』1〜3集、宮城県立盲学校重複部発行。

2）建築工事で使う手押しの一輪車。

12

私とは勉強しないことに決めた先天的全盲児K君とのかかわりを通して遊びと学習について考える

宮城県立盲学校
矢目誠志

I　はじめに

　先天性全盲児K君は、とても人なつこく、話もできるし点字も一応読み書きできる、誰が見てももっと何とかなりそうな子であった。しかしK君は、排便を告げることに抵抗があって漏れているのに告げられないとか、教室内で迷子になる、話し方もコマーシャルのことを一方的に話すきりで会話になりにくく皆にうるさがられる、衣服の着脱がうまくできない、体育等の集団活動参加に強く抵抗することがある等、生活面で不思議に停滞している点があって、小学部2年生終了時に重複部に移籍してきた。そこで改めてみてみると、上記のほかにも様々なことがあった。問い返されると黙り込む、ミニカーで独り遊びをするが他の人と一緒に遊べない、移動する際には人の声や足音を頼りにして壁や床を触れない、音の方向を探る力が低い、汚れることや濡れることを非常に気にする、間違うことを非常に恐れる、新しいことを提案されると「だめだ、できない」と必ず拒否する一方、何かしてみたいことがあっても「大人になってからだね」と自ら諦めてしまう、他の子どもとの折り合いが非常に悪い一方、大人に相手をしてもらいたい気持ちが強くべたべたと身体をくっつけたがる。

　これらのことは、先天性全盲児には割合多くある問題であるが、K君の場合には、大きな力があるのに、行動全般がなにか抑制されていてエネルギーを発揮できないでいるという印象を受けた。排便を告げないどころか隠そうとすること、間違いや汚れることを非常に気にすることから、抑制が勝って自然な好奇心の発露が抑制させられてきたのではないかと推測された。そこで、時間表を廃し集団活動参加も強制しない等、教え込み・しつけ・訓練などの、私から要求することを一切止め、彼が面白がることを提案し展開してみることにした。大人にさせられる生活ではなく、好奇心を発揮して自分からやってみる生

活の方向に、思い切ったやり直しを試みたのである。

　3年目の今年後半、空間を整理する問題をはじめ、彼が口に出す疑問を解決する活動を中心に、校舎内全部を活動の場として、楽しく創造的に流れる一日になった。面白い遊具を探して遊ぶ、声で時刻を知らせる時計と声で金額を知らせる貯金箱で遊ぶ、電話ごっこ、お菓子を買いに行く、これらは互いにばらばらな遊びとして始まった。それらはそれぞれ、数や形や空間認知の系として展開し、やがて次第に纏まってきた。時計を聞いて時間が来れば、お金を数え、杖を持ってお店にお菓子を買いに行き、自分でお皿を用意し、袋を開けてお菓子を食べ、さらに次のゲームの準備をするという、一連の活動になっていった。何をどういう順序でやるかも、K君が決めるのである。それにつれ、排便等の問題もよい方向に向かうようになり、衣服の着脱なども「どうやるの、教えて」と、自分から挑戦しようとするようになってきている。

　かかわりの2年目に、私はK君から机での勉強や集団活動への参加を拒否されて動揺したり、他の教師の思惑が気になったり、これで本当によい方向に発展するのかと悩んだりもした。だが、K君とのかかわりを通して、子どもが面白がることを展開してみること、子どもとの自然な楽しいやりとりが成立することの重要性を学べたと思う。その中で、盲児の空間認知や、言葉の意味の理解の困難についても分かって来た。

II　K君について

1　生育歴

1980年5月生まれ。現在盲学校小学部5年生。

在胎28週の早産。双生児の一方である。59日間保育器使用。生後55日目、未熟児網膜症のため冷凍凝固術を受けたが、全盲となる。

1981年1月、T大学付属病院にて水頭症の手術。抗痙攣剤服用開始。昭和57年6月、再手術。

1984年5月、市立病院脳外科で脳波検査、異常なし。

2　指導歴

1981年4月、T大学の視覚障害研究室で指導開始。

1982年9月、N共同保育園入園。

1987年4月、盲学校入学。抗痙攣剤服用停止。

なお、就学前の6歳2カ月時に行われた遠城寺式乳幼児発達検査の各領域の発達年齢は以下の通りである。

移動運動　3：8〜4：0、手の運動　2：6〜2：9、基本的習慣　3：4〜3：8、対人関係　2：3〜2：6、発語　3：8〜4：0、言語理解　2：9〜3：0。

Ⅲ　かかわりの基本方針

　K君の諸問題の根には、対人関係での不自然な自己抑制が存在すると思われる。自然な興味・好奇心を解き放ってそれに従っていけば、諸問題解決の糸口がつかめるのではないか。そこで、K君が面白がるだろうと思われることを提案し、それを展開することを狙うことにした。

　対人関係での緊張状態を解き、自然な要求を出せるようにする。非常に危険なこと、他の人に非常に迷惑をかけること以外は禁止しない。K君からの遊びの要求に徹底的に応じる。だっこの要求に応じる。教師の側からの要求を徹底的にひかえ、卒業式などのやむをえない場合も、強制はせずに参加してくれるよう頼むことにする。集団行動への参加を強制しない。K君の拒否を受け入れる。

Ⅳ　指導経過

1　経過の概要（資料参照）

　移籍しての一年目（K君3年生）は、1年生の時も担任したA教諭がK君と主にかかわり、私は他の二人の生徒に主にかかわっていた。K君に関して私はA教諭の相談役のようなもので、K君にとっては遊びの相手であった。この年は、排便を告げないという問題への取り組みと、面白い遊具を提供すること、教室内の空間探索を誘うこと、だっこすることが、かかわりの中心だった。

　2年目、A教諭が転出し、私がK君の主なかかわり手になった。K君は隣の教室のS教諭とは勉強したが、私は机での勉強を拒否され、いよいよもって遊びに本格的に取り組まざるを得なくなった。教室から廊下に出て、重複部の各教室や昇降口周辺を探索する遊びを誘いながら「向きをかえる」「真直ぐ・ずれる」「西・東」などの言葉をかけて、空間を探索することを楽しむように誘っていった。

　3年目、電話ごっこと買い物に行く活動を中心として、駐車場を含めた校舎内と学校周辺の探索を進めながら、校舎一階の地図を使ったり「向かい合った人から見ての右左」などの学習を机でも展開できるようになった。他方で、野球ゲームや相撲星取り表の作成を通して、数の「同じ、多い、少ない」の学習に発展した。秋頃からは、K君が「〜って、どういうこと？」と自分から疑問

を口に出すようになってきたので、それらを直接に学習課題として取りあげることができるようになって来た。以下、空間を探索する活動の広がりについて述べる。

2 面白いおもちゃで遊ぶことから空間を整理することへ

(1) 空間を整理するという問題に取り組みはじめる

K君が重複部Cクラスにきた直後の数日間の行動で驚かされたのは、彼が単純なはめ板ができないこと、自分の机からわずか2m弱しか離れていないA教諭の机に行けないこと、自分の机の周囲をぐるっと回って自分の位置が分からなくなってしまったことであった。

はめ板は、机に対して縦や横や斜めに切った溝に、板を立てて落とし込むとストーンとよい音で落ちるものである。板を立ててはめることはすぐに分かったが、溝の向きを確かめるということをしないから、溝に合わせることができない。真直ぐな棒をはめるものに代え、溝を探って「縦か横かを考える」というふうに、縦と横という言葉を教えたらできるようになった。だが、両端に三角と丸の形が付いている棒をはめる問題の解決には、まるまる一年半を要した。

自分の机の囲りを回って迷子になったのは、いつもは4個くっついて並んでいる机が、その日は偶然離されていたことから起こった。いつもは、並んでいる机の縁を触っていくと自然に教室の廊下側出入り口にたどり着く。隣の机が離れていて届かなかったために、ぐるぐる回って「アレエ、アレエ」と迷子になってしまった。

これを見て、A教諭と私は、それまで個別的に把握していたK君の諸問題を、見えないということと、概念形成の困難という観点から、統一的に考えることを迫られた。ものに触ること、空間関係の理解、人との遊び、これらのことは一体のものとして考える必要がある。空間把握の力が弱ければ、ものを探しに動くことは怖いことだから、放っておいて悪循環から抜け出せるようになることはありえない。まず彼が面白くて触りたがるようなものを提供し、それでやりとりをするところから始めなければならないのではないか。やりとりの中で、「真直ぐ」とか「曲がる」の概念がどのようにすれば形成されるかをきちんと考え、適切な場面で、動作と共に教えていかねばならない。

しかし「向きをかえる」とか「横にずれる」などの言葉の使用に注意していても、K君がそれらを受け止めて「場所って、なに？」と、疑問を自分から発

するまでには、それから2年もかかった。

（2）やりとりのための遊具を筆者と一緒に探しに行けるようになる

　K君が遊びの中でそれまでの自己規制を破り、また私にとっても、遊びという方向の正しさを実感的にはっきり摑めたのは、1年目10月のわずか20分程の、「お婆ちゃんのおもちゃを投げるんじゃねえぞ」と呼ぶことにした遊びであった。「お婆ちゃんのおもちゃ」と名づけた遊具は、3本の棒を決まった順に抜くと2個の木片に分解できる（図12-1）。お婆ちゃんの役になった私が、これを教室内の各所に置いて「お婆ちゃんのおもちゃを、水道の隣のオルガンの上に置くけど、壊したりしないでおくれよ」と挑発する。子どもがそれを分解して投げると、今度はお爺さんや怖い黒熊に扮した私が「こーれーっ、そういうことをして、お婆ちゃんを泣かせてよいと思っているのかっ。あんむり」と嚙みつくふりをして、くすぐる。他の子ども二人はこれが気にいって、キャーキャーと大騒ぎをして何回もこれを要求する。棒の1本が金属製のため投げると刺激的な音がしてスリルもある。

　これを3～4日やっていると、K君も「何してるの、ねえ、何してるの」と非常に興味を示す。声色で「お婆ちゃんのおもちゃを投げるんだよ。悪い子だねえ」と言うと、「わるいねー、わるいー」と笑う。しかし、「ぼくもする」と言えないでいた。そこで、わざとK君の机の上に置いて挑発してみた。私が数回挑発するとやっと手に取ったが、どうしても投げることができない。しきりに「A先生、投げていいの？　投げていいの？」と助けを求める。A教諭が居ないふりをして黙っているので、とうとう棒を持った手を床に近づけたが、なかなか棒を離せない。床につけてやっと、そうっと離した。金属棒の刺激的な音は小さかったのだが、ビクッと身体を震わせ、私が「こーれっ」と優しくくすぐったら、一瞬間を置いて、少し笑った。何回も繰り返して、床から少しずつ高い位置で手を離せるようになり、とうとう腰の高さから落とせた時には、ややヒステリックな驚くほどの大きな声で笑った。A教諭の「K君がこれほど大きな声で笑ったのは聞いたことがない。考えてみると、家ではこのように笑うことがないのかもしれないですね。投げるのは悪いことだというのが吹っ切れたのだと思います」という感想が印象的だった。

　翌朝、K君は「せんせー、お婆ちゃんのおもちゃ、

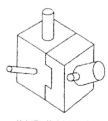

棒を順に抜くと分解する

図12-1　お婆ちゃんのおもちゃ

しようー」と大声で入ってきて「その前に、お尻拭いてください、汚れています」と言った。たまたまA教諭は隣の教室に居たので「おお、そうですか。A先生は隣だよ。呼んできましょうか」と言うと「矢目先生でいいです。お尻見てください」との返事。これが、私がお尻を拭かせてもらえた初めであった。その日から、教室内の各所に置いたこのおもちゃを探す遊びが始まった。さらに1年後、下駄箱の位置の理解と昇降口周辺の探索のために「お婆ちゃんのおもちゃを盗むんじゃねえぞ」という遊びとして、復活させた。

(3) 教室を出て校舎内の位置関係を探るために「向き」を導入する

2年目、K君はよそのクラスの先生達とのかかわりが広がって、各教室間の位置関係を分かりたくなってきた。そこで、「ここはどこでしょうクイズ」を始めたが、Cクラスからの左右と順番だけでは、廊下側からとテラス側からでは向きが反対になるし、曲がっても空間を直線的に把握しがちという盲児特有の問題があって、方位の学習に取り組む必要がでた。テラスでお昼に陽が当たるのが南。廊下は北、黒板は西。それが独立して「どっち向いているクイズ」「西東クイズ」になった。

二人だけの朝の会で、昨日さようならをしてからの互いの生活を克明に報告しあって「じゃあ、昨日の夕食は、両者共に焼魚でしたね」などと言いつつ、今日の特別な予定や給食の内容を確認し、パチンコ玉を使っての野球ゲーム第一試合を終える。電話ごっこの後の休憩も終わり、K君が「さあ、西東クイズやろう」と言いだす。受けて私が、炬燵板を教室の畳の真ん中に置きながら「さあそれでは今週も、西東クイズの時間がやって来ました。今週の回答者は……」、K「ニャオー」、矢「おーっと、猫ちゃんです。どこの猫ちゃんでしょう」K「ニャオー、ニャオー」、矢「あれー、北根の可愛い猫ちゃんだべ。北根の猫ちゃん、がんばってけさいない」K「仙南弁のお婆ちゃんだ。ウフフフ」と笑いながらK君が炬燵板の真ん中に陣取る。今日はどちら向きに陣取るかもK君が決める。矢「さあ、それでは、箱をお願いします」と言って、K君の膝元に9個の小箱を提出する（図12-2）。「トン、ナン、ジャー、ペー、ナントウ……」と言いながらK君が自分で板の縁の東西八方と自分の膝の中（中央）に小箱を配置する。配置の順番を私が指定する時もある。K「ご褒美は、先生が入れてください。間違わないように。間違うと、もうスリーアウトになります」小箱に当たりのご褒美としてお菓子を入れておくのだが、時に入れ忘れたりすることもある。それまでのゲームで、私は既にもう2回失敗しているからツーアウトになっている。それを指摘するのだ。K君は私が失敗するの

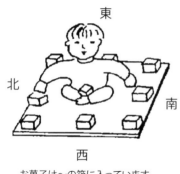

お菓子は〜の箱に入っています

図 12-2 西東クイズ

がとても面白い。K君は失敗して叱られるのを非常に恐れていたので、誰でも失敗するのだから気にしなくともいいと言って、わざと私が失敗してみせるのである。矢「えーっ、そうか、そいつはヤバイな。間違わないようにね……」。K君に注意を受けながら小箱にお菓子を入れ、こうしてクイズが始まる。K「第一問は、学校の中です」、矢「さようですか。では、第一問学校の中。二階の直観室」。直観室は校舎二階の南西隅である。K君は南西隅の小箱を開けてお菓子を取る。矢「ピンポーン、第一問正解です。では第二問、こんどは、学校の中……」。同じ炬燵板を使いながら、教室の中に見立てたり、校舎全体に見立てたり、学校前の街の一角に見立てたりする。だから、時には既に一度指定した箱を問題に出したために、その箱にご褒美が入っていないこともある。矢「あれっ、ご褒美が入ってないか……誰だ間違ったの」、K「矢目さん、まちがったー。ブー。スリーアウト、チェンジー」と、K君を喜ばせる。

こうして第五問までやり、時にはK君からの申し出によって六問七問があったりして「正解。全問正解でした。発表します、今週の優勝者は、パンパカパアーン。北根の、猫ちゃんでしたー、コチョコチョチョー」とくすぐる。「てんちゅうけん、ばいおう」と、K君が自分の頭をポンと一つ叩き、特別賞のお菓子を食べる。隣の教室のS教諭と始まった言葉なので、私には意味不明である。たぶん、別に意味はないのだろう。そして、K君が9個の箱をまたも「トン、ナン、……」と言いながら取って重ねていく。箱を取る順番を私が指定することもある。3列3段に重ねた箱を一度に持ち上げて私が受け取る。矢「おー、うまーい」。K「うまいうまいって言ってもなー」と言いながら、K君は横になって私の膝に頭を載せる。くすぐられるのを期待している。矢「うまいって言ってもなー、箱を重ねるのが、上手だってことなんだっ。箱を食う奴なんか、誰もいねえべっ」と言って、くすぐってやる。給食の時間が近づいていればここで、「ひょうしょうじょう」と催促が出る。これで今日はおしまい、とても頑張って全部当たって優勝したので表彰してくださいという意味である。「ひょーしょーじょー、北根のおつどい君、あなたは、〜も〜も全部正解

だったので、ここにこれを表彰しまーす」と、これは大相撲の表彰式での、有名な外人の真似である。今日一日の全ての活動で努力したことを褒めてやる。K「矢目さんは……」、矢「んー、どうだったっけ？」、K「スリーアウトだから」、矢「矢目さんはー、今日はスリーアウトになったので、なんも、表彰しませーん」、K「アハハハハ。ああ、今日も、………」、矢「いっぺえ、勉強したなっ。さあ、給食に行こう」

　給食を終り、お母さんが迎えに来るとK君は昇降口の戸を開けて「あけましておめでとー。閉めまして、さようならー」と言って帰っていく。一年前は、帰るまでに30分もお母さんにぐずったものだったが。なお、北根は彼の住所地名。「おつどい君」とは、彼のいくつかある自称の一つである。もともとは朝の集いの「集い」のことらしい。このように、時々自分だけしか分からないことを決めて、しかも他人にそれを説明できないから、彼との付き合いはなかなか難しいところがある。

　(4)「電話ごっこ—校舎内地図—聞こえるか聞こえないかの実験」で校舎全体の探索へ展開する

　2年目の昨年度9月、新任のD教諭がK君の要求に応じて自分の懐から十円玉を出して、公衆電話の天気予報や時刻お知らせや映画情報を聞かせていた。その後11月頃、私がこれを取り入れたのだが、お金がかかってしょうがないし、与えられたものを聞く一方で何も発展性のないことだったので、校舎内電話を使うことにした。職員室までの経路を覚えられるだろうし、電話器の番号ボタンの位置を覚えることができる。少しは会話の勉強にもなるだろう位に軽く考えていたので、校舎全体を舞台に2年に及んで展開することになろうとは、夢にも思わなかった。

　彼は、時刻や車のナンバーのような数に興味を持っているので、電話番号を覚えるのが非常に早く、番号の押しボタンの位置もすぐに覚えた。初めは職員室内の北側と南側の電話で簡単なやりとりをしていた。これが非常に面白かったとみえ毎日要求されるので、Cクラスから南階段を通って職員室に行く練習も、自然に回数が重なった。初めはK君と手をつないで、曲がり角や階段などの要所を解説しつつ触らせながら行く。次に、要所で立ち止まって、どちらに曲がるか、目印を探るクイズをする。次に、平易に行けるところで部分的に「先生が手を離して後ろから行ってもいいですか」と提案して了解を求め、後ろからついて行く。電話をかけることとともに、一人で教室に戻ってこれるかというクイズが面白くなってきた。このように慎重に進めながら、今年度2月

12　私とは勉強しないことに決めた先天的全盲児K君とのかかわりを通して遊びと学習について考える　　253

になってようやく、なんとか一人で職員室からＣクラスに戻ってこれるように
なった。職員室とＣクラスの間の基本的な動線ができたのである。

　一人で戻ってこれるようになった頃、うまい具合にＫ君は、職員室以外の場
所の電話をかけてみたくなってきた。どこの電話も同じ呼出し音なのかという
疑問を持ったのである。そこで職員室を起点として他の部屋にも進出しだし
た。Ｋ君は声量のコントロールが下手で非常な大声であるし、ひっきりなしに
喋っているので、実はかなりはた迷惑なところがある。したがって始めは、私
が親しくしている教員の部屋や、会議室や三階の洗濯室など普段使われていな
い部屋の電話を使わせてもらった。１月には校舎一階部分の地図を作っていた
から、行った場所を地図で確認もした。

　こうしてコの字形の校舎の、各階の端と曲がり角の部屋をほとんど全て訪
れ、教室への帰り道は私が後ろについて、彼が間違えそうな時に少し言葉で援
助するだけで、ほとんど独力で戻れるようになった。いよいよ５月のある日
「Ｋ君、一人で行ってみませんか。先生はＣクラスの隣の養護訓練室でＫ君の
電話を待ってるから」と提案した。しばし沈黙の後、小さな声で「先生、後ろ
からついて来る……」と言うので、ついて行くことにした。目的地までついて
行って、うまく電話を見つけたことを確認してから、急いで養・訓室に戻って
電話を受けなければならないので、全力で廊下を走る。非常に忙しいことだっ
たが、Ｋ君の喜びようも非常なものだった。廊下のはるか向こうから「やっ
たー、やったぞー。せんせー、できたよー」と走って来た。これ以来、電話
ごっこは「一人で行ってみようクイズ」と呼ぶようになった。これはさらに発
展して、わざと遠回りして目的地に行く方法が加わり、２カ月ほど続いた。遠
回りということが珍しかったらしい。さらに、一つの場所からの電話が終わっ
ても教室に戻らずに、別の電話のある場所に移動するようになった。長い時に
は、５カ所以上の場所を移動しつつ私に電話するという、小一時間もかかる遊
びになっていった。平成３年７月、Ｋ君の方から新しい提案があった。それま
では彼が一方的に私に電話をかけてよこしていたのだが、私の方からも彼に電
話をかけてくれということであった。ささいなことではあるが、彼の方からの
新しいやり方の提案は、これが初めてであった。

　10月にはまたもや新しい展開がみられた。Ｋ君が直観室から廊下の向かい
側の理科準備室に電話をかけたら、音が聞こえないことがあった。実は、この
二つの部屋の扉は重い鉄のドアで、その時はたまたま、両方のドアが閉まって
いたのだった。そのことを説明して、両方のドアを開けてやってみる、片方の

（資料）「K君経過一覧表」

左印は、関連して展開して順序を表す。⇒印は、順序に関する事項、空間に関する事項、数に関する事項　➡印は、生活技術に関する事項
（平成元年度K君のようすと稔らかい...詳しくは、宮城県立盲学校教育実践報告第四集（平成元年度K君の稔らかさ）、佐々木正人の論文第四集中、佐々木正人の論文を参照されたい）

	平成元年度（担任A、副担）	平成2年度（担任 矢目、S）4月 ～ 平成4年2月上旬		
集団同行動行動関係				
排尿便				
空間認知	2年4月～7月	2年9月	2年11月	3年1月
ことば	2年5月	2年7月		
数量計算概念	3年4月	3年9月		
対人もの	音声時計	2年9月		3年10月
生活行動	2年6月		3年2月	4年1月

12　私とは勉強しないことに決めた先天的全盲児K君とのかかわりを通して遊びと学習について考える

ドアを開けてやってみる、そういう実験をした。実験という新しい言葉もたいへん気に入って、「実験してみよう」が口癖になった。いろいろな場所で聞こえるか聞こえないかを実験してみると、条件が様々であるから、不思議なことがいっぱいでてくる。「なんで、聞こえないの？」と問われて、「遠いと聞こえない、近いと聞こえる」と答えたら、「遠いってどういうこと？　近いってどういうこと？」と、追討ちをかけられてしまった。お菓子を買いにNという店に行くのだが、歩いて行けば遠い、車で行けば近いと、思っていたらしい。遠い近いは相対的な概念であり、また、人によって感覚的に違って使われることもあるから、不思議に思っていたらしい。そこで、幸い校舎内の地図は頭の中にほぼできているので、机の上に各教室に見立てた小箱を並べての「遠い、近い」の学習に発展した。

　その一方で、K君は、校舎内を自由に移動できるものだから一人で出かけて、聞こえるか聞こえないかを勝手に実験するようになってしまった。A地点からB地点に電話をかけて耳を澄まして呼出し音を聞く。B地点に行ってドアの状態を変え、再びA地点に戻ってまたもやBに電話をかけてみる。聞こえないと、どこまで行けば聞こえるか、呼出し音をずーっと鳴らしたまま廊下に出て聞いてみる。各方面にいたく迷惑をかけるので、職員会でわけを話して、お詫び方々もう少しの間の協力をお願いした。一方でK君にも、迷惑になるので電話をかけてはいけない場所と、試験期間中は電話ごっこをお休みしてくれるようにお願いした。かつてはお願いされても我慢できにくいことが多かったのだが、なぜ迷惑なのか得心できたようではなかったが、とにかく、そのように我慢してくれている。

　1992年2月。校内電話には器号のボタンの他にもたくさんのボタンがある。彼は順列組み合わせ方式で、私の知らない機能をいろいろ発見した。離れた部屋から電話をよこして「ここ、ここ押すと、違う音がするよ」と繰り返す。「K君の押したボタンは、はじめは、何番のボタンのどっち側ですか。次は何番の隣？」と誘導してやっと聞き出した。彼は「教えたー、教えたー」と大喜びだった。

V　考　察

　2年目の初めに勉強を拒否されて、遊び的に何とかできないかと思った。ということは、私はその時点ではまだやはり、遊びと勉強と生活の技術とを、対立的な項として捉えていて、遊びでもってK君の心を解放し、私になじんでも

らうための策略として考えていたのだった。ところが思いがけず楽しく展開してきたK君との3年間を振り返ってみると、他人との楽しいやりとり自体に、他の何物にも代え難い価値があることに気付かされた。また、子どもが面白がる活動自体の中に、大人が考えたものでない子ども自身の課題の存在が表われていることが見えたと思う。

　考えてみると、学校に入る前の子どもは、大人に課題を与えられ、それをこなして大きくなっていくのではない。子ども自身が興味を持ったことに挑戦して、概念や技術を獲得していく。その始めに人とのかかわりがあり、人とのかかわり合いの中で獲得のプロセスが進行する。それが子どもの生活そのものであって、それを勉強と区別して遊びと名付けるのは、大人の分類にすぎない。子どもが面白がるということは、その子どもにとっての、その時点での課題を含んでいるから面白いのであろう。なんであれ、子どもが現在必要としていることを助けてやればよいのではないか。そう考えることができるようになった。

　先天性全盲児であり双生児の片方であるK君にとって、大声で笑えるような他人との楽しいやりとりが成立すること自体が必要なことであったし、自分で行動を選択する自由、行動を手助けしてくれる人が必要だったのだと思う。幾分かでもそれが保障されることによって、彼は外界への恐怖や不安を克服し、興味あることに挑戦して自信を深めてきたのではないか。空間を探索することだけでなく、排便を楽に告げられるようになったこと、電話を借りようとして断わられた時それを諦めずに別の電話を探しに行けたこと、一日の予定を自分で立て、しかもそれを、周囲の状況の変化によって再度変更することができるようになったこと。このような生活の多くの面での変化を、そう評価してよいと思う。

　いま改めて、K君の力のすごさを感じている。子どもの拒否を受け入れる、子どもの要求にぎりぎりまで応える、子どもが面白がることを提案し展開するという方針は正しかったと思う。これに踏み切り、これを頑張ってやり遂げようとしなければ、どこかでK君の警戒心をかえって強め、お互い苦しい状態になっていたのではないだろうか。

●コメント

　筆者は、1991年7月に初めて宮城県立盲学校を訪問し、矢目先生とK君とのかかわりを見学させていただいた。そのときの様子の一部は、本文Ⅳの2（3）に紹介されているが、先生は、本児とのテンポの早いことばでのやりとり

12　私とは勉強しないことに決めた先天的全盲児K君とのかかわりを通して遊びと学習について考える　　257

を通して、種々の活動に対する本児の積極性を引き出そうとしているようであった。また、「基本方針」に述べられてあるように、「教師の側から提案はするが要求は徹底的にひかえる」ことによって、本児が人に向かって自己を主張する機会を多く保障しようとしているようであった。事実K君は、「対人関係で不自然な自己抑制」などは解消したかのように種々の活動に取り組んでいたし、それらの活動を通して、先生や他の仲間と共に学校生活を楽しんでいるようであった。以下では、このときの様子や、その後VTRに収められたかかわりの様子などを振り返りながら、筆者がこの報告書をどのように受け止めたかを記してみたいと考える。

　添付された資料からも伺えるように、K君に対しては非常に広範な観点から多様な教育実践がなされてきており、この報告書はそのごく一部が取り上げられているに過ぎない。しかしまた、矢目先生がこれまでの経過を狭いスペースの中でできる限り紹介しようと努められたためか、この報告書は、基本的な教育方針に沿った取り組みと、空間把握を促すという一つの指導課題に沿った取り組みの経過が、今回外部から与えられた「遊び」というテーマに対する先生の考えを折り込みながら、非常に絡まり合って述べられている。したがって筆者としては、先生とはいわば逆の方向から、つまり、「遊び」という今回の全体テーマをはじめから念頭に置いて、先生とのかかわり合いから筆者が学んだことを整理してみようと思う。

　まず、矢目先生が用いている二つの言葉―「勉強」と「遊び」―を筆者なりに整理しておきたい。先生がK君から拒否されたという机上での勉強が何であったのかは明らかではないが、報告書全体から推察しかつ筆者の解釈を加えて規定するならば、勉強とは「学校もしくは教師が予め用意している系統的なカリキュラムに基づいて知識や技能を習得する行為」と考えられる。したがって、遊びとは、「そのような大人が用意したカリキュラムなどからは自由な、子どもの内発的な動機に基づいて発現した活動」と規定することができるように思われる。

　勉強と遊びという言葉を以上のように規定すれば、この二つの言葉は、矢目先生が考察で述べておられるように、一見対立した概念であるかのようにみえる。しばしば親が子どもに対して「遊んでばかりいないでたまには勉強しなさい」と言ったり、他の親に対して「自分の子どもは遊んでばかりいて、家ではちっとも勉強しない」などと言う場合には、このような対立的な捉え方に立っているからであろう。したがってまた、個々の子どもの置かれた状況を抜き

258

に、「自分の子どもは学校に遊びに行っている」などと言われれば、少々奇妙な気にもなってくるのである。

しかしながら、この両者に共通する別の言葉を捜すとするならば、「学習」という言葉を見つけることができる。子どもは、勉強を通していろいろなことを学ぶことは当然にしても、遊びを通しても多くのことを学ぶことができるということに関しては、だれも異論はないであろう。もちろん、勉強と遊びでは、学び方や学ぶ内容は異なるであろうが、対立するというよりは、共通項を持ち合わせている概念であると捉えておくべきであろう。

他方、公園で遊んでいるわが子を見守ったり、時には相手をしている親とは異なり、意図的・系統的な教育的対応を本務とする教師が、その対応の一環として、「遊び」を取り上げようとする場合には、どのように考えておくべきであろうか（このことが、今回のテーマを掘り下げる上で最も難しい点であるが）。矢目先生は、K君に「対人関係での不自然な自己抑制の存在」をみてとり、「自然な興味・関心を解き放つ」ことを意図して、彼が「面白がること」を取り入れたのであるから、先生にとって「遊び」は手段であったといってよい。しかし、教師の企ての意図が何であれ、重要なことは、子どもが「遊び」を目的化させていくことではないかと思う。そして、上述の遊びの規定に照らして言うならば、ここでいう目的化とは、たとえばはじめは大人からの誘い（矢目先生のことばでは「提案」）によって、また、大人が用意した材料によってある活動が始まったにせよ、次第に、子ども自身がイニシアチブをとってその活動を展開し、終息させ、さらには活動内容を改変させていくことであると考える。したがって、教師の予測とは違った方向に活動が展開したり、予測を越えた方向に活動が発展することが考えられるが、これこそが「遊び」を取り上げる際の本来のねらいということになるように思われる。

さて、以上のような観点から、矢目先生の報告書全体を読み通せば、以下の3点をまずは指摘することができる。

第1に、かかわりの基本方針において、先生が「K君からの遊びの要求に徹底的に応じる」ことにしたのは、彼のイニシアチブが発現されやすいように配慮し、日々の学校生活において彼のイニシアチブを優先させていこうと考えたからであろうと思われる。

したがって第2に、K君が「せんせー、お婆ちゃんのおもちゃ、しようー」と大声で教室に入ってきたことや、朝の会が終わると「さあ、西東クイズやろう」と言い出すことや、さらには、「電話ごっこ」がかなり繰り返された頃に

初めて彼の方から新たな提案があったことなどは、彼が遊びを目的化させていった典型的な現れとして読み取ることができる。

　第3に、本来、同じ内容の遊びがいつまでも繰り返されるとは考えられず、いずれ子どもは、その遊びに飽きを来たしてやらなくなるか、もしくは、上述のように内容を改変してみようとするであろう。このように考えると、初めて彼の方から新たな提案があったという以前の、たとえば、「お婆ちゃんのおもちゃ」での遊びは、1年後に再開されるまでの間、どのような経過をたどって日々の生活から消えていったのであろうか。この遊びを改変しようという提案はなくとも、彼の方からこの遊びに代わる別の新たな遊びの要求が出されていたとするならば、それもまた、肯定的に評価できると思うからである。

　次に、先生の中心的なアプローチの方法として、報告書では、随所に「K君が面白がることを提案して、展開してみる」という表現が出てくる。「面白い」とはどういうことなのであろうか。K君が喜んだのは、全て同じような面白さの内容であったのであろうか。以下に、この内容について筆者なりの整理をしてみたいと思う。

　「お婆ちゃんのおもちゃ」を通しての活動において、彼は、はじめは非常に慎重に、そして徐々に、彼にとっては大胆に金属棒を床に落とすことができたことが述べられている。しかし、この活動を彼に対してのみ誘ったのであれば、おそらく、「だめだ、できない」とか「大人になってからだね」というような返事が返ってきたであろうから、彼をこの活動に踏み込ませた大きな要因は、単にこのおもちゃに対する彼の興味・関心の高まりばかりでなく、刺激的な金属音に続いて起こる他の子どもたちの喜びの声や逃げ回る声であったと思う。したがってここでの彼の喜びは、他の子どもたちの行動を模倣して、他の子どもたちと同じことができたという達成感の現れであったろうと思われる。翌朝、彼が「せんせー、お婆ちゃんのおもちゃ、しようー」といって教室に来たあとの活動は、おそらく他の子どもたちがいなくとも可能な、その繰り返しを目的とした遊びとなったのであろう。もちろん、この繰り返しの過程で、彼の空間把握や他の子どもたちとの関係も深まっていったと思うが。

　以上のようにして、「西東クイズ」の経過から「面白い」ことの内容を考えてみるならば、ここには、あたかも掛合漫才のような会話のやりとりを通して、その場を共有している人（矢目先生）との一体感、課題達成時の満足感、さらには、間違いをおかした矢目先生に対する優越感などを読み取ることができる。ただし、課題達成時の満足感が報酬を得た結果だとするならば、これ

は、面白いことではあっても、遊びとは言い難い。最初にも規定したように、遊びとは、少なくとも、外部からの特別の報酬を得ることを目的としない内発的な動機に基づくものであるからである。しかし、お菓子が報酬としてではなく、目標に正しく到達したことを伝えるための目印として使われるのであれば（したがって、K君が報酬を得ることを目的にしないのであれば）、遊びへと展開していけるようにも思う。

　最後の「電話ごっこ―校舎内地図―聞こえるか聞こえないか実験」の一連の活動時には、上述したように、K君のイニシアチブが次々に現れ、彼の知的好奇心が遺憾なく発揮された点で非常に興味深い取り組みである。しかしながら、これらの一連の活動は、校舎全体に展開された「電話ごっこ」遊びと捉えるよりは、校舎内各所の電話機を活用した探索学習もしくは空間把握学習と捉えた方が無理がないように思われる。

　同様に、矢目先生は、種々の「クイズ」をK君に対して提案し展開してきたが、これは言い換えるならば、K君が、あるルールに基づいた課題解決学習に取り組んできた過程でもあったように思う。ただ、矢目先生がこれを強制せず、K君が楽しく取り組めるように教材や誘い方等に種々の工夫をこらしてこられたのである。ここで再び、このコメントの最初の話に戻るが、K君にしてみれば、矢目先生や他の人々に支えられて楽しく「勉強」（＝学習）してきたのであろうと思われる。

（川住隆一）

13
活動の組み立てと見通し

国立久里浜養護学校
村松信一

I　はじめに

　Yさんと係わりを持ち一年半余り過ぎた10月のある日の午後、担任（以下Tと略記する）はYさんに写真（店、商品ケース）を示し、買い物に行こうと誘った。

　YさんがTの誘いに応ずる様子がみられたので、車椅子で店へ買物に出かけることになった。Yさんは車椅子に乗りTと手をつなぎ教室を出て学校から研究所へと向かう（学校、研究所は廊下で繋がっている）。Yさんは研究所の廊下で2階に向かう階段を見上げる。TはYさんに写真を見せ、店に買物に行くことを話し、促す。Yさんは写真を見て、その後視線を前方に向ける。TはYさんと手をつなぎ移動を研究所の玄関を出て店へ向かう。店でYさんの好きなヨーグルトを買って研究所に戻ってくる。

　再び研究所の廊下でYさんは階段を見上げる。Tは車椅子を止め、Yさんを階段の前に立たせてみる。Yさんは両手を振り、笑う。Tは買ってきたヨーグルトを持ち、Yさんを背後から支えて、階段を上がるよう援助する。Yさんは3階のロビーを目指し、そこで買ってきたヨーグルトを食べる。

　Yさんがヨーグルトを食べ終えると帰りの時間が迫っていることもあって、TはYさんを抱き上げ抱っこで1階まで降りる。

　再びYさんと両手をつなぎ、研究所の廊下を学校に向かって車椅子で移動を始める。Tは「1、2」「1、2」の声かけを添えつつYさんと手を繋ぎ歩く。

　Yさんは小さく「ウーン・ウーン」の声を出す。やがて「ウーン」の発声が次第に大きくなり、「イヤーン」と聞こえる声に変わっていく。

　Tは「抱っこがよかったのに、車椅子なんかイヤーンなの」とYさんの発声を代弁する声かけを添えつつYさんの手を引き歩き続ける。Yさんは発声を続ける。

Tは続けて「抱っこがいいの！」とYさんの発声を言い換えつつ手を引く。
　Yさんの顔に笑みが浮かび、「ダッコ」と聞こえる発声が現われる。
　Yさんは「オーンブブ」と声を出す。続けて「オーンブブ」と声を出す。Tはさんの声が充分聞き取れなかったため、「オーンブブってなにかな」と見当はずれなことを言いながら学校に入っていく。
　Tが「抱っこブーか」と言うと、Yさんは笑い、続けて「ダッコブー」と言う。Tは「ダッコ？」と繰り返す。Yさんは「ダァーーコー」の発声を繰り返す。
　この間研究所と学校をつなぐ廊下がスロープになっており、立ち止れないため、TはYさんの手を引きながら声によるやりとりを繰り返した。
　登りのスロープが終わったため、Tは車椅子を止め、Yさんと向き合い、「抱っこがいいの？」と聞く。Yさんは「ダッコー」の発声を繰り返す。
　TはYさんの両手の肘をガイドし、両手をTの両肩に回すようにする（Yさんがの首に抱きつくかたちになる）。
　Yさんの「ダッコ」の発声は止む。TがYさんの両手をTの肩から離すと再びYさんは「ダッコ」の発声を繰り返す。
　TはYさんを車椅子から降ろし、抱き上げる。Yさんは発声を止め、小さく「フフフ」と笑う。
　以上の出来事はYさんと担任との間に起こった生活の一こまである。ここには特別の仕掛けや、それに基づいた学習の姿があるわけではない。しかしこのときのYさんと、係わり手である担任との間のやりとり（出来事）のなかに入学当初以来の２年間にわたる係わり合いによって培ってきたYさんの生活の典型がみられる。ことに自分のふるまいが外界の状態を変えたり、係わり手である担任の対応を変えることができるという、自信に満ちたYさんの様子を知ってほしい。
　もちろんYさんのこのような行動が係わり合いの当初からみられたわけではない。重度の知的な障害と肢体不自由を合わせ持つYさんは、養護学校に入学するまでは生活の大部分を家庭の中でお母さんと過ごし、快適で安定した生活であっても、受け身で過ごすことが多かったようである。
　このようなYさんと学校での生活を共にすることになった担任は、Yさんが自分のおかれている環境を自ら探り、知っていく活動と、その中からYさんが主体的に取り組める活動とを、Yさんと共に探し、育て、拡げていこうと考えた。

13　活動の組み立てと見通し　263

それは子どもと係わり手との相互的な、ことに子どもの能動性・意思を重視した「やりとり」を土台にした係わり合いとして進められた。

　この報告ではＹさんが担任と共に学校という場で新しく生活を始め、活動が形作られ、整い、生活を拡げていった中から、活動の見通しをもつことに繋がると考えられる行動が作られていった過程について報告する。

Ⅱ　事例研究

1　対象児童

　H. Y.（女）1985年6月生れ。小学部2年、寄宿舎生、肢体不自由（脳性まひ）、知的障害、てんかん。

2　生育歴・病歴

　生下時体重3,080g。身長50cm。妊娠初期、胎児の動きは悪かった。38週で正常出産。退院後は乳の吸い付きが弱く、泣き声も弱かった。生後2週目に口唇、顔面のチアノーゼと上肢のつっぱりが頻発。生後3週目、熱性けいれんが1日に5〜6回出現した。生後2カ月、K病院で受診。CTスキャン正常。脳波検査で異常を指摘され、以後、抗てんかん剤を服用する。生後5カ月、Tリハビリセンター眼科に受診（右…0.05、左…不明）。以後、遠視と斜視の矯正のため眼鏡を使用する。生後6カ月間程入院し、以後てんかん発作はみられない。

3　入学当初の実態（1992年4月）

　臥位で過ごすことが多いが、寝返りはできない。仰臥位で一人で置かれた状態では、両手を上下に動かし、偶然手に触れた紙や、ひもをつかみ、振る、眼前にかざす等の行動がみられる。これらの物を眼前に提示し、ゆっくり動かしても、目で追っている様子ははっきりと認められない。座位をとらせ、鈴やひもを提示しても、自分から手を出しつかむ、引き寄せる等の動きはみられない。この状態のとき、右手をガイドし、鈴やひもの位置や形状を確かめることを促すと、右手を動かし始め、やがてつかむ行動につながる。また突然の物音で身体をびくっとさせ、右手人差し指を噛み、不快そうな声を出す。好きな童謡が聞こえてくると、両手をハタハタと振り動かして、笑い、喜ぶ。曲を中断すると、不快そうな声を出し、やがてぐずり声に変わる。Ｙさんが聞いているカセットプレーヤーを身体の左右どちら側に置き換えても、音源に向けて身体の向きを変えることができる。しかし、いずれの活動においても、そのままの状態で一人でおくと、やがて動きは止まり、ぼんやりとした表情に変わって、

右手の人差し指を噛む、吸う等の行動がみられるようになる。

　仰臥位、あるいは座位の状態から、椅子に座る状態に変えると、ぐずり声を出し、身体を反らせ、右手人差し指を噛むことがみられる。車椅子に乗る、または立位の状態に変えると、笑い喜び、両手を振り、身体を前後に揺する行動がみられる。

　車椅子の移動ではTの指をYさんが握るよう整え、ゆっくり引くと、握っている状態を保ち、顔を前方に向けていることができる。また、車椅子の移動時に、廊下の手すりに手をかけ、ゆっくりと手すりに触れながら進み、曲がり角にくると僅かに曲がる方向に顔を向ける様子がみられる。背後からTに支えられての歩行時には、右または左手を壁や手すりに触れるようガイドしつつ歩行を進めると、壁の切れ目（戸口や曲がり角）で顔を部屋の中に向けたり、廊下の方向を向いたりすることがみられる。

　食事はほぼ普通食である。食べるときはガイドに沿って手腕が口元に近付いてくるが、食べたくないときは口を閉じ、スプーンを遠ざけようとする動きが出る。排泄は、入学前はおむつで過ごし、2時間ごとにトイレで排尿を促していた。衣服の着脱については、協力的な動きはまだみられない。その他睡眠等については特記すべきことはない。

Ⅲ　係わりの基本方針

　Yさんに係わるにあたってとくに心がけたことは、

　(1)　学校、あるいは教室を自らの生活の場としていく。そのために、まずは子どもが関心を示す教室内外の事物を調べる活動、使う活動を促していく。たとえば、遊具を使う際にその遊具を確かめる活動を織り込み、遊具に向かう場合にはそれに有縁な事物（たとえばトランポリンであればその布やメッシュ、ゴムバネ）を持って遊具に向かうようにした。

　(2)　やりとりの基盤となる係わり手と子どもとの関係を培う。すなわち、

①互いの身体を使ったやりとりを進め、やりとりに基づいた活動を構成していく。

②一方的に係わりを進めず、事前の声かけと身振りサインを添え、子どもの様子に応じて係わりを進める。たとえば立位から座位へ変わる時には、「すわる」の声かけに合わせて両手を軽く下に引き、その後両足の膝の裏を曲げるように促す。この時子どもが両足を突っ張るように膝を伸ばそうとすれば立っている状態を続けるし、膝を曲げる方向に進めば座位を取る

ことになる。

（3）子どもが自ら起こす行動を発展させる方向で係わりを進める。（たとえば移動であれば、顔や、身体を向けた方向に進むことを促していく）また、嫌がらない活動のとき、その活動に適宜区切りをつけ、様子をみながら係わりを進める。その際、「はじめ」の声かけと身振りサインを添えて活動を始め、活動中は活動に添う言葉を重ね、「おしまい」の声かけと身振りサインを添えて活動を中断し、子どもの様子をみる。この中断時の子どもの現す様子によって、さらに活動に向かうか、活動を終了させ、他へ転ずるかを判断しつつ係わりを進める。

（4）子どもが自分の力で受け止め、対応できる量・速さ・リズムを探りながら係わりを進める。音量であれば『聞き耳を立てる』ような行動が起こりやすい、ごく小さい微かな音であり、移動であれば、本人が外界の変化を受け止め、関心を示し、自らそれに向かうことのできるスピードである。

これらの留意点をもとにYさんが自発的に向かうようになった活動がどのようなやりとりを通してでき上がっていったかについて、具体的な場面に沿って述べていくことにする。

IV　係わりの経過

1　係わりの初期（1992年4月～6月）

この時期はとくに予め活動を決めて係わりを進めるということはなく、Yさんの関心がどのような物に向かっているか、好きな活動はどのようなものかを確かめながら係わりを進めていった。またごく初期の係わりは、やりとりの進め方に対する打診的な要素を多分に含んでおり、その後の関係に大きな影響を与えたと考えられる。

係わりの実例1　1992年4月23日

TはYさんを立たせ、背後から支える。Yさんは部屋の中央から壁際に向かって歩いていく。棚の前でYさんは玩具を見て笑う。TはYさんが玩具を取るようガイドし、部屋の中央に戻り、座るように促すがYさんは両足を突っ張り座ろうとしない。TはYさんの様子を見ながら窓に向かう。

Yさんは窓に近付くと笑う。さらに窓に近付き、Yさんの足が敷居に触れると、Yさんは立ち止まる。TはYさんがさらに前に進むよう促してみる。Yさんは足を突っ張って動かない。Tは「そとにでないの？　ではバックしましょ

う」と言いながら後ろに下がろうとする。Ｙさんは顔をしかめ嫌そうな顔をする。敷居際でＹさんが外に出ること、部屋の中央に戻ることを嫌がる様子が見られたため、ＴはＹさんの右手を取って「段があるよ」「だん」と声をかけながら敷居に触れるよう促してみる。Ｙさんは嫌がる様子の声を出し敷居に触れることに抵抗する。ＴはＹさんを少し後ろに下げ、立位を整える。

　Ｙさんは左足を出し、わずかに敷居に触れ、直ぐに戻し、再び敷居に左足を出し直ぐに戻す。Ｙさんは左足を敷居に触れる、戻すを繰り返す。ＴはＹさんの動きに合わせ「だん」の声かけを添える。

　Ｙさんは頭を下げ膝を曲げ、自分から敷居の前に座る。

　その後ＴはＹさんの座位を整え、両足を伸ばしたところにレンガを２個横に並べて置き、レンガに足の裏が当たるように状況を整える。Ｙさんの両足は敷居際にある。ＴはＹさんの右足の膝に軽く合図し、「みぎあし」の声かけに合わせゆっくり右足を伸ばしていく。右足がレンガに当たったところで、足の裏がレンガにかかるよう整える。Ｙさんは足が伸びている方向に僅かに視線を向ける。ＴはＹさんが右足でレンガを踏みしめるように、軽く右足を伸ばすようにガイドを加えてみる。Ｙさんは嫌がって足を引くこともなく足裏をレンガに押し当てている。Ｔは「おわり」と言いながら、Ｙさんの右膝の裏を軽く引き、足を敷居際に戻す。

　次にＴはＹさんの左足の膝を軽くたたき「ひだり」と言いながらゆっくり左足を伸ばしていく。左足がレンガに触れ、足の裏をレンガに当てるとＹさんは右足を伸ばしてくる。ＴはＹさんの両足をレンガに押し当てるように整えておき、Ｙさんの両膝を軽くたたき、「まげる」と言いながら敷居際までゆっくり両足を引いてくる。両足の裏を敷居際に置き、Ｙさんの様子を見た上で両膝を軽くたたき、「のばす」と言いながらゆっくり両足を、前方に伸ばしていく。Ｙさんは両足がレンガに近付くにつれ、レンガに足が当たることを予期するかのように足首を動かす。ＴはＹさんの両足がレンガに触れ、Ｙさんがそれに気付いたことを確かめた上で、両足がレンガに当たるよう整える。

　ここではＴはＹさんのうなだれている頭を起こし姿勢を整え、様子をみることにした。やがてＹさんはＴの両足の膝に置いた手でＴの膝を叩き始める。ＴはＹさんの動作に、合わせ「先生の足」と言葉を添える。Ｙさんは叩くことを止め、軽い笑い声を出す。笑いが止み、Ｔの膝を叩き始める。ＴはＹさんの動作に合わせ「先生の足」と言葉を添える。Ｙさんは叩くことを止め、再び笑う。笑いが止み、Ｔの膝を叩き始める。ＴはＹさんの動きに合わせ「先生の

13　活動の組み立てと見通し　　267

足」を繰り返す。Yさんの Tの膝を叩く速度が次第に遅くなり、叩くことを止め、自ら両足を敷居際のスロープまで戻す。

Yさんは背後からTに抱かれるように敷居際に座っている。Yさんの両膝は曲がって、足の裏は敷居際に置かれている。TはYさんの両膝を持って片足ずつ交互に「1、2、3……」と数を唱えながら足踏みを始める。Yさんのうつむいていた顔が笑いながら上がってくる。「10」で「おしまい」にすると、Yさんは笑顔のまま両足を伸ばし、足裏をレンガに当てる。以下省略　この日は入学から10日目で、風邪を引き体調は悪かった。

係わりの実例2　1992年6月17日

Yさんは歩行器で廊下を歩いている。TはYさんの歩行に合わせ「1、2、3……10」の数を唱える。Yさんはプレイルームに入る通路を見て、自ら身体の向きを変え、プレイルームに入っていく。床においてあるローリングカーを認め、近付き笑い、手を振る。

TはYさんを歩行器から下ろし、背後から支えた状態でYさんの前にあるローリングカーを揺すり、次いで回転させてみる。Yさんは揺れ動くローリングカーを見ている。Tは「乗ってみようね」といいながらYさんを抱き上げローリングカーに乗せる。

Tは「よーいはじめ」の声かけと身振りサインをガイドした後「ひだり」の声かけに合わせYさんの左肩を軽く叩く。続いて「1、2、3……10」の数唱に合わせローリングカーを左回りにゆっくり回転させ、「おしまい」の声かけと身振りサインをガイドし、ローリングカーの回転を止める。Yさんの両手は胸におかれている。Yさんは笑みを浮かべている。

Tは「もっとやるかな」と言いながら手をYさんの前にかざしてみる。Yさんは笑みを浮かべながら右手を上げるがTの手には届かない。TはYさんの右手を取って「やってはこうするの」と言いながらTの掌を叩くことをガイドする。「みぎ、みぎ」の声かけと身振りサインの後同様に回転させ、「おしまい」の声かけと身振りサインをガイドし、両手を胸の前に置き回転を止める。Yさんは止まったローリングカーの上で笑みを浮かべている。両手は胸の前にあり、頭は左を向いている。笑みが消えその後Yさんは右手を軽く握り、ローリングカーをコツコツたたく。

Tは「やってなの」と言い、Yさんの両手を取り「よーいはじめ」の声かけに合わせ身振りサインをガイドする。Yさんは頭を左に向けていたので「今度

は左に回るよ」「ひだり、ひだり」といいながらYさんの左手に合図し、同様に回転させる。Yさんは声を出して笑い、右手を振り、ローリングカーをコツコツたたく。Tは「おしまい」の声かけと身振りサインをガイドし、Yさんの両手を胸の前に置きローリングカーの回転を止める。

Yさんは右手をゆっくり上げ自分の左手の甲をたたき始める、Tは「もっともっと」。と言葉を添える。

〈初期の係わりのまとめ〉

このようにしてこの時期に発見された活動種は、ポカリスエットを飲む、カセットを聞く、トランポリン、遊動円木、ブランコ（4人乗り）、ブランコ（1人乗り）、ボディソニック、ローリングカー、歩行器等である。

このような活動が発見されたことで、TがYさんにその時々に何をしたらいいか聞いたり、提案したりといったやりとりが広げられるようになった。

さらに、この時期にはYさんが「もっと」と自発する行動を手がかりとしたやりとりができるようになった。

2　係わりの第二期（1992年7月〜1992年11月）

Yさんの生活は、この初期の係わりで発見され、成立・安定していった数種の活動によって埋められるようになった。そこで、これらの活動種の内から、特にYさんが意欲的に向かうことのできる活動種を通し、やりとりがより間接的・構成的にとなるよう次のような状況を作ることにした。すなわち、

①遊具の上で行っていた「もっと」の行動を遊具から離れた場で行う。

②この状況の下で遊具に有縁な事物に向けて「もっと」の行動を起こす。

③活動種相互の関連の中で今この場で何をやるかを決める。

その状況は次のようなものである。

・二種の遊具の間に座り、それぞれの遊具にYさんの手が掛かるように整える。Yさんはそのときやりたい遊具に掛かった手を残し、他方を離すことで、Tにやりたいものを伝える。

・並べておかれた二種の遊具の一方に近付くことで意思を現す（歩く、寝返り）。

・机の上に二種の遊具に有縁な事物を並べて置き、「よーいはい」の合図でYさんの両手をそれぞれの品物の上に置く。Yさんはその時遊びたい遊具に有縁な事物の上に手を残しておき、他方を離すことでTにやりたいこと

13　活動の組み立てと見通し　269

を伝える。

係わりの実例3　1992年11月8日

　Yさんは教室でブランコに乗っている。ブランコは教室の天井から吊り下げられている。Tは数唱に合わせブランコを揺すっている。「10」「おしまい」の声かけに合わせブランコの揺れを止めるとYさんはブランコの両脇の手すりから手を離す。TはYさんの両手を取り「おしまい」の声かけに合わせて両手を擦り合わせる身振りサインをガイドする。Tは続けてYさんの両手を手前に引きつつ「ブランコを降りるよ」と声をかけ「1、2の3」の合図でYさんを抱き上げブランコの前に置いた椅子にYさんを座らせる。Yさんは背中を丸め、うつむき、下を向いている。両手は膝の上に置かれている。

　やがてYさんは頭を上げ前のブランコを見て笑い両手を振る。Tは「もっとやってなの」と言いYさんの両手を取り「もっともっと」と言葉を添えながらYさんの両手指を合わせる身振りサインをガイドする。Yさんは同様に「10」までの数唱に合わせブランコで揺れた後、椅子に座っている。Yさんは再び背中を丸め、うつむき、動かない状態が続いている。

　Tは「ブランコはおしまいかな」と言いながらYさんの様子をみる。Yさんはなおも動かない。Tは続けて「ブランコはおしまい」と言いつつYさんの両手を取り両手を擦り合わせる身振りサインをガイドする。その後、天井の止め金からブランコの鎖を外しその場にブランコを置く。Yさんはうつむいていた頭を上げ、背中を伸ばす。Tは続けて「ブランコはおしまい」と言いつつブランコを布で覆う。Yさんはさらに頭を上げ背中を伸ばし前方の布で覆われたブランコの方を見て両手を振る。Tは「ブランコをもっとやるの」「1、2の3」の合図でブランコを覆っている布を退ける。Yさんは両手をさらに大きく振り笑う。その後Tは再びブランコを掛け、Yさんは繰り返しブランコで遊ぶことになった。

係わりの実例4　1992年11月16日

　Yさんは車椅子に乗っている。TはYさんにローリングカーについているのと同型のキャスターを示し、触れ、確かめるよう促しつつ「ローリングカーだよ、ローリングカーに乗ります」と言う。その後Tは車椅子に乗っているYさんの前に布で覆ったローリングカーを持ってきて、「1、2の3」の合図で布を退ける。Yさんは両手を振り笑う。TはYさんを抱き上げローリングカーの

前に立たせ、ローリングカーを確かめることを促した後、Yさんをローリング
カーに横たえる。「10」までの数唱に合わせてローリングカーをゆっくり回転
させ「おしまい」の声かけと身振りサインでYさんをローリングカーから降ろ
し車椅子に戻す。TはYさんにキャスターを示し、触れるよう促しつつ「ロー
リングカーをもっとやりたい人は」と言うとYさんは両手を振り笑う。Tは
キャスターをYさんの右手の掌に当たるようにしたうえで「もっともっと」の
言葉を添える。Yさんの両手を振る行動がおさまったところで、Tはキャス
ターを車椅子の右側のアームレストの上に置きYさんの右手をガイドし「もっ
ともっと」の声を添えつつ叩くこと、つかむことを促す。その後TはYさんを
抱き上げローリングカーに向かう。

　このような係わりの後、Yさんは車椅子の上でキャスターに向けてたたく、
つかむ行動を「もっと」のサインとして現すことができるようになった。

係わりの実例5　1992年7月15日

　Yさんはプレイルームで、まずトランポリンに向かい、トランポリンのゴム
バネや布に触れ、たたいた後で乗せられる。「よーい、はじめ」の合図と身振
りサインの後、Tが10までの数唱に合わせて跳び、Yさんをトランポリンか
ら降ろす。次にローリングカーに向かう。Tはそれを揺らし、回転させ、周囲
のキャスターや縁に触れ確かめた後、Yさんを乗せ、同様の手続きで10まで
の数唱に合わせローリングカーを回転させた後そこからYさんを降ろす。

　そこで、Tは右にトランポリン、左にローリングカーが位置するようにYさ
んを座らせる。TはYさんの右手をガイドし「右にはトランポリン」と言いつ
つトランポリンのパイプのフレームをつかむように促す。Yさんはパイプをつ
かむ。続けて「左はローリングカー」と言いつつ同様にローリングカーの縁を
つかむように促す。Yさんはローリングカーの縁をつかむ。

　Yさんの右手は上方に位置するパイプをつかむ形になるため、TはYさんの
右手の肘を支える。Yさんの頭はうなだれ下を向いている。Tは「頭を上げ
る」の声かけに合わせYさんの胸に軽く合図する。Yさんは頭を上げ、次に
右手がパイプから離れる。Yさんの左手はローリングカーの縁をつかんでい
る。TはYさんの右手の肘をガイドし右手をローリングカーに向け数回たたい
た後「ローリングカーに乗りましょう」と言い、Yさんを抱き上げローリング
カーに乗せる。TはYさんをローリングカーに横たえ、姿勢を整えた後、「左
回り、左、左」と声かけをしつつYさんの左手に軽く合図し、「よーいはじめ」

の声かけと両手を叩く身振りサインを添えた後10までの数唱に合わせ回転させ「おしまい」の声かけと両手を擦りあわせる身振りサインを添え、回転を止め、Ｙさんを降ろす。

　今度は右側にローリングカー、左側にトランポリンが位置するように座り、それぞれに手を掛けつかむように整える。Ｙさんは頭を上げているが、右側のローリングカーに顔を近付けていくＹさんの左手がゆっくり伸び、やがてトランポリンのパイプから離れる。ＴはＹさんの左手の肘を支えローリングカーに向ける。Ｙさんの右手はローリングカーの縁をつかんでいる。ＴはＹさんを抱き上げローリングカーに乗せる。

〈第二期の係わりのまとめ〉

　Ｙさんはそれぞれの状況に応じた「もっと」の行動や、選び方を見せるようになった。しかし、一回ごとにその都度その場所に戻って「もっと」の行動を示したり、選ぶ位置に戻り二つの遊具のうちのどちらで遊ぶかを、実物を前にして決める手続きをくり返すことに対して、やがて不満の声を出すようになり、ついにはＴが仕方なく「おしまい」にすることが度々見られるようになった。

3　係わりの第三期（1992年12月〜10月）

　『前もって』何をやるかを決め、活動に向かう。その場ではＹさんが「もういいよ」と言う（「もっと」と言わない状態）まで活動を続ける。

　ここでは次のような状況でＹさんに活動を選択することを促した。すなわち、Ｙさんは教室の特定の場所に座る。Ｙさんの前に机が置かれている。机の上にはお盆を乗せ、お盆の上に箱を二つ並べて置く。箱の前面の蓋にはそれぞれ異なる遊具の写真を貼っておく。

　「よーい、はい」の合図で箱の前面をＹさんに向ける。Ｙさんはその時やりたい遊具の、どちらか一方を選ぶ。Ｙさんは選んだ結果、その写真や、選んだ遊具に有縁な事物を持って、遊具のおかれている場所に向かう。あるいは遊具をＹさんの所に持ってくる。

係わりの実例6　1992年12月8日

　Ｙさんが上体を起こすと前に机があるように状況を整え、机の上には箱が二つ並べて置かれ、箱の背面が、Ｙさんの目の前に現れるように置かれている。

箱の前面の蓋には写真が貼られている。右の箱にはブランコ、左の箱にはカセットプレーヤーの写真である。

　Tは「カセットで歌を聞くか、ブランコをやるか決めてください」と言いつつYさんを起こし、「1、2の3」の合図で箱の前面をYさんに向ける。Yさんは身体を前傾させ、右を向き、次に左を向き、再び右を向き、笑顔で両手を振る。Tは左側の箱を脇に退け、右の箱の蓋の写真を取り、Yさんに持たせた後Yさんを床に寝かせる。Yさんは右手に写真を持ち顔の前にかざしている。TはYさんの左脇に布で覆ったブランコを持ってきて、「1、2の3」の合図で布をはずし、ブランコを現す。Yさんはブランコを見る。Tはブランコを教室の天井に掛け、セットした後Yさんを起こし、ブランコに向かう。

4　係わりの修正（1993年1月〜10月）

　Yさんはそれまで、ある活動を選び、「やりとり」のなかで展開し、「もっと」と言わなくなったところでTはその活動を「おしまい」にしてその場を離れていた。しかしYさんが活動を十分に楽しんだ後、積極的な意欲はすでに失せている（とTには見える）状態になってもなお、Yさんは「もっと」と言うことをくり返し、「おしまいにできない状態」が度々みられるようになってきた。そこで、その場で「（〜はおしまいにして）次に…をやりませんか」という提案をすることで、その活動の終了と、活動の切り替え（次の活動へ向かうこと）を促すことにした。

係わりの実例7　1993年7月13日

　Yさんはカセットプレーヤーで数曲のアニメの主題歌を聞き、下を向き、やがて「イヤー」の声を出す。Tは「カセットはおしまい」と言いつつ身振りサインをガイドし、カセットプレーヤーや、テープの入った箱を片付ける。Yさんは片付けられるプレーヤーを目で追う。

　Tは「何をして遊ぶか決めるか、それともトイレに行くか？」と言いつつYさんの向かう机の左側にトイレの写真の貼ってあるかご（かごの中には水石鹸の容器がある）を置き、右側にはお盆（お盆の上には背面を手前にして、箱が2個並べて置かれている。箱の前面には写真が貼られ、右側の箱はローリングカー、左側にはトランポリンである）を置く。

　Yさんは両手を振り、笑い、左側のかごを見る。Tはかごを指差し「こっち？」と言うと、Yさんは顔の向きを変え、右側のお盆を見て、手を振り笑

う。Tはトイレのかごを退け、お盆をYさんの正面に移す。Tは「どっちがい
いですか、よーいはい」の合図で箱の正面をYさんに向ける。Yさんは右側の
ローリングカーの写真を見、次に左側のトランポリンを見た後、再び右側を向
き動きを止める。Tは「ローリングカーがいいの」と言いつつ左側の箱を伏せ
る。TはYさんの右手をガイドし右側の箱からキャスターを取りだしYさんに
持たせ、箱の写真を見せる。Yさんは両手を振り、笑う。

　Yさんはこの後プレイルームに行き、ローリングカーで遊ぶ。TはYさんが
ローリングカーの上で「もっと」と言わなくなった頃を見計らって、Yさんに
トイレのかごを提示すると、Yさんはかごをたたく。Tは続けてかごから水石
鹸の容器を取り出し、Yさんに示すと、Yさんは容器に向けて右手を伸ばした
たく。

〈第三期のまとめ〉

　このような係わりの結果、選択場面で見比べる様子がはっきりと認められる
ようになり、さらにその時やりたい（と思える）方に見入り、笑顔を見せる、
一方に顔を近付ける、等の行動が頻繁にみられるようになった。この時期は
〝今その場で〟二つの遊具のうち、どちらで遊ぶかを決める（第二期）状況か
ら、〝前もって〟どちらで遊ぶかを有縁な事物や写真で決め、その後遊具の置
かれている場に向かうというやりとりになったことで、Yさんが活動の見通し
を持つようになりつつあった。

　係わりの修正の後は、Yさんが今やっている活動を続けたいときは、その遊
具に向けて「もっと」の発信を続け、状況を改めたいときはTから新たに提示
された具体物や、有縁な事物に向けて手を振ったり、つかんだりする行動を起
こすようになった。

　Yさんが次の活動への提案に同意できないときは、消極的にだが今やってい
る活動に向けての「もっと」の行動を起こすにとどまってしまい、Tは再度次
の提案をする（繰り返す）必要にせまられた。

　しかし、この時期には音声による発信行動が現れ、それをきっかけにしてYさ
んから能動的に活動を改めることがみられるようになった。Yさんの「ブー」
の発声でブランコ、「プー」の発声でトイレ、「ギー」の発声で歩行器の実物や
有縁な事物をTが示すとYさんが両手を振り笑い喜ぶ様子がみられた。

Ⅴ　全体のまとめと今後の課題

　初期は自分から進んで取り組める（好きな）活動を発見し、組み立てた時期である。これは子どもの嫌がることを避け、受け入れることができる活動を、子どもにききながら探っていくことで進められた。

　この時期は活動を中断した時に見せるＹさんの行動に注目し、Ｙさんの様子（動き）により活動を再開するか、あるいは終了させ他へ転ずるかを係わり手が判断することで進められた。Ｙさんは同一の活動の中で、活動を中断したとき、繰り返し「もっと」の行動を示すようになった。このことでＹさんが示す行動を係わり手が受け止め、返すという、言わばＴとの「やりとり」の関係が成立した。

　第二期は活動にはいるための手続きを作り出す時期となった。Ｙさんの示す「もっと」の行動は、遊具から離れた場所から、遊具や遊具に有縁な事物に向けて発せられ、そのことで活動が始まるようになった。しかしその場で２種類の遊具の内どちらをやるか、また中断した後続けて同じ遊具で遊ぶかそれとも別種の遊具で遊ぶかをきく状況では、Ｙさんは同一の遊具を選ぶことを繰り返した。

　第三期はいくつかの活動種の中で、何をやるかをＹさんが前もって決めるようにした。初期の活動の進め方で活動を展開し、活動を終了させる際には次の活動を決めてからその場を離れるという進み方になった。このようになったことでＹさんは活動種相互の関連の中で、自分で選び、決め、実行し、自らの判断で他の活動に移っていくという、いわば生活の流れのなかで活動の見通しを作り出す糸口ができたと考えられる。またこの時期に、音声による要求が目だって増えたのは偶然ではなく、やりとりをもとにした係わり合いが進むにつれ、Ｙさんの活動への主体性が高まってきたことを現していると考えられる。

●コメント

　村松先生の論文は、ご自身が国立久里浜養護学校の平成５年度実践研究協議会（1994年2月10日）で報告されたものを、この事例集の主題に沿って加筆・修正したものである。私は日頃から村松先生のおられた第６教室におじゃまして、教室の子どもたちとの係わり合いに参加させていただいていることもあって、当日は村松先生や第６教室の先生方の発表の際に片隅に同席することとなった。ここでは、発表に続いて行われた研究協議の場で交わされた論議のなかから、私が自分の考えを述べた事柄を幾分か整理してご紹介することで、村

松先生の事例報告に対するコメントに代えることにしたい。

〈村松先生の実践と個別指導計画〉

　まず村松先生が報告した実践に対して、その背景にはどのような個別指導計画があるのかということが話題となった。久里浜養護学校には個別指導計画があるのだが、協議のなかで村松先生は「個別指導計画はあるのか。」という問に対して「ない。」と答えた。

　まずその意味を私なりに考えてみることから話を始めることにした。それはおおよそ次のようなものであった。

　「ご質問にあった個別指導計画というのは、おそらくはアメリカでいう IEP を念頭においてのことだと思うのです。この IEP では、確かにゴール（長期目標）、オブジェクティブ（短期目標）というようなかたちで子ども一人ひとり個別に指導目標を記述し、指導計画をたてています。それで先程のご質問のなかにも、村松先生にとって長期展望、あるいは短期目標は何かというようなことが問われていました。

　実は個別指導計画書なるものが、形としてあるかないかという以前に、IEP についてはその背景から理解することが必要になります。わが国には学習指導要領がありますし、各学校には教育課程があると思いますけれども、IEP を単に子ども一人ひとりについての個別の指導計画と捉えたとしても、その背景には、欧米での障害児教育の伝統であるいくつかのカリキュラムモデルという考えを理解しておく必要があるように思われます。それは、たとえば子どもの状態を頭において、ことばは必ずしも適切でないかもしれませんが、たとえば治療教育モデルとか、あるいは発達モデル、あるいは水増しモデル、あるいは欠陥モデルだとか、いろいろなカリキュラムモデルが七つぐらい開発されてきたと言われています。

　たとえば、治療教育モデルというのは実際のスキルを直接のターゲットにしてその訓練の内容からカリキュラムを考える場合をいうようです。いわゆる発達段階を軸に子どもの状態にあわせたカリキュラムを考える場合を発達モデルというようです。水増しモデルというのは、通常の教育でおこなわれていることをやや薄めてつくっていくカリキュラムをいいます。欠陥モデルというのは、たとえば ITPA のような検査をしまして、その欠けているところを補おう、とするものです。このようなものを含めこれまで伝統的に開発されてきた七つ程のカリキュラムモデルがあるわけです。

しかし IEP を考えるうえでなにより大切なのは、IEP が産み出された社会背景として、インテグレーションをどう進めるか、地域でノーマライゼーションをどう進めるかということがその本質としてあることを理解することです。そこから、制約が限りなく少ない（教育）環境を子ども一人ひとりに対して個別に用意することと関連させつつ、それを具体的に実現する手立てとして、一人ひとりの子どもを対象とした IEP が社会の要請として出できているということであるわけです。

　つまり、個別指導計画を考えるということは、形だけの個別の、様式や書式としての問題ではなくて、カリキュラムモデルを含めて、『私たちは子どもたちとの教育の場で何を目標とし、また教育を進めていく支えとしていくのか』、ということが問われなければならないわけです。村松先生の実践についても、また私たち自身の実践についても、そこを問い直すことなしに、書式としての個別指導計画があるかないか、どう書き表すかということだけを論議しても、それ程実りあるものにはならないだろうと思うのです」

〈係わり合いで村松先生が見通したもの：村松先生の実践から学ぶ〉

　ここまで話を進めたところで、私の関心はフロアの参加者とともに村松先生の実践の意味を探ることへと向かっていった。その際私に勇気を与えたのは、私に先んじて考えを述べられた 4 人の参加者の先生方の発言だった。それは村松先生と子どもが作り出すやりとりそのもの（のなか）に子どもとの係わり合いの意味を見い出そうとするものであった。

　私は一呼吸おいて発言を続けた。

　「さてそれでは、今日の村松先生のご報告について、我々はそこから何を学ぶべきかということを考えてみます。

　私としては、最後に発言された 4 名の先生方のご発言のなかにすべてが語られていたと思います。つまり、長期目標・短期目標と言いたてる前に、日々の授業実践のその場その場で、子どもたちとの係わり合いをその都度どう進めるかを考えていくことが大切なのだということ、また、子どもと先生とのやりとりの世界、係わり合いの世界で、どうすればそこに子どもの輝きをつくれるだろうかということです。

　そのための係わり合いをどのように発展させられるだろうかということを、村松先生は子どもと一緒に考えながら進めてきたのだと受け止めることが、この報告のポイントなのだろうと思います。

13　活動の組み立てと見通し　　277

それは実は考えやすい、あるいは実行しやすいことだったともいえます。なぜならば、Ｙさんは２年前に久里浜養護学校に入学してきて、そこで初めて村松先生と出会います。Ｙさんにとっても、村松先生にとっても、二人の関係はその場から始まるわけです。Ｙさんにとっては新しい生活環境であるわけです。Ｙさんの学校生活がこれから始まるというそのときに、一緒に係わり合う者として、そこで何がなされなければならないのかと村松先生が考えたところから、今日まで辿ってきた２年間のご報告だったと思います。そういう意味では、資料のなかに係わりの基本方針が書いてありますが、これこそが大きな目標でなくていったいなんであろうかと私は思っております。

　そこには、1) 子どもが周囲の状況をよりよく理解するようにできないだろうか、2) コミュニケーション、あるいは、子どもとの間にやりとりをつくりだせないだろうか、あるいは、3) 子どもが自分でできることを一つでも増やせないだろうか、とそういったことが書いてあります。将来を見通した村松先生の視点というものが、そこにはよく書き表されているではありませんか。このような観点から、その場その場での子どもとのやりとり、あるいは授業実践というものを組み立てていくというのが、今日ご覧になった村松先生の取り組みであったわけです。」

〈実践から学ぶということ〉

　フロアに村松先生の実践に対する共感が徐々に漂い拡がっていく手応えを感じる一方で、久里浜養護学校のように、先生や設備やいろいろな面で恵まれた環境にあるからできたことだというような、あるいは奇跡や例外として受け止める視線も感じてしまい、私はついことばを重ねることになってしまった。

　「もしも村松先生の実践が他でなされていないユニークなものであるならば、なおさらですね。その意味を、自分たちの実践の中でもう一度問い直してみるということが、私たち聞き手の課題になってくるわけです。その作業が、今日の、この場から生まれてくれば、それでいいのではないかなと思っています。つまり、あたりまえのことでないからこそ、こういう場で報告しあって皆で一緒に考えるということに意味があるのではないでしょうか。」

　このようにまとめにもならないつぶやきのようなものを残して、私の発言は終わることになった。

（土谷良巳）

14

施設で暮らす重度・重複障害幼児が生き生きと暮らすための援助
——施設に入所して2年が経過した女児の事例を通して

神奈川県立横浜南養護学校

西谷貴美江

I　はじめに

　本校は、子ども病院を中心とした医療・福祉機関に入院・入所している児童生徒を教育対象とした学校である。私は1991年度に本校に赴任し、重症心身障害児施設（以下、「重心施設」と略す）入所児の教育部門担当となった。そこで重度・重複障害児のみならず、その子どもたちの日常生活を支える医療・福祉分野の人々とも密接に係わるようになった。そして、重い障害を持つ子どもの日々の生活を支える人たちの努力と明るさに接することができた。

　施設に入所している子どもたちは、短期入所の一部の子どもを除くと、様々な事情で家庭での生活が難しくなり、数カ月から数年にわたって施設内が生活の場になってくることが多い。これらの子どもたちにとっては、家庭に代わる施設の生活と学校生活が、日常生活のほとんどを占めている。私の前任校（精神薄弱養護学校）での子どもたちは家庭から通学していたので、家庭生活はもちろんのこと、学校での過ごし方についても一人ひとり異なっていたが、ここでは全員がほぼ同じ生活を送っているので、「学校生活」の目標も家庭からの通学生のそれとは違ってくるのではないかと考えた。

　この報告で取り上げた事例のNちゃんも、半年ほどの入所予定が延長となり現在に至っている。私がNちゃんの担任になったのは彼女が入所してから約半年後であったが、担任になる以前の本児の様子については、寒い時期で風邪が流行っていたため病気がちに過ごしており、また学籍児でなかったこともあって、あまり印象に残っていない。ただ、ふっくらした子どもらしい顔で座位保持椅子に座っていたり、保育の時間に抱かれていたりする姿から、施設内でみかける本児は受け身の状態でいることが多いように見受けられた。

　このような経過を経て、Nちゃんと私は施設内にある学校という場で毎日係わることとなった。私にとっては重度・重複障害の一年生と係わるのは初めて

で、しかも当初は、入所前の生活の情報を保護者から直接聞きとる機会はあまりなく、一つ一つやり取りし、試行錯誤もしながら本児を理解していく毎日であった。その後少しずつ情報を得ながら、指導の方針や内容を修正しつつ現在に至っている。

II　事例研究

1　事例の概略　N児（女）1988年8月生

（1）家族：父、母、姉、弟、妹、祖父母、本人。

（2）生育歴：温かい家族の中で可愛がられて育つ。両親とも本児の養育に熱心である。姉の病気治療のため本児の家庭養育が困難となり、本児は、1994年10月重症心身障害児施設に入所し、現在に至っている。

（3）医療歴：胎生期、周産期は特に異常なし。生後3カ月に原因不明の発熱と嘔吐を繰り返し、肺炎球菌による細菌性髄膜炎後遺症と診断された。また、水頭症を併発しシャント術を施行された（1988年12月）。てんかん発作があり、一日3回服薬している。

（4）教育指導歴：本児は、家庭の希望により、自宅から通学する予定で別の養護学校小学部に入学したが、施設入所が続いたためにその学校には一日も登校できず、学校生活としては本校が初めての場となった。正式には、1年生の4月末に本校へ転入学し現在に至っている。

（5）感覚面：日常生活の観察では聴覚に問題は認められず、7〜8m離れたところから話しかけても、音源を探るように声のする方向を見るなどの行動がある。視覚に関しては、私が本児の手前10mほどの距離から手を振って近づくと、本児は人を確認しようとじっと見続け、2mほどのところで相手が確認できると笑顔が出る。絵本の読み聞かせ場面では、絵をよく見ている。写真もじっと見て、知っている人が写っていると笑顔になるなど、近くの物をみるうえでは問題はない。

（6）運動面：筋緊張は全体的には低いが左右差があり、脊椎の左凸側彎がある。右股関節亜脱臼。定頸不完全。食事はミキサー食であり、下口唇の閉じを補助することで捕りこみや嚥下がスムーズになってきている。食事時間は30〜40分である。水分は経管栄養カテーテル注入により摂取している。

（7）行動の様子：対人関係については、施設の職員の顔を大体覚えていて話しかけられると笑顔を返すが、相手が知らない人の場合は素っ気ない表情となる。特によく係わってくれる人を区別しており、声を出したり、握手を求める

ように右前腕を動かしたりする。頭部に触れられることが嫌いで、整髪時など十分に予告をしても過度の緊張が入ることがある。人が好きで、抱かれて一緒に何かするときの表情は特によく、会話をするように声を出したり、歌を歌ってあげると一緒に歌うように発声したりする。

他方、物との関わりについては、本児の手のとどく範囲に絵本、キーボード、サインペンなどが置かれてあると自分から右手を動かし、本を触ったりキーボードの鍵盤上で手を上下させて音を出したりし、時にはサインペンを一人で握り不完全ながら自分の方に引き寄せたりする。自分の動きで変化が起こるような遊びを好み、対象物の変化をよく見ている。また、鏡を見てそこに映っているのが自分であることがわかり、髪をとかしてもらうような嫌なことも、自分の姿を鏡を通して見ることができれば我慢できる。

2　本児の入所施設と学校の概要

(1) 施設の概要：Nちゃんが入所している重心施設は、病院を中心とした総ベッド数が400床を超える小児医療・福祉機関の中に位置しており、施設の定員が40床、その内12床が常時高度の呼吸管理を必要とするいわゆる超重症児を対象とし、28床がその他の重症児を対象としている。また、定員の内10床程度は短期入所児用であり、これに該当する子どもたちは、数日から数カ月単位で入れ替わっていく状況である。施設で子どもに関わる職員は医師、看護師、指導員、保母、PT、OTなど総数50名近くとなり、学校の教員11名を加えると60名程の大人が子どもの前を往来していることになる。施設では一人の子どもに対して指導員1名、看護師3名、保母1名でチームをつくり、医療（看護）面・生活面の指導方針をたてているが、この中に学校の指導についても随時情報提供し、施設と学校が協力して子どものよりよい生活を考えていこうとする体制ができている。施設の日課は24時間動いており、夜間でもおむつ交換や経管栄養・投薬、体位交換が行われているが、子どもの一日は6時の起床・洗面・歯磨きで始まる。また睡眠リズムが確立されていない子や不穏状態の子がいて夜間に声をあげることなどもあり、家庭生活とはかなり違う環境といえるだろう。施設職員の勤務は3交替となっている。この中でNちゃんは医療的には比較的手のかからない集団の一員である。

(2) 学校の概要：本校は前記の医療施設に入院・入所している義務教育年齢の子どもたちのうち、本校に学籍を持つ子どもすべてを対象にした養護学校であり、常時80〜100名余りが在籍している。この中で重症心身障害児教育部門（以下、「重心部門」と略す）は現在15名の長期在籍者をベースに、短期在籍

者1～4名程度を加えて推移している。本校は、独立した校舎はなく、在籍児の心理的・身体的条件によって医療施設内各所に設けられた教室または学習スペースで授業を行っており、重心部門の通常の授業も重心施設内に設けられた教室を中心として行われている。

3. Nちゃんとの係わり合いの概要

昨年度（平成7年度）当初の時点において、Nちゃんは既に施設には入所していたが、その時点では数カ月後には家庭に戻ることが見込まれていた。そして上述したように、ある養護学校に入学し、自宅から通学する予定であった。しかし、入所期間の延長により、その養護学校には入学したものの通うことはできずに、本校に転校することとなった。正式に本校在籍となったのは4月末であったが、それ以前に本校に転入学することはほぼ確定していたので、実際は4月半ばより私の担任児童として係わりを始めた。昨年度初めから私は既に、Nちゃんとは障害のタイプの違う小学部高学年の子を担当しており、今年度（平成8年度）になって子どもはかわったがやはりもう一人担当している状況である。

Ⅲ 問題の整理

「はじめに」で述べたように、既に子どもたちは施設に入所していることによって家庭から通学するのとは全く違う状況に置かれているが、それに加えて学校や施設の物的・人的条件、あるいは、入所に伴うNちゃんを取り巻く条件（姉の発病に伴う突然の入所による本人の不安や、我が子の病気とそれによって障害児であるNちゃんを施設へ預けねばならなくなった両親の思いといった心理的な条件）など様々な要素が絡み合って「指導の場」は成り立っている。ある一つの条件は常にプラス面とマイナス面の両方を合わせ持っているので一言で良いとか悪いとかいえないのだが、ここでは一応以下のように整理した。

1 学校の条件

（1）学習環境：本校の重心部門は訪問教育課程ではないが、重心施設内に教室が一室と、廊下をはさんだオープンスペースの一区画を使わせてもらい、これら2カ所を病室から離れた登校の場としている。その他、超重症児の授業は、病室内プレイスペースやベッドサイドで行うことも多いものの、いずれにしても施設内で学校生活のほとんどが行われている（図14-1）。このため施設・医療職員との日常的な交流があり、協力しあって子どもの生活向上をめざすこ

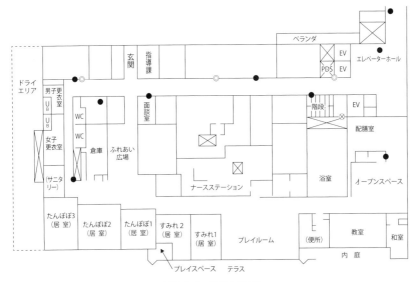

図 14-1　施設平面図

とができる環境にあり、教員がある制限の中でいわゆる医療的ケアをすることも日常的である。

　登校の場である教室とオープンスペースに 16〜19 人程の在籍児が毎日登校し、2 グループに分かれて授業が行われる。教室はドアを閉めれば一応独立した空間とはなるが、もともと人数に見合った面積とは言い難いうえ、教材や作品保管の場も兼ねているため雑然としがちである。また個別の係わりをする場合にも、3〜4 組で使用せざるを得ないため視覚面でも聴覚面でも互いに邪魔し合う状況になりがちである。またオープンスペースは、廊下を施設の職員が通ったり他の場所の音が聞こえてきたりすることがあるため、子どもたちの集中力がそがれるような環境にある。そこで、2 グループが授業内容によって場所を適宜交換することにして使用しているが、日によって場所が違い、固定的に使用することや大型の教材などは取り入れにくい状況である。また常設して学習に取り入れたいような遊具（たとえばトランポリンやブランコ）なども設置できない。

　一方、子どもたちの登校する先が施設内であることは、重症児で常に身体状態に変化が起きうることを考えれば、医療スタッフがごく近くにいるためにわれわれ教員は安心して指導に取り組むことができるという大きな利点にもなっ

表 14-1　時間割

時間	月	火	水	木	金	土
9:30 〜 10:45	授業	授業	授業	授業	授業	授業
10:45 〜 11:20	すみれGの授業	授業	授業	授業	すみれGの授業	授業
11:30 〜 12:30	食事指導	食事指導	食事指導	食事指導	食事指導	
14:00 〜 15:00	クラブ／授業（個別）	すみれGの授業	授業（個別）			

表中の「すみれGの授業」とは、超重症児といわれる「すみれグループ」所属の子どもたち全員（学籍外の子どもを含む）による授業時間である。また、月曜日のクラブ活動は毎月の第1、3、5週目に、個別の授業は第2と4週目に行われる。

ている。さらに医療・福祉の多職種の人たちが身近にいることで一人の子どもについていろいろな面からの評価がなされており、学校が単独である場合とは格段に違う情報が得られ、指導に役立てることができる。

　また施設を離れた学習環境として、医療施設全体を学習の場として院内散歩や外気浴を行うことがある。院内の場合、医療施設自体の規模が大きいためエレベーター、外来食堂、職員図書室などかなり本格的な設備が備えられているので、わざわざ外に出かけなくてもこれらの施設・設備を指導に利用できる利点がある。

　（2）人的条件：年間を通して私は二人の子どもを担当しているが、訪問教育ではないので常に二人が登校してくる。今年度のもう一人の担当児Aちゃん（小5・女）は、呼吸管理が常時必要でかつ側彎も進行しており障害としてはNちゃんより重い子どもである。個別担任制をとっているために他の教員も一人ないし二人を担当していることから、Nちゃんの個別の係わりをする間に、Aちゃんの指導を他の教員に頼むことは難しい状況のことが多い。Nちゃんとの係わりをしている間にAちゃんに緊急の医療的ケア（痰の吸引など）が必要となることも多く、やむなくNちゃんとの係わりを中断せざるを得ないことも多い。

　個別授業時間が週2回午後に各60分あるが、これも二人で平等に分けると一回ずつとなり、施設の入浴日と重なっているため時間的な制約もあり、内容についても限定されてくる（表14-1）。

　本校では重心部門以外の部門では普通小学校・中学校の教育課程を採っており（一部児童生徒を除く）、年間を通して普通学校と同様に校外学習や各種行事が行われている。これらの行事には重心部門以外の子どもたちとの交流と施設

表14-2　重心部門関連行事一覧（1996年度）

月	日	学校行事	日	施設行事
4	5	入学・始業・着任式	11	お楽しみ会
	6	離任式	18	バスハイク
	17	保護者会		
	23	中：遠足（歴史博物館）		
5	9	小高：遠足（金沢自然公園）	21	たんぽぽ大遠足
	18	全校朝会		（横浜ドリームランド）
	23	小低：遠足（横浜ラポール）		
	26	開校記念日		
6	6	文化祭（体育館）	11	お楽しみ会
	24	重心：校外学習（横浜ラポール）	27～28	宿泊行事
7	1	授業参観	4	夏祭り
	9～11	中：宿泊訓練・（愛川ふれあいの村）	16	28 海水浴
	19	終業式		
8			22	花火大会
9	2	始業式	5	お楽しみ会
	12	中1・2：遠足（鎌倉シネマワールド）	10	すみれ大遠足
	19	小1・2：校外学習（金沢郵便局）		（あゆみ荘）
	24～26	中3：修学旅行（京都）		
10	1	小4・5：遠足（根岸森林公園）	8	東京ディズニーランド
	3～4	小6：修学旅行（静岡方面）	22	運動会
	22	運動会（グランド）		
	29	小低：遠足（水族館）		
11	7	中：校外学習（朝日新聞社）	6	保護者会共催パーティー
	12	小5・6：校外学習（日産）	28	水族館（マリンパーク）
	16	全校朝会		
	21	小3・4校外学習（県警本部）		
12	2	授業参観	5	バスハイク
	16	重心校外学習（子どものアトリエ）	19	クリスマス会
	24	終業式		
1	8	始業式	14	餅つき会
	21	小3・4：校外学習（こども科学館）	30	バスハイク
	23	中1・2：校外学習（そごう美術館）		
2	1	全校朝会	6	お楽しみ会
	4	小5・6：校外学習（国会議事堂）	27	バスハイク
	18～19	宿泊訓練（あゆみ荘）		
3	4	中3：校外学習（鎌倉）	9	お楽しみ会
	9	授業参観	18	鎌倉シネマワールド
	11	小1・2：校外学習（子どものアトリエ）		
	29	終業式		

外活動を少しでも多く保証していきたいとの理由により、重心部門の子どもも当該学年の活動にはできるだけ参加することにしている。このため私の場合、小学部低学年と高学年両方の行事の引率に出かけることになり、当該学年の子どもが出かけるときにはもう一方の子どもは学校に残ることになるが、担任はいないため継続的な学習内容に関してはできなくなるという事態になる（表14-2：行事一覧）。また当該学年行事以外でも他学年の子どもと教員が出かけることがあり、その際にはその教員の別の担当児が残る場合もあるため、それらの子の指導を残っている教員で分担するようになり、各学部の遠足や校外学習などの行事の日には自分の担任の子に対しても継続的内容ができなくなることが多い。また、施設行事に教員が協力するために同じような状況になることもある。

Ｎちゃんの日常生活で係わる大人の数が多いことは前述したが、このことはＮちゃんについての情報が伝わりにくいことにもつながり、成長がはっきり目に見える形とならないと全体の共通認識にはなっていかない面をもっている。しかし、係わる人数の多さは逆に毎日朝になると現れる特定の人間としての私を際立たせることになっている。また一週間の中で私が現れない日は、土曜日あるいは日曜日で学校が休みの日であることがはっきりし、時間の流れをより明確に意識づけるためには有効に働いていると考える。一方Ｎちゃんと多くの人との係わりをみてみると、Ｎちゃんが人をはっきり区別しており、相手によって表情の違いが４種類程に分かれていることに気づく。特に家族に対した時の表情は他の人の場合とは全く違い、何かを訴えるように大きな声を出し続けたり、表情も甘えるようなものとなったりする。このことは本人の理解力の高さを示すと同時に、家庭生活の記憶を維持させている両親の努力を知ることもできた。

2　Ｎちゃん側の条件

（1）親の思い：Ｎちゃんの両親は、Ｎちゃんの幼児期に訓練を積極的に受けるために努力し、地域の入学前療育センターに通ったり、施設入所後も可能な限り面会や帰宅の機会をつくったりと、Ｎちゃんの養育には熱心であると思われる。しかし姉の突然の病気治療のために今までのそうした取組みを中断しなければならなくなり、さらに家庭での養育も困難となりＮちゃんは施設入所となった（施設の資料より）。これらの状況の中で両親には、わが子を手放す不安や訓練中断に対する焦りなど様々なことが頭の中を駆け巡ったに違いない。そ

うした半年を経た後、Ｎちゃんは本校の児童となり、私が担当することになった。私は家庭から学校へ通っているＮちゃんの担任ではなく、施設へ預けざるを得ない状況の両親からＮちゃんを預かった学校の担任として、両親の思いを受け止めるとともに、Ｎちゃんが心理的に安定し、心理的な不安定により病的な状態になることがないように援助していきたいと考えた。両親の精神的負担を間接的にでも軽減する役割を担うことも、施設入所児の在籍する学校の大切な役割であると考えた。

（2）Ｎちゃんの気持ち：両親が不安や焦りを持っていたと推察されると同様に、何より本人にとっては、全く予期せぬ施設入所となったため、それに伴う不安は大きいものだったと思う。人をはっきり区別できるＮちゃんにとって突然全く知らない人に囲まれ、家庭とは違う環境の中での生活から来るストレスが大きかったことは容易に想像できる。事実本児は、体調も落ち着かず、不安の表現とも言える強い緊張が続いた（施設の資料より）。

以上のように様々な利点や欠点を抱えた場での学校教育であるが、個人的に工夫できるところは別として、物的・人的な条件が今後短期間で改善されることは難しく、今ある場を利用できるところは活用し、できないところも受け入れつつ日々の係わりをしていこうと考えている。

Ⅳ　係わりの実際

1　係わりの目標とその設定理由

（1）親しい人間関係を基盤に心身の安定をはかる：Ｎちゃんは、施設に入所してからしばらくの間、緊張して反り返ったり、風邪をひいて長期間ベッド安静を余儀なくされるような状態だった。だが、このように突然自分の生活の場から離されたとしたら、障害のあるなしにかかわらず精神的に落ち込み、それが肉体的にも影響して来ることは容易に理解できる。家庭での日常にできるだけ近い状況を保つために、教員としてできることをしていくことがまず第一にするべきことだと考えた。

（2）食べようとする気持ちを育てる：Ｎちゃんは筋緊張が全体的に低いため摂食機能も乳児期の段階であり、日常生活の中で食事は、時間的にも体力的にも大きな比重を占めている。家庭では母親の努力によって固形食・水分とも経口摂取していたということだが、入所してからの評価で経口では必要量の水分摂取が難しいということがわかり、水分は経管栄養カテーテルによる摂取を行うことになった。施設生活では水分摂取も含めた食事を一定時間内に終えなけ

14　施設で暮らす重度・重複障害幼児が生き生きと暮らすための援助　287

ればならないことや、本人が食事に費やす体力を考えても、現段階ではカテーテルによる水分摂取は必要なことだと思った。

　しかし観察により味覚はある程度はっきりしており、食べる意欲はあるように見受けられた。やがて自宅に帰るNちゃんの場合、母親の努力を継続することも大切なことであり、私が対応できる昼食での経口による食事指導をできるだけ継続したいと考えた。

　(3) 運動機能の維持・向上をめざす：施設には機能訓練の専門職がおり個人の運動レベルに合わせた訓練が行われているが、時間としては十分とはいえず、助言を得て教員が訓練内容の一部を担うことも必要である。また自分の身体を自分の思うように動かすことができることは、生活の中で意思をもって行動しようとしたときに大変重要である。本校の授業で訓練をとりあげることは人的・空間的な条件で難しい面もあるが、日常の活動の中でできるだけ補う事ができるようにしたいと考えた。

　(4) 自分の意思を伝える方法を確立する：私たちは日常いろいろな場面で選択しながら生活しているが、身体に障害がありしかも施設での生活では、本人が全面的に受け身であったとしても日常生活は淡々と流れてしまう。そこで学校の時間では選択するような場面を意識的に作っていき、Nちゃん本人が選択する経験を多くすることにより、意欲的に生き生きと生活してほしいと考えた。また、両親にとっても障害児の学校生活を経験することは初めてのことであり、Nちゃんの意思を確認するという新たな視点を持ち、本児の今後の生活の幅を広げてもらいたいとも思った。

2　係わりの経過

　実際の係わりは、前述の目標を踏まえた上でⅢ-1に述べたような条件の下に、授業時間中は一つながりで行われている。言うまでもなく日常生活では一つの目標に向けての取り組みが独立して成り立っているのではなく相互に関連しあっている。また、予定していた指導内容がいろいろな理由で変更せざるを得ないこともよくあるが、焦っても仕方がないので次にできる条件が整ったときにやろうという気持ちでいる。

　(1) 日課：1996年12月現在の日課は次のようになっている。9：30に日常の生活で使用している座位保持椅子で、居室から施設で日常生活を過ごすプレイスペース前を通過して教室へ登校する。私が「おはよう」と声をかけると、Nちゃんは大きな口を開けて、声を出そうとする。「あー」と声をだすことも

あるが、力が入りすぎてしまい出せないこともある。移動中に話しかけてくれる大人（施設の職員や教員）には、握手を求めたり『いってきます』の挨拶として手を振ったりする。私と手をつないで移動することにしてからは僅かの間に手をつなぎたいと本児の方から前腕を動かし求めるようになった。

　教室の入口を示すメリーゴーランドに触り、次にひもを引いてチャイムを鳴らし、教室到着を確認する。10時頃、グループのみんなで、月毎に決めたマッサージの曲（軽快なリズム）と歌うための曲（ゆったりした曲）に合わせてそれぞれの活動を行う。その後11時頃まで、グループ（8名の児童と教員5名）での活動や個別学習（2名の児童と私）を日替わりで行う。排泄指導をはさんで、11：40～13：00頃までが昼食時間となっている。

　(2)　経過：次に係わりの内容で整理すると、目標ごとの経過は次のようなものであった。

　①『わたしは元気だよ！』

　学校に登校するようになったころからNちゃんは体調が安定してきた。特に今年度は学校のある時期に点滴を受けるような状態になることは全くなかった。

　昨年度本児が登校し始めた頃、私は授業時間中はできる限り本児を抱いて過ごすようにした。本児は、抱かれて学習に参加することで、落ち着いて学校生活に慣れることができたようで、一週間程経つと朝、私が声をかけた時に、笑顔を見せてくれるようになった。しかし行事など日常と違う状況では、視線をせわしなく動かしたり顔をこわばらせたりするなど、不安の表情を見せることが多く、反り返りが強くて座位保持椅子やバギーに座っていられなくなったり、泣き声を出し続けたりするようなこともあった。そのような時には行事の進行中であっても私が抱くと、本児は反り返りがおさまり泣きやんだ。回を重ねるうちに抱かなくても私が側にいて話しかけたり手をつないだりすると、本児は落ち着くようになり、さらには側にいるだけで時々チラッと私がいることを確認するように見て落ち着いていられるようになった。今年度になってからは私がすぐ側にいなくても、よく係わってくれる教員がいたり、普段一緒に過ごすことの多い子どもの顔がみえたりするだけで、落ち着いて行事に参加していられるようになった。このような状況の時に私と目が合うと、「おもしろいね」とでも言うように微笑み、再びそれまで見ていた方に視線を戻すといった余裕さえみられるようになっている。

　また、抱くことと同時にすべての場面で私が心掛けてきたのは、予告をする

ことである。本児が新しい場で不安なのは次に起こる事が予想できないことによることが多いと考え、本児に触れる時には必ず声をかけ、本人が見える位置から行うようにした。私は、これらのことは随時施設の職員にも伝えてきたが、言葉かけを多くしてもらうことが本児の不安材料を減らすことにつながったのではないかと考えている。たとえば姿勢を変えるために抱き抱える時にも、声をかければ本人なりに身構える様子が見られ、低緊張で姿勢の変換時には不自然な姿勢になることも多く、そうしたことからくる精神的負担も軽減されるのではないかと思われた。

　②『もっと食べたい！　もういらない！』

　入所当初を除いてNちゃんは、朝は経管栄養で、昼・夕食を経口摂取している。夕食は施設職員の交替勤務によって介助の担当者が毎日変わるので、ほぼ継続的に係わるのは学校のあるときの昼食指導を行う私ということになる。

　初めの頃は床で横抱きにして食べさせたり、水分も経口摂取させたりしていたが、本児の良い姿勢を保つためには、私の体力面で無理があるとともに、時間が60～70分かかるため本児にも疲労が見られた。そこで約一年半前からは座位保持椅子で対面または右側から食べさせ、食後には水分を注入する現在のやり方に落ち着いた。

　昨年度末（1年生）から食事の終り頃に「もっと食べる人はアーンして。もういらない人はいらない（首を横に振る）をして」と問うことにした。2カ月程後には、もっと食べたい時には大きな口を開けこちらを真っ直ぐに見、食べたくないような時には首を横に動かしたり視線を合わせないようにすることが多くなってきた。確かに本人の好まない味の時や多分満腹だろうなと思われる状況の時にこれらの行動がみられた。現在では食べ始めたばかりでも嫌な食べ物の時には首を横に振り視線を合わせないため、「これはいらないのね」と私が話しかけると、本児は視線を合わせにっこりするというように意思表示のサインとして自分から使うようになってきている。

　これらのやりとりを続けるうちに、本児は、自分の口に入るものが何であるか見ようとするようになり、単に食べさせてもらう受け身の状態ではなく、自分が食べるのだという積極的な姿勢に変わってきていると思われる。

　③『わたし、自分でやるよ』

　身体に障害がある場合、自分でやりたいことがあっても実現できないために、気持ちまでが受け身となってしまう現実がある。Nちゃんの場合、低緊張であるため自分から何かしたいと思っても補助なしにはできないことが多い。

しかし少しでもできる事が増えていくこと、動くところをいい状態で維持していくことは意欲的に生きていくための基本条件であると考え、私は、授業時間には常にそのことを意識して座位姿勢の工夫、短下肢装具の使用、体操などを行った。

手を使う活動では、ヘアブラシで髪をとかすことを継続して行った。Nちゃんは顔周辺が過敏で、髪をとかしたり顔を拭くなどの際に触られると、呼吸抑制を伴うほどの反り返りをすることも多くある。そこで、学校で髪を整える時には、本児にヘアブラシを見せてから手に持たせてとかすと、緊張をしても短時間で緩めることができるようになってきた。この時に鏡を見せるととても嬉しそうな笑顔を見せてくれるようにもなった。

授業では歌を聞いたり歌ったりすることがあり、初めの頃から、歌を歌ってもらうと嬉しそうな表情を見せていたが、今年度になってから大きな口を開けて自分も歌うように声を出すことが多くみられるようになった。そこでゆっくりした曲を選び、前に立って「あー」といってみると、一緒になって「あーあー」と息継ぎをしながら模倣するようになってきた。呼吸の安定は健康の増進の面からみても重要なポイントである。同時に自分でカセットレコーダーの操作をしたいというように、前腕を動かしてくるようにもなってきた。

④『どっちにしようかなあ』

私は、本児に選択する場面を多く経験させたいとは思っていたが、人的な制限から教室を離れて行う指導内容を継続することは難しいので、室内でできる内容を考えた。また、場所の移動にも迅速に対応できるように、取手つきプラスチックケースにペン、はさみ、セロハンテープ、くし、絵本などを入れた。また短時間で学習が完結するような内容をその日の事情に合わせて行うようにし、中途半端に終わった感じが残らないようにした。それらの中から長期に渡って行っていることについて述べる。

カレンダーへのシール貼りを、対象をしっかり見て選ぶ教材として取り入れた。普通のカレンダーに市販のシールを貼る内容で、シールを2種類見せると、始めた頃（1年生初夏）は眺めているような感じでディズニーキャラクターの方に視線を止めることが多かった。私は、本児がじっと見ている方のシールを指さして「こっちがいいのね」と言いいながらはがし、一緒に貼る作業をした。半年経った頃（1年生秋）にはカレンダーを見せただけで、本児は、肘の支えをしていない場合でも右前腕を動かしてやりたいという意思を表すようになった。今年度初め（2年生）はシールをしっかり見比べ、ほとんどの場合僅

かだが指先を動かし、ディズニーキャラクターで視線を止めた。現在（2年生12月）では3〜4回『どっちにしようかな』というように視線を動かし決めるようになったり、選ぶシールも車や動物などその時々で変わるようになった。

　昨年度（1年生2学期）から写真カードを一日の予定を説明したり行き先を予告したりするために使っていたが、今年度は身近な人の写真カードを見てその人を探す学習場面で、グループの人をカードで説明し本人を探すような設定にした。その結果係わりの深い5〜6人の写真を見せると、その人を探すように視線を動かし、見つけると笑顔を見せるようになった。

　紙を広げサインペンを見せると、本児は、ペンをめがけて手を伸ばす行動は初めの頃からあり、ペンが絵を描く道具であることはすでに理解できているようだった。そこで補助してペンを持たせると、本児は全身に力を入れて押し出したり引き寄せたりして、自分が描いた線もよく見るようになった。選ぶ色も、当初の淡い色だけでなく濃い色も選ぶように変わってきている。

3　係わりの今後の方向

　Nちゃんは、今年度9・10月の2カ月間短期で入所していた小1の女の子をじっと見ており、時にはその子どもの真似をしようとしているのではないかと思われる行動も見られた。

　そしてそれ以後、周りの子どもをよく見るようになってきた。本児は、以前から大人や交流授業中に他部門の活発な子を追視していることはよくあったが、施設内で子どもを見ていることはあまりなかったように思う。私は、本児が真似をしようとするまでに成長していたことに嬉しい思いがあると同時に、さらに多くの経験をしたり友達との係わりの場を設定していくことが今後必要であると考えている。

V　考　察

　施設に入所している子は子どもの側から言えば、突然家庭から離された状況にあり、家庭環境との違いから受ける影響は、どの子にも程度の差はあれストレスとなって表われる。私がNちゃんへの対応に当たり、学校の担任としてまずやらなければならないことは、学校にいる時間を本児にとって安心できる時間にすることだと考えた。一般に乳幼児期には、特定の信頼できる大人（母親でなければならないということはないが、一般の家庭生活では母親であることが多い）の存在が心身の成長に欠かせないと言われているが、同じようなことがN

ちゃんについても言えるのではないかと考え、初めの頃は本人の要求はできる限り受け入れるようにした。行事参加時のＮちゃんの変容の様子を見ると、学校生活の中では私が「特定の大人」の存在に近かったのではないかと推察できる。時間の経過と経験の積み重ねで施設の日課や職員の顔も覚え、不安材料が減少するにつれて、身体的にも安定し大きく体調を崩すこともなくなってきたと考えられる。心理的な不安を和らげることは養護学校の指導として大切なことであるが、本校のように施設入所児・病院入院児を対象とする学校では不安を和らげる方法も家庭から通学している場合とは異なり、家庭での両親の役割を果たすことも重要なことであると強く感じた。

　また、食事指導時間はＮちゃんと私が完全に１対１になれる時間で、この時間を通して単に摂食指導だけではなく、いろいろなやりとりをする貴重な時間となった。食事場所である施設のプレイルームは人からの刺激が多く集中しにくい面もあったが、Ｎちゃんと私とのやりとりを施設職員に知ってもらう格好の場でもあった。施設職員のように、多くの子どもに交替勤務で係わることは異なる時間帯の様子を把握する点においてはよいことであるが、一定の観点で見続けることにおいては難しい面があると考える。その点、私が得た情報と施設のものを総合してＮちゃんについて考えることは、よりよい環境を作ることにつながってきたと思う。私の方は学校生活以外の時間帯の情報を得ることは、Ｎちゃんにとって必要なことと見極め、指導計画を立てる上で大変参考になった。

　両親には授業で行った事やその時の様子等を私の感想なども含めて連絡帳を活用して伝えるようにし、家庭との連携も保ちたいと考えてきた。Ｎちゃんがいずれ家庭に帰り地元校に通学するようになった時に、施設入所中の学校生活でどのようなことをしていたかを両親に知っていてもらうことは、家庭と地元校との連携のためにも大切なことである。いろいろなことをどんどん吸収する時期にさしかかっているＮちゃんの様子は、家庭にいた頃と少しずつ違ってきていることを母親が折りにふれ伝えてくれる。そうしたことすべてを今後の生活設計の中に取り入れてもらうことは、Ｎちゃんの今後の生活の質を高めることにつながっていくものだろう。

　また今、Ｎちゃんが生き生きと生活していることは家族はもちろんのこと、施設職員をも元気づけているように感じることがある。集団生活とは不思議なもので、明るく生き生きとしている人がいることで、全体が明るくなるような側面があるように思う。

14　施設で暮らす重度・重複障害幼児が生き生きと暮らすための援助　　293

教育環境の不備にも拘らず次々と新しい成長を見せてくれるNちゃんに、教員としての楽しさを味わわせてもらっている毎日である。

付記：Nちゃんに出会い、その周りの方々からのものも含めて私が学ばせていただいたものは、とても大きいものです。Nちゃん本人はもちろんのこと、ご家族や施設職員のみな様にこの場を借りてお礼を申し上げます。

●コメント

　西谷先生が勤務する病院内学校を、そして病院の重症心身障害児施設内にある「教室」を筆者が定期的に訪れるようになってから6～7年になる。筆者はまた、部内事例として早坂が取り上げている民間の施設にも20年ほど定期的に訪問している。いずれの施設も、「教育環境」という観点からみれば独立した校舎のある学校に比べて種々の制約があるものの、施設の職員からは重症心身障害児の生命活動を支えるに当たっての教育の意義をとても重視していただいていると思う。

　さて、今回の事例研究集のテーマである「『指導の場』に視点をおいて」について、西谷先生は、自分たちが担当する子どもたちと係わる「指導の場」とはどのような場であると述べているのか、整理してみれば以下のようである。

　第1に、基本的には重症心身障害児施設の一画に設けられた「教室」とオープンスペースが中心であり、必要に応じて重症心身障害施設内あるいは病院施設内も利用可能であると述べている。

　第2に、教室は、児童生徒数および教員数全体に照らせば狭い空間であり、グループ活動に際しても個別指導に際しても種々の支障が生じやすい。教室は、指導のためにあるばかりではなく、「教材・教具の保管場所」も兼ねているので、指導に必要な空間はさらに狭められると述べている。

　第3に、しかしこの「指導の場」は人的資源が豊かである。施設職員と学校職員が協力して「子どものよりよい生活を考えていこうとする体制ができている」からである。互いに子どもの医療面、施設生活面、学校生活面の情報を交換し合ったり、互いの活動を支援し合っているのである。

　第4に、さらにこの「指導の場」は、家族から離されたNさんの寂しい気持ちを察して「安心して過ごせる時間」を保障することを最優先にしている。家庭の都合により子どもを施設に預けざるを得ない「両親の思い」も受け止め何

らかの形で指導に反映しようとしている。したがって、人との円滑な関係が進展することや、人に向かっての意思が発現しやすい状況の工夫に指導の重点がおかれている。

以上のように整理された「指導の場」の特徴の内、第1と2の内容は、「指導の場」を「教育環境」という観点から見た場合の指摘である。上述したように教育環境とすれば、独立した校舎のある学校に比べて、はるかに多くの制約がある中で教育実践がなされているといえる。先生が言うように、「個人的に工夫できるところは別として、物的・人的な条件が今後短期間で改善されることは難しく、今ある場を利用できるところは活用し、できないところも受け入れつつ日々の係わりをしていく」ことになるのかもしれない。

「個人的に工夫できる」点としては、色別マットを敷いたり、普段使用している車椅子用のテーブルよりもやや大きめのテーブルを用いたり、あるいは簡便な衝立等利用して個人用（あるいはグループ用）のスペースを指導時間内に設けることが考えられる。これらによって活動空間を区切り、子どもの意識が活動（課題）場面に集中するように助けたいと思う。また、「教材の保管場所」を単に教師のための保管場所とせずに、子どもの活動拠点の一つに位置づけ、子どもが自分の好みの玩具や学習補助具を選べる場にすることもできるように思う。

また、第3と4の特徴と関係することとして西谷先生は、施設児の多くが「様々な事情で家庭での生活が難しくなり、数カ月から数年にわたって施設内が生活の場になってくることが多い。これらの子どもたちにとっては、家庭に代わる施設の生活と学校生活が、日常生活のほとんどを占めている」と述べている。したがって、西谷先生らにとっての「指導の場」とは、施設生活を送る子どもたちの日常生活に寄り添う場でもあるといえるであろう。限られた空間の中で少しでも充実した「日常生活」が送られるよう先生らは本文にあるように種々の取り組みを行っているのである。

また、少しでも豊かな生活を送ってもらいたいという教師や療育者の願いに関連して、次のような日常生活の一コマも注目しておきたい。それは、子どもたちが教師とともに「教室」に登校してくるときは、それが同じ施設内にあっても、毎日施設職員から着替えをさせていただいて送り出されるのである（子どもの体調が十分でなく、教師がベッドサイドに行くときは、子どもはパジャマ姿のままかも知れないが）。このことを西谷先生はごく当然のこととして受け止めておられるためか何も述べてはいないが、筆者は以前、学齢の子どもでも、病

院に入院しているのであるから普段着に着替えることはないという病院内重症心身障害児施設（そして施設内訪問教育の場）があることを知り、愕然としたことがある。着替えをして「教室」に出かけるということは、子どもの日常生活リズムを整えるうえで極めて重要であると同時に、施設内における豊かな生活を考える第一歩になるように思われる。

　またこの「教室」は、採光と保温のために広い二重のガラス窓が設置され、また、極めて空調の整った場でもある。筆者らは、2～3年前に、この「教室」も含めて重度・重複障害児の指導がなされている種々の学校や施設で粉塵計を用いて空気の汚れ具合を計ったことがあるが、この教室内の粉塵は極めて低いレベルであった。西谷先生も触れておられるようにこの教室や教育活動に使用しているオープンスペースには痰の吸引や酸素供給のための装置が設置されているが、これら以外にも子どもの健康保持に配慮した場であるといえるであろう。

　最後に、事例に取り上げた子どもの指導内容に関連するが、西谷先生は「教室」とオープンスペースを中心として、必要に応じて施設内あるいは病院施設内も利用可能であると述べている。このことは、教室とその近辺に限らずに活動の拠点を増やしていこうとすることであると思われるが、このような活動の拠点づくりは、重症心身障害児にとって意味のある生活世界の拡大のためには極めて重要であると思う。またこの際には、施設内あるいは病院内の特定の人に会いに行く楽しみが含まれるとよいように思う。西谷先生によれば、本児は、人の顔を見分けることに優れた子どものようであり、もし、本児の方から定期的に訪問し、短時間でも本児の相手になってくれる人が見つかるなら、本児にとって施設内生活の充実度がさらに高まるようにも思われる。

（川住隆一）

15

わかる世界、わからない世界
――ともやくんのひらがなを巡って

群馬大学教育学部・前橋こどもの部屋
中野尚彦

I　ともやくんのこと

　私とともやくんが「ひらがな」や「数」の勉強を始めてかれこれ4年になる。時間や回数はたいして多くはない。1回1時間かそこら1年に15回程度のことである。私はともやくんと勉強以外にほとんど何もしなかった。もっぱら「ひらがな」や「数」の勉強だけをしてきた。それで、ともやくんの勉強がすごく進んだかというと、そうではない。ともやくんは今でもひらがなが読めないし、足し算もできない。

　それでもともやくんの勉強したことを書くとなると、きりなくたくさんの言葉が必要になりそうである。

　(1)　ともやくんとえりさん

　1998年3月現在、ともやくんは13歳、養護学校中学部の1年生である。小学校特殊学級4年生の時から、双方に支障が生じなければ月に2回の約束で、放課後お母さんと一緒に私の仕事場[1]に来る。

　小さな妹のえりさんもしばしばくっついて来る。初めてこどものへやに来た頃、えりさんはやっと3歳、なんでもお兄ちゃんと同じにしたい。「あ」と同じ形は「あ」か「お」か、お兄ちゃんは今それを考えている。えりさんは傍で見ていて、それがよくわかる。だから自分も同じに勉強したい。

　えりさんはそんなふうに勉強しなくてもどこかでいつのまにか、ひらがなを覚えてしまう。この春1年生になるが、もう絵本も読めるし、名前も書ける。数が数えられるだけではない。生活のいたるところで数や量を使いこなす。

　ともやくんが初めてこどものへやに来た時、ともやくんは文字や数を知っているか、お母さんに尋ねた。いいえ、と言われる。でも普段の生活の中でともやくんが何か文字や数に関係して言ったりしたりすることがあるのではないか。ともやくんの日常生活の整い方から、私にはそう思える。しかしその質問

にお母さんは困った顔で考えて、ないと思う、と言われる。

　今、ともやくんはひらがなの形を区別することができる。読めないが全部の形を区別することができる。3個のマルが書いてあれば、3個のボタンを取ることができる。

　3歳から6歳まで、えりさんはたくさんのことを学ぶ。それは誰でも知っている。ともやくんもこの4年間それに劣らずたくさんのことを学んだ。そのことはなかなかわかってもらえない。

　ともやくんが一生懸命考えていることをえりさんはどこかでいつの間にか飛び越えていった。でもともやくんの学んだことがえりさんに比べて少なかったわけではない。そのことを誰か信じてくれるだろうか。

　(2)　ともやくんの生活

　ともやくんはえりさんのように利発にたくさん話せるわけではない。今でもともやくんは3歳だった頃のえりさんほどおしゃべりはできない。でもともやくんは、両親と祖父母、お兄ちゃんと妹の7人の家族の中で言葉で暮している。ともやくん自身が言葉について不自由を感じている様子はない。語彙は少なくても、文は短くても、少し音がはっきりしないことがあっても、思った時、感じた時、必要な時、言葉にできることは自然に言葉にする。

　言葉だけではない、日常の生活についても同様である。自分でできることは、自分でする。できないことは、お母さんの世話を受けることができる。何か家庭で困ることがあるか、いえ、それは……別段ない、とお母さんは言われる。

　初めの頃、ともやくんは少しべそかきで、おとなしい人に思えた。声もほとんどださない。でもだんだん慣れてきて、時には腕白な表情もみせる。私が何か失敗したりすると「なに？　どうしたん？　こぼした？　あれ、こぼした？」と大きな声でとても喜ぶ。えりさん相手にちらりとお兄ちゃんの権威をみせたりもする。どうやら家庭では陽気で活発な男の子であるらしい。学校でもクラスでともやがいちばん賑やかなのだ、とお母さんは言われる。

【守るか進むか】

　べそをかくのは、ともやくんの「身の護り行動[2]」だったように思う。状況が難しそうで不安になると、まず泣く。どの部分が難しくてわからないか見分けて、それに直接立ち向かうかわりに、状況全体が和らぐように人にお呪いをかける。賢いやり方である。

　しかし、状況の細かい部分が見えればお呪いはいらない。難しそうでもよく

見れば、わかる部分もたくさんあったりする。わかる部分で安心を確保できればわからない部分に立ち向かうこともできる。立ち向かって越えることができるならば、泣いていないで真剣に取り組む方がいい。

　ともやくんが方針転換をするのに時間はかからなかった。ひらがなでも数でもともやくんはいつも真剣に取り組む。ともやくんの真剣さにつられてこちらもつい夢中になって、もう一つもう一つと続けてしまう。気がつくとともやくんは草臥（くた）びれてボーッとなっていたりする。

　（3）お母さんの考え

　家庭でも学校でもともやくんは元気に生活している。何か特に困ったことがあるわけではない。もしお母さんの重ねての希望がなかったら、私はともやくんとの勉強を始めていなかったかもしれない。

　お母さんはともやくんの生活をどう思われていたのか。ともやくんはともやくんの生を生きる。だからともやくんが育つように育てる。それはお母さんの考えであったと思う。しかしもし、そうです、それで良いでしょう[3]、とお母さんや家族の人に言ってくれる人が誰もいなかったら、聞いてくれる人もいなかったとしたらどうか。人が自分一人の考えで立ち続けるのは難しいことだ。そうです、それで良いでしょうと言うお母さん達の言葉なしには私も仕事を続けることはできなかったと思う。

　ともやをどう育てればいいのかノイローゼになりそうな時もあった、とお母さんは私のスタッフに話されたそうだ。最近まで、私はそのことを知らなかった。

　ともやくんと何をするか。私はあれこれ考えることなしに、ひらがなや数の勉強を始めた。それがともやくんに欠けているからではない。そこに力を尽してみる余裕が、ともやくんにはあると思えたからだ。

　ともやくんは文字や数を使うようになるか。勿論やってみなければわからないが、始める時にはやっぱり、ともやくんは読み、書き、数える、そう考えていた。

　この点についてお母さんの考えはどうだったのか。4年間の学習の経緯をお母さんはどう考えておられるのだろうか。

【人それぞれの言葉】

　言葉や文字や数はそれを獲得する人もしない人もいると思う。能力や条件について言うのではない。それらがどうであろうとも、それぞれの生の展開はそれぞれにあると思う。伝達ということに限っていえば、人にはさまざまな伝え

方があるということであろうか[4]。

　聞くことも話すことも見ることもない人が、学んで言葉や文字を獲得するということがある[5]。そこにはそのような生の展開がある。それに劣らず学んで、豊かな生の展開をみて、なお言葉を使わなかった人もいる[6a,b]。

　何年もの間、少なからぬ数の子ども達と言葉や文字や数の学習をしてきたが、短い期間でそれを使い始める人も、長い年月を経てついぞ習得し難い人もいる。僅かな経過で言葉を使い始め、あるいは文字の世界に踏み込んでいく人がいる。少しずつ積み上げて少しずつ進む人もいる。私の仕事が十分だったか適切だったか、その人の能力がどうであったかを考えるわけではない。それぞれにそれぞれの生の展開があると思う。

II　勉強の始まり

　ともやくんは未だひらがなを知らない。えりさんなら「えりの［え］はこうだよ」と言えばよい。だいたいそんなところで覚えてしまう。ともやくんもそれでよいのなら、とっくにひらがなを知っているはずだ。未だひらがなを知らないともやくんとどうすればひらがなの勉強ができるか。

(1) 手順

　とりあえず勉強の手順について、ともやくんに何か伝わるか確かめてみる。「枠掛引蓋の箱（図 15-1[7]）」は、見本合せ導入用に何人かの子ども達に使った教材である。

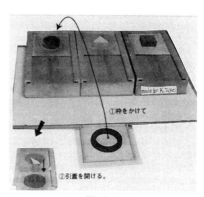

図 15-1

　まず○印の箱を一つだけ使って「ここにこう入れて、こう蓋を閉めて、これをここにこう掛けて、こう開けて」と仕掛を説明する。ともやくんはこちらが持ちだすものを、いつも自分用のものと考えて関心を持って見ていてくれる。

　だからこれだけ長い説明も自然な会話として成立し、勉強のとりかかりを楽にしてくれる。楽にできることは、あたりまえのこととして見落とされるが、これだけの会話を成立させるのに年月を必要とする場合もある。

　〈たかゆきくんに同じ「枠掛引蓋の箱」をわかって貰うのに何カ月もかかった。たかゆきくんはスイッチ押し行動で身を護る。だからスイッチ押し行動か

ら始めて「枠掛引蓋の箱」に行き着くまで、順次手順を辿っていく必要があった[2]〉

　たかゆきくんにはたかゆきくんの構えがあって、良くわからないことにやすやす近づいたりしないのだ。たかゆきくんはたかゆきくんのわかる世界を大切にする。それがたかゆきくんの生きる力で[8]、人に係わろうとするともやくんの姿勢はともやくんの生きる力だ。

【わかることと伝わること】

　ともやくんはこちらの示すものをよく見て、話を聞いてくれるが、細かいところで伝わり難いこともある。蓋を開ける前になぜ枠を掛けるのか、ともやくんには意味がわからない[9]。だからやっぱりちょっと伝わらなくて「こうだよ、こう」と念押しの伝達が必要だった。

　わからない時に、ああだ、こうだと強く言われる、ともやくんが仕事がつらくなるのはそういう時だと思う。ともやくんにわからせるのではない、ともやくんがわかることをしなければならない。そうなのだが、不徳の致すところで、時々ともやくんにつらい思いをさせる。「先生が苦笑いするから、ともやくんが嫌な顔をしていましたよ」と手伝ってくれるスタッフに言われたことがある。つい最近のことである。

　⑵　同じものを見定めて選ぶ

　それでも枠を掛けることについては、簡単なことだったから、ともやくんが我慢して、言われたとおりにやってくれた。この我慢強さがともやくんらしいところで、次の場面ですぐ報われた。

　ともやくんが枠を掛けて蓋を開けてくれたから、続いて、今使った○印の箱にお菓子をこっそり入れて、箱を三つとも並べて、「これだよ」と○の枠を手渡したら、○の積木に掛けて蓋を開けた。△印もできた。「わかったぞ」というともやくんの得意が勢いに現れて、お母さんも笑顔で「よかったねえ、ともや」と言われた。

　⑶　ひらがなも学べるか

　ともやくんは、その都度どれを選ぶべきか見較べ、違いを取り出し、別の情報と照合[10]して決めることができる。そうであれば、選び取るための違いは○や積木に限らなくてもよいのではないか。紙に書いた文字であっても良いかもしれない。しかし、良いと決まったものではない。良くない場合もたくさんある。たとえば、たかよしくんは文字の印を見較べるのにとても難渋した。

　〈ある時期たかよしくん[11]は幾何図形を使った見本合せをとても得意とした。

15　わかる世界、わからない世界　　301

○△□だけではない、○◎⊖⊕⊜や－＝＋≠⊥などの印を描いた箱が並んでいても、見本カードの図形と照合してお菓子の入っている「あたり」の箱を正しく選ぶことができた。だから、幾何図形で順調に進んでいる時に、印を［あ］と［い］の文字に置き換えることに問題があるとは思えなかった。しかし、たかよしくんは間違えた。［あ］のカードを［い］の箱にのせて蓋を開けた。

　初めは信じ難いことだった。たかよしくんはついうっかりはずれの空箱を開けてしまったのだ。間違いだとわかったからもう一度やればちゃんとやれる。そう思えた。しかしたかよしくんは重ねて間違えた。たかよしくんは疲れたのかもしれない。飽きたのかもしれない。試しに印を幾何図形に戻してみると、たかよしくんは丁寧に見較べて正しく選ぶ。そして印が文字になると無造作に間違える〉

　「幾何図形は？」――「わかる」、「文字は？」――「知らない、どうでもいい」、たかよしくんはそう言っているようだった。

【わかる世界とわからない世界】

　人にはわかる世界とわからない世界がある。こちらには同じように見えても、たかよしくんには全く違っている。だからたかよしくんは二つの世界にそれぞれ違った振舞い方で対応する。

　たかよしくんに限ったことではない。自分を含めて人それぞれの世界について思い巡らせてみればあたりまえのことに過ぎない。ただ、時には思いがけない微細な差異がわかる世界とわからない世界を峻別する。その際立ち方に驚かされる。

　〈ある講演 [12] で「果物の模型で見本合せができる。それらの絵や写真ではできない。しかし絵や写真をその物の形に切抜けばできる [13]」という例がビデオで報告された。わかる、わからんの世界の区分は際立ったものだった。

　選択項が切抜きボードでも、見本項が写真だとできない。バナナの切抜きボードは写真のバナナにぴったり重ね合せることができる。それなのに子どもはリンゴの切抜きボードをバナナの写真の上に重ねる [14]。重ねて、先生の顔を見て「こうか、いいか」と目顔で尋ねる。しかし、先生が「違う、違う」と言ってもなかなか修正に応じない。先生が手を取って置き直させたりするが、子どもはだんだん不機嫌になって口が尖ってくる。

　先生はとうとう諦めて箱を開けてお菓子を渡してあげた。子どもは貰った小さなボーロを机の上に置いて暫く仏頂面をしていたが、先生が「いらないの？」と聞いたら、いきなり手でボーロをはじき飛ばしてしまった。そんなものが欲

しかったのではない。わからないのが悔しいのだ。ボーロは机の外まで飛んでいった〉。

【人の目】

講演会の終わりに、お菓子が使われる学習は動物の訓練みたいでいやだという意見がやっぱり出た。この批判は、たいていいつも子どもの気持ちを慮外に置いて、自分の感情の投影で語られる。その時その場でその人になにが起きていたかに関係なく、学習——報酬という概括で語られる。

〈ひろこちゃん[15)]は小学校に入学した時、自分で移動することはできなかった。学校で歩く練習を頑張ってたくさんやった。学校生活はひろこちゃんの活発な生活意欲を養った。ひろこちゃんは、お尻を床につき、膝を少し曲げて両足を前に投げ出し、両腕を突っ張って前へ進むことを覚えた。このやり方でひろこちゃんは学校中どこでも移動していく〉。

〈えみさん[16)]は車椅子を使う。散歩の時は自分ではあまり動かさない。人に押して貰うのが嬉しい。でもなにかの時には自分で動かす。座っている時も同じだ。あれだこれだと人に動いて貰うが、いよいよ人が思うようにならないと、自分で使える腕と膝を使ってどんどん動く〉。

ひろこちゃんやえみさんの移動の仕方に対して、人は立って歩くのが良い、立って歩かないのには賛成できないなどと言う人がいるか。ひろこちゃんやえみさんの動く意欲を称賛し、動けることを喜ぶものではないか。

子ども達は一粒のお菓子に意欲や得意や安心を托す。その子ども達に対して動物を引合いに出す人の目はいかにも悲しい。人の目を超えなければだめだよ、目の見えない子どもを育てる先輩のお母さんが、後輩の若いお母さんに言い聞かせているのを耳にしたことがある。

【子どもの誇り】

誰にもその時々の心の動きというものがある。それが表に現れることもある。あの時あの子どもは、わからないのが悔しくてお菓子をはじき飛ばしてしまった。目の前に現れたあれほどの悔しさも誇りも、見えない時には見えない。見えないのはその人に対する特別な予断があるからではないか。少なくとも私自身は類似の予断による悔いを幾つも思い出すことができる[17a, b)]。

人は画一的に、空腹を満たすためにだけ食べるわけではない[18)]。その時々さまざまな理由でさまざまに食べる。一切れのお菓子が人と人との繋がりになることも、人の支えになることもある。それは誰にも想像のつくことではないか。子ども達についてもそう考えてみるべきではないか。

小さな子ども達の一粒の小さなお菓子がさまざまな小さなドラマを生む。それらの一つ一つのできごとにまず目を向けてみるべきではないか。

〈かずちゃん[19]は4歳、目が見えない。言葉も達者で利発な女の子である。点字の準備学習をどうするのか、やり方を見せてくれ、家庭で実行する、とお母さんが言われるから、かずちゃんの相手をしてみた。

木の台（図15-2）を使って、左右の構成をやる。かずちゃんはやり方をすぐ理解して［左］ができた。

できたところで、おせんべいをあげるかどうかはちょっと迷った。かずちゃんはそういうおせんべいの貰い方を奇異に思うかもしれない。でも、しっかりした約束ごとは、先々迷ったり滞ったりした時、役に立つのではないか。

かずちゃん、できた、おせんべい食べよう、と言って渡す。かずちゃんは察しのいい子だ。ありがとうなどと言わず、黙って口に入れて、次の問題を待つ構えだ。

続いて「右」も勿論できた。台の位置関係を徐々に変えていくが（図15-3）、滞りはない。かずちゃんは線分の両端の右、左を正確に考えることができる。それはかずちゃんの手の動きを見ていればわかる。かずちゃんがどんどんやるから、こちらもどんどんやって、おせんべいを渡すのは忘れていた。

右、左は易しそうだから、台を変えて、右、真中、左をやる。あんまり易しいのばかりではつまらないかもしれない。だから今度は何も言わずに、いきなり真中に棒を挿して出す。

かずちゃんは棒を挿した台の左の穴をまず探りあて、左手の人さし指でそれを確保し、そこから右手の指先が右方へ溝を辿り、真中の棒に触れたところで、指の動きがぴたりと止った。あれっ、なんだ、これは、というわけだ。か

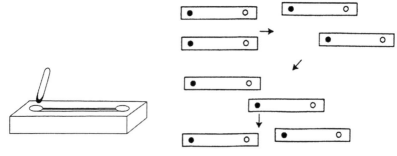

図15-2　先生の台と同じに棒をさす　　図15-3　「→の順に難しくなる」

ずちゃんはそれから黙ったまま丁寧に左右の穴と真中の棒を調べ、自分の台の三つの穴も慎重に調べ、その真中の棒をそおっと挿した。

そおっと挿した後、かずちゃんは黙って掌をこちらに差し出した。こうだよ、ね、というわけだ。こちらも何も言わない。黙っておせんべいを渡すべきだ。かずちゃんはかずちゃん自身で、わかる世界の確信を噛みしめたと思う〉。

〈さゆりさんは弱視で聾である。学校でたくさん勉強して、ひらがなで書いた単語と物の結びつきがわかるようになった[20]。担任の先生が出張で、手伝いの学生さんが、いつもの勉強のおさらいをしていた時のことだ。

さゆりさんの知っているいろいろな物が一つずつ箱に乗せてある。先生がひらがなの単語カードをさゆりさんに渡し、さゆりさんがその名前の物を探して箱を開けると、チーズが一切れ入っているという仕組みだ。

さゆりさんは、カードも物も良く見て、丁寧に確実に仕事を進める。でも何回目かに、どうしたわけか間違えた。[かみ] のカードを貰ったのに [草] を選んだ。[草] の箱の底まで覗いて見るがチーズはない。先生を見ると、違う違う、と手を振っている。さゆりさんは [草] の蓋をもとに戻し、先生はもう一度 [かみ] のカードを渡す。もう一度慎重に見較べて、今度は [紙] の箱を選んだ。

そして、箱からチーズを取り出したさゆりさんは、そのチーズを先生に返してよこした〉。

さゆりさんは自分のわかる世界を自分で整理しておく。これはこれ、あれはあれ、[かみ] は [紙] で [草] ではない。一切れのチーズは、さゆりさんが世界を整理しておく仕切り板なのである。

やっちゃんと一粒の麦チョコについては既に書いたし[21a, b]、思い出すことを書き連らねてはきりがない。その時々人それぞれに、一切れのお菓子がさまざまな意味を持つ。それら一つ一つに目を止めることなしに、人を評して良いとは思えない。

食べることがいつも悪いと言えないように、食べることがいつも良いとも言えない。食べることについて、少々つらい状況を子ども達と共有しなければならない時もある。良いお菓子か、悪いお菓子か、それは考えなければならない。

ともやくんは一生懸命考える。ともやくんにはともやくんの努力と得意がある。ともやくんの勉強はそういうものでなければならない。ともやくんに直接関係のない話に紙面を使ったが、ともやくんが人の目の批評の引合いになって

15　わかる世界、わからない世界　305

はならない。

　ところでえりさんは「あたりのお菓子」をお兄ちゃんと同じにやりたがったが、最近はお兄ちゃんの勉強の間静かにお絵描きをしたりしている。休憩のおやつの時は一緒に食べる。マーブルチョコ３つ、ポテトチップ五つ、お兄ちゃんと分けてニコニコしているえりさんは、まだ幼いのか、優しいのか考えてしまう。たぶん今その中間なのだと思う。

　家庭でえりさんは自分のことはなんでもさっさと自分でやる、まったく手がかからないのだと、お母さんは言われたそうだ。ともやくんのお兄ちゃんも、たかちゃんの妹も、ともちゃんのお姉さんも、みな優しくていい子なのはなぜだろう。それぞれ自分のお兄ちゃんや弟から、何かを学んだ、きっとそうだと思う。

Ⅲ　先へ進む

　選び取るための印は文字であっても良いのかだめなのか、ともやくん自身だって経験してみなければわからない。こちらも早く知りたくて、「枠掛け」をたった２回で卒業してひらがなを試してみた[22]。

　（1）ひらがなの世界へ

　四角い蓋を被せたコップを二つ用意して、それぞれの蓋に［と］と［も］のひらがなをつける。［と］のコップにお菓子を隠し、［と］と書いたタイルを渡す。

　「枠掛引蓋」で経験した約束ごとは、既にともやくんのわかる世界のことだ。ともやくんは迷わず［と］の上に［と］を重ね、続いて［も］もできた。［あ］と［い］に変えてもできる。しかし、［あ］と［お］にしたら途端に間違えた。［あ］を［お］に重ねた。「これだよ」と蓋の［お］とタイルの［お］を並べてみせて、もう一度やったがやっぱり間違えた。

　全部で５回しかやらないが、もう十分ではないか。ともやくんは、ひらがなの形を見分け、印として使うことができる。しかし、どの形も正確に区別できるわけではない。わからない世界ではないが、十分に知り尽してはいない世界、ともやくんがそういう世界に遭遇したのだととりあえず納得できた。

【ほんとうにそうか】

　あたりのコップは、

　　　　　右［と］左「も」左［あ］右［お］右［お］と置かれ、

　ともやくんは、

右○　左○　左○　右×　右×

と５回選んだだけで、統計的な検定にかからない。

　しかし、たとえばハンバーグを食べる子どものおいしい顔を見ることのでき
る人は、１回見ればこの子はハンバーグが好きだとわかる。７回続けて見る必
要はない。７回の内１回子どもがハンバーグを食べ残したら、体調が悪いかハ
ンバーグがおかしいかと考えるものである。

　確率統計的な結論に頼るためにはそうしなければならない理由を必要とす
る。たとえば、食べたか食べないかという情報しか得られない、好き嫌いが時
間とともに変化しないと考えるしかない等という条件があればのことである。
条件付きの結論は、条件外の事実を排除する。体調もハンバーグの味も変動し
てはならないのである。

　〈たくちゃん[23]は先月あんなにハンバーグのソースを食べたがった。だから、
今月たっぷり用意しておいたが、全然見向きもしなかった。たくちゃんは２分
の１の確率でハンバーグのソースを好むのではない。たくちゃんはハンバーグ
のソースを卒業して、次の好物をみつけたのだ。たくちゃんの好物はたくちゃ
んが来てみないとわからない、そして来てみればわかる、というのが最近の結
論である。

　なになにが食べたい、と言えるような言葉は今もたくちゃんにはない。しか
したくちゃんの考えが定まってきて態度で強く主張する。その一方でたくちゃ
んの世界が拡がって、その時々の好みが多彩になった。二つのことが同時に起
きているのだ〉。

　ともやくんは考えて選んだ。私はそれをその場で見ていた。正答率を数えて
いたのではない。ともやくんのわかる世界を見ようと、私が問うてともやくん
は答えた。ともやくんはひらがなの形がわかる、でも未だ十分にはわからな
い、と私は思う。だからそう考えて次に踏み出す方向を私が定めなければなら
ないと思う。

【わかる範囲でわかる】

　ともやくんは一生懸命考える。考えてわかれば気分がいいが、わからないか
らといって投げださない。ともやくんは［あ］と［お］を区別しなかったが、
［お］を［あ］に重ねた。ともやくんは出鱈目に重ねたのではない。ともやく
んはともやくんのわかる範囲で、あるいはともやくんの考える別のやり方でそ
の時の状況に対応する。たかよしくんのひらがなの場合（前述）も、写真と切
り抜きボードの子どもの場合（前述）も同じである。

15　わかる世界、わからない世界

〈しげくん[24] がある範囲でひらがなの見本合せができるようになってから、こちらにちょっと思うところあって、［↑］と［↓］の見本合せをやってみた。しげくんは見本［↑］に対して選択項［↓］を選ぶ。違うよと言うと、見本項［↑］と選択項［↓］を交互に指さして怒る。同じだ、と言うのだ〉。

なるほど、区別しなければ二つは同じものだ。付加えれば、しげくんはこの後、［↑］と［↓］を区別する世界に遭遇して二つを区別するようになった。

〈谷山さんは、使える視力をいっぱいに使って、何年もかかってなんとかひらがなの読み書きができるようになった。Ｂ４の紙２枚、全19文字の最初の手紙を書いて、三人の人に見せた。その時こう言った。

視力が良くなるわけではないんだよね。ただ、前には何が見えていなければいけないかわからないから、わかるかと言われれば、何か見えているからわかると言うよね。だからいい加減だって言われるんだけど、今は何かわからなければいけないかわかるから、それはわかる、これはわからないって言えるよね[25]〉。

なるほど、わかるということはそういうことだ。ひらがなを学んでから谷山さんの考え方が変わったという気がする。いい加減でなくなった。もともと理屈っぽい人だが、自分の考えは確かなことかどうか厳密になったように思う。

【いろいろな考え方】

ともやくんが［お］を［あ］に重ねるのは、ともやくんのわかる範囲でわかっているということだ。しかし、［お］を［お］に重ねてもいいのだから、この場合選択はやはり出鱈目だということになるだろうか。

人がほんとうに出鱈目に選ぶということは難しい。統計学の教科書の後には必ず乱数表がついている。統計的な手法はほんとうの出鱈目というものを必要とするから、規則的な偏りを二重三重に排除する装置を作って出鱈目な数字並びを作る。人が出鱈目に振舞うためにはそれほどの思慮と手間を必要とする。

子どもたちだって同じだ。ともやくんもたかちゃんも出鱈目に選んだりはしない。皆それぞれその時の考え方があって選ぶ。

〈しげくん[24] が、［↑］と［↓］の見本合せをやるずっと前のことだ。簡単な図形や絵で見本合せを試みるがこれがなかなかできない。しげくんはその日の気分で、右側の箱を選ぶとか、〇の印を選ぶとか決めて、そのやり方を大切に守る。それで、しげくんはたまたまの「あたり」を引き当てて得意満面だ。時にははずれの空箱を開けて、先生の方を指さしてオーオー言って怒る。あたりのご褒美を入れておかないのが悪いと言うのだ。お母さんはこれを「しげの

一目惚れ」と名付けた [26]〉。

〈ともかずくん [27] の図形の見本合せは、お母さんが必要な教材を持ち帰って家庭でたくさんやった。たくさんやるから、お母さんは眠る時、○△□が目の中をちらちらすると言われる。そういうことをそんなにやるのはおかしいという批評もあったが、それは、その時ともかずくんが何を考え、ともかずくんとお母さんの間で何が伝わり、お母さんが一回一回をどれほど考えて注意深く実行したか知らない人の言だ。

私は一週か二週おきにその様子を見せて貰う。ともかずくんは、さっき○だったから今度も○か、さっき右だったから今度も右か、さっき○だったから今度は△か、さっき右だったから今度は左か、という四つの考え方をとっかえひっかえ使う。そこまでは見ていてわかるが、今ともかずくんがどの考えでこれを選んだかというところまでは、ずいぶん集中して見ていても見失う。

お母さんにはそれが全部わかる。そしてともかずくんが二度続けて同じ考え方であたりを選ぶことのないように、次のあたりの形と位置を決める。そうやって、ともかずくんに、違う、違うと言い続ける。ともかずくんは飽きずに、ではこうか、ではこうかと答え続ける。

1年か2年前には、お菓子の箱に蓋をしただけで泣いたともかずくんの粘り強さが不思議だ。自分の考えが伝わる、だからお母さんとの応答が楽しい、ともかずくんにとってもそうだったのだと思う。

私としては、何か工夫して手を変えたくなるところだが、ともかずくんとお母さんの間に割り込む気になれない。暫く静観しているうちに見本合せが成立してしまった〉。

言葉で説明することができないから、ともかずくんは長い時間かかったが、大人でも同じことは起きる。

〈演習の時間に「これは見本合せ状況だと、あなた方には一目でわかるでしょうが……」と言おうと思って、簡単な見本合せを一人の学生さんに課したことがある。その学生さんはどう緊張したのか、ともかずくんと同じことを始めてしまった。二、三回あたると「あっ、わかりました」と言うのだが、次ははずれる。どうしても見本項に気付かない。本人以外は、皆が一目で見本合せ状況だとわかっていたから、人の呻吟を楽しむことになったが、私は話が続かなくなって困った〉。

見本合せができたからと言って、それまでの他の考え方がなくなるわけではない [28]。どの考え方にもそれぞれ使い途があって、状況に応じてそれぞれ使

15　わかる世界、わからない世界　309

われる。

　しげくんもともかずくんも出鱈目に振舞ったわけではない。虚しく考えたわけではない。それぞれにその時々に考えて、自分のわかる世界に対処し、自分の考えを相手に伝えた。それは、意欲と得意と安心と、苦労と失意と不満の織混るそれぞれの生活というものではないか。

　しげくんもともかずくんも、考えてわかる世界をみつけた。それがそれぞれの良い生活の一部でないということがあるだろうか。

Ⅳ　休　　憩

　ともやくんはひらがなや数の世界をえりさんのようには素早く駆け抜けない。しかしともやくんは考え続けて、ともやくんのわかる世界をたくさんみつけたと思う。

　何ができるかできないか、それをこちらで決めることはできない。こちらのできることは、ともやくんが考えるということにつき合うことだけだと思う。ともやくんとしては、見通しの良い案内人 [29] に付き合って貰うにこしたことはない。しかしそれよりも、丁寧につき合ったか、粗雑だったか、それが問題だ。不明は、仕方がない。粗雑はともやくんに謝らなければならない。

　しかしそれでもともやくんが何を考えどんなわかる世界をみつけたか、思いが巡って、なかなか書ききれない。40本のテープの最初の1本の頭の5分、ともやくんがひらがなの世界の入口に立ったところで紙数が尽きた。

　ともやくんが一生懸命考えたともやくんの大切なわかる世界だ。そこを拙速には駆け抜け難い。紙数が尽きたところで一休みして、続きはまたの機会に書こうと思う。全部書けたら、ともやくんのお家の人に読んで貰えるかもしれない。ともやくんの努力と不明の案内人の成り行きを逐一見てきたお母さんの意見が聞けるかもしれない。そしていつか、えりさんが読んでくれるかもしれない。

注・文献

1)　簡易母子通所施設「前橋こどものへや」前橋市西片貝町4-1-10所在。

2)　中野尚彦（1997）「こどものへやにて、一人一人のこどものこと・学習の記録」No.10,『群馬大学教育学部中野研究室・こどものへや研究紀要』1-16.

3)　「それで良いでしょう」とはあるお母さんの言である。母の言たるや重しだが、筆者伝聞であって、今は未だ出所を言えない。

4) 小竹利夫（1996）「子供達の思いを探して」『障害児教育学研究』第 3 巻第 2 号，1-81.

5) Umezu, H. (1974) Formation of verbal behavior of deaf-blind children. Proceedinfs of the XXth International Congress of Psychology, Science Council of Japan. pp.58-74.

6) a) 長田雅幸（1989）「ゆかりさんがものをみる」『アカシアこどものへや便り』第 10 号，1-34.
   b) 木村允彦（1987）「ゆかりさんがお茶を飲む」『アカシアこどものへや便り』第 5 〜 8 合併号，1-11.

7) なぜ「枠掛引蓋の箱」か。行動の系列化（8）についての工夫である。
   中野尚彦（1980）「見本合せ行動の形成に関する各種心理学的作業の抄録」『重複障害教育研究所研究紀要』第 4 巻第 5 号.

8) 「生きる力」とはあるお母さんの言である。
   山田典子（1994）『障害児教育学研究』第 1 巻第 2 号，3-5.

9) 中野尚彦『二つの仕事』研究室記録，未刊.

10) 中野尚彦（1987）「文構成行動の図式」『心理学評論』Vol.30，No.1，7-32.

11) たかよしくんについては，話の中で紹介したことがあるだけである。
    中野尚彦（1997）「教材とことば」『第 4 回水口フカシ教材工夫展講演録』未刊.

12) 若林節子（1984）「ことばのない子の認知について」上毛障害児研究会連続講演会第 4 回講演会.

13) 若林節子・高椋純子（1983）「言語発達遅滞児の認知過程」東京都神経科学総合研究所リハビリテーション研究室.

14) この場合は，本文中の他の場合と異なり，選択項を見本項の上に重ねる。

15) ひろこちゃんがまだ移動できない頃の紹介文は残っている。
    久保田禮子（1978）「学級報告」『上毛障害児研究会会報』第 10 号，6-8.

16) えみさんについては，こどものへや指導記録以外に資料はない。

17) a) 中野尚彦「うずくまる人」研究室記録，未刊.
    b) 中野尚彦「やっちゃんの家路」未刊.

18) 中野尚彦「倒れて食べない」研究室記録.

19) かずちゃんはその後普通小学校に入学した。それについての資料は幾つかある。
    山梨正雄他（1976）「公立小学校における 5 人の盲児の教育に関する実験的研究」『国立特殊教育総合研究所研究紀要』第 3 巻，11-26.

20) 大谷幸雄（1977）「弱視難聴児（S. I.）の初期学習」『重複障害教育研究所研究報告』創刊号，17-26.

21) a) 中野尚彦（1993）「やっちゃんおせんべいくださいという」『障害児教育学研究』第 1 巻第 1 号，1.

b）中野尚彦（1995）「やっちゃん机上で学ぶ」『障害児教育学研究』第2巻第2号，39-41.

22）このように早く進むことが良いかどうかの考察を今は省略する。

23）山田美智代（1996）「拓ちゃん通信」No.1-5，未刊.

24）中野尚彦（1994）「自分で決める」『障害児教育学研究』第1巻第2号，33-34.

25）中野尚彦（1985）「木曜日の学習会（3）」『ぐんまの障害児教育』17-22.

26）中野尚彦（1995）「見本と同じ印を取る」『障害児教育学研究』第2巻第2号，42-44.

27）伊達史江・伊達智一（1982）「仕事の切れ間に――母，わが子と心で語る」『重複障害教育研究会第10回全国大会発表論文集』No.1.

28）たとえば，K.ローレンツ（谷口茂訳（1974）『鏡の背面』思索社）の言う，バクテリアと茸狩りの人の関係と同様である。

29）「案内人」とは卒論の学生さんの言である。
　　鳥飼さつき（1995）「課題学習による事例研究――きいちゃんとの学習を振り返って」『群馬大学教育学部卒業論文』.

●コメント

わかりあう世界：考えを重ね、思いを重ねる「対話」としての係わり合い ――中野さんの報告をよんで

中野さんは表題にもあるように、4年間にわたるともやくんとの「ひらがな」の勉強を縦糸に、たかゆきくんをはじめ多くの子どもとの係わり合い（「勉強」）を横糸にして、子どもの「わかる世界、わからない世界」を描き出している。

この報告のなかに登場してくる子どもは、ともやくんにしても、たかゆきくんやほかの子どもたちにしても、中野さんの仕事場である前橋市の「こどものへや」に、（多くは）お母さんとともに通ってきている。学校のように毎日のように通うのでもなく、また長い時間を過ごすのでもない。ともやくんで言えば、「一回一時間やそこら一年に15回程度」というように、そこでの子どもとの係わり合いは、「時間や回数はたいして多くはない」ものとなっている。

また、こどものへやでは「勉強」がどんどん進んでいくかといえば、ともやくんにしても、たかゆきくんにしても、中野さんは「そうではない」と言っている。事実「ひらがな」や「数」の勉強を始めてから4年になるともやくんは、「今でもひらがなが読めないし、足し算もできない」。ともやくんと中野さんの勉強が始まったころ3歳だった妹のえりさんは、この4年の間にいつのまにかひらがなを覚え、一年生になるこの頃では名前も書け、数が数えられ、生

活のあらゆる場で数や量を使いこなすようになっている。ともやくんが今一生懸命考えていることを飛び越えてしまうほど、えりさんはたくさんのことを学んだ。だが中野さんは、「ともやくんが学んだことは妹のえりさんに比べて少なかったのではない、それに劣らずたくさんのことを学んだ。」と考える。なぜそう言えるのだろうか。それを探ってみることにする。

　ともやくんの生活は、できることとできないことで成り立っている。そのなかで「できることは自分でする。できないことはお母さんの世話を受けることができる。」というようにして生活している。同じようにともやくんには、わかる世界とわからない世界がある。生活のなかでできることは（自分のやりかたで）しようとするように、わかる世界ではともやくんは自分のわかり方を押し通そうとする。中野さんとお母さんはともやくんのわかり方につき合った。

　ともやくんは自分なりのわかり方で生活しているので、ひらがなが読めないことや数が数えられないことで、とくに困ってしまうというような様子はみられない。だがときに、ともやくんのわかり方ではときどき滞ってしまう事態が現れる。だれかに問われて、わからなくて、うまく応えられないことがあるからだ。そのような時、ともやくんはべそをかくこともある。中野さんの言う「身の護り行動」である。だがともやくんは中野さんとの係わりにおいて、何とか応えようとしてわからない部分に立ち向かう。ともやくんに欠けていると考えて、中野さんが問いかけているのではない。「そこに力を尽くしてみる余裕」がともやくんにはあると中野さんには思えるからだ。ともやくんは中野さんと「わかる部分で安心を確保できる」ことで、新たな事態と向き合う。

　わからない部分に立ち向かうことで、ともやくんのわかる世界が拡がる。そのためには、分からない部分に立ち向かうともやくんを支える状況が必要になる。手順も欠かせない。この手順を、ともやくんのわかり方で伝えることは、たやすいことではない。ときに長い長い説明を要することにもなる。子どものわかるわかり方で伝えなくては手順は伝わるものではない。そこに工夫が必要となる。子どものわかり方に応じた独自性と個別性がある。手順が子どもに伝わること自体が、子どものわかる世界の拡がりそのものであることがある。わからない世界へ立ち向かうこととは、子どものわかり方で、わかる経験が繰り返され、そのなかで少しずつ、時には一気に、あらたにわかることが見つかり、拡がっていくことなのだ。そして子どもは「わかる世界を確信する」。わかることの拡がりは、子どものわかり方の変化をも引き起こす。「あ」と「お」の区別がついたとき、ともやくんにとって、形の捉え方がそれまでとは違った

15　わかる世界、わからない世界　313

ものになるように。

　子どもにはそれぞれのわかり方がある。そして子どもにはそれぞれの振る舞い方がある。「それでいいのだ」と中野さんは言う。中野さんは子どもの生きる姿をその秩序の現れと見る。でたらめのように、くだらないもののように見える子どもの絵やことばやふるまいを、子どもそれぞれのものの見方、わかり方、生き方の秩序が現れたものとして見る。それは見ようとしてもなかなか見えない隠し絵として、われわれの前にあるのだと言う。何かを見ているつもりでも、別のものを見てしまっていることにもなりかねない。この隠し絵を浮き彫りにすること、秩序あるものとして子どもの生きる姿を何とか理解しようとすることが、障害のある子どもの教育の始まるところであり、行き着くところでもある、と中野さんは考えている（国立特殊教育総合研究所短期研修での講義および私信による）。

　ともやくんに限らず、中野さんのこの報告のなかにでてくる子どもたちが、皆それぞれのわかり方で、わかる世界をていねいに辿り、わからない世界に向かい、立ち続けている。そこには先に進むというようなことではなく、拡がるというようなことでも捉えられない、ときに立ち止まりつつも襞をていねいに折り込むような営みを認めることができる。だからこそ中野さんは、「ともやくんが学んだことは妹のえりさんに比べて少なかったのではない、それに劣らずたくさんのことを学んだ」と言うのだ。中野さんは、「ともやくんの勉強したことを書くとなると、きりなくたくさんの言葉が必要になりそうである」と言う。中野さんが多くの言葉を必要とするのは、ともやくんとの係わり合いで、よき「案内人」としてともやくんとつき合い、中野さんが『ともやくんに劣らずたくさんのことを考えた』からである。ともやくんと中野さんとの係わり合いは、二人が、それぞれに考えたことを、お互いへの思いを、重ね合わせ続けた対話であった。

（土谷良巳）

16

Rett 症候群を疑われている女児との対応における「状況作り」

重複障害教育研究部
川住隆一

I はじめに

　ここに取り上げる事例は、1歳9カ月の時に、進行性の中枢神経疾患であるRett 症候群[1] を疑われるようになった女児である。本事例は、3歳1カ月の時に当研究所教育相談に訪れたが、その時点　ですでにRett 症候群の臨床症状として言われている手の常同運動や異常呼吸運動がみられており、また、歩行自体は可能であるが、転べば自力では立ち上がることができなくなっていた。特に異常呼吸運動の発現は転居に伴う環境の変化により顕著になり、その後軽減してきてはいるが、その発現によって周囲の環境との係わりが中断されてしまうこともしばしば観察される。このような本児への対応に当たって、いかなる「状況作り」を目指すかは重要な教育的課題となっている。

　今回の事例研究のテーマの趣旨は、「研究の概要」の中で述べられているように、個々の子どもに応じて「快適で、分かりやすく、動きやすい」状況をいかに作るかということである。ここでは、これらの趣旨に沿って行ってきた取り組みの経過を報告し、子どもの行動特徴と「状況作り」の視点との関連について考察する。

II 事例研究

　1　事例　K. R.　1986 年 9 月生まれ（1991 年 2 月現在 4 歳 5 カ月）

　2　家族　父、母、兄（小 1）、本児、弟（7 カ月）

　3　生育歴

　(1) 胎児期：特記事項なし。

　(2) 周産期：予定日より 20 日早く生まれる。安産。生下時体重 2,630 g、身長 47 cm、頭囲 31 cm、胸囲 30 cm[2]。黄疸（軽）。

　(3) 乳幼児期（教育相談来所以前の概要）：混合栄養、離乳開始 6 カ月。頸定

315

3カ月、座位6〜7カ月、這行10カ月、一人立ち11〜12カ月。手のかからないおとなしい子どもであったとのことである。1歳半で1〜2歩歩いたが、その後動きが鈍く歩くことも見られなくなり、1歳10カ月頃から再び歩くようになった。1歳3カ月頃までは玩具等を手に持って遊んでいたが、次第に持たなくなり、代わって頭髪に触れるようになり、さらに1歳8カ月頃からは、左手の指を口に入れることが目立つようになった。右手はぶらぶらしているが、前に出してそれを凝視するようになった。1歳半から2歳頃までは毎日のように夜泣きが続き、明け方から午前中にかけて眠っていることが多かった。また、その後しばらくは起きている時に泣き出すことが多かったが、その理由は不明であった。2歳半頃までは歩行中に転んでも両手をついて立ったが、次第に立てなくなった。椅子からは、時々立つことができる。さらに、生後7カ月〜1歳位まで〈マンマ〉や〈パパパー〉等の発声があったが、その後みられなくなり、下記のN療育センターに通うようになってから再び〈マンマ〉という発声が半年程みられた。これは、食べ物を意味しているようであった。3歳頃より息を止めるような呼吸をするようになった。

　4　医療歴　1歳半健診の際、保健所より紹介されてN療育センター外来を受診した。さらに、1歳9カ月にはK医療センターを紹介されて受診、「Rett症候群に近い症状である」と診断された。その際には、脳波異常を指摘されなかったが、翌年の2歳9カ月時には、脳波異常が認められ、予防のため抗てんかん薬を服用するようになった。

　5　保育・訓練歴　N療育センター外来受診以後2歳半まで、同センター心理部門および保育部門において月1〜2回の指導を受けるようになり、さらに3歳5カ月（'90年3月）まで母子通園という形態で週2回の保育を受けるようになった。

　6　当研究所教育相談　3歳1カ月時に当研究所へ教育相談に訪れ、以後、定期的な観察・指導を受けている（'91年2月末までの来所回数計34回）。主訴は、「手をいつも口に入れているか眺めている状態なので、もう少し外へ広がるようにするにはどう接したらよいでしょうか。子どもを理解したいし、反応を引き出したい。」ということであった。

　7　取り組み初期の様子（1989年11月〜1990年3月）

　（1）移動行動　歩行はヨチヨチ歩き様で、膝を余り曲げない歩き方である。家の中では比較的自由に移動できるとのことであるが、来所時には、廊下の床の色や模様が変化する直前で、あるいは数cmの段差の前で立ち止まること

が多い。廊下の移動時にはまた、（3）で述べる接近行動以外にも、身体を休めるかのように手すりに手を乗せたり、壁に腹部を触れて寄りかかることがしばしば見られる。部屋への出入りに戸惑いが見られ、部屋と廊下の境界線の前で立ち止まり、息止め、片手あるいは両手を強く握ることが観察された。自分では、立つことも座ることも困難になっているようであり、手助けが必要である。

　（2）手の使用　多く観察されることとしては、左手を軽く握り顎に当てる、あるいは、左手第4・5指を口に入れている。他方、右手は前に出して手もみをし、それを凝視している。両手それぞれの動きが同時に見られることもある。左右とも第4・5指が尺骨側に曲がっているが右手で頭をかく際やものを引き寄せる際にはこれらの指が使用されることが多い（この時、第1〜3指は閉じられている）。後述するように、ポスターや玩具等に手が伸びる際には、全部の指が開いて触れていることがしばしば見られる。玩具等を持つことは観察されず、また、握らせてもすぐ離してしまう。しかし、歩行時に大人の指を握らせて手を支えてやると、しばらくの間指を握っている。

　（3）視覚的行動　家庭での様子としては、風呂マット等いろいろな絵がゴチャゴチャ描かれているものをよく見るとのことであり、また、玄関で靴を見ることが多く、それを目の前に差し出すと5回のうち3回位は手を伸ばしてくるとのことであった。来所時には、教育相談待合室の本棚、待合室横の消火器、待合室ガラス壁の模様、教育相談受付前の廊下の壁に貼られてある写真や絵、非常灯、防火扉のペンキのはげあと等に接近し、顔を近付けて見ていることが多く、時に手を伸ばして触れていた。

　（4）聴覚的行動　家庭では、オルゴール等の音の出る玩具を好み、笑顔が見られ時に手が伸びる、テンポのゆっくりとしたある作曲家の音楽を聞くと落ち着いて眠ることができるとのことであった。来所時には、テーブル上に置かれた起き上がり小法師、大型キーボード、一面に種々の音の出る玩具が取り付けられている玩具（商品名：activity center）にはよく手を伸ばして音を出すことが観察された。また、大太鼓に本児が手を伸ばした時に音を出してやると、手を離している間隔が短くなり、かつ繰り返し手を伸ばすことが観察された。

　（5）食事行動　歯ぎしりのためか、歯がすり減っている。おかずを小さくきざんで与えれば食べることには特に問題はなさそうであるが、スイカの小片を与えても噛み砕けずに口の中に入れたままになるか、間もなく口から出してしまうとのことである。過呼吸や息止めが見られるようになってからは、食べ物

を口に含んだままで息を止めていたり、時には、食べ物を吹き出してしまうことも観察されるようになった。食べ物を呈示されると口を開く。捕食は不十分ではあるが、上体を若干前傾させてそれを摂り込もうとしたり、援助者の手に右手を伸ばす様子が時に観察される。水分は、スプーンで与えればこぼすことが少ない。

（6）表情の変化等　全般に表情は比較的良く、笑顔が見られる。長い息止めの際には、両眼が寄ってくることがある。ねむくなるとぐずり始め、涙を流すことがある。睡眠時間は安定しており、就寝は午後９時頃、起床は午前８時頃である。衣服の着脱は全面的な援助を受けている。排尿の間隔が長く、家庭では３時間位の間隔で母親がトイレに連れて行っている。家庭外では、５～６時間位我慢しているとのことである。大便は、動作から察してトイレに連れていっている。夜間のみオムツを使用している。

　8　新たな問題の発生　1990年３月下旬に転居し、また同年４月からは、Ｙ障害者センター保育部門において週４回の集団保育を受けるようになり、生活環境が大きく変わった。この影響のためと思われるが、家庭では、歯ぎしり、呼吸の乱れ、発声、両手に力を入れることや両眼を寄せることが多く観察されるようになったという。同時期（３月～５月）、当研究所においてもそれまで主として使用していたプレイルームが工事のため使用できなくなり、他の部屋を使用した。このことも影響したようで、来所中もほぼ同様の状態が観察されることが多かった。

Ⅲ　問題の整理

（1）本児は、３歳頃より過呼吸あるいは息止めを発現するようになったとのことであり、これに伴って、それまでの行動を停止しハァハァハァもしくはウウーッウウーッという発声や手を強く握り締めること、あるいは、腹部を硬く張らすこと（鼓腹）等が観察される。このような状態を呈する神経学的要因は未だ十分には解明されていないが、上述した環境の変化に伴って増強したことを踏まえて考えれば、表面的には何らかの環境要因が引き金となって生ずる「過度の緊張状態」を呈しているように見受けられた。したがって、本児との対応に当たっては、このような「過度の緊張状態」を示さないで済むような活動の場や活動内容を考えていかねばならないと考えた。具体的には、本児をどの部屋に誘い、その部屋の様子をどう整えるかということがまず第１に重要な課題となった。

(2) 本児は、座位から立位あるいはその逆の姿勢変換はできなくなっているが、幸いにして平坦な場所での独立歩行は今も可能である。だが、移動自体は決して円滑に進むとは言えない。廊下の壁に張られてある写真や絵、非常灯等に接近してそれを注視し、時に手で触れるという探索的な活動を行う一方、床面の色や模様が変わる所やその他の場所で息止め等の「緊張状態」を呈して移動を停止し、しばらくその場に立ちつくしたり、手すりに寄りかかる、あるいは、来た方向へ引き返すという行動がしばしば観察される。母親によれば、馴染みの少ない場所では特にこのような行動が多いとのことである。それゆえ、本児への対応に当たっては、また、玄関から主として使用したい部屋に至るまでの間にも重要な教育的課題があると考えられた。つまり、建物内の探索的な活動を促進しながら、一方において、緊張状態を呈して移動を停止した場所の通過を助けるために、筆者や母親が本児とどのような位置関係にあって、どう具体的な援助を行うかが第2の課題である。

(3) 本児は両手を固く握ることや右手を前に出して凝視すること、あるいは、主に左手の指を口に入れる特徴的な行動を示し、1歳過ぎまで見られたという玩具を手に持って遊ぶことが今は見られなくなっている。しかし、前述したように写真や楽器等に接近してはそれを注視し、時にそれらに手を伸ばして触れることも可能であり、必ずしも「目的的な手の使い方」が全て消失したわけではない。本児がこれまで以上に目的的に手を使用した活動を発現できるように、教材の選定、その設定や利用の仕方および具体的な援助の仕方を工夫することが第3の課題であると考えた。

Ⅳ　取り組みの経過

以下では、上に示した3つの課題に沿って行ってきた取り組みの経過を整理する（1990年4月～1991年2月）。'90年3月までは隔週の来所であったが、4月以降、本児は原則として週に1度来所しており、その時の係わり時間は、1時間半～2時間であった。

1　主として使用する部屋への誘いかけ

すでに述べたように、1990年3月下旬の転居に伴い本児は過度の緊張状態を示すようになった。これより少し前、当研究所においても工事に伴う部屋の変更があり、4月初めの来所時に、別の部屋に誘い入れた後しばらくすると、本児に息止めと発声が頻繁にみられ、母親から「待合室ではこれほどの緊張は

示していなかった」という報告がもたらされた。

　このことばは、筆者に、次の三つのことを問いかけていると考えられた。第1は、過度の緊張状態を呈しなくともよい部屋が他にあるのではないかということ、第2は、いずれの部屋にせよ廊下との境界線の前で立ち止まることから、よりスムーズに部屋に入れるようになるための援助があるのではないかということ、第3に、部屋そのものというよりは、その中でより快適に動きやすい条件があるのではないかということである（第3の点については後述する）。

　(1) 主として使用したいと考えた部屋の中に本児を誘う際には、以下のことを心がけてきた；
　① 本児を部屋の入口に誘ってくると、中には入らなくとも覗いていることが多いので、その時間を保障する。
　② 本児が好む玩具（起き上がり小法師等）を持って母親が中から誘う。
　③ 筆者が部屋と廊下の境界線をまたいで、部屋に入ったり出たりして見せる。
　④ 本児の背中を軽く押してみる。
　⑤ 筆者が本児の片手を支えたり、あるいは、扉の端に片手をつかせる。

　(2) 以上のような援助によって、本児はまず、待合室（玄関ホールとの間は、若干の傾斜になっている）には比較的容易に入ることができたため（図16-1）、ここを活動の拠点として3で述べるような活動を行った（4/11〜5/30：5回）。ここを拠点としながら、教育相談受付前の廊下を通ってブランコに誘い、さらにここから何らかの活動ができる部屋としては最も近い距離にある面接室に誘おうとしたが、中は覗くものの腰を引いて入ろうとしなかったり、あるいは手に力を入れて緊張状態を示したため、結局入ることはできなかった（5/9〜6/6：3回）。両者の違いとしては、待合室の方が明るい、入口に立った場合奥行が狭いこと等が挙げられるが、決定的な条件の違いは何か良く分からなかった。

　また、本児は、工事終了後、上述のような援助に支えられれば元のプレイルームに入ることができたが、特に緊張する様子

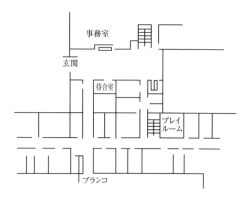

図16 1　研究所一階平面図（一部）

はみられなくとも、援助がないと部屋を覗きながら入口の前で立ち止まっている、入口横の壁に手をついて寄りかかる、部屋の前から離れてしまう状態であった。

（3）以上の経過より、プレイルームへの入室には躊躇が見られ、面接室には全く入ろうとしないのに、待合室には比較的容易に入れる条件は何なのかという疑問が生じてきた。部屋の明るさ、奥行、扉とドアの違い、入室する際の角度、部屋の中にある物の種類やその配置の具合等が考えられた。そこで、これら考えられる諸条件を念頭において、プレイルームへの入退室をさらに容易にするために以下のような配慮を順次行ってみた。

①上の1)-②の援助に代えて、好みの玩具や教材を乗せたテーブルをあらかじめ部屋の中に用意し、母親がそれらの玩具の音を出して誘った。同時に、筆者は、これまでと同様の援助を行った（6/20～）。このような援助によっても、本児の様子に特に大きな変化は見られなかったが、他方において、教育相談受付の部屋へ自発的に入り、また、出てくることが観察されるようになった（7/11～）。

②好みの玩具や教材を乗せた一つのテーブルを部屋の奥に設定しておくと共に、もう一つの同様のテーブルを入口右側の方に近付けておくようにした（9/5～）。本児は、立位姿勢で絵や玩具に手を伸ばしている時は、同時に、片手、胸、腹を手すりやテーブルに付けて寄りかかっていることが多い。また、相談受付の部屋に入った時も同様であったため、寄りかかれるものが近くにあった方が良いのではないかと考えた。

③入り口の中央で、境界線よりも1.5m離れた位置に1度立たせ、部屋の方に身体の正面を向けてから軽く背中を押して入室を促した（9/5～）。境界線直前で、しかも入口の端に立たせて入室を促した場合には、ともすると、入口横の壁に寄りかかってしまいがちになるからである。入口の方に接近しても、境界線直前で立ち止まり中に入れない様子の時には、再度元の位置まで導いた。

④入口の左端から部屋に向かって白板を立て、幼児用雑誌から切り取った絵や写真を7～8枚貼った（図16-2：10/31～）。これは、廊下の壁に貼った絵や写真を見ながら移動する本児の様子や、内側に開かれたドア（カレンダー等が貼られてある）に向かって受付の部屋に入る様子を参考にした。

以上のような観点からの配慮を行うことによって入室を促してきた結果、本児は、11月中旬より境界線直前で一瞬立ち止まるような動きを示しながら

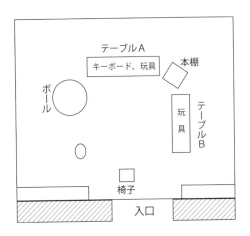

図 16-2　プレイルーム内の活動空間
入室の際には、入口左側から室内にかけて白板が置かれ、またテーブルBが入口の方へ近づけられる。

も部屋の中に自力で入ることがほぼ毎回観察されるようになってきている。他方、退室は入室ほど容易にはなっていない。本児は廊下の方に目を向けてはいても境界線を越えることは難しい様子なので、④の白板を向かい側の壁に立てかけ、廊下には、台の上に人形を置いた。また、室内で靴を履かせた後に③と同様にして身体を出入口正面に向けてから退室を促した。本児は、境界線の直前で立ち止まり、廊下の方には目を向けるものの、手をかざして凝視したり、部屋の方に戻ってしまう。従って、退室を促すには、現在のところ、手を支えてやらなければならない。

2　1階フロア内の探索活動に対する援助

（1）本児の「過度の緊張状態」が、生活環境の変化に対する不適応の現れであると仮定するならば、その環境を知るための探索活動を促すことが不可欠になる。本児が来所するようになったのは、家庭が転居する半年ほど前だったとはいえ、来所時にも過度の緊張状態が見られたことから、改めて建物内の探索活動をいかに促すかが重要な課題となった。そして、この場合、まずは、玄関より主として使用する部屋に向かうコースの探索活動を促し、次に、本児の様子を観察しながら他の方向への探索活動を促していこうと考えた。そして、実際の援助に当たっては以下のような点を心がけた。

①本児がどの方向に向かって移動を開始することも基本的には保障するが、立ち止まったときには、筆者は、指差し等で活動の拠点方向へ誘うことを心がける。

②筆者は、進行方向に向かって本児の後方に位置する。ある程度の後戻りを認めつつも、指差しや背を軽く押して進行方向に進むよう促す。そのため、母親には前方にいて時々声をかけてもらう。

③本児が注視したり手で触れたものは、筆者も手や指で確認する。あるい
　は、もっとよく見えるように、筆者の立て膝の上に座らせる。

④床の色や模様が変わる場、あるいは、境界線の前で本児が立ち止まった場
　合には、母親がすぐ前から手を伸ばして誘う、筆者がまたいで見せる、背
　中を軽く押してみる、本児の片手を支える等の対処をする。

⑤緊張状態の程度や移動時間を見計らい、場合によっては、あらかじめ用意
　しておいた椅子や筆者の立て膝の上に座らせ、休息をとる。

(2) 以上のような係わりの中で、本児には以下のような行動が観察された。

①受付前廊下の左右の壁に貼られてある動物の写真や絵の中で、玄関に最も
　近い写真にまず接近してそれに注目してから、ブランコ方向への移動を開
　始している。

②しばしば立ち止まって右手を凝視していることはあるが、当初見られた長
　い息止めや発声を伴う過度の緊張状態は軽減してきている。

③床の模様が変化したり境界線がある直前で長く立ち止まらずに、自力で通
　過するときが見られてきている。

④壁の絵を見ながら歩くだけでなく、本児の横や前を歩く大人の動きに合わ
　せるかのように歩いているときがある。

⑤受付前からブランコ前を通ってプレイルームに至る経路以外の方向への移
　動が見られてきている。たとえば、教育相談受付とは反対側にあるカウン
　ターの中やその先にある事務室、待合室近辺のみならず玄関ホール全体、
　プレイルームとは反対方向にある観察室・診察室・検査室などである。

　　なお、11 月頃からは、来所時だけでなく、途中の時間や帰り際にも本
　児の進む方向に沿って 1 階フロア内の探索活動を促す時間を設けている。

3　玩具や遊具への係わりとその援助

(1) 玩具や楽器等への接近活動の促進

　転居以前の来所時において、本児は種々の玩具の中でも、特に起き上がり
小法師（以下、「人形」とする）に関心が高いようであったので、筆者は、以下
のような場面を設定してみた（2 月〜）。つまり、筆者は、本児を膝に抱いて座
り、その前に台を置いた。次に、その台の上に人形を振りながら呈示した。本
児は、この人形に顔を近付けて注目し、さらに、右手を伸ばして一瞬触れ、音
を出していた。手を伸ばすときには、それまで握っていた手を開いていた。

　このことから、さらに筆者は、本児の注視を誘いつつ少し遠方から徐々に人

形を近付け、本児が人形もしくは台の上に手を伸ばしたら、即座に援助してこの人形を抱かせてみた。本児が人形を放したら一度終了し、再度人形を呈示した。このことを繰り返すと、本児は以下のような行動を示していった。まず、人形の接近を期待するような表情で見ている、人形を呈示してから近付けるまでに間をおくと台の上に手を伸ばしてくる、援助を受けて抱いている時間が長くなる、時には、抱いた後援助の手を離してもしばらく抱いたままでいる、笑い声様の発声が多くなることが観察された。この時を機に、家庭でもこの人形を購入し、本児がいつもいる部屋に置かれるようになった。

　転居後に過度の緊張状態を呈するようになっても、本児は、上述の人形に対する関心は高いようであった。主とした活動の場を待合室に移したときには、以下のような場面を設定してみた。つまり、本児を椅子に座らせ、前にテーブルを置いて人形を呈示する。この状態で本児が人形に触れられる時間を少しとった後、テーブルを正面方向および斜め前方に徐々に離していった。筆者は、椅子に座っている本児に、指を差して人形を確認させ（本児は指先の方向をよく見ている）、椅子から立たせて接近行動を観察した。本児は、2m位までの距離であれば、人形の方に接近していくことができたが、それ以上離れてしまうと途中で息止めや手を凝視して歩くのを止めたり、あるいは、別の方向に進むことが多かった。

　上の事実は、本児が、ある範囲内であれば目的に向かって移動していくことができることを示している。そのため、元のプレイルームが使用できるようになってからは、本児を座らせて何らかの活動を促すことよりも、接近活動を重視して、本児が接近したものへの係わりを促進することにした。この方が、本児には行動の目的意識がより芽生えやすく、また、係わり手にとっても本児の意図を捉えやすいのではないかと考えた。目的を持った接近活動を促すために、前述したように室内にはあらかじめ、本児が関心を示すことが観察されていたものをテーブルの上やその脇に置いておくことにした（図8.2-2）。これらの教材類は、当初、人形や大型キーボード、太鼓であったが、次第に増えていった（activity center、　タッチライト、バルーン、等）。また、室内における本児の活動空間はこれらによって部屋の周辺に置かれている種々の雑多な教材類から区切られるようになった。これまでの経過の中で、本児は、入室直後や下記の椅子から立ち上がらせた後、あるものにまっすぐ接近していくことや、触れるものを選択して係わっていることが観察される。

　また、本児は、自力では座ることができないため、10〜15分位の活動時間

の経過の後に係わっていたあるものの前から離れたときや、立ったままで息止めが顕著な時、あるいは、母親の方へ接近した時には、入口近くに置いた椅子あるいは母や筆者の膝に座らせ2～3分の休息をとらせた。息止めが顕著な時には、硬く張っている腹を手でさすり、普通の呼吸に戻るよう促した。再び立ち上がらせる前には、脇にいる筆者が、玩具や楽器等を次々に指差したり、あるいは、母や共に係わっている長期研修生がそれらに触れて注目させた。

（2）ブランコを利用した取り組み

母親より、ブランコに乗っていると表情が良いという情報がもたらされたので、これを利用することによって、手の使い方や要求行動の発現を促すことができないかと考えた（4月〜）。また、このブランコが設置されている場所は、玄関よりプレイルームに行く途中にあるため、この場が中継地点となって玄関から歩いてくる場合の目標になると共に、ブランコに座って短時間休憩をとることがプレイルーム方向に向かって再び歩き始めるのによい影響をもたらすのではないかと考えた。ブランコへの接近行動を促した後にこれに座らせ、次のような働きかけを行った。大人が本児の向かい側に立ち、1試行につき10〜20回揺すって一度終了する。上・下肢あるいは上体の動きの変化を再開を望んでいる現れととりあえず捉え、揺すり始める。また、本児の前に横棒を設置し、揺れている間、この棒を握る、あるいは手を乗せておくよう促した。

本児は、初め、握ることや手が離れないように手を添えてやる必要があったが、次第に、揺れている間はこの棒を握り締めているようになった。また、自発的に、棒に手を乗せるようにはなったが、その場合には、こぶしのままのことが多い。さらに、本児は揺れている間は表情がよく楽しんでいると思われるが、1度終了した後の再開の要求発現は明確ではない。そのため、現在は、大人が向かいあって一緒に乗り、指を握らせて回数を数え、1度終了した後は、本児の手が大人の差し出した手に向かうように促している。

他方、この活動を取り上げた当初は、玄関の方から歩いてきた本児に対し、ブランコの位置から母が誘うとその方向に近付いていくことが観察されたが、7月頃からは、さほど注目さずにプレイルーム方向に進むようになった。それ以降、ブランコには2の最後に述べた1階フロア内の探索活動を促す取り組みの際に誘うようにしている。

V　考　察

以下においては、まず、本事例の行動特徴について考えを整理し、それを踏

まえて今回のテーマに対して若干の考察を行う。

1　本事例の行動特徴について

　本事例は、玩具等を持って遊ぶことが困難となり、左手は顎に当てて（時には、左手の指を口に入れる）、右手は手もみをしつつそれを凝視するようになっている。しかしながら、本事例は、このような手の常同運動を絶え間なく発現しているわけではない。また、本事例が、歩行時に大人の指を握っていたり、ブランコに乗っているときに棒に手をかけていたり、あるいは、頭のかゆい所は指でかく、手すりに右こぶしを乗せてよりかかる、関心を示したものには腕を伸ばし指を開いて触れている等の様子を見れば、様々な手の使い方をしているように思われる。また、人間の行動において手の果たす役割が極めて重要であるがゆえに、Rett 症候群の臨床症状としていわれる「目的的な手の使い方が消失する」という表現は、行動全体の目的性が失われてしまうような印象を受けかねない。それゆえ、本事例との対応に当たっては、少なくとも現に有している手の使い方がより引き出せるような状況と共に、必ずしも手にこだわらずに、接近行動のような目的を持った行動が発現しやすいような状況作りをめざさなければならないのであろうと考える。

　次に、異常呼吸運動（過呼吸や息止め）は、Rett 症候群の子ども全てに見られるわけではないようであるが、本事例においては顕著な行動特徴の一つである。この原因については中枢神経系の機能不全が想定されているが、転居後に増強したことや、床の色が変化する手前で歩行を止めこれが発現することなどから考えると、何らかの環境要因が引き金となっていることも考えられる。

　このような異常呼吸運動の発現に対しては、二つの方向からの対処を行ってきた。その一つは、直接的な対処とでもいえるもので、本児が息止めをして腹を硬く張らしているときには、そのつど安心感を与えるようなことばをかけつつ腹をさすってやると間もなく普通の呼吸に戻ることが多い。このような対処には持続的な効果はないにせよ、息止めを長く続けないように援助することは必要な対処であるように思われる。

　他方、異常呼吸運動の引き金が全て環境要因とは限らないかもしれないが、係わり手としては、急激な環境変化をさけつつ、なお環境への探索行動を援助することが重要であると考えた。後述するように、今回の取り組みに当たっては、この二つの視点を重視した。

　さらに、本事例は、以下のような点で「見ること」に大きな特徴があるよう

に思われる。つまり、本児は、視覚的に注目したものに接近し、時には目を極端に近付けて見ている。しかしながら、他方において、本児は、床の色・模様の異なる所や境界線の直前で歩行を止めたり、わずかな段差につまずいて転んでしまうことがある。このような特徴を示す子どもについては中澤（1991）も報告しているが、筆者は、この矛盾するような行動特徴の理由についてはまだよく理解できていない。特に後者の問題については、その克服のための援助の条件をさらに考えていかねばならないと考えているが、それは、単に研究所での活動のためだけではない。家庭においては2〜3cmの段差のため台所と居間の往来が困難で、手助けがないと一方の部屋だけでの動きとなっていたり、また、家庭外の他の場所でもよく立ち止まってしまうということから、行動範囲が限定されてしまうと思われるからである。

　ただ、今回の取り組みに関していえば、前者の特徴は、本児の起こす行動の目的を推測する上で重要な指標であり、後者は、本児の戸惑いを知る上で重要な手がかりとなり、今回の「状況作り」を考えることに大きな影響を及ぼした。

2　「状況作り」というテーマに関連して

　筆者は、「状況」を構成する要素には、少なくとも子どもが活動する場、活動を促進するための教材・教具類、および、援助者の三つがあると考える。

　この内、援助者の役割としては、子どもが混乱したり戸惑っている状態からの立ち直りを励ます役割と、発現した行動をさらに促進する役割とがあるが、これらの援助者の動きは、場や教材の配置等の「状況」を構成する要素に比べ一定したものではない。むしろ、子どもの様子に応じて変化する要素ではあるかもしれないが、これらの援助者の動きも「状況」の一要素とするならば、取り組みの経過の中で述べたような、子どもにとって分かりやすいと考えられる対処の基本原則を絶えず意識した係わりをしなければならないであろう。

　次に、筆者は、教育相談に訪れた子どもに対し、その子どもが歩ける場合には建物の内外を自由に探索させており、また、歩けない子どもの場合には、抱いたり車椅子に乗せて、その子どもの視線方向等を手がかりに移動しながら探索活動を促している。だが、本事例に関しては、当初、建物内の様々な方向に進むことを観察したり促したというよりも、むしろ、玄関からプレイルームまでの一定の経路を進むように誘ってきた。この経路は、本児がよく注目する視覚的な手がかりが多くある場であり、また、ブランコを中継地点とすることが

できた。そのため、同じ経路を辿ることによって、本児の状況把握を容易にし、過度の緊張状態を生じなくともすむようになるのではないかと考えた。

また同様の理由により、同じ部屋を使用しただけでなく、好みの玩具類を⌐状に並べて部屋の中の活動空間をさらに限定した。本児は、しばしば息止めをして立ち止まることはあるものの、目を向けたものに真っ直向かって手を伸ばしたり、移動しながら見比べた後で特にある玩具に繰り返し触れていたり、あるいは、初期に触れていたものにはあまり触れなくなっている等の様子を見ると、このような場面設定は、本児が「分かりやすく、動きやすい」状況作りの上で有効であったように思われる。

他方、筆者は、いつまでも上記のように活動空間を制限するつもりはない。むしろ、最近は、本児の方からこれらの範囲をはみだしていくような行動さえ見られる。つまり、玄関ではカウンターの脇を通って事務室に入ったり、他のプレイルームを覗いて入ったり、部屋の中ではテーブル上に並べられた物以外に関心を示して、探索活動の範囲を広げてきている。今は、この行動を積極的に援助する時期にきているように思われる。

さらに、本児には、これまでのところ、食事場面でスプーンを持つ大人の手を引くこと以外に、筆者等が理解できる明確な要求発現が観察されていない。そのため、筆者は、当初行っていた本児を座らせて物との係わりを援助することよりも、目標に目を向けて接近できることを重視してきた。つまり、何かに接近することが、本児の意図の現れと仮定し、短時間であっても物に接近した場合には、本児の自由な係わりの後にそのもので共に活動したり、あるいは、人に接近したときには抱いてやることにした。

最近、人に接近してきたときに、抱き上げ、テープレコーダーからリズミカルな童謡を流しながら身体を揺すってやると表情が非常によくなり、時に笑い声が聞かれるようになっている。また、本児は、床に降ろすと離れていくが、童謡を流して筆者が両腕を広げて誘いかけると再び近づくようにもなっており、人に向かっての要求発現につながるよう注目していきたいと考えている。

他方、本児の意図の把握に当たっては、接近行動のみならず回避行動も重視すべきであると考える。誘っても腰を引いてしまったり、あるいは、右手を凝視して息遣いが荒くなる、新たな玩具を呈示しても目を向けても間もなく別の方向に移動してしまう場合には、本児の意図に反した働きかけであったと考えるべきであろう。

最後に、筆者等は、11月中旬に家庭訪問を行った。本児は、母と共に、テー

ブルが置かれた台所で日中を過ごすことが多いとのことであった。この台所には、本児が来所時に関心を示した人形や 'activity center' が置かれ、冷蔵庫にはカラフルな鎖が下げられてあった。本児は、これらの玩具や小型テレビ、流し台、玄関横の壁に取り付けられた大型の鏡の間を移動しては接近し、顔を近付けて見ていたり手を伸ばしているとのことであった。

注

1) Rett 症候群とは女児にのみみられる疾患であり、近年になって注目されるようになってきた．その原因は未だ不明であるものの、臨床症状としては、①生後 6 ～ 18 カ月頃までは正常な発達を示すが、その後，精神運動発達遅滞を呈していく、②目的的な手の使い方が消失し、代わって手の常同運動が発現するようになる、③表出および受容言語が急速に障害されていく、④独歩が可能となっていた子どもにおいては失行がみられ、歩行困難となる、⑤異常呼吸運動やてんかん発作が発現することもある等のことが指摘されている [1-2], [4-7]。なお、これらの臨床症状は、診断基準として必須基準と補助基準に分けられて取り上げられている。

2) 4 歳 5 カ月現在、体重 13.0kg、身長 101.0cm、頭囲 47.5cm、胸囲 52.5cm。

文献

1) 長谷川正子・野村芳子・瀬川昌也 (1986)「Rett 症候群――その臨床的研究」『脳と発達』18，269-279.

2) 橋本清・守田利貞・丸山和男 (1989)「Rett 症候群について――診断基準と 2 症例の報告」『小児科』30，511-518.

3) 中津惠江 (1991)「視覚系の信号系活動の促進にあずかる条件その 1 ――レット症候群と診断されている一人のこどもとの実践研究を通して」『国立特殊教育総合研究所研究紀要』18，85-93.

4) 野村芳子 (1990)「Rett 症候群」『発達障害研究』12，6-41.

5) 野村芳子・瀬川昌也 (1989)「Rett 症候群」『神経進歩』3，384-397.

6) 鈴木文晴・吉川秀人・平山義人・桜川宣男・有馬正高 (1990)「Rett 症候群――研究の現状と将来」『小児科臨床』43，213-222.

7) The Rett Syndrome Diagnostic Criteria Work Group (1988), Diagnostic Criteria for Rett Syndrome. *Annals of Neurology, vol.23*, 425-428.

◆討論

　川住が報告した事例報告を中心として、重複障害教育研究部のスタッフ全員参加による討論を2度にわたって行った。以下に掲載するのはその要旨である。紙幅の都合上割愛せざるを得なかった重要な発信も少なくないが、この討論が事例報告をより広く捉えることに役立てば幸いである。

司会：川住さんからの事例報告と係わりの場面のVTRをもとにして、自由な討論を進めていきたいと思います。初めに、川住さんの方から何か補足することがありましたらどうぞ。

川住：移動運動について補足すると、歩いてはいますが、四つ這いや腹這いは見られなくなっており、また、寝返りは可能ですが続けて繰り返すことはないとのことです。これに関連し、この子を床や布団の上に寝かせるとすぐに腹臥位となり、両手をついてのけぞりながら息を止め、ウウーッウウーッと声を出すことが顕著にみられます。

　紙幅の都合で、今回は、プレイルーム内での個々の玩具への係わり方については詳しく触れず、また、食事行動への取り組みについては省略しました。食事行動については、その後提示された食べ物を摂り込もうとする口や身体の動きが徐々に見られてきたり、あるいは、特に空腹時には右手を出してスプーンを持つ大人の腕を引き寄せるような動きもみられてきましたが、最も大きな変化としては食べ物（薄く切ったリンゴ、ハム、トースト等）を噛み切ったり、口からこぼさないで噛むことが上手になったことだと思います。

　食事行動以外に母親が気にしていることとしては、風呂の問題がありました。母親によりますと、転居前は特に嫌いではなかったが、裸になって風呂場に入ると泣き声を出し、湯船に入るとさらに激しくなるので湯船には入れないということです。上半身に衣服を着ていると、比較的緊張しないで風呂場に入れるとのことで、この状態で風呂場の中でしばらく遊び、それからシャワーを利用しているとのことでした。ただ、最近はなんとか湯船にも入れるようになってきたということを聞きました。

〈コミュニケーション〉

司会：この子どもの実態についで質問がありましたら出して下さい。

Oc ：Ⅲの生育歴のところで、言葉がなくなって云々と書いてあるのですが、今はどういう感じですか。コミュニケーションという面で……。

川住：それは、ここに書いてあるように、言葉はもちろん出ていませんし、本人から『これしたい』と発信しているのかも知れないけれども、なかなか読み取りにくいというところがある。だから、人や物に接近する行動や、本児の視線を非常に重視して係わっていったわけです。ただ、ご飯の時、スプーンを呈示すると手を引くというようなことは要求だろうなと捉えられるのですが。

HR ：実態のところで、人との関係について書かれていないですね。川住さんをどのように思っているのですか。お母さんと区別しているのですか。それから、Nセンターの先生方やYセンターの保母さんなどは、どのように区別しているのですか。

川住：よく分かりません。それでも、人に近寄って来る場合があるわけです。その時、なぜ近寄ってきたのかは分からないけれど、とりあえず抱っこしてあげて、「よしよし」と言ってあげる。また、最近は音楽を流しながら「おいで」と言って両手を広げると近付いてきます。その時、抱き上げて身体を揺すってやると非常に良い表情はするのです。また、これまでブランコを取り上げてきましたが、揺れている間は表情が良くても、終わってしまうと『もっとやりたい』ような行動は必ずしもはっきりとは子どもの方から出てくるわけではありません。でも、「もう1回やろうか」と言って私が両手を差し出すと、その手に対しては手が伸びてくることはあります。

MT ：2.1）の③で、「……指で確認する」と書いてありますが、子どもとの間で「確認」ということが起こるのですか。こちらがそういう確かめるような言葉かけをするというのなら分かるのですが。

川住：子どもが壁に貼られてある動物の写真をよく見ているので、あなたこれに注目しているんだねという気持ちで、「これは象さんだね」と言いながらその写真に私が触ったということです。子どもが「そうだね」と言うようなことはありません。

TC ：川住さんは「確認」と書いたけれども、たとえば「共有する」とかね、「関係づける」、とか、いろいろな言い方は考えられるし、その言い方に

その人の係わりを見出していくバックが考えられますね。

川住：一緒にそれで楽しんだということではありません。共有というよりは、私は、係わり手として子どもが注目していることを無視してはいないことを表したかったのです。

〈手もみ、息止め、過呼吸について〉

Hs ：手もみとか、過呼吸、息止めとか、緊張状態というのもそうなのですが、何となく分かりそうなんだけれども分からない。それぞれ簡単にこの子の手もみとはこの状態を言っているなどと説明してもらえると、もっと具体的にイメージできると思うのですが。

川住：あの子の場合は、両手の第4・5指が尺骨側に曲がっているのですが、手もみとは、右手のその曲がっている指がよく動いていました。最近は、親指が中に入っていくような感じです。その親指でこすられて人差し指の皮膚は擦り切れたような感じになっています。右手指がグニュグニュ動いています。それから息止めは、10数秒間息を詰めてウウーッウウーッと唸るような感じです。過呼吸とは、短い周期でハッハッハッと呼吸している状態のことです。過度の緊張状態とは、立ち止まって両手を強く握り締めて、肘を曲げ、目が寄り、それに息止めが伴うものです。

Oc ：私が係わったことのあるケースで、男性なのですが、頻繁に息止めや過呼吸を繰り返す例がありました。レット症候群の子どもの場合、息止めや無呼吸、過呼吸を起こすのは、一種の自己刺激行動として捉えていいのか、それとももっと内的な、生理学的な側面に注目する必要があるのか、その辺はどうですか。

Nk ：私の受け持っている子の場合、遊びでやっている感じはしなくて、もっと切羽詰まった感じなのです。何か止むにやまれずなっちゃったという雰囲気の方が強かったけれど、川住さんのケースの場合もそうではないかな。

川住：そう、そういう感じはしますよ。

Hs ：私のケースも遊びとか自己刺激とかいう感じはしなかったですね。なぜかと言えば、状況との関連みたいなものが見えないのですよ。

川住：そのような呼吸運動の問題には、内的な要因が強く作用していると思います。全ての場合かどうかは知らないのですが、無呼吸状態の時には血

液中の酸素飽和度が一時的に低下するとも言われています。しかし、異常呼吸運動の増減には環境要因が絡んでいるように見えます。

〈矛盾の意味〉

Oc：Ⅳの1のところに「矛盾」と書いてあるでしょ。これはどういう矛盾なのですか。

川住：これは指摘されるだろうなと思っていたところですが、適当な言葉が見つからなくてね。要するに考えたことは、単なる床の色の違いや境界線だけなのに、それを段差であると本人は思って行動を止めたとすれば、こんなに何回も同じ所をよく見ている子どもがなんでそういう行動を起こしてしまうのかと思ったのです。

Oc：見えるが故に起こってくる行動かも知れない。

Tk：それはあるかも知れない。

Nk：矛盾というよりも、私たちがそういう子どもの実際の行動から、ある行動の発現を期待することがあるわけですが、実はその期待通りではないというところのギャップで私たちは戸惑うというふうな気がします。

〈緊張〉

Hs：この子の緊張状態というのが一つのキーワードになっているように思うのですけれど、家庭環境が変わったから、それが主たる原因で、研究所でも緊張しやすくなったと、それに加えて、研究所の状況も変わったんですよという図式だと思うのですよね。たとえば、Ⅱの8.の「生活環境が大きく変わった」、これはまあ事実ですよね。そのあとで、「この影響のためと思われるが家庭では歯ぎしりと……なった」と、「同時期、研究所においても……部屋が工事で使えなくなった、云々。このことも影響したようで来所中にもほぼ同様の状態が観察されることが多かった。」と書いてますね。「このことも影響したようで」という言い方の場合は、プレイルームの工事とかいうのはやっぱり付けたしですよね。生活環境が大きく変わったというのが第1の要因なわけでしょ。

川住：一番大きな生活環境としては家庭環境なわけですね。ここへは、3月までは隔週来ていて、それから毎週来るようになったのですけれども、こちらにはたまに来るわけだから、むしろこっちに来た時の方がかなり緊張していて、家に戻ったらそれが治まってますよというようなことだっ

たらもっと H $_S$ さんの言っていることにはっきりと答えられるのかも知れないのですけれども、確かにこちらに来た時にも、「待合室でこんなにウウーッと言ってなかったよ、先生」という、そうすると、やっぱりこちらで部屋が変化したことも引き金となったのかなと考えざるを得なかったということです。それはそれとして、また、家でも３月 20 日過ぎに引っ越してきた後、「非常に緊張が多いんですよ」と、それと、「Ｙセンターにも慣れてきたようです」と言ったのは５月の末位だったのですね。ちょうどあの頃は、三つのことが重なっちゃったので、H $_S$ さんの言うように、こちらの影響と家庭の影響みたいなことはちょっと整理しにくかったのです。こっちは、とりあえず研究所に来た時に緊張しているので、それにどう対処しようかという、その対処の仕方がもしかしたら家庭での対処にも参考になるところがあるかも知れないという思いだけがあったので……。

Tc ：私は、H $_S$ さんの言うことも分かるような気がするのです。というのは、私もこれを読んでいてね、Ⅱの 8. の「新たな問題の発生」というのが、全体の中でどういうふうに扱われるのかなということが、読んでいて気になったのです。「新たな問題の発生」と項を立てて言っている割りには、この問題が出てこないのですね。「はじめに」のところで緊張を言っていて、「新たな問題の発生」とまた緊張状態ということを言って、なおかつ次の「問題の整理」のところですぐ緊張につなぐわけでしょ。これはもう主軸ですよね。読み手としては、「新たな問題の発生」の位置付けということが、その緊張状態の問題としてね、ちょっと、どういう全体の展開が、構造になっているのかなと戸惑うところがあるというのは、本当だと思うのです。

川住：取り組み当初から３月頃まで、緊張はこの子の特徴として付随的なことだろうと思っていたのが、むしろ前面に出てきて、お母さんもどうしていったらいいでしょうかということが、相談の主たる内容となりました。最初に来た時は、なかなか手が伸びなくて、なめてばかり、あるいは、手は同じことをしていて、なかなか外の世界に向かっていかなくて、という相談内容でした。それに沿った形でこちらも行動を見てきたつもりでした。転居に伴って全面的にというか、その緊張ということがかなり相談の大きなウェイトを占めるようになったので、「新たな」と言ったらおかしいのかも知れないけれど、一つの大きな検討課題となっ

たので、「新たな問題の発生」と書いたのです。

〈診断基準と行動特徴〉

O_C：レット症候群の診断基準として言われている臨床症状と、この子の行動特徴や取り組みの視点との関係についてどのように考えていますか。

司会：取り組みがレット症候群という枠組から始まるのか、むしろ子どもの行動特徴にどう応じるのかというあたりから始まるのか、少し区切りがつかない部分があるようですね。

川住：やっぱり自分としては、その両方かなと思います。なかなか切り離すことが難しい。もちろん実際の係わりの中では、子どもが今示している特徴というか、子どもが一番困っているだろうなと思う問題から始めようとは思いました。しかし、子どもの行動を捉える時に、診断基準に言われていることは大きな視点となったことは事実です。ただ、考察にも書いたように、臨床症状を述べた論文を読むと、目的ある手の使い方が失われて、常同運動が始まるんだというような言われ方をする人がいるのですね。でも、手の目的的な動きが全く無くなるようなニュアンスを受けるけれども、実はそうではないのではないかという思いがありました。そこで、3.に示したように、玩具や遊具に手で係わることを促す状況を設定してきましたが、物を手で握ることは困難になっていても、触ったり、ひっかいたり、押したりして手を使う目的性は失われていないと思います。

N_K：子どもの行動を見るときに、自分の「偏見」を抜きにして見ることが可能かという問題と、それがベストかという問題があるように思います。診断基準も「偏見」の一つですが、それをきっかけにそれまで見過ごしがちであった行動に気付かせてくれる効果があるのではないかしら。要はそれに捕らわれずに、子どもの行動と照らし合わせていくことだと思います。この報告の全体を読むと、川住さんは「本当にそうなんだろうか」という視点を持ち続けているように思います。

Y_M：関連していいですか。いわゆる立ち上がりとか、歩行ができなくなったということについて、診断基準では失行とか失調とかという言葉を使って説明していますね。

川住：そういうふうに言われていますね。

Y_M：私は、あの子どもが床から立ち上がれなくなったことや、座ることがう

16　Rett症候群を疑われている女児との対応における「状況作り」　　335

まくいかなくなったことについて、診断基準にあるからといって、普通に言う失行とか失調ということだけから考えることにはちょっと疑問を感じています。もちろん、川住さんはそういう捉え方はされていませんが……。私は、レット症候群の子どもの運動面の変化については、もっと細かく具体的に見ていく必要があるのではないかと思っています。

川住：同感ですね。

〈「不適応の現れ」という表現について〉

Tc ：この子の示す緊張状態について生活環境に対する不適応の現れというふうに書いてあるけれども、こういうふうに言ってしまうことについて疑問を感じるのですが。この子が現実に示している歯ぎしりだとか呼吸の乱れというようなものをどのように捉えるかという点と、レット症候群の子どもたちが示すそういった過呼吸とか緊張というものを、川住さんがいわゆる不適応という概念でくくっているというふうにも読めるし、仮にそうではないとしたら、あの診断基準は何だということにもなってくるのではないですか。それから、この子どもだけに視点を絞ったとしても、果たしてこの子どもは環境の変化に対して不適応を起こしているとみなすことができるのでしょうか。われわれだって環境の変化に対してある種の緊張状態は、多かれ少なかれ示すわけで、それを不適応と言ってよいのかどうか、不適応と考えると、じゃ慣らせばいいとか、慣れということをこの子どもとの係わりの中で作り出せばいいというような係わりの展開になると思うんだけれども。だとすれば、その慣れということと、あとから出てくる探索というものがイコールなのか、というふうにもなってくるし、ここは一つ川住さんとしては考えを整理しておく必要があるのではないですか。

川住：一つはね、レット症候群の症状として息止めということが言われている、それは必ずしもまだ原因がはっきりとは分からないかも知れない。そういうふうになる原因は、医者によっては神経学的なものに求めていくかも知れないけれども、僕としては、それが環境の変化あるいは環境のある要因が引き金となって強まる可能性は否定できないと捉えていました。一応そういったものが引き金となって強まったと考えるならば、そういった環境の変化、もしくは、環境を知るための探り方を伝えなければいけないかも知れないし、あるいは、今何回も同じ所を、これが先

ほどの慣れと関係してくるかも知れないけれども、同じ所を何回も移動
しながら探索して、特に緊張を起こさなくてもよい状況なんだよという
ことを伝えなければいけないかも知れないし……。

　Ｔｃさんの方から、慣れという言葉も出てきましたが、慣れというこ
とについて、僕としては、もっと積極的に探索活動によってだんだん
外界というか周囲の状況を知っていく過程として慣れ（habituation）と
いうことを考えていきたいという気がしています。その過程で、十分ま
だ分からない場でうまく行動を展開できずに過度の緊張状態に陥ったこ
とをイメージして僕は不適応という言葉を使ったと思います。その不適
応という表現とうまく結び付くかどうかは分からないけれども、子ども
がいろいろな所に行くことよりも、まずは、玄関から部屋に行くコース
をある程度制限してきた。別に他の方向へ行ってはいけないということ
ではなくて、こっちの方に行こうというふうにむしろ積極的に誘ってき
て、どこにでも行っていいよという促しは、最近の話なのです。

Ｍᴛ：そうするとこの文章は「過度の」というところにすごく意味があるので
　　　はないですか。

川住：そうです。非常に顕著になったということを僕は問題にしたい、緊張状
　　　態を示すいくつかの動きは、それぞれ単独ではすでに起きていた、と言
　　　えます。

Ｔᴋ：不適応という言葉よりも、生活環境の変化に対してどう対処したらよい
　　　か戸惑っている状態かも知れないね。

川住：はい、そうかも知れません。

Ｔᴋ：そうすると、過度の緊張は、周囲の状況が分からない時にこの子が出す
　　　一つのサインかも知れない。しかも、いいサインかも知れないですね。

川住：はい、そう思います。

〈部屋に入る条件〉

司会：①～④の状況作りの経過を振り返ってみて、どうでしょうか。

Ｈs　：Ⅳの1.3）④のところですが、「部屋の中へ自力で入ることがほぼ毎回
　　　観察されるようになってきた……」ということなんですけれど、経過を
　　　読んでいますと、どうもスーッと入ってしまったわけでもないようです
　　　ね。

川住：はい、部屋に入るのを助ける上で、特に一番大きい要因だろうと思うの

は、②と③です。こういう援助をすると、その後は自力で部屋に入っていけるようになったということです。

Tc ：Ⅳの1.3）の「プレイルームへの入室に躊躇がみられた」という問題なのですが、最終的には川住さんはこの子が何で待合室には入れて、プレイルームには躊躇がみられたと考えているのですか。

川住：結局よく分からないのです。その都度もしかしたらこの条件がいいのかなというような思いはありました。

Tc ：そこで考えられたような条件一つ一つを検討したのですか。

川住：いや、一つ一つはやっていません。

Tc ：背中を押されたり手を引かれて入れと言われるよりは、中からお母さんが呼んだ方が入るんじゃないかという、そういう行動を支える文脈作りというか、そういうところもあったと思うし、セッティングを入っていけた部屋と似たようにしてみたりというような工夫もあったよね。手応えとしては何か分からない？

川住：対処する時に、周囲の状況をどう整えたらいいかとか、部屋に入れる条件は何だろうかなと、いつも考えてはいましたが、教育相談の面接室は照明が暗くて、待合室とは明るさが全然違うので、面接室の明るさを、待合室と同じ照度にしてみようかと思ってはいても、なかなか実行できませんでした。

Tc ：やっぱり明るさとかが効いていると思いますか。

川住：でもねー、第2診察室は窓からの明かりはあっても、普段電気を付けてないでしょ。それでもあそこにはスーッと入っていっちゃうんですね。

Tc ：確かにそういう部屋のもっている明るさだとか、大きさだとか、部屋の中に入っている物とか、そういう条件もあるだろうし、それから中でお母さんが呼ぶとか呼ばないとか、一緒に入るとか、入らないとか、そこに段差があるかとか、床の色の違いがあるかとか、そういうものもあるかも知れないけれども、一つ川住さんに聞きたいのは、その子がその部屋の入り口に至る、その前にどういう行動をしていたかということは考えてみなかったのですか。待合室に入るのは、玄関入ってすぐだからだろうと思ったのですが、あそこなら嫌ならすぐに、帰りたいと思えば帰れるじゃない。最初に入ってからの停留点じゃないのかな。

川住：なるほど、そういう視点もあったのですね。ただ、いつまでも待合室じゃないだろうな、やっぱりお母さんの話を聴くにもね、子どもにとっ

ては待合室近辺が一番安心できるのかも知れないけれど、他の人が来たり、お母さんにゆっくり話を聴くとすれば、どうしてもプレイルームに誘おうとしたわけです。

Hʀ ：N療育センターではどうでしたか。

川住：私が直接見たのは2回ですが、その時は園庭側から保育室に入るのですが、手を引かれて入っていました。その後は、保育室から廊下にはなかなか出られなくて、手を引かれることが必要でした。

Oc ：たとえばプレイルームの中に入れない時に、廊下から部屋にかけてゴザか何か敷きませんでしたか。

川住：一度だけ敷いて様子をみました。境界線が見えなくなったにもかかわらず、ゴザには乗ったのですが、やはり部屋の直前で止まってしまいました。

Oc ：駄目でしたか。それからもう一つ、Ⅳの1.3）の④の絵や写真を貼った白板を置いたことも、ある意味では同じような意図ですね。ここでは、絵に興味を示すことを工夫して、廊下と部屋との境界に連続性をもたせる役割をつくったようですが、これはどうでしたか。足もとではなくて。

川住：よかれと思ってやったのですが、あまり注目しない。もしくは、注目してしまうとなかなか中に入っていかない。普段の廊下だと見ながら移動するのに、あの場だと……。だから、あまり効果はありませんでした。

Oc ：家庭では、たとえばトイレだとか、風呂場だとか、食堂だとか、寝室とか、いろいろ function はっきりしているでしょう。そうすると、そういう意味との関係はないのですかね。入れる入れないということと……。

川住：意味かどうかは知らないけれど、一番入りにくいのは、さっきも言ったように、風呂場です。補足説明で言ったように、風呂場だと非常に泣き声を出してしまうということです。お母さんに聞いたら、最近ようやく湯船にも何とか入れるようになったという。

Hs ：何か着てですか。

川住：最近は着くとも入れるようになったとのことです。

〈誘い方〉

Tc ：川住さんのこれを読むとね、状況把握を容易にするというところに収れ

んしているような気がするのですね。そこで、探索ということに関係して質問したいのですが、本当は、自由にこの子どもさんの能動性というか主体的に探索してもらった方がいいんだけれども、この子が過度な緊張状態を示すが故に、この子の通る経路というものを固定して、そこをたどってその子がそういった移動空間というか、そういったものを、より良く把握してもらった方がいいだろうと、敢えてしたと……。

川住：敢えてしました。こういった過度の緊張状態が起こってくる前は、経路を一定にしようなんていうことは考えていなかったのです。子どもが行く方向に、1階だったらプレイルームに誘うんだったら、トイレ側を通ろうが、受付側を通ろうが子どもが動き始めた方向に行って、どっちを通っても行けるんだよということを考えていました。

Tc ：Ⅳの2. 1）の①に書いてあるけれども、立ち止まったときには誘ったということでしょう。川住さんが考えた経路というのはあるわけですね。そっちの方と違う動きをしたときにはどうしたのですか、押し戻すような感じのことをしたわけ？

川住：いや、しません。当初は、待合室のすぐ前で、ゆっくり数歩歩いては止まり、まだ進行方に歩き始めたり戻ったりしていたので、その様子を観察していました。

Tc ：まずそれをやるわけですか。

川住：そうです。それからその動きが止まった機会をとらえて受付前の廊下の方へ行ってみようかと誘いました。

Tc ：そうすると、立ち止まった時とか、行動が途切れたような時とか、切り替えるときのタイミングでこっちへ行かないかというふうにして、誘ったわけですね。

川住：そうそう、それで、廊下では少し後ろに離れていてこの子が戻ってくるときには、私はさりげなくしゃがんで目を合わせ、「どうしたの？」といったような言葉をかけていました。

Tc ：どうして過度の緊張状態を示したら経路を決めようとしたのですか。この子の動きのままにしておくと、ますます息づかいが荒くなったりとかしたのですか。こちらへ行こうと誘った方が、この子の行動の展開がやっぱり滑らかになるというふうに考えたのですか。

川住：ただ、どの経路でもいいから固定しようというよりも、あの子が一番、写真とかそういったものに注目していたからです。そしてそれが一番あ

の子にとっては手がかりとなりやすいんじゃないかと考えたのです。

Tc ：まずはそっちから行った方がスムーズに、たとえば部屋にいくという行動が起きるだろうと考えたわけですね。

川住：でも、そうスムーズにというわけではありませんでした。受付近辺で一日終わっちゃったという場合も何度かあります。待合室の中で玩具でちょっと遊んでちょっと出て、せいぜいブランコの辺りまで行ってはもう2時間が終わっちゃったという場合もありました。そういうふうにしていったら段々この子どもが息止めなんかしなくなったとか、もうそういうところは注目しなくて、サッサと行くようになったなんていうようにはならなかったのです。確かに過度な緊張はなくなったけれども、今もってそこを通るときには、時々息止めはしているし、まだ、写真シールなんかに注目しながら移動しており、先程慣れの話が出てきましたが、もうそんなものは見なくったっていいよというふうにはなっていないのですよね。

Tc ：そうするとⅣの2.1）の②に書いてある「後ろに位置してある程度の後戻りは認めつつも、指差しや背を軽く押して進行方向に進むよう促す」というのは、結局こちらへ行くんだということを伝えたいからですね。

川住：はい。伝えようと思って、あっちに行こうと指差しするとその方向は見てくれるのです。

Tc ：この「ある程度の後戻り」というのは、どういうふうに川住さんは捉えたのですか。それは探索ではないというふうに思ったのですか。行きつ戻りつが、自分で調べているような様子だったら、そういうふうに係わり手が見て取れるようだったら……。

川住：それはもちろん規制はしません。そうじゃない時には、ちゃんと、身体を受け止めたというか……。

Tc ：自分で誘った方がいいだろうと思って誘ったわけですか。

川住：そうそう、そういうことですね。

Tc ：ある程度の後戻りをね、少し位ならまあ大目にみようというようなことではないわけですよね。

川住：そうです。

〈手を取る意味〉

Tk ：手を取るとスムーズというのは、どういう意味があるのですか。手を取

るということはこの子にとって、一つの行動を滑らかにさせる大きな役割をもっているようですが、どのように捉えたらよいのか。

Mт ：引っ張るわけではないのですね。

川住：引っ張るわけではない。ただ、私の手の上に乗せてあげるだけで、スーッと動き始めることがよくあります。でも、部屋に入るときには、これだけではなかなか足が出ない時がありました。支えていて、「向こうに行こう」という誘いの動きがないと駄目なのですね。

Mт ：その支えるというのはどの位の力が加わっているのですか。

川住：そんなに体重を預けてくるというようなことはないですね。ただ、手が乗っている位の重さですね。

Mт ：こちらが手を出していくときに、少しいつもより手前で待っているというようなことはしないのですか。それともいきなり手に触ってしまうのですか、支えるときに。自分で求めてくるのか、こちらがちょっと当ててしまうのか。

川住：こちらから触ってましたね。必要だったらどうぞと手を出すよりも、軽くですが、さ、行こうという形で触ってきました。

Nк ：その時この子は顔を見ますか。

川住：部屋から出るときに、廊下側から誘う時には見てくれますね。

Tc ：少し聞きたいのですが、その手を添えている時にこの子は長い時間ついて来れるのですか。

川住：いいえ、添えていてもまた手が外れて、手もみや息止めがあって足が止まるのです。それほど緊張状態が顕著でなければ、「また行こうか」と言って誘えば、スーッとまた動き始める、あるいは、自分から手を離して壁際に寄っていくとか、ジグザグジグザグという感じの移動ですね。その時に、私が手を添えてあげると私の指を握ってくる感じなのです。

Tc ：とすると、決して川住さん任せになっているとは言えないのですね。

川住：言えないと思います。きっかけは与えられたかなという、移動し始めるきっかけは、手を支えることにあるけれども、だからずっと一緒に行こうというふうでもない。なぜなのか。

Hs ：手を取るということの中には、一つは情緒的な繋がりで人がいるからということもあるかも知れないけれども、この頃私が注目しているのは、動作の問題に関し、どうもその動作の起点となるものがある。支える点ではなくて、起点となるものがありそうな気がしているのですが。肢体

不自由の子どもに限っても、肩にちょっと触れているだけで歩ける子どもはいるのです。

Mт ：お母さんと歩くときには、お母さんはどこを持つのですか。

川住：手首を握って引くというよりは、下から支えて軽く握って、強く引くという感じではないですが。

Mт ：そういう時でも手を離して止まることはあるのですか。

川住：あります。別に決して強く握っているわけではないので。手もみするために手が外れてしまったという感じです。

Tc ：合宿のときに、盲ろうの子どもさんと宿舎で初めて会って、僕が一緒に部屋を探索をした時のことですが、僕と一緒に歩いてくれるようになって、僕の手を握るようになってくれた時に、一緒に壁伝いに歩いて行って、たとえば引き戸のレールのところに足先がかかるとそこから一歩も先に行かなくなるようなことが何度もありました。その時の、踏み出す時のきっかけというか、あるいは踏み出す時に一緒にいる人の手でもいいだろうし、身体の一部に触っているだけでもいいのだろうけれど、そういうことが必要なのです。一緒に行くということの持つ意味というか、何か子どもの状態は凄く違うのですが、さっきHsさんが言ったようなことも含めてよく考えてみたいですね。

Nк ：私のケースも床面の色が変わるところで止まってしまったり、1cmの段差でも越えられないくらいに運動調整が難しいのに、羽で触るくらいの軽さで手に触るだけでスタートが切れたりね、階段は昇ってしまうのです。それは安心感だけでもないし、バランスを取っているだけでもないし、きっかけを作っているだけでもないし、うまく表現できないのですが……。

〈行動の広がりと状況作り〉

司会：全体を通して何かありませんか。

川住：今言えることは、聴力検査室や脳波検査室を覗いた時に、軽く肩や背中に触れて誘うと、スーッと入って行くようになった。そういう形の広がりはみられてきています。しかし、自分で部屋に入ることができたから万歳だということではなく、ちょっと条件が変わるとまた同じようなことが起こる可能性はあります。

Tc ：今、川住さんは広がりと言いましたが、それはいろいろな縁を一つ一つ

調べていって広げていったというのとは違うでしょう、広がりと言っても。

川住：はい、そうです。

Tc ：僕も、盲ろうの子どもと合宿をやっていて、確かに細かく細かく組織的にというくらいに調べている場面があるかと思うと、ボーンと、何かスタスタとやってしまうような場面もあったりして、そういうのを何回も経験しているから、そういうのを広がりと言えるかどうか疑問に思っているのですよ。

Mt ：入っていく部屋が増えたというのは一つの事実だと思うのですが、行った先でどういう活動を起こすかということについてはどうなのですか。ただ見てＵターンしてしまうのか。

川住：手で触れて探るというのはみられませんが、目で探っているのかも知れないのです。

Mt ：受付はどうなのですか、入っていって。

川住：受付は入っていって、ドアが内側に開いているでしょう。あそこにカレンダーが貼られてあって、あれを見て近づき触っています。

Mt ：その奥には行かないのですか。

川住：はい、行きません。奥に行かないというよりは、Nkさんのケースのようにはあまりヒョコヒョコ入って行くという感じではないです。

Nk ：ただＫちゃんの場合はＲちゃんが入りやすい相談受付が一番最後まで難しかったんですよね。あそこが一番難しかった。一番簡単だったのは談話室だった。プレイルームはあまり入らなかったし、入るときは一度椅子に座らせて靴を脱がせて入らせていたのでプレイルームについてははっきり分からないけれども、部屋で一番難しかったのはＲちゃんとは逆に受付の部屋だったのですよ。

Hs ：Ⅳの1.3) の①〜④でずっと状況作りのことについて書いているのですが、これは、こういう手立てをしたら自力で入るようになったみたいな書き方なのですが、これはいくつかの条件で、いったいそれがどうだったかということについてはこの前も質問しましたが、それに比べて、起点を提供してあげるというような援助は余程大きいのではないかと思うのですが。状況作りということから考えると、白板を置いたりゴザを敷いたりとか、誘ったりということは勿論あるのですが、今言った起点を提供してあげるようなことは、少しだけ難しいというような表現しかし

ていないけれども、そういう手を支えるというようなことがかなり大きいと思うのですが、いかがですか。

川住：部屋の様子を整えることよりもちょっと手を添えた方がまだ大事なのではないかということですね。単純には比較できないかもしれないが、日常生活の中でスムーズに移動するという点では、手をあまり引かなくて、支えてあげれば入るようになったらその方がいいのではないかということですよね。でも、本当にその部屋に自分で入ってみようと子どもが思うためには、部屋の様子を少しでも整えてあげた方がいいのではないかと考えたわけです。それ以前も確かに手を支えてあげれば部屋に入っていって緊張したというようなことはないのですが、でも自分から入って行くためには、入りやすいようにと考えて部屋の様子をあらかじめ整えてあげた方がこの子どもの自発性というものを尊重するのではないかと考えるわけです。

司会：時間も残り少なくなってきましたが、他にはいかがですか。

Mт：川住さんは家庭訪問をしていますね。その後で、ここでのこの子の活動は違ってきましたか。つまり、川住さんが家庭に行ったということが、その後にどう響いているかという点です。動きが変わったのではないですか。家にも来た人だみたいな、そういう感じはないですか。

川住：分からない、それは感じないですね。

Mт：この子が学校に入っていった場合のことを考えると、行動を起こす場所が新しくなるだけでなく、母親とは別になるわけだし、担任が変わることになるし、そういう大きな状況の変化の中でこの子がどうしたら少しでもスムーズに行動できるようになるかということを考える必要があると思います。少し一般的に考えると、いろいろな状況で子どもがある程度の力を出して行動できる一つの条件としては、同じ人が違う場所でもつきあっているということが重要なのではないかと思うのです。つまり、異なる状況を繋ぐ一つの条件として、同じ係わり手の存在は大きいのではないかと思うのです。そう考えると、この子の入った学校の先生と川住さんが相互乗り入れをするとすれば、その意味は大きいと思いますね。

Tк：この子どもが学校に入ったとすると、学校の先生が何をするかという問題が次に生じてくると思います。その時に、この事例で川住さんがやっているようなことから、「あっ、こういうふうにして子どもは動きだし

たんだな」とかいうことが分かれば、それは先生のこれからこの子に接していくうえで大きなバックボーンになると思うのですね、この事例についても言えるし、別の事例のときにもこれを読んでいれば。ということは、そういう意識を持つことによってその子との付き合いというものが自ずから変わってくる部分が出てくるだろうと思うのですね。

Tc ：この川住さんの実践、あるいはこの子が起こしている行動から何を学ぶかということを考えると、こうこいうことがあるんだ、こういうことを考えてみることが必要なんじゃないかということを素直に受け止めて、その状態で保留しておきたいのですね。落ち着き先を決めるのではなくて、いつも考えるというか、生のままにしておいて、いろんな自分の実践の中でそれがいつもクルクル回っているというか、そういう状態で受け止めたいですね。実践事例というのはそれでいいんじゃないかという気がしているのですね。

Hs ：私は、事例から一般化できる部分と、やっぱりこっちが状態を見ながら工夫して擦り合わせていく部分というのがあって、そういう擦り合わせていく部分みたいなものはやっぱり重視していく必要があるんじゃないだろうかと思います。

HR ：川住さんの事例報告を聞いていて、子どもが新しい環境に置かれた時に、周囲の人や場所やその周辺の状況をどのように判断して行動しているのか、子どもの内的な世界を理解して係わることがどんなに難しいかを改めて感じました。同時に子どもが新たに体験したことを日常の生活の中でどれだけ生かし、広がりをつけていけるのか、丁寧にみていくことが大切であると思いました。

司会：司会の不手際で、川住さんが取り組みの中で３番目に述べられている「玩具や遊具への係わりと援助」という状況作りについては十分検討することができませんでしたが、この辺で討論を終わりにしたいと思います。ありがとうございました。

（重複障害教育研究部）

17

買い物における支払いの見通し
——その理解をたすけた教材の活用および具体的操作と具体性からの解放の経緯について

重複障害教育研究部
中澤惠江

I　はじめに

　今回の事例報告では、Hさんとともに進めてきた買い物の支払いに関する学習について報告します。Hさんとは8年にわたって数の学習を行い、また買い物に関する学習だけでも2年以上にわたったため、そのごく一部を、特に学習の進展と共に工夫し活用してきた教材に即して述べてみたいと思います。

　日頃は記憶のなかに眠っているHさんと行った学習も、当時使っていた教材を目の前に広げると、一つ一つのエピソード、失敗や成功が生き生きとよみがえってきます。それぞれの教材をつくったきっかけ、Hさんが教材や手順の欠陥を指摘してくれた場面、ちょっとした教材の工夫がHさんの直面していた難関を驚くほど楽にしてくれたこと……忘れていたと思っていた細かな出来事や、数の学習のために考えた沢山のステップが次々に思い出されてきました。

　振り返ると、Hさんにとっても、思考の道具として活用した教材は、同時に記憶の担い手として数の学習を支え続けてくれました。具体的な物の操作によって数の処理を行っていた段階から、徐々に数のみでの処理に移行するとき、つまり具体的な操作からの解放をたすけてくれたのも、目の前に広げられた教材であり、それをHさんが実際には使わず身振りのみで物の操作を想像の上で行うことでした。

　筆者自身もこれらの教材を見ながら、時には操作しながら、当時の記憶を辿りつつ報告をすすめたいと思います。

II　Hさんとの学習について

　教育相談を開始したのは1983年10月、Hさんが7歳11カ月の時である。保護者と当時在籍していた聾学校からの相談で、特に数について学習が困難であるということから開始した。しかし教育相談は1991年10月、Hさんが15

347

歳10カ月の時から中断している。現在は年に一回の全国盲ろう者大会に一緒に参加したり、在籍している聾学校の先生やお母さんと進路のことで相談をしたりしている。なお、Hさんは先天性風疹症候群によって難聴、弱視（片眼失明）になった。

週1回、2時間、研究所での学習が始まったが、その後昼食をはさんで3〜4時間に時間は伸びていった。

コミュニケーションの手段は、この報告が関係する13歳7カ月の頃は、キュードスピーチ、文字、身振り、若干の手話、絵、実物、いくつかの音声によることば等であった。

Ⅲ　数に関して進めてきた学習

（1）実物の数量と数字の対応。

（2）実物の具体的操作を基盤とした、二つの数の比較判断：同じ・違う（＝・≠）、多い・少ない（＞・＜）。数、操作、数同士の関係は、対比の中で明らかになると考えるためである。

（3）比較した二つの数の関係が≠の場合、一方の数を操作することによって、他方と同じにすること。操作は加えて同じにする操作と、減じて同じにする操作があり、状況を自ら見て判断して、必要な操作を選んで実行し、行った操作に対応する記号（＋または−）を選び、最後に二つの辺の数が同じになったことを示すために、≠を＝に変える。

必ず具体的な操作ができる状況と数式を対応しながら用意し、徐々に数式のみで操作が可能なように具体的な状況はなくしていった。

加算における繰り上がり、掛け算の基礎的なもの、割り算の基礎的なものの学習を、Hさんの興味や日常の行動と関連させながら進めた。

その後買い物の支払いの学習をするとき、＝、≠、＜、＞、＋、−、が品物の価格と支払うお金の比較や、品物の価格とおつりを足したものが支払ったお金と同額であることを理解するために不可欠になった。

Ⅳ　位取りと繰り下がりの教材について

1988年8月から1989年5月まで、位取りの再学習と、引き算で繰り下がりを必要とする場合とそうでない場合を区別し、操作することを行った。この学習はその後にすることとなった買い物の支払いのための学習に関係するため、少しく説明する。

初めは鉛筆など、十や百の束に纏めても、1本1本の鉛筆の個数が形として残る物を使って行った。その後に、十や百になると一の位の場合の個数が残らなくなることもあるお金を使って行った。

　この学習では3桁の2段繰り下がりのある引き算までと、4桁の1段繰り下がりのある引き算までを行った。基本的に文章題で行い、必要に応じて具体的な操作を行い、対応する式をたてる（例：「Hさんは鉛筆を23本持っています。Hさんは鉛筆を6本中澤先生にあげました。Hさんの鉛筆は何本のこっていますか？」）。

　この学習の中で、桁に分けた数え台、両替台、繰り下がり用筆算用紙など、Hさんの数操作をたすける工夫が、Hさんの行動に触発されながら進められた。これらの教材は、その後買い物の支払いについて学習するときも大きな支えになった。

桁に分けた数え台

　十進法の位取りは、同じ数字、たとえば3でも、それが占める位置によって数量が「三」になったり、「三千」になるため、位置の持つ意味を理解することが不可欠である。しかし多くの子ども達にとっては理解が非常に困難な部分であり、よく整理された状況を準備してあげる必要のあるところである。

　桁に分けた数え台はその理解を支えた教材の一つである。図17-1のお金のために作られた台がどの位でもお金をおく枠のサイズが同じであるのとは異なり、鉛筆用の桁に分けた数え台は（図17-2）、一の位に比べて十の位には10本の鉛筆の束が一束ずつ入るように大きくなっている。上の位ほどサイズが大きくなる桁に分けた数え台は、数字の位置が左に行くほど数量が大きくなることを理解する一助になったようである。また、桁に分けた数え台は、ある桁に何

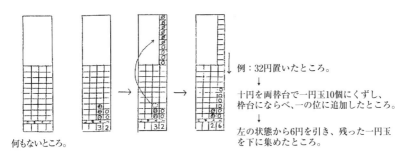

図17-1　お金を数えるために桁に分けた数え台

鉛筆１本が立つ穴。鉛筆10本の束が立つ穴。

例：
鉛筆を32本立てたところ。

10本の束をひとつくずして一の位に立てたところ。両替台は不要。

左の状態から６本を引き、残った鉛筆を下に集めたところ。

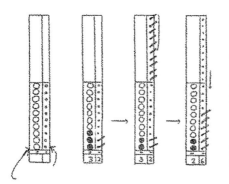

図 17–2　鉛筆を数えるために桁に分けた数え台

もない場合はその桁に「0」を入れることが自然としやすいため、0 の場合に桁を飛ばしてしまうことを防ぐ役割を果たしてくれた。

数え台の各桁はそれぞれ 10 まで物が並べられるようにできているが、10 を 1 セットとして移動が可能で、もう 10 追加することが出きるようになっている。繰り上がり、繰り下がりの場合に、10 ずつ変化できるようになっている（図 17-1、17-2 参照）。

この台を使う経過の中で、H さんは徐々に実物を台の上に置くことを省略するようになり、ただ台のなかの対応する枠を触ったり、どこまで本来だったら実物を置くかを身振りで表わしたり、具体的操作を構成信号におきかえるようになっていった。

10円玉を両替する時は、この10円玉の絵の上に、実物の10円玉を置き、右辺にある透明なフィルムケースに入っている１円玉10個を替りにとる。右辺の１円玉が10個ならんでいるのは絵である。

図 17–3　お金の両替台

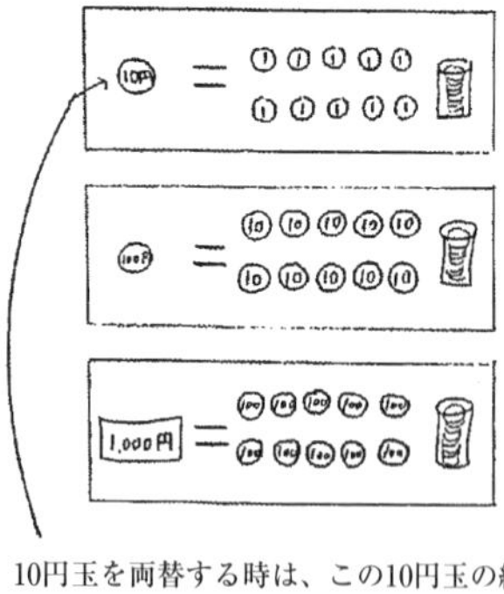

お金の両替台

繰り上がり、繰り下がりがあるとき、鉛筆などの個数が保存されるものは、10 輪ゴムでまとめたり、逆に分解することも容易であるが、お金の場合は十円玉や百円玉は両替をする必要があり、このような両替台（図 17-3）を用意した。お金は本物を使う。

問題の解決のために、実際に両替を何度もすることによって、少しずつお金の位の違いが定着していったが、鉛筆などに比べて、疲れてくるとしばし

ば十円玉2個は一円玉8個よりも金額が少ないと判断することなどがあった。
　その度に、両替を行うように誘い、再度確かめることを促していった。
　繰り下がりのある引き算では、難しくなると減数と被減数を入れ換えて、繰り下がりのない引き算にしようとすることもあったが、徐々に理解してくると積極的に取り組むようになり、上位の数からの繰り下がりが確実になっていった。実際に実物で両替をし、一位下に繰り下げ10を加え、上位の値を1減らすことを行っていたが、ここでもHさんは具体的操作を省略していった。すなわち、一位上のお金を1枚取るが両替の台の上には置かず、ただ置く場所のみを指差し、次いで一位下の桁に10枚の硬貨を広げて加える身振りを行い、繰り下がりを構成信号化していったのである。

繰り下がり用筆算用紙

　繰り下がりのある引き算の操作に対応して、数字や記号が書き込める筆算用紙を用意した（図17-4）。

　これは数式とは別に、数操作を書き加えられるようになっている。繰り下がったときの10を書き加える場所、繰り下げられたときに1減らした数を書く場所があることによって、Hさんの数操作の把握・記憶は大いに助けられた。この用紙もHさんの思考の流れや困難の生じている

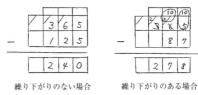

繰り下がりのない場合　　繰り下がりのある場合

図17-4　繰り下がりある引き算用筆算用紙

ところを見ながら、試行と改良を繰り返しながらつくられてきたものである。Hさんはこの用紙に数字や絵を書きながら、徐々に具体的操作から離れて繰り下がりのある引き算を行っていった。

　Hさんとの学習の中で、これらの教材は理解を助ける物であると同時に具体的操作からHさんを徐々に解放していく支えにもなることを教えられてきた。Hさんの自発性を尊重して学習を進めていくと、十分に納得するといくつかの手順を彼女は自ら省略していくことがみられた。このためにも、手順を教師側からあまりに固定化して子どもに教えることは、子どもの創造的な問題解決や飛躍を妨げるように思うようになった。

　繰り下がりのある引き算で数字のみで操作するようになるまでには、いくつかの省略の段階を必要としており、実際には物を操作しないが、教材のうえで身振りによって操作を表現したり、関連する教材の部分を触ったり、絵をかい

たり、後は数操作のみで解決することが何度も行われた。少し不安になると、また実際の具体的操作に戻りながら、徐々に省略が進んでいった。最終段階では教材が並んでいるのを見るだけで納得し、さらには自分から必要なくなったものを片付けるようにもなった。

日頃何気なく自分が扱っている数が、こんなにも沢山の積極的な操作の積み重ねの上にできているのかということを、Hさんから教えてもらいつつ進んできた。

様々な理由から心の動揺があるときや、難しい問題になると、また実物に戻って操作することを、Hさんと行ったり来たり続けていった。

V　買い物の支払いに関する近似値の学習とおつりの理解

1989年6月（13歳7カ月）から、お母さんの要望もあり、買い物の支払いについて学習することになった。異なる位の貨幣が財布の中にそろっていれば、ぴったりの額を店に支払えるのだが、下位の貨幣が足りない場合、たとえば財布には430円（百円玉4枚、10円玉3枚）入っていて品物の値段が250円の場合、200円まで出してから分からなくなり、結局財布の中の全てのお金を出すという解決方法をとっていた。また、「おつり」を渡されても、それが何なのか分かっている様子ではなかった。

この支払い方法も一つの可能なやり方だが、Hさん自身満足している様子ではなかった。200円では足りないと分かっているけれども、次にどうしてよいか分からず、財布の中の全てのお金をザッとレジに出すときは、大きな声や照れくさそうな笑い声を出していた。

この状態から、なんとか自分で上位の近似値を見つけて支払えるようになったら便利だろうというのが、お母さんの要望であった。

Hさんは買い物が好きであり、これまでお金の位取りや繰り上がりのある足し算と繰り下がりのある引き算をやってきていたので、何とかその土台を使って、Hさんと相談しつつやってみようということになった。

1989年6月（13歳7カ月）から始まり、1991年10月（15歳10カ月）まで続いた。全部で76回のセッションをもったが、最後の方の2回は、Hさんと一緒に2泊3日の旅行と半日の小旅行に行ったものである。Hさんと筆者の卒業旅行ともいうべきもので、その中で必要とした支払いは、Hさんが全て一人で行った。

最終的には万の位のお金を扱う支払いの操作や、小遣い帳の計算をするよう

になったが、進むべきステップが初めからあったのではなく、買い物や計算に関してHさんができそうなことを補強し、積み上げ、それがうまく展開したり、逆にこちらの教材や手順の非論理性をHさんに指摘されては修正したり考えを変えたりしながら、進んだり戻ったり、より道したり、Hさんが活気をもって学習するように工夫していったものである。

この間、課題が不適切であったり、その他の理由からHさんが動揺することもあり、物を投げたり壊したりすることもあったが、これもお互いに大切な勉強になった。筆者にとっては課題の問題点を理解するきっかけに、Hさんにとっては自分の動揺を自分で考え出した方法で収めるよい機会になった。

また、数の操作の最中に自分の興味関心についての話を始めることがよくあったが、これも積極的に受けて応えていくうちに、もう一つ別の重要な日課に展開していった。

大きく分けて、日課は、1）Hさんが提案する興味関心事をめぐる会話と勉強（例：赤ちゃんとおじいちゃんにはなぜ歯がないのか：京浜急行の創立90周年のとき、創立された年は昭和何年かという質問から発して世界共通の西暦と日本独自の元号の違いと天皇の死によって元号を変えることについて、等）、2）数、3）昼食のための実際の買い物、4）昼食、5）Hさんの自由な時間、6）構音の勉強となっていった（構音の学習も、Hさんが他の人の話しや電話に強い関心を示していることから始まったものである）。

Ⅵ　買い物の支払いの学習：最初の12回のセッションの最初を中心に

76回のセッションの経過を限られた紙数にまとめることが困難なため、この学習の構想がある程度形作られていくはじめの12回のセッションを取り上げ、学習を方向付けた考え方、そこで用いた教材、Hさんの対応、問題点・改善点などの紹介をしたい。

課題1　Hさんはぴったりのお金が財布にあれば支払うことができる。たとえば財布の中に464円あって、品物が234円の場合は、問題なく支払うことができる。しかし、財布に530円あり（すなわち一位のお金がなくて）、買う品物が128円で一位の額がある場合、120円まで払って（Hさんはまず百円玉から置き、十円玉へと、上位のお金から順に置いていく）わからなくなり、財布のお金を全部置く方法を取る。少なくとも、もっと支払わなくてはいけないことを理解している。しかしどのように多い金額を支払えばよいのかわからないようで

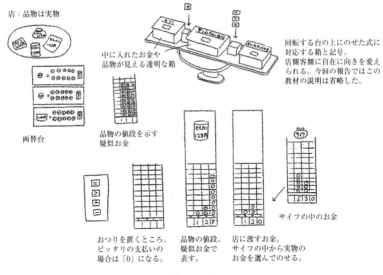

図 17-5 ①

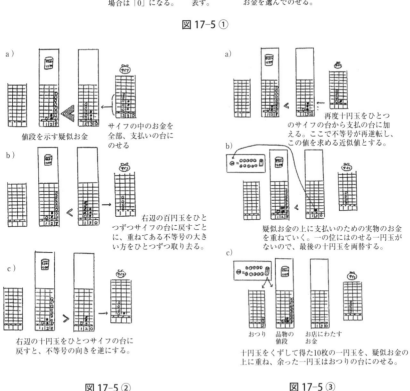

図 17-5 ②　　　　　　　　　　図 17-5 ③

ある。

対策1　まず、支払いの基準となる品物の価格を数字で表わすだけでなく、より具体的にそして操作可能な状況で表わす方法を考えた。疑似お金である。（図17-5①参照）これによって、いくら足りないかという状況が具体的に表わされるようになった。特に店に手渡すべき実物のお金を疑似お金の上に重ねると、きわめて明確になった。

しかしその段階では、財布のお金を全て出してしまう。しかし、Hさん自らが考え出したこの方法をまず尊重して、そこから対策を考えるようにした。

まず、不等号を用いて、払ったお金と品物の値段の比較をしてもらう。これまでの比較の学習の蓄積があるため、これはおおむねスムーズに行われたが、時には一位のお金の個数の多さに注目してしまった。たとえば220と119などでは、前者は硬貨4枚、後者は硬貨11枚からなるため、個数の上で後者を多いと判断することがあった。その場合は前者の十円硬貨の両替を実際にすることによって、納得した。

しばらく図17-5②、図17-5③を参照しながら読んでいただきたい。

128円の品物に対して530円を払った場合、まず百位のお金を後者から一つずつHさんに減らしてもらい、その度毎に小から大へと重ね合わせてある不等号を、大きいほうから一つずつ取ってもらう。漸進的な減少を象徴的に表わすこの方法を、Hさんは理解したようであった。

百位は左辺と同じ1になるとそれ以上取らなくなる。次いでHさんは十位から一つ取るので、再度128と120になる。ここで両者を比較するように求めると、Hさんは不等号を逆向きに128＞120とし、困った様子になる。

ここで筆者がガイドをして、財布に返した十円をまた戻させ、128＜130とする。128円に対する上位の近似値としてこれに丸をつける。この経過はリストに書いておき、Hさんに上位の最少近似値を自分で見て選んでもらう。

$$128 < 530$$
$$128 < 430$$
$$128 < 330$$
$$128 < 230$$
$$\underline{128 < 130}$$
$$128 > 120$$

支払いはかならずしも上位の最少近似値である必要はなく、上記リストの数値の多い数であればどれでも良いのであるが、答えが一つであることの方が、

17　買い物における支払いの見通し　355

初期の段階ではHさんにとって理解と判断がしやすいと考え、この方法をとった。実際、このあと学習が進んだ段階では、Hさんがその時に便利と考えるいくつかの異なる上位の金額を選び、支払う金額の幅に広がりとゆとりが見られるようになった。しかしこのころは、一つの基準に則って、一つの答えを求めるほうが、思考を整理しやすいと考えた。しかもHさんもそれで精一杯のように見受けられた。

　130円を支払った後の処理は、図17-5 b)、5 c) を参照されたい。

　まず、実物のお金120円を疑似お金120円の上にのせる。疑似お金の8円に対応する実物のお金がない。そこで残っている実物のお金十円を両替台で1円玉10個に両替し、8円は疑似お金の上に、余りはおつりの台にのせてもらう。学習がずっとさきに進んでくると、両替は身振りのみになっていったのは、前述の繰り下がりのある引き算と同じである。さらに、このような課題の場合、上位の近似値を探るときに、一位のお金が財布になくても、足りない分は十円玉を余分に一つ握って両替台の方を指差し、実際の両替はしないが、両手を広げて一位のところに1円玉を広げる身振りをしてから、握っていた十円玉を一枚余分に置くようになっていった。十円玉が両替される「見通し」をもちながら、近似値をつくっていく様子がその身振りから伺うことができた。

　なお、初期の段階では「買って」「払う」ことだけに力点をおいて、Hさんにそれ以上の負担をかけないようにしていた。「おつり」については、ぴったりの金額を払った場合はおつりは「0円」、ピッタリの金額がないため近似値の金額を払った場合はおつりが生じ、おつりの台に金額を書き込むという違いが状況の上で確かめられる程度にして進めていった。同じ理由から、この段階では、行った操作を数式に書き直すことはさせなかった。Hさんのゆとりのあるときに、図17-5 ①右上に記しである数式箱に筆者が状況を写しかえるのを時折見せるようにしていた。

　なお、「買う」ことに関してHさんから教えられたことがある。はじめのうちは、こちらの方の課題の操作が容易であるため、「買う」品物（全て実物を用意）をこちらがHさんにあてがっていたのだが、すぐにHさんはそれに不満を示し、学習にそっぽを向くようになってしまった。

　今考えると、「買う」とはまさに商品の中から自分で主体的に選択することを意味しており、Hさんの行動はもっともなものであった。そこで自分で商品を選んで買うように状況を設定し直すと、Hさんは非常に注意深く、自分の好みの商品を選び、再度熱心に学習に取り組むようになった。

自ら商品を選ぶということは、結果としてそのほかにも大きな意義を持つようになった。学習が進んだある段階からは、「欲しいもの」を選ぶだけでなく、「財布の中にあるお金の額で買えるもの」、「おつりのいらない、楽に支払いができるもの」など、見通しをもった買い物に展開していったのである。

　課題2　上記の方法では十分に対応できない問題が出てきた。

　532円のお金が財布にあり、品物が128円の場合、全額を出してから上位の額から減らしていく上記のやり方であると、

$$128 < 532$$
$$128 < 432$$
$$128 < 332$$
$$128 < 232$$
$$\underline{128 < 132}$$
$$128 < 122$$

となり、ちいさな余分の「2」がついたままになってしまうのである。これは別にあっても差し障りがないわけであるし、私達も日常の買い物の中で、小銭を処分するために、128円の買い物に敢えて133円支払い、5円玉のおつりを得ることもある。

　しかしながら、Hさんの場合は私達のような見通しをもってやっているのではなかった。この方略を続けると、桁の大きな額を扱うと、たとえば財布に4431円あり、品物が2675円である場合、3000円払えば良いところを、3431円払うことになる。これでも構わない訳であるが、この方略では最少の近似値に到達できないことがあることも確かであることがわかった。

　ここでは一つの基準となる、そのあとに応用のきく方略を理解してもらいたいと考え、異なる対策を立てることにした。これまでの学習の進展から、状況を整えればHさんもその変化についてきてくれそうな気もしていた。

　対策2　第1の対策では、上位から処理をして近似値に近付けていった。しかしこの方略では品物の値段と店に渡すお金を下位から比較していく。図17-6のa)〜d)を参照されたい。

　方略の変換によって、これまで上位のお金から置いていたHさんは下位からお金を置くことをガイドされることになった。しかも、全部置いてから減らしていくのではなく、少しずつ加えていって、その度毎に不等号によって両者を比較し、一つずつ桁をあげ、上位の最少の近似値になったときに止めるのである。

17　買い物における支払いの見通し　357

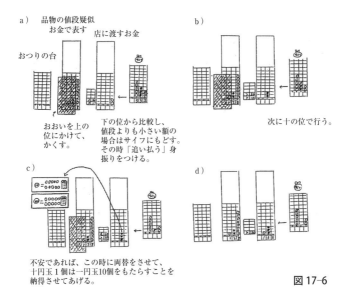

図 17-6

　方略の変更においては、一つずつなぜこのように違うことをするのかが、できるだけ納得できるようにするのが重要である。図17-6 に示したように、丁寧なガイドと数字と記号によって毎回の変化をHさんが辿れるように努めた。
　ガイドを円滑に受けるようになり、徐々に自主的に、下位の数が値段の額よりも少ない場合は、追い払う身振りを行ってそのお金を財布に戻すようになっていった。また、お金を一つずつ加えるのも速くなっていったが、同時に最小限必要な額よりも多く加え続けることもあり、その時はリストを見せて、最小限の値を自ら見つけるように促した。

```
  例　疑似お金の値段　　店に渡すお金
                700
              < 600         ○
              < 500         ○
              < 400         ○
        ○     > 300         ○
        ○○    > 200         ○
        ○○    > 100         ○
              ―――――
                320
```

358

このような経過を経て、不等号の向きがかわるところでお金を加えるのを止めるようになっていった。最後に加える、下位の金額を賄うための余分なお金は、すぐに両替をしていたが、それも徐々に身振りなどの構成信号へと変化していった。

また10セッション目からは、財布の中のお金を見て、値段と見比べ、その下位の額よりも少ないお金がないと、上記のような操作は省き、身振りを行い、上位の額から加えはじめるようになっていった。12セッション目には、身振りサインをあらゆる操作の前に行ってから実際の操作に入ることが見られた。

以上、初期の学習の概略のみであるが、買い物における支払いの「見通し」が少しずつ確かになっていった経緯を紹介した。この後の学習も、上記のようにHさんと相談をしつつ、工夫し、改変し、それをHさん独自の方法で自分のものにしていってくれた。

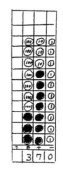

紙に桁と対応するお金10個の絵を描いてある。買いたい品物の値段に対応する額をぬりつぶし、その上にサイフの中のお金を重ねる。

図 17-7

なお、これらの教材はかさばるため実際の買い物に持ち運ぶのは難しいため、10セッションから、「位取りお金表」(図17-7)をつくり、実際の買い物に持っていくようにした。店のレジにおいて、自分で値段の額を塗りつぶし、その上にお金をのせながら近似値を探るように援助した。

◆討論

中澤が報告した上の事例報告をめぐって、4月初めに研究部のスタッフによる討論を行った。その要旨を以下に紹介する。

この事例は、8年近く教育相談に通ってきている。事例報告には、学習状況の細かい改変が多く含まれていることから、討論はVTRの視聴に加えて教材の図を駆使して進められた。討論は多岐にわたったが、紙幅の都合で全てを紹介することはできなかった。この討論が事例報告を多面的に捉えることに役立てば幸いである。

司会：今、中澤さんからビデオで主な場面を紹介してもらいました。本文を図と対応させながら読まないと分かりにくかったかとも思うのですが、ま

ず質問から入っていって、そこから議論が広がればと思います。

〈Hさんのこと〉

MT ：Hさんの様子について補足していただきたいのですが、聴力や視力という点ではどうか、あるいは、物の見方とかについてはどうでしょうか。

中澤：聴力は、補聴器をつけて両耳が95dBだそうです。眼については、片目は失明しています。もう一方の眼は0.1あります。眼鏡を持っているのですが、かけたがりません。自分で積極的に使うのは単眼鏡です。たとえば、遠くのものを見るとき、研究所の窓から通りを見たり、駅でバスに乗る時に、バスの行き先表示が裸眼ではどうも確認が難しいようで、それを使って見ています。黒板を見る時もそれを使っています。

〈教育相談と学校の関係〉

MT ：もともと学校で算数の学習が難しいということが研究所に来られた理由の一つだと思うのですが、このように学習が進んでくる過程で、聾学校での数に関する学習との関係を、どういうふうにもっていったのか、お聞きしたいと思います。

中澤：学校の担当の先生が年に1回か2回こちらに来てくださいました。ここでの数の学習の様子を見て「学校ではこれほど細やかにはできないので、数は研究所中心にお願いしながらやっていきたい」という考えでした。現在は、別な聾学校の高等部にいます。小中の段階では、学校では十分できないことをこことの協力でやるという認識で週に1回学校を休んでここに来ることは学校が認めて下さいました。今中断している理由は、高等部になってその聾学校のプログラムの関係上、週1回休むのは無理であるということからです。今は学校側から依頼があった時に、進路についての内容が中心ですが、相談に乗っています。

MT ：この事例報告に含まれている期間で、ここでの学習と学校での学習では教材もやり方も同じではないわけですね。そういう時に、本人にとっての混乱というか、特に学校での算数・数学の時間の混乱はなかったのかどうか、その辺を確認しておきたいのです。

中澤：数学を含め学年相応では難しすぎる場合、彼女一人のためのプログラムをいくつか組んでくれて、たとえば、料理をかなり積極的にやってくれました。また、昼食やダイニングの準備がプログラムに入っていて、何

人休みで何人来ていて、誰が牛乳が必要でということを彼女が調べ、数え、配ることなどを組み入れて、生活の中で必要な数の処理をしていました。料理でもそうでした。

〈生活場面での見通し〉

司会：Hさんの普段の生活場面での時間的な見通しとか、空間的見通しとかについて、ちょっと話してもらえませんか。

中澤：カレンダーは数年先まで覚えています。小学校の頃から、カレンダーを書くことが娯楽の一つになっていました。時刻は、12時間制でも24時間制でもよく分かっています。これらは量ではなく順番のある数なので、分かりやすいのです。それに比べて、時間の単位はまだ難しいです。勉強を1時間半しましょうと言うと分かりにくいのですが、勉強を2時から3時半までしましょうと言うと、ぱっと分かります。年号については、元号歴と西暦の両方をここで学習して、理解しています。パーセンテイジについては、昼に買うジュースが、果汁80％とか、20％とかの表示があるので、興味をもち始めていましたが、その学習に入る前に教育相談が中断してしまいました。お菓子を配ることを通して、基礎的なかけ算とわり算は少し勉強しました。空間的な見通しについては、電車の路線図のある地図はよく分かっています。特に、自分が通ったことのある路線には詳しく、駅の名前を書いたり、その近くに住んでいる知人や、乗った電車の色などと関連づけています。私との最後の旅行をするにあたっては、日本地図を広げて、Hさんが行きたいところを指でさして、選んでもらいました。Hさんが修学旅行で行ったことのある広島と、その近くにある、Hさんもまだ行ったことのない、三原という町でした。

〈基礎的な取り組み〉

司会：他の方々で質問とか、議論の前に聞いておきたいことがありましたらどうぞ。

Hᵣ　：数の学習が困難だということが相談のきっかけになって買い物学習へということですが、その前の段階で何か買い物の学習についてのもうちょっと具体的な基礎的な取り組みがあったのですか。これは買い物の場面での数計算のプロセスが報告されていますけど、学校での算数の学

習困難があって、買い物の場は具体性があって、より分かりやすいという理解が一つにはありますよね。もっと別な形での学習、たとえばカードを使ってとか、シールを使ってとかという一般的な算数教育・数学教育、そういうことは背景にあったのですか。

中澤：まず教育相談の始まった時期のことを言いますと、お母さんが主訴として相談票に書き込まれたのは、今までは聾教育だけできたけど、重複障害なので、重複に必要な教育もあると思って相談に来た。その中に具体的にどういうものがあるかというと、数がやはりどうも分からない、それから、今はとても落ち着いていますが、来た当座というのは、数に関して何か取り組もうとしても席に座ってやる問題は1問か2問で、あとは外で一緒に遊んで2時間たって帰るという状態でした。彼女はカレンダーは非常に分かる状態でした。ですけど、数量として、またそれを操作してということについては、難しくて、順番の名前としての数は分かっていても、量としての数が分かりにくかったというところです。一からスタートという状態だったのですが、最初から実物を十分に使っていきました。やはり、実際に操作するという中で個数というものがはっきりするように思いました。よくタイルなんかは使われることもあるのですけども、最初の頃は、彼女がよく使っている物でないと個数としては理解しにくくて、果物や鉛筆や消しゴムや大好きなラムネ菓子や自分で拾ってきた石ころを使ったりしました。それから、同じ・違う・多い・少ないということに入る時に、数で同じ・違うということを理解するのは最初難しかったです。たとえば、鉛筆1本と鉛筆3本が同じか違うかと聞きますと、鉛筆としては同じになってしまうのですね。そのため、同じ・違うを整理するためには、たとえば、みかんとりんごは同じか違うか、みかんとみかんは同じか違うか、というようなところから入っていきました。

HR　：そうすると、買い物の場面はもうちょっと後にということですか。

中澤：はい、13歳からです。間に6年間そういう経緯がありました。ですから、かなりの土台があって、こういう買い物の学習ができたのだと思います。買い物でピッタリのお金は払えるけれども、ピッタリの額がないときにどうするかというのは、かなり高度な学習なんだというのを、やってみてつくづく思いました。いくつかの養護学校に昨年度行くことがあったのですが、この問題ができないという子は結構いるということ

と、そもそも位取りが分かっていないから、引っ掛かっている問題もあるなということを感じました。

〈数の合成・分解〉

司会：他にどうでしょうか。素朴な質問をどんどん出してください。

Y_M：いま H_R さんの言われたこととの関連で、いわゆる繰り下がりとか繰り上がりとかをやっていますよね、かなり高度な。一般の算数学習だと、そこに至る過程で 10 の合成・分解をかなりやりますよね。具体物を使ったり、半具体物を使って。この報告では、そのプロセスが省略されているのだとは思うのですが、それまでに合成・分解は具体物や半具体物を使ってかなりやってはいるのでしょうね。

中澤：繰り上がりのことについてはこの中では簡単にしか言ってないのですけれども、10 に固めるという、いわゆる 10 の合成と言われることを、鉛筆とか、彼女の好物だったあるお菓子を使ったりとかで、かなり行いました。

Y_M：じゃ、合成・分解はもうやっているという前提ですね。

中澤：はい、ただパーフェクトにではないです。これが学校なんかと違うのかも知れません。彼女は興味がないと別な活動をしようと誘ってきますので、その場合はこちらの提示の仕方が悪いと思いまして工夫をしていったり、生活上でこういうことができないと不便そうだとか、こういうことができると便利だろうなというようなことが教育相談の中で出てきますと、そういう課題も取り入れながらやっていきますので、繰り上がり・繰り下がりが完璧にできてから次のに行こうというよりは、もう少し緩やかに移っていって、移った次の課題の中でさらに繰り上がり・繰り下がりをより確かなものにしていくというかたちで進んできたというのが現実です。

司会：今言われたのは、繰り上がり・繰り下がりが完全にできない、やや揺らいでいるけど、次にその子が求めているものを繰り入れて、ちょっとレベルアップするというか、その中でまた前のこともやるということですね。一段一段かくっと上がるのではなくて、にょろにょろと進むといった感じですね。

中澤：はい。

17　買い物における支払いの見通し　　363

〈具体的操作と身振り〉

TK ：一番素朴なところで、分かりにくい部分というのは、「具体的操作と具体性からの解放」という言葉を使っておられることです。具体的操作というものを土台に置いて、そこから解放という言い方をされているでしょ。で、その後で「想像上でのみ物の操作」というような言い方をされていますよね。普通であれば「数の抽象的概念」とか。それから、「想像上」と言わないで、これも「イメージ」みたいなものとかいう言い方をすると、皆なるほどと思うのだけれども……ここで使われた意味を教えていただければと思います。

中澤：副題が良くないなと実は思ってはいるのです。具体的操作からの解放だと、具体的操作にネガティヴな印象を与えるのですよね。

TK ：そうそう。

中澤：それどころか、ここで主張したかったのは、具体的操作をきっちり整理して、もっともっとやらないと、とてもじゃないけど分からないんだということを言いたかったのです。大雑把に２年以上にわたる学習の羅列を書いてしまうと、ただそれを踏襲すればできるものかというと、決してそうではなくて、たくさんの具体的操作があって、しかも、そこから離れる時には、やった操作をたどるように身振りをするのですね。

TK ：そうでしょ、ここの身振りもそういう意味でしょ。

中澤：ええ、ですから、「想像」というのは余りいい言葉ではないのです。さっきビデオでお見せしたように、疑似お金から離れる時も、全く何もないとこではなくて、少なくともそれをのせる台は必要なのです。そういう素材が一部分残っていて、しかも何度も何度もその板を叩いて、ここに本当はお金があるはずなのだとやって初めて、その次からは疑似お金に行かない。でもまた問題が難しくなると疑似お金を要求するのですね。そういうことを行きつ戻りつして初めて、さっきTKさんがおっしゃった『抽象的に』もしくは、暗算ができるようになってくるのだと思うのです。副題は、逆の印象を与えるのでできれば変えたいというところです。

〈疑似お金と本物のお金〉

Kw ：この疑似お金というのは、厚紙かなにかに書いたものですか。

中澤：いや、コピーを利用して作ったものです。

Tм ：疑似お金でなければいけないという何か理由があったのですか。プロセスの中で……。

中澤：いくつか、複合的な理由がありまして、一つは、値段というものは、普通数字だけで書いてありますよね。それにもう少し実体を与えて、これから払うお金との比較をより容易にするために、お金を並べたいという発想が私のなかにあったのです。でも、実物のお金を並べてしまうと、それだともう支払いになってきますし、払うお金とごっちゃになるように思ったのです。それともう一つは、徐々に疑似のお金から数字だけの値段にいけるようにという願いを込めて、疑似お金を使ったのです。

Tκ ：私も、T君に係わっていて思うのは、一番最初は具体的なお金の方がいいと思うのですが、ところが学校はそれをあまり使わないのです。具体的なお金の良さというのは、裏も表も 100 円と書いてあるし、100 円の字が違うのですね。それからお金によって色も違うのですね。重さも違うのですね。それにギザギザも違うのです。それを学校では、疑似お金を作るときに、価値を考えて、100 円は大きく、10 円は小さくしたりなどするのですね。本物を使うときとは、何か違う気がするのです。

Tм ：知恵遅れのある子どもの教育では言われていますよね、いわゆる疑似お金を使うことのまずさということですね。実際にお金を使って実際の物を買って、そういうことをやらないとだめだということですね。

中澤：ただ、疑似お金は値段を表わすためだけに使ったわけで、彼女が使う方のお金は本物です。それから、Ⅳに書いたことですが、繰り上がり・繰り下がりの学習をした時には、最初個数が保存され、10 の束にしても個数が保存されるものでやったあとで、お金に入っていったのです。生活の中ではお金というのはよく使っているのですね、使い方がきっちり分かっているかどうかは別にして。自動販売機で物は買えますし、ですから、使うのは非常に自然だったのです。この時には完全に本物のお金だけでやっていました。それと、さっきの半具体物というタイルなどですけれども、あれで個数を抽出できるようになるまでにも、かなりの段階があるんだろうなと私は思います。

Tκ ：T君の場合も、30 円 + 50 円というのは、具体的に足したら 80 円になるから、分かるのですね。この円を抜いてしまうと、また違うのですね。円がついている、ついてないだけでも大分意味が違ってくるということをこれを読んでいても何か分かるような気がしました。

中澤：とにかく、具体的操作をもっともっと学校でやってほしいです。それから彼女の様子を見ていると、私がうっかり教材の位置を変えると、教材の位置って大事なのがわかります。自分の思考の順番とか、物との関係のために、分かりやすい位置があるのですね。彼女の使い方を見ると、教材というのは思考の流れとか、思考の転換点とかを支えていくもので、それがあるからはじめてそこから離れた時に、その上をたどるような身振りで物の処理ができてくるという気がします。こんなにかかるとは思わなかったくらい長い時間かかって買い物の支払いができるようになりました。その代わり今は非常に確実で、万の単位まで処理しております。

〈買い物と算数〉

Yм ：私は、いわゆる生活としての買い物と、算数的に処理する能力を高めるために買い物学習をさせるというのとでは、指導のプロセスがかなり違うような気がします。生活の場合には、我々が買う時にたとえば、実際には4,016円のときに5000円札に16円足して1,000円おつりを貰うとか、自分の財布の中のかねあいで買ってみたり、要するに、買うときにはいろんな状況が生活というもののなかには出てくるわけでしょ。だから、それをたとえば財布のなかに502円あって128円の物を買う時に、彼女としては最後の手段は全部ぶちまけて買えば、買うこと自体には問題がないわけですよね。それを算数的にどう処理をするかという部分、指導するかという部分と、生活としての買い物を身に付けることとは、基本的にどうも違う。そこの辺を、初めから分けて議論していかないと、その人の買い方でいいんじゃないかという話になっていってしまって、話がすぐ行き詰まってしまうのではないかという感じがするんですね。多分、この事例報告の中では、買い物学習をするんだけれども、かなり算数的にきちっと彼女が処理できる、そういう操作能力を身に付けさせるためのものがかなりの部分この中に入っているのではないかと思うのです。その意図がね、もう少し書かれていると……。

司会：今のところはおもしろいと思うので、はっきりさせるために質問するのですが、数の操作とかではなくて、生活として買い物をすると考えた時にYмさんだったらどういう指導のアイデアがありますか。

Yм ：やや思いつきですが、生活ということを考えた場合、買い方のマナーな

どを除いて言えば、極端な話、本物のお金による額の多少とか、あるいは、100円玉一つと10円玉二つが120円という数と同じだ、といったことですね。多分、繰り上がり、繰り下がりは指導しないでしょうね。

中澤：YMさんがおっしゃってるような発想で生活と算数を分けては余り考えていなかったです。買い物ももちろんできるし、しかも、それがすっきり自分の論理で分かるやり方でやれると彼女は満足するのですね。その両方を満たしたかったので、数の理解をさせるために買い物を活用したのではなくて、買い物がちゃんとできたらこの子は本当に便利だろうというお母さんの要望があったし、それから、ちょうど積み上げてきたいろんな数の学習の上に彼女の関心を活かしながら何かやれそうだなという感じがしたのです。なによりも彼女がやっていた財布のお金全部を出すという買い方では、彼女自身が満足していないのですね。何か気分が悪そうなのです。

Kw：財布の中身全部を出してしまったというのは、実際店でですか、それとも、プレイルームでの模擬店での話ですか。

中澤：両方です。さっきビデオでお見せしたように、一問解くのにものすごく時間がかかって、しかも難しくなるとごみ箱を蹴飛ばしたり紙を破いたりしながらやっていました。部屋で買い物がスムーズになって、財布の中身を全部出さなくなっても、お店でできるようになるまでにはかなりのタイムラグがありました。

TM：生活のための買い物としては、最低の条件として何ができればいいかという考え方と、今みたいに、彼女の要求と、お母さんのニーズ、それから先生が子どもの様子をみていてこういう数的な処理もきちっとできなければ、この子は満足しないだろうとかね、それも合わせて満たしてやろうとかいう意図がこの中に最初に書かれてないと、かなり複雑なプロセスを踏んでいるでしょ。

中澤：たとえばHさんについては、それまでの学習の蓄積があるわけです。その時に、彼女が今出会っている買い物上の困難があって、それを一緒に越えていこうといった時に、このやり方が出てきたと思うのです。その経緯の中で、積み上げがあるために、結果として私たちが何気なくやっている350円の物を買う時に400円を払うという現象がどのくらいの活動を含みこんでいるのかということが、ここに現われてくれると思うのです。それができるためにはどのくらいの見通しが具体的操作の上に

乗っかって必要かということを示してくれた、いい事例だったのではないかという気がするのです。一方では、彼女のような、数の多い少ないとか、同じ・違うとか、繰り上がり・繰り下がりという学習の経過を経ていない障害をもった人々がまた同時にいるわけで、現実に買い物をしなければならない、もしくは、したい。その時に、どういうふうにやったらまずこの買い物ということが実現できるだろうというのは、一つの大きな課題になる。算数というのは非常にはっきりと今できているものの積み上げの上でしかできないものだと思うのです。彼女の場合、弟のおやつと自分のおやつの大きさが分かるというところがすごくポイントで、そこからすべてが積み上がっていったわけです。買い物をしようとしてなかなかしにくい人も、できていることを十分に考えて、しかも、買い物の中にはこれだけの活動があるということを援助する人が十分に認識して、では、当面できるストラテジーは何かというふうにもっていけばいいのかなという気がしているのです。ですから、当面やればいいというところのストラテジーとHさんの学習とでは随分差があると思います。

YM：その辺のギャップがこの間の研究協議会の議論にあったような感じがするのですね。買い物という一つの生活の手段と考えた時にどうかという意見もありましたよね。そこまで何とかというよりも、もっと簡単に考えてやってしまって十分ではないかという見方。その辺がこの事例の見方で違ってくるのでは……。

中澤：まずは当面買い物をできるようにしようという場合にもですね、やれる部分では数というものはこんなものだよというのを論理的に整理していってあげることは可能だという気がしています。子どもなり、障害を持った人の能力を過小評価してはいけないなという気がしています。買い物さえできればいいやみたいになってしまうと、可能性がなくなってしまいそうな心配がありますし、できないと言い切れるほど、それまでに具体的な操作をたっぷりとさせていただろうかということを感じます。買い物ができることと、数は少しでも納得できると誰も気持ちがいいもので、私は、両方やっていけばいいのではないかと、いつも思っているのです。

MT：実際に学校での買い物の学習に一緒についていったことがありますが、こういう具体物の操作をさせなければという意識が係わる先生の中に非

常に希薄だなという印象をもっているのです。子どもを店に連れていって、選ばせて、それをレジに持っていってお金を出すみたいな、せいぜい数えさせるくらいですね。あれは反復してもおそらく何もならないような気がするのです、数の学習としては……。

中澤：数は反復では身に付きません（笑い）。

M$_T$：もともと、やってもだめだろうというふうに考えているのか、あるいは、そういう手だてがなかなか難しくてということなのか、よく分からないのですが……。分かる子にはやっているのですが、分かりかけている子にはなかなかやらないようです。そこのギャップがすごくあるように思うのです。学校に入る前にある程度数を分かっている子には当然やりますね、先生も。その途上にある子に対しては、こういう教材を作ろうということが弱いように感じます。分からない方にまとめられてしまうようです。

中澤：私たちが初歩と言われるような数が当り前のように分かってしまっているので、子どもが引っ掛かって難しいところがよく分からないというのがものすごく大きな問題だと思います。同じ・違うが数になると何であんなに難しいのかというと、最初Hさんが引っ掛かった時、一瞬びっくりしたくらいなんです。結構よく分かるし、文字もある程度書くし、なのに数の同じ・違うになると、パタッと難しくなるということがあるのです。ところが一旦クリアしちゃうと何でもないことになっちゃうんですね、彼女の中でも。それから、教材を作るのが面倒くさいし、すごく煩雑だということがあると思います。さらに私の副題の問題とも関係すると思いますが、数も、記号だけで、もしくは絵だけで操作できるというところに非常に早く行こう、早く行こうということがあると思います。そして、もう一つは、教える立場の私自身が、数について深い洞察のある梅津先生からいろいろ教わって数のことについて初めて気がついたことが一杯あるということです。たとえば、足し算と引き算を対比してやっていくとか、同じと違うをきちっと対比してやっていかないと、その概念の整理がつきにくいということが、私自身やってみて本当によく分かったのですけども、その時に教えて下さった方が一人いたというのがとても大きな支えになりました。基本的に、数でも関係でも対比の中で整理していかないと初期の学習では子どもには分かりにくいままに進んでしまいがちだと思います。位取りという大きな難関にかかった時

にまた同じことが繰り返されて、二つの段階で引っ掛かって先に進めなくなる子どもは多いと思います。

司会：今思いだしたのですが、21というのは2と1を書いて21ですが、ところが最初の頃は20と書いてから1を書く、そういう現象がしばしば起きるのですね。そういう時にはどういうふうにクリアできるでしょうか。

中澤：実はHさんも同じことをやっていたのです。これが子どもたちが位取りのことをちゃんと教えてくれという最初の信号なのですね。これを漢数字で書いたら何も問題ないのですね、二十一です。というのは漢数字は位置とは関係なしに意味を持てるので。ところが位取りというのは、いちばん右側が一の位、その次が10倍、その次がまた10倍というふうに位置で意味をもってきます。子どもたちは十というのをどういうふうに教わってきたかというと、1234…10で順番だけ、序数なのですね。そうしますと、位置というものがその段階では意味を持っていないのです。それでこういう書き方になっていくわけですね。たとえば、鉛筆を数えてもらうとき、ここに10本の束が四つ、バラの鉛筆が2本あったとします。本当は数の下の位から書いていった方が後の処理には楽な時もあるのですけど、彼女は慣れてくると、やっぱり私たちと同じで、上の位から書いていくのです。10の束が四つあると、まず40と書いてしまう、ゼロを書いてしまうのです。そうすると一の位の2の書き場所がなくなってしまい、40の隣に書いてしまうのです。それでさっき言った位取り台というのが大事になってきます。ゼロは書いてはいけないと言っても、書きたいのですね。10本の束を扱っている時は一の桁は空っぽであるよという意味なのですね。このような時は、一枚のポストイットをゼロの上に張ってゼロのちょっと一部分を出しておいてあげて、その上に一の位の数を書かせてあげると納得するのですね。

Tκ ：西洋では昔、たとえば41をXXXX1という具合いに表わしていたでしょ。それがアラビア数字になった時にゼロが出てきたというプロセスがあるわけですね。

中澤：位取りではゼロがものすごく大事な意味を持っているのですね。この桁は、空っぽであるよということを明らかにしないと、次にくる数字がその位置を占めてしまうと10倍に意味が変わってしまうのですね。今回は書かなかったのですが、ゼロの理解を成立させるための教材というの

はとても大事で、箱が大きな意味をもちます。箱が空っぽだとゼロというのは直ぐ認識できるのですけど、何もないところに何もないのでは分かりにくいのです。あるべき所に何もない時に初めてゼロが成立するのです。

HR　：このお子さんの場合、お金であれば、1円、10円、100円、1,000円というふうに、その読みと具体的な操作の関係はどうだったのですか。読める時期はいつごろだったのですか。読みは先だったのですか、後だったのですか。その辺は、位取りを学習していくときにどうだったのですか。

中澤：彼女の持っていた非常に大きなハンディの一つは、聞こえないということがあります。ちょっとHRさんの問題から離れますし、この報告には書かなかったのですけども、彼女がなぜこんなに数の学習に時間がかかるかという一つの原因に、彼女が詰まっている時に横から声で数を一緒に教えてあげられなかったことがあります。しかも、眼もあまり良くないですから、一生懸命数を見ながら指文字か横っちょに数字を書きながら彼女は数えていくのですね。時には人の手の指とか、自分の指を一杯使って。つまり、彼女が詰まった時にこっち側が援助しにくい状況があるのです。それから、キュード・スピーチを使って、母音を口であいうえお、子音を手の形で表わしているのですけども、数字については、「ニジュウ」なんてキュードでやるとわかりにくいのですね。ですから、指文字と数字を書くかたちでやっていったのです。ですから、1000という時は、当然1，0，0，0と書くわけですね。途中から漢数字が入りました。初期の段階では、彼女が数字を声で言うということはないですし、耳で聞くということもないし、しかも、指文字の数字は難しいですね。指文字で数を理解したり、自在につかえるようになったのはかなりたってからです。ですから、数の処理については他の子どもたちは音声が入って邪魔されるという部分と、やっぱり音声があるからこそ、早く進んでいる部分とがあると思うのですけど、彼女の場合はそれがなくて、非常に時間がかかったのです。Hさんの場合は、音声で表現できなかったということで、問題がもっと私に明確に見えました。いろいろな学校に行くと、確かに475円だと読めるけれど、意味が分からないという子が結構多いので、学校の先生自体も、読めるということ、それを音声で言えるということに事態をぼやかされているようですね。

17　買い物における支払いの見通し　　371

HR ：分かっているなと思ってしまって。

中澤：やはり、どの子も、どこかのところまではできていて、そのできるところをスタートにして出発してあげるのがベストだと思うのです。一見できそうでごまかされるところがありますよね、つい、しゃべれるから。でも、実際に処理をしてみると引っ掛かることがあります。でも、その引っ掛かりの時でも、ちゃんとできている部分もあるので、そのできている部分を確実に活かしながら次に進んでいけると私は思っています。

〈おつりの意味〉

司会：大分時間が経過しましたが、いかがでしょうか。

Kw ：この報告の中には、「『おつり』を渡されても、それが何なのか分かっている様子ではなかった」と書いてありますが、おつりの意味が分かっていったプロセスというのはどうだったのですか。

中澤：まず当座は自分で買いたい物を選んで、それにはいくら払えばいいかというところにポイントを置きました。いっぺんにいろんなことをやると、負担が大きすぎて、どれもうまくいかなくなるものですから。ビデオでお見せしたように、ぴったり払った時はおつりはゼロ円であるということが、まずは一つの対比できるものだと思います。ぴったりでない額というのは、彼女も分かっているわけで、財布にあるお金でぴったり支払えないと行き詰まってしまい、この学習が始まったわけですね。そして、少し多めに払い、両替をしますと、疑似お金の上に実物のお金を後で照合するように上に乗せられますよね、そうすると、余ったお金が出てきますね。「おつり」と書いた図17-5 ③ c) におつりを置く所がありますね、そこの所に「おつり」と書いてある透明の箱を置いておいてあげるのです。そうすると、あーこれはおつりを置く所なんだと分かる。おつりとはこの余りで云々と言葉で言っても分からないわけです。おつりとは、では何なのかというと、ぴったりでない少し多めにお金を払った時に、疑似お金の上に実物のお金を置いて、乗り切らなかった余りのお金がおつりなんだということなのです。というように、操作的にやっていくわけです。しかもぴったりのお金を払うと、このおつりの箱は空っぽなのです。空っぽはゼロなのです。彼女は空っぽの箱はゼロというのをすっきり分かっていますので、今までの経過の中で。非常に特徴的で今でもはっきり覚えているのは、箱が空っぽだと彼女は「無い」

という身振りをするのですね。そうすると、ゼロと書くのです。ということは、ぴったり払った時にはこの操作がなく、箱に入れる物がなくてゼロで、彼女が非常に苦しんでいるぴったりではないお金を何とか頑張って払った時には必ず余ったお金が出てくるわけです。それを称して「おつり」という名前が付いているということになると思います。このような状況の中でおつりというものをまずは理解してもらったのです。数式の上では、この図17-5③c)の右の上のほうに書いている数式に対応する箱がありますけれども、店に渡したお金イコール買った品物の値段プラスおつりになるわけです。

Kw：そうすると、中澤さんが取り組んだことは、最少のおつりをもらうもらい方を勉強したということでもあるわけですか。

中澤：いや、最少のおつりをもらうためにこの学習をしたということではありません。

Kw：最少のおつりのもらい方というか、最少のおつりをもらうにはいくら払えばいいかということにも見えるのですが。財布の中身をあるだけ全部出すのではなくて、一番少ないおつりをもらうための勉強というふうにもなるようにとれるのだけれども……。今回は「活動の見通し」というのがテーマでしょ。どういう見通しをもって買い物をするかという、その買った品物で、たとえば次に料理をつくろうかということではなくて、数に限定した理由は、多く払い過ぎないで、なおかつ、最少のおつりをもらうためにはどういうふうにしたらいいんだろうかという勉強をしたのかなという。それは結局は、さっき言ったように、一番少ないおつりをもらうための勉強をしようとしたのかなというふうにぼくには見えるのですが。この「見通し」というテーマがなくて、数の勉強なんだと言えばもう少し話が違うかも知れないけれど、「活動の見通し」という事例集全体のテーマからこれを一つの例として出してきたということの意図は、どの辺にあるのかなという気がしたのです。

中澤：敢えて、この事例でテーマに即せるのではないかと思えたのは、見通しというのは、少し先のことを予測して何かをするということだと思うのです。その少し先のことというのは、時間的に先のこともあれば、そうでないことを指すこともあると思うのです。彼女の一番苦しんでいたところというのは、ぴったりのお金があれば払えるけれど、100円玉4個で400円しかない時に、130円の物を買おうとした時に、100円払って

止まってしまうということがあるわけです。その時に、もしも、もう1枚の100円玉を崩して、10円玉10個にばらしたならば、中から30円使えるんだなというのは、一つの見通しではないかと思ったのです。決して小さいおつりをもらうためというのではないのです。

Kw ：買い物だというふうに考えているから、どうしてもそういうふうに引っ掛かってしまうのかも知れないけど……。

中澤：小銭で財布を膨らませたくないので、小さいおつりになるようにやるというのはもっと先の、まだかなり先の段階の見通しだと私は思っています。ここで確認しておきたいのは、まず、彼女はぴったりを払うということはできたのですね。そうしたら、堂々と品物をもらえるというのも分かっていた。で、ぴったりでない時に、たとえば128円の時に120円までは出して彼女は止まるのですね。だけども、そうすると財布の中身全部を出すということは、少なくとも120円よりも多く払わなければいけないということは分かっている。そこが前提条件にまずあるのですね。では、多く払うという時に、どういう基準で多く払っていいかが分からない。彼女の使った一つの基準は全財産を出すという基準でした。最初はそれでもいいわけです。だけど、彼女を見ていると、どうもそれでは納得していないようで。というのは、全部出せばおつりがごそっとまた戻ってくるというのは、やっぱり変だと思っているのです。

Kw ：それは分かる。

中澤：そういった時に、こちらとしては、もう一つ別の基準を納得できるように整理してあげようというところだったのです。だから、その基準は別に少ないおつりをもらうために使う基準ではないのです。彼女が一番分かりやすい基準を作ろうと思っているのです。それで、その時に、前回の研究協議会の時にあったように、こういうかたちでも払える、これでも払える、これでも払えるというふうに、いろんな候補を出した方がいいのではないか、という考え方も一方であるわけです。ところが、彼女とのやりとりとか自分自身を考えると、分かりにくい時というのは、一個きっちりした基準があったほうが、スタートはしやすいと私は思っています。多義性に耐えられるというのは、まず一義性で確実になってから確保されていくような気がしています。彼女自身もそのあといろいろなお金の払い方をするようになるんです。しかも試す感じがするんです。ある時期、もっと小さなお金でも払えるのに、何でも500円玉で払

おうとするんです。あとは、たとえば128円のもので、財布に中に508円あったとすると、8円はちゃんと払うんですね。ところが、ある時期からわざと下の方は無視したりというように、安定してからいろんな変化を自分でつけるようになりました。当然お金の払い方は、一定額以上あればどんな額でも本来いいわけだから。それをやってみると、また元の安定したやり方に戻るという、そんな経緯です。決して小さなおつりをもらうためにスタートした方略ではないのです。

Kw ：ないかも知れないけれど、裏返すとそういうことになるのかなと……。

中澤：裏返すとそうなるけれど、そう言っちゃうと全く私の意図とは違う意味にこの事例はなってしまう気がする。たとえば、一番最初のころには、財布の中には一円玉は一切入っていない、100円玉と10円。で、本物を買い物の学習に使うのですが安い商品ってあまりない。しかも、彼女は食べ物以外はあまり興味を示さない。結局食べ物はみんな3桁ぐらいになっちゃうんですよ。それでもいいと思ったんです。その場合、たとえば、品物は128円だけど、財布には530円というように一の位がない状態からスタートして、否応なく10円をくずして払わなければならないという状況を作りました。もう一つ大事だったのは、いつもいつもぴったりじゃない条件でやると、これまた問題が起きてきたのです。ぴったりお金があっても、値段以上のお金を払ってしまうということがあったりして。やはり最初の安定するまではぴったりでない問題が続くんですけれども、その後入り交じるような商品を用意する必要がありました。財布の中身はそうやってコントロールして最初は一位がなくて、商品には一位があるようにして、必然的にその処理が起きるようにと工夫していきました。

Mt ：たとえば5円玉を財布に入れておくという条件でやれば、言われているような意味での最少の近似値というのができますね。そこまでいったのですか。

中澤：5の導入は大分たってからです。大体15セッションぐらいから入れたのです。というのは、位取りはどうしても10進法ですので、5−2進法と言う人もいますが、10進法を確実にしてからやっていきたかったので。日常生活ではお金の5円玉は見ているし、使っているかも知れないですけれども、ここでは導入したのは途中からです。5の導入にはそれ特有のいろんなことがあるんですけれども。今では5円、10円、500

円、5000円まで全部使えます。それから5円玉二つで10円になるというような処理もできます。それにあたってはこの数え台の5のところと10のところに色をつけてやってみました。つまり、5円のときは一気に飛んで色のところに置けばいいと、そして不安になったら5のためのもう一つの両替台をさっと同じような原則で使って何度も崩したりしているうちに納得していきました。

Tᴋ：Kwさんが言われたことと関係するのですけれど、行動しては、ある操作をしていてぴったりでない時に、いくらに切り換えればいいかという行動を形成させているわけですよね。たとえば、283円の買い物に対して、財布には100円玉が2個、10円玉が10個ある時に、280円まで順々に出していって、残りが3円だからあと10円足せばよいというストラテジーですよね、これは。数を全体として捉えて、283円だから290円払うというストラテジーとは違いますよね。

中澤：その例の状況なら、彼女は280円までお金を出していって足りないということ、また、1円玉がないということも分かります。で、どうしようかというと、このストラテジーでやってからは、290円目の10円を手に持って両替台の方に持っていくふりをするんです。足りない部分はこれをばらばらにすれば賄えるんだというふうにやっているように見えます。

Tᴋ：とすれば、私はそれは近似値ではないと思うんです。近似値というのは、290円という数が283円に一番近いという意味だと思うのですが、ここでやっているのは、ある端数に対して一つ上のものを出すというストラテジーだと思うのです。

中澤：絶対的な近似値ではなくて、手持ちのお金の中で可能な近似値というふうに考えているのですが……。

Tᴄ：そうかな、手持ちのお金の中で可能な近似値というのでもないでしょう。学習の論理は十進法における近似値ということになっていたとしても、また、結果的にはそうなったとしても、やはりTᴋさんの指摘にあるように、この時点では、283円に対して280円までは財布の中からお金を出してそろえていくというストラテジーがあって、それができなくなってからは、つまり、財布の中にはない1円の単位になってから、残りの3円に対して10円を「ある端数に対して一つ上の位のものを出す」という方策から出していた、そういう2段構えのストラテジーをこの子

は使い分けていたと言えるのではないでしょうか。

中澤：確かに、端数の処理ということでやっている部分があるかも知れないけれど、全体の数としてきちっと値段とお金の二数を比べて、全体としてこっちが多い、少ないという判断を常にやって調整しているので、部分と全体とはくっついていたのではないかという気もします。

Tc ：最初の方でも話が出ましたが、とにかく買い物ができればいいやというのと、このような十進法の数の処理の学習の双方があるわけですが、現実に子どもが買い物をしている時の論理というのは実に様々なんだろうと思います。この子の中ではそれが一緒になって進んでいるけれども、実際の買い物と十進法の数の処理とがストレートには結びつかないことがある。つまり、子どもがいろいろな論理で買い物をするということを読み手は押さえておくことが大切だなということを感じるんですね。何よりいいなと思ったのは、この子が納得しない顔を見せるということで、そのことはこの子が十進法の学習をしているなかにあったからだというのがよく分かります。

司会：Tsさん、一言でも二言でも………。

Ts ：読ませてもらって感じたことは、どういうふうにして教材が作られていったかという過程のことですね。教材のことを考えてみると、「こういう教材があるからそれをどう子どもに使わせようか」という話になってくることが少なくない。ところが、さっき中澤さんの方からもあったけれども、その子どもとのつきあいの中で教材が作られていく、その教材がまた変えられていく、開発されていくということが原点であるように思うんです。つまり、一般の水準で成立する教材というのはすごく少ないという気がします。

中澤：うん、そうですね。

Ts ：原型はいっぱいあっていいし、それをその子に合わせてどう開発していくかということが大切なんですよね。その意味で学習の進展とともに工夫して活用してきた教材とか、Hさんの行動に触発されながら教材がつくられてきたとか、そういった辺りが読んだ人達に伝わるといいと思います。

中澤：ここで一番言いたかったのは、まず子どものできるところからスタートすること、失敗から学ぶということ、具体的操作をたっぷりするということ、そして、そこから離れるための手だてがどの数の処理でも必要だ

17　買い物における支払いの見通し　｜　377

なということです。それさえあれば、どんな子どもでも何らかの数の勉強が楽しくできるのではないかなということです。

司会：どうもありがとうございました。

（重複障害教育研究部）

18

重症心身障害児施設を訪問して係わりをもった事例
──「指導の場」からの一考察

重複障害教育研究部
早坂方志

I　はじめに

　本稿は、筆者が医療・療育の場であると共に生活の場でもある重症心身障害児施設（以下「重症児施設」と記す）を訪問し、そこで子どもと係わった事例についての報告である。教育相談に来談する子どもに係わったり、学校へ通学する児童生徒に教員として係わる場合と異なり、係わり手の方から子どもが生活している場を訪問するわけであるから、子どもとの係わりをその場の人的環境や物理的環境等との関連で、どのように進めていくのかがより問題となると思われる。一方、そのような生活の場で行われた係わりを指導の場という観点からみるならば、子どもが生活している場をどのように指導の場として構成することができるかという捉え方も可能であろう。

　本報告では、民間の40床の重症児施設に入所している障害の重い子どもとの係わりを通し、重症児施設を指導の場としてどのように構成しうるのかについて報告することを目的としている。

　次に、本事例で報告する子どもとの係わりの概要について触れておく。

　本事例の子どもは、筆者が1995年4月からほぼ週に1回訪問している重症児施設T園で係わった重い肢体不自由と知的障害を併せ持つ児童である。筆者が本児と係わる時間帯は、通常本児が訪問教育を受けている時でもあるので、担任の教諭と連携して係わりを進めた。

　本児は、普段の生活では泣くことが多かったようである。筆者が初めて会った時も、朝泣いてから訪問教育の授業をしている場所に来たという日であった。また、風邪を引きやすく病弱ぎみで、顔色が青白い印象を受けた。

　筆者が訪問する日の午前中は、担任、本児、同じ担任が受け持つもう一人の子どもと筆者で活動（月に1から2回施設のプログラムがあり、その時にはそのプログラムに本児と一緒に参加した）し、昼食から午後の時間は筆者と本児だけで

379

係わり合いをもった。翌1996年4月からは、担任がもう一人の担当児童を異なる内容で指導することとなったので、午前中も本児と筆者が個別に係わり合うこととなった（施設のプログラムがある時には、前年と同様）。

　なお、1996年11月に建て替えのため施設が移転したので、本稿はその時までの経過である。

II　事例研究

　1　事例　男児（筆者が係わるまでの経過は、担任と施設職員からの聞き取りによる）。1985年3月生（筆者と係わりをもったのは第5学年から6学年である）

　2　生育歴　周産期の様子は不明である。家庭の都合により、生後しばらくして父親が仕事を止めて本児を養育する。牛乳のみの摂取で固形物を食べることができないという理由から、4歳から5歳まで重症児施設T園に入所して食事指導を受けた。その後、就学に伴い自宅に戻り、地域の養護学校に1年間通学した。養育が困難となったために、再びT園に入所し、併せてK養護学校の訪問教育を受けることとなり現在に至っている。

　3　医療歴
　　1985年3月：頭部静脈血栓による四肢まひの診断を受ける。
　　1985年8月（5カ月）：S医大にて、シャントの造設術を受けた。
　　1989年8月（4歳）：T園に体験入所。
　　1989年10月と12月（4歳）：食事指導のためT園入所。
　　1990年3月〜1991年3月（5歳）：食事と家族指導のためT園入所。
　　1992年2月（小1）：停留睾丸のため国立S病院にて手術を受けた。
　　1992年3月（小1より現在まで）：T園入所。

　4　教育歴
　　1991年3月Z養護学校入学（小学部1年）
　　1992年4月K養護学校（訪問教育：小学部2年より現在まで）

　5　感覚面
　鍵盤を叩いて音を出したり、好きなCDの曲を聞くのが好きであったり、人を見ることができない位置にいても人の声を聞いて喜ぶ等の状況から、聴覚については日常生活上支障は感じられない。機嫌がよい時は、「ごにょごにょ」と喃語のように声を出していることも多い。声を出して笑ったり、大きい声で泣いたりする。施設職員によると、以前はおうむ返しのように大人の言葉をまねたような発語があり、「シェンシェー」「オイチー」の発音は明確だったとい

うことである。しかし、このような言葉を発するのを、筆者は聞いたことがない。

視線が合わないでぽーとした感じがある。しかし、眼前1mのところで、提示した指標を追視することができる。ただし、首のコントロールがうまくできないので、途中で追視できなくなる。上下左右の見える範囲が、首の動きが随意的にできないため制約を受けている。また、声をかけないで近づいていくと、眼前1mのところで驚いたりすることがあり、視覚よりは聴覚で外界の情報を得ているのではないかと推測される。

6　運動面

通常は仰臥位の姿勢で過ごすことが多い。寝返りでの移動は困難。伏臥位で首を少し挙げることはできる。左腕を随意的に動かすことができる。移動は、室内、戸外とも車椅子。脊椎左凸の側わんあり、だんだん強くなっている。左股関節は亜脱臼。食事は初期食（すりつぶし食）で、捕食の時には口唇を閉じることができる。

7　健康面

発作はない。胃潰瘍になったことがあるとのことで、胃腸薬を一日3回服用していたが、1996年7月より服用中止。3日間大便がない時には緩下剤を服用する。風邪を引きやすく発熱が多い。1996年度の1学期はおう吐と発熱が多かった。2学期になってから落ち着いている。以前にもおう吐症状と風邪のために、欠席する日があったとのことであった。また、睡眠と覚醒のリズムは確立しているが、夜に泣いて目覚める時が見られる。

Ⅲ　指導の場の状況

重症児施設は、児童福祉法による施設であると共に、医療法による病院でもあるという二つの性格を併せ持つ入所施設である。このことは、障害が重い重症心身障害児（以下「重症児」と記す）に対する医療機関としての側面と、家庭に代わり児童を養育する施設養護の側面をもつことを意味する。本児の個人スペース及び生活の場はベッドであり、周りには医療器具も多い。療育は主に医師、看護婦、児童指導員や保母によって行われている。非常勤のPTが隔週一回訪れている。T園は小高い丘の上にあり、同じ法人が経営する病院及び老人ホームが隣接している。後述する売店は病院の中にある。また、K養護学校が教員を派遣し訪問教育を行っている。

時間帯、人的環境及び場の環境は次のとおりである。

1　T園の時間帯

基本となるのは園の時間帯であり、入所者の中で訪問教育を受けている者は、日中訪問教育の時間帯となる。

（1）園の時間帯（回診、検温、おむつ交換、療育、訓練、食事、おやつ、水分補給）

6：00　起床、洗面、回診／7：00 おむつ交換／7：30 朝食、歯みがき

9：00　更衣、口腔洗浄、おむつ交換／10：00 療育・訓練、回診／11：15 おむつ交換

11：30　昼食／13：30 おやつ・水分補給、検温／14：00 口腔洗浄・療育、おむつ交換

15：45　更衣、おむつ交換／16：30 夕食、回診／18：30 水分補給、歯みがき

19：30　おむつ交換／20：30 就寝、回診／21：00 巡視（以後1時間毎巡視）

22：00　検温／22：30 おむつ交換／4：00 おむつ交換／5：00 検温

（2）訪問教育の時間帯

9：30 迎え、登校／10：00-10：45 朝の会（全員）／10：45-11：30 個別での学習（水曜日は集団での学習）、おむつ交換／11：30-12：30 食事／12：30-13：30 休息（園のプレイルーム）／13：30-15：00 おむつ交換、おやつ、水分補給、個別での学習、下校。1995 年度は、火曜日と金曜日は風呂のため 14：30 下校で、おやつ・水分補給なし。土曜日は昼食まで。月1回園のお楽しみ会（10：45-11：30）があり、その時には園のプログラムに参加。

1996 年度になって変更した点は次のとおり。9：50-11：30 と 13：30-15：00 の個別での学習時間帯に園での対応となる児童がいる。朝の会を短縮した。園のお楽しみ会（10：45-11：30）が月2回となった。

2　人的環境

園の生活では本児が所属しているグループがあり、学校時間帯以外では、グループ担当の児童指導員、保母、看護婦がローテーションで本児と係わっている。この他に、事務室、洗濯場、縫製室の職員と本児が会う機会があり、交流がある。また、非常勤のPTは本児の訓練を担当している。隣接する病院へ行くと、病院のボランティア、売店の方、シスターに声をかけてもらうことが多い。

訪問教育の担任はA教諭で、本児ともう一人の児童を担当している。本児に関しては、5、6年生と2年間担任している。

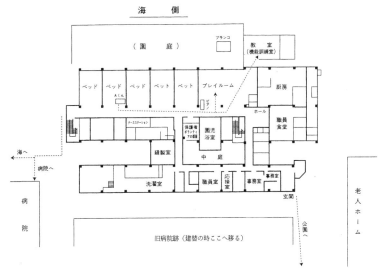

図 18-1　T園の見取図

3　場の環境

　園内の本児個人の生活スペースはベッドのみである。1996年度より学校に登校している児童同士が園でも同じグループとなり、ベッドの位置が隣り合わせになっている。園内の様子は図18-1に示す通りである。訪問教育の授業は、主に園の訓練室を教室として使用しているが、他にも種々の場で行われている。

　本児が立ち寄れる園内の場所としては、プレイルーム（部屋として仕切られているわけではなく、マットが敷いてある）、縫製室、洗濯室、事務室、教職員の部屋、保護者の部屋、応接室である。園内に庭がありブランコが設置されている。また、園外で本児が立ち寄るところでは、同じ敷地内にある病院の売店と老人ホームの庭がある。その他に近隣の場所としては、近くの公園、商店、電車の駅、海辺がある。

　なお、園は建て替えのため、1996年11月下旬より、隣の旧病院施設に引っ越した。

Ⅳ　係わりの概略

1　本児との係わりの方針

　係わりを始めるにあたって、泣くことが多いといわれる本児と、「まずは本

児の気持ちや意思を読み取ることに重きをおきながら、本児とのやりとりを本児も筆者もお互いに楽しめるような関係を築いていけるように」と考えた。また、「本児が自分から行きたいと思う活動が少しでも増えればよい」と考えた。さらに、「本児の活動の場所を、従来主として使用しているベッドと教室から広げていけたらよい」と思った。

　一方、担任のＡ教諭からはふだんの本児の様子を詳しく聞くと共に、園の看護記録を参照したり、なるべく園の職員にも本児の様子を聞こうと努めた。

　1995年度の午前中の時間帯は、担任、本児、もう一人の子どもと筆者で活動した。その時間帯は、担任が戸外及び隣接した病院へと担当児童２名の活動の場を広げたいという意向があり、相談して午前中は場を広げる活動を行うこととした。

　昼食から午後の活動については、本児と筆者との個別の活動となる。昼食は、なるべく楽しい雰囲気でゆっくり食べられるようにと考えた。午後の活動は、まずは筆者と１対１で本児が楽しんで行える活動を探すこととした。

　1996年度は、Ａ教諭が本児以外の担当児童と別の内容で活動することとなったので、筆者と本児は朝の会以外では一対一で個別に係わることとなった。午前中の園のプログラム（主に園内のプレイルームで行われる）が月２回になり、本児と共に参加した。

2　係わりの経過

(1) 1995年４月〜1996年３月（本児：小学部５年生）

①筆者と本児との関係の変化

　　４月からの３カ月は、表情、視線、発声、そして左手の動きから本児の意思や気持ちを理解する上での手がかりを探ることに重点をおいた。その時には、朝の会での本児の様子や、午前の個別指導の時間での担任との係わりを注意深く見ながら、担任や園の職員の情報とも照らし合わせ、本児の表情の変化や発声を手がかりに本児の意思や気持ちが少しでも読みとれるような係わりを心がけた。

　　初めの頃は、泣いたり不満を言ったりする理由が分からないことの方が多かったが、５月初旬には、「活動への誘い方が性急だったり、活動への予告が十分ではないと、本児は感じている」、「担任ではない人と一緒に活動していることへの戸惑いが本児にはある」といった理由により、泣いたり、不満を言ったりしている場合があると筆者は感じるようになった。

また、この頃には、本児の表情、視線、発声や左手の動きから、本児の気持ちを次第に推測できるようになってきた。その後、本児が筆者と共にいろいろな活動や係わりをすることに慣れて、筆者の方も本児の表情、視線、発声そして左手の動きのバリエーションや本児が不機嫌になる状況のパターン（たとえば、係わり手と一緒に行った活動を覚えていて、その大人がいると、同じ活動に誘ってくれると本児は思っていることが多い。そのため、自分が予想した活動でないと、泣いて自己主張する等）があることにも気づくようになり、2学期以降は本児の意図が分からなくて困ることもあったが、本児とのやりとりを積み重ねていけるようになった。

　一方、健康面から見ると、風を引きやすく発熱することが頻繁にあった。体調が悪い日には発声や腕の動きが少ないことがあり、行動面はその日の体調に左右されることも多かった。

② 昼食と午後の活動

　食事の介助の仕方では、捕食時の上唇の動きにこだわっていてうまくいかないことがあった。その後、上唇を使った摂り込みにこだわらないで、リズムを大事にして食べさせるようにしたところ、スムーズに食べられるようになった。

　一方午後の活動は、それまでは本児の横に寄り添う形で、本を読んだり、キーボードを鳴らしたりしていたが、途中から、本児を抱いてより身体接触を伴った形での体を使ったやりとり遊びを行った。そうしたところ、気持ちよさそうにうっとりすることもあり、ある特定の時間に特定の大人が対応するというようなことが、本児にとって安心できる存在となると感じた。

　その後、午後の活動は、できるだけゆったりとしたペースで身体接触を伴った係わりを基本としながらも、バルーンで揺れたり、本児がキーボードを叩いて音を出すのを一緒に聞いたり、園庭のブランコに一緒に乗ったり、本児が自分の体を使うことが少しでも意識でき、かつ楽しめる活動になるよう場面を設定しながら、本児と一緒に楽しめる活動を見つけていくようにした。

③ 活動の場を広げる係わり

　A教諭、本児、もう一人の児童と筆者で、戸外へと活動の場を広げる活動を行った。具体的には、隣の病院の売店へ買い物に行く活動と、近隣の公園へ行ってブランコに乗る活動を行った。

18　重症心身障害児施設を訪問して係わりをもった事例　　385

売店への買い物では、出発する時に、A教諭が本児に売店の商品や写真カード見せたり、鞄や財布を持たせたりしていた。筆者と行くのが2回目の時に（担任とはその他の時間にも行っている）、担任が「行こうか」と言うと、様子や雰囲気で分かるらしくニコニコしていた。本児は車椅子で移動すること自体が楽しいらしく、ニコニコして表情も明るく、左腕も盛んに動いていた。

　その後、何回か売店や公園に出かけることをくり返すと、A教諭と筆者が本児の車椅子に近づいて、鞄を車椅子にかけたりしているだけで、出かけることを察知してニコニコしたり手を動かすようになった。ただし、売店か公園か、あるいは別な場所かの区別はつかないようであった。売店へ行く途中の病院内では、シスターやボランティアの方に声をかけられたり、売店ではお店の方に「Bくんおはよう」とか、「何を買う」というように声をかけられると、うれしそうにしているのが印象的だった。

　公園に出かける時は、いつも同じコースを通り、路面の違いを強調して車椅子を動かしたりして、車椅子に乗っていてもなるべく外界の変化が感じられるようにした。公園の場合は、人と会うことは少ないが、ブランコに抱かれて乗るのを喜んでいた。

　このように、戸外に出かけることは、本児の人との係わりを深め、本児にとっての楽しみを増やし、活動としての拠点をつくることになる。また、発熱することが頻繁にある病弱な本児にとって、体調が良好な状態にある時には、外気に触れて健康の増進を図ることもかなり重要なことと思われる。

(2) 1996年4月〜11月（本児：小学部6年生）

①筆者と本児との関係

　前述したように朝の会以外は、本児と筆者とで個別的に係わりを行うこととなった。担任のA教諭が、前日に「早坂先生があしたくるよ」と口頭でいうと、ニコニコしていて期待して待っているとのことであった。1996年度になってからの様子では、たとえば次のような状況であった。朝会うと、初めはきょとんとしている。しばらくすると「ウー」と声を出し始める。その時、車椅子から降ろそうとすると嫌がって声を出す。車椅子から降りたくない、連れていってほしいという気持ちの現れと思われる。それで、「散歩に行きたいの？」と聞くと、行きたそうな表情をするため、朝の会の前に園内を散歩して教室へ戻ってくる。そして、車椅子か

ら降りると、穏やかな表情となっている。時々、泣くことがあったが、筆者の方で予測がつくような理由であり、むしろ筆者に対して甘えて泣いているような感じの時が多かった。

　一方健康状態では、特に4から6月にかけてはおう吐や発熱が通常より多く、元気がない日が続いた。不機嫌というのではないが、覇気がないという感じであった。6月後半に入ると回復した。

②昼食と午後の係わり

　前年度の続きで、できるだけ本児が楽しく体を動かす活動を行うようにした。時には、一緒に横になりキーボードを引いたり、回りの様子を見たりするような静的な活動も取り入れるようにした。

③活動の場を広げる係わり

　4月以降は本児と筆者だけの活動となる。戸外での活動と園内での活動を交互に行うこととした。戸外の活動は、人と係わり合う機会が多く設定できる売店に行く活動を増やし、公園へは時々行くようにした。戸外に出る時には、鞄と財布を持っていくこととした。筆者と会うことと出かけられるということが本児の中で結びついていて、筆者と一緒に出かけて人と会うことを楽しみとしている様子であった。

　一方、1995年度の後半から行ってきた、園内活動としての縫製室への訪問はそのまま継続した。縫製室へ行く時には、縫製室へ行く時の手がかりとなるようにタオルを持っていくこととした。縫製室では二人の女性がいて、行くと必ずそこにある布切れにミシンをかけて、本児のタオルとして渡してもらえる。縫製室へ行った後は、洗濯室で洗濯機の音を聞き、保護者控室で筆者とお話して戻るというコースである。

V 考　　察

　家庭から離れ施設での生活が長期に渡る本児にとって、特定の係わり手とのやりとりを通して、本児の気持ちや意思が係わり手に受け止められることや、本児の気持ちや意思が本児の行動や活動として広がっていくことは、家庭で養育を受けている子どもと同様にとても重要なことと思われる。このことを基盤としながら、本児との係わりを振り返り、指導の場という観点から考察を加える。

1 指導の場としての重症児施設

　家庭から離れ施設に入所している子どもにとって、係わり手としての大人が、機会ある毎に短時間でも子どもの意思や気持ちを受け止めることは必要不可欠のことのように思われる。このことは、本児との係わりを通して、改めて施設に入所している子ども達にとって最も大事なこととして強調されてよいだろう。特に重症児の場合は、自らの気持ちや意向を伝えることが難しく、移動も困難なため係わり手としての大人側の役割や係わり方が問われるからである。

　つまり、医療と生活の場である施設であるからこそ、「○○さんに会いたい」とか、「○○に行きたい」というような子どもの意思や気持ちが育つような教育の機能をもった場となることの必要性が示されることであろうし、また子どもが生活している場を指導の場として、つまり教育の機能を持った場としていくことの重要性が示される。

　本児との係わりでみると、うれしいとか、楽しいとかいうような感情を伴うやりとりが成立しやすい活動を大事にすると言うことである。たとえば、次のような本児と筆者とのやりとりである。筆者は本児の気持ちを読みとり、本児の意向に沿いながら一緒に時間を過ごしたいと考えてきた。しかし、初めの頃は本児が不満そうな様子を示したり、どうして泣くのかが分からない時があった。その後、本児を抱きながら話しをしたり、抱きながらキーボードを引いたり、抱きながらトランポリンを跳んだりするような身体接触を伴ったやりとりを多く取り入れたところ、本児の気持ちと筆者の気持ちとの溝が埋まったような感じを筆者が抱くようになった。

　また、集団での活動の時も同様のことが考えられる。訪問した日に施設で設定したプログラムがある時には、そのプログラムに参加した。集団で、おやつやおもちゃ等をつくったり、劇を見たりする活動であった。本児のペースに合わせて、係わり手として一緒に手を動かしながら、あるいは一緒に劇を見ながら、筆者は本児との情緒的な一体感を感じていた。集団としての活動の中で個別の活動を生かす必要性を感じた。

　二つ目は、本児が病弱であるということである。風邪を引きやすく発熱とおう吐が多い。もし通学している児童であれば欠席はかなり多いであろうと思われる。医療の場と生活の場が同じであることで、本児への教育は支えられているといえる。それゆえに、本児のような病弱な子どもは、良好な健康状況の時にはできるだけ活動の場を広げていけるような配慮が必要であると思われる。

また、健康状態の良好な時には、外気に触れることが健康の維持増進につながるとも思える。加えて、活動の場を広げるということからすれば、特に子どもの状態に合わせた時間の過ごし方という観点も重要であろう。

三つ目は、本児を取り巻く大人がたくさんいるということである。重症児施設は医療機関でもあるから、たとえば精神薄弱児施設と比較すると多職種であり、かつ子ども一人当たりの大人も多いということになる。そのうえ、教育も受けていることからさらに人数も増える。このような状況の中で、大人がたくさんいることが利点となるためには、本児との係わりについての情報（たとえば、○○ちゃんは少し待っていると、自分から手を伸ばしてくるよ等）を大人側が相互に共有し合うことが必要と考えられる。そのような観点からすると、本児と筆者の係わりについては、訪問教育の教諭とは情報の共有と交換ができていたが、施設職員とは人数が多いこともあり、情報の交換ができていなかった。筆者にとって今後の課題である。

2　本児の気持ちや意思を読みとる時の配慮点

泣いていることが多いという印象が強い本児に対して、係わり手としての筆者は、本児の発声、表情、視線の動きや左手の動きを手がかりにして、周りの状況との関連から本児の気持ちを読みとろうと考えた。

本児の気持ちを読みとるためにどのような配慮が必要であったかということを振り返ると、一つは左手の動きに注目していたことであった。うれしそうにしていると思われる時には、笑顔になったり発声がみられたりして比較的分かりやすい。しかし、係わり手に会うことにより笑顔になっていることも多いように思われるので、活動そのものを本児が能動的に楽しんでいるかどうかについては左手の動きに注目すると分かりやすいように思える。たとえば音楽を聴いている時に、その曲が好きで聴くという活動が本児にとって能動的な意味を持っていると推測される時には、左腕が上下に動いていた。また、気持ちが安定している状況と推測される時にも左腕が動いていた。加えて、左手の動きを本児自身により意識させるために、車椅子に乗っている時に本児が手を動かすと缶に触れて音がでるような工夫をした。

しかし、売店に行くのか、それとも縫製室に行くのかというような活動を選ぶ時や、売店で物を選ぶという時には、重い肢体不自由の本児にとって、本児が自分の意志に沿って首を動かすとか、左腕を動かすのが困難であり、係わり手側も読みとるのが困難なことが多い。場面の状況を考えながら、本児の細か

い変化を見逃さない読みとりを進めることはもちろんのことであるが、選択場面での提示物、提示の仕方、提示の順序、本児の姿勢等についての創意工夫がさらに必要と考える。

　二つ目は、体調と機嫌との関連が密接であるということであった。身体虚弱なため施設内で風邪等に感染しやすい。施設内で冬季に風邪が流行った時最初に罹患し、流行が終わる時に再び罹患したことがあった。朝食後おう吐したり、少し熱があっても様子を見ながら係わり手が対応してもよいという時には、ぐずったり、泣いたりすることが多く見られる。その逆に、いろいろと理由をさがしてみても見つからない時には、その後で発熱したとか、熱があったということもあった。本児の体調を推測する手がかりの一つとして、機嫌が重要であった。

3　本児の生活上の拠点の拡がり

　日常的にベッドとプレイルームに居ることが多い本児の生活の場を、担任や筆者との活動を通して、本児の生活の拠点として広げていくことができた。生活の場の拠点づくりにつながる活動となるためには、活動の見通しを本児が気づけるような配慮は重要であった。たとえば、同じ場所（ポイント）を通って同じ人に会うように活動を組み立てたり、活動の予告を音声言語の他に鞄、財布、布きれ等の具体物によって行ったりしたことである。

付記：本事例研究をまとめるに当たり、K養護学校の安彦悟先生からは本児に関して多くの情報をいただくと共に、ここに取り上げた指導の結果は先生の指導に負うところが大である。また、重症心身障害児施設の職員の方からも本児について多くの情報をいただいた。記して感謝申し上げます。

◆**討論**────────────────────────

　早坂の事例報告をめぐって、1997年3月に重複障害教育研究部スタッフによる討論を行った。討論に先立ち、早坂から事例報告の内容についての概要が説明され、さらに、ビデオを通して対象児と早坂らとの普段の係わり合いの様子が紹介された。

〈補足説明〉

司会：それでは早坂さんの報告に基づいて討論を始めたいと思います。まず
　　　は、早坂さんの方から補足説明をお願いします。

早坂：2年間、重症心身障害児施設に週1回訪問し、この子に係わらせていた
　　　だきました。そこで自分なりに気がついたことを基にして「指導の場」
　　　ということからまとめてみました。

　　　　施設の概要は本文のとおりですので、事例の子どもについて簡単に触
　　　れます。この子は、家庭的な養護性の問題を抱えて園に入ってきていま
　　　す。障害も重複していて重いのですが、純粋に障害が重いだけで重障児
　　　施設に入ってきたという訳ではないので、障害の重さに対応した医療的
　　　な側面と、養護性という側面から子どもの育ちということをどう考えた
　　　らいいのかという課題があるように思います。

　　　　この子は、しばらくつきあうと気づくのですが、私と一緒に活動した
　　　ことを覚えているし、次に会った時に、「同じようにやってほしいんだ
　　　な」という気持ちが私に伝わってきます。ただ、自分の気持ちをうまく
　　　伝えられないもどかしさがきっとあって、それでここで言ったように、
　　　「泣いていることが多い」という印象があるのかもしれません。また、
　　　この子は病弱で青白い顔をしており、教育活動を展開する際に健康面の
　　　こともきちんと考えた方がよいとも思っています。

　　　　当初この子の気持ちの動きが私にはあまりわからなかったものですか
　　　ら、この子の気持ちの読みとりを大事にするということと併せて、私と
　　　この子が一緒に活動できるような内容を見つけていければいいなと思い
　　　ました。それから、せっかく園の近隣にいろいろな所があるのだから、
　　　それらを利用して活動の場を少しでも広げてあげることができないかな
　　　と思っていました。

　　　　指導の場ということで考えれば、子どもの育ちというものを、障害の
　　　ある子どもの施設にいるからこそ考えていった方がいいのではないかと
　　　思っています。情緒的と言うか、嬉しいとか楽しいとかというような
　　　感情の表現が子どもから自然と出てくるような活動の場を設定してい
　　　くことが必要と思います。もう一つはこの子が病弱だからこそ、健康状
　　　態が良好な時には、活動の場を広げるということも大事ではないだろう
　　　かとも思っています。そのためには時間帯が少し柔軟に運営できるとい
　　　いなという感じがしていました。さらに、施設には訪問教育の先生も

18　重症心身障害児施設を訪問して係わりをもった事例

含めて、子どもを取り巻く多くの職種の大人がたくさんいるとともに、交代勤務なので、大人側の情報の共有が大事になってくると思います。「ちょっと待っていると自分から手を出してくるから、待っていた方がいいよ」というような、何気ないと思われる子どもの行動に関する情報が共有されるとよいと思います。

〈子どもの健康面〉

司会：討論に入る前に、何か質問がありましたらお願いいたします。

Ｔｋ ：一学期の時は、吐いたりしたと言ってましたね。毎年そういう傾向があるのですか。

早坂：これは担任の先生からの話ですが、平成８年度の一学期は例年よりひどかったようです。それで、シャントがつまっているのではないかと疑われて心配したのですが、大丈夫でしょうということでした。６月過ぎてから落ち着いてきました。

Ｓｓ ：胃潰瘍というのがありましたね。

早坂：昔、胃潰瘍がありました。今は大丈夫とのことです。

〈売店での取り組み〉

Ｎｋ ：病院の売店に行って買った物は、彼は食べられるのですか。

早坂：ちょっとなめさせてあげる程度です。食べることに対する意欲はそんなに強くはないです。できれば食べたいという意欲があった方がいいと思うのですが。

司会：買うこと自体が楽しいのかもしれないね。

早坂：はい、買いに行くことを楽しんでいるように思います。

Ｎｋ ：お金は誰が出すのですか。

早坂：学級費から出ています。

Ｎｋ ：教材ということですね。

早坂：そうです。

Ｔｃ ：ここのお店の人は感じがいいよね。

早坂：ええ。このお店の人は必ず同じ人とは限らないのですが、どの人もこの子のことを覚えていて声をかけてくれるんですよ、本当に。

Ｎｋ ：名前を呼ぶんですか。

早坂：名前を覚えていてくれているんです。

〈車椅子への工夫〉

司会：考察のところに、「左腕を動かしたときに、音を出すようにし」というの
　　　は、さっきのビデオの場面にあった車椅子に缶を付けたということです
　　　ね。具体的に説明してください。

早坂：はい。この子の場合、見るよりも耳で聞いているという感じが強いんで
　　　す。人の声がする方向に首を向けようとすることが多いとか。それでも
　　　うちょっと音を活用したらと考えて。

Ss　：どういうときに利用しているのですか。

早坂：車椅子に乗って移動する時ですね。この子が左手を上下に動かして、そ
　　　れで音を出して。

Ss　：音を出して、本人が楽しむということですか。

早坂：本人に音が聞こえるようにしました。ビデオの映像ではあまり音が出て
　　　いませんが、腕を動かすと缶に腕が触れますから、音が出ます。

Ss　：ビデオを撮っていた長期研修生のＪさんが「一緒に行ってもいいかな」
　　　とか言っていたでしょ。それで、この子の手が動いて音がしたから、本
　　　人は返事として使っているのかなと、あるいはそういう意図をもって取
　　　り付けたのかなと。

早坂：そこまでは意図していないですね。

〈人的環境・医師〉

Sg　：Ⅲ-2の「人的環境」のところに、ドクターに関する記述がないのです
　　　が、施設職員とは別に主治医の方がいて、それなりに子どもと密な接触
　　　があるんですか。

早坂：施設には園長先生ともう一人専任のドクターがいて、どちらかがⅢ-1
　　　の「Ｔ園の時間帯」に記述してある時間に回診します。

〈朝の会〉

Tk　：朝の会ですが、7年度までは10時から10時45分まで45分間やってい
　　　たのに、8年度は9時40分から9時50分までの10分間になっていま
　　　すね。これは何か理由があって、こうなったのでしょうか。

早坂：前年度は時間を少々かけすぎていたということと、午前中にもう少し個
　　　別の時間を設けたいという希望があったのではないでしょうか。これは
　　　確か、前は長かったというか内容が盛りだくさんだったということだと

18　重症心身障害児施設を訪問して係わりをもった事例　　393

思います。

〈施設との時間調整〉

司会：それではここからは討論に入りたいと思います。早坂さんに対する質問だけでなく、テーマを念頭におきながらいろいろな意見を言っていただきたいと思います。

Ｓｓ：施設の日課があって、これを崩す難しさがあると思うのですが、たとえば看護婦さんや施設側と話し合って検温の時間を少し早くしようとか、日課を学校と上手に合わせて工夫しているようなところはあるんでしょうか。あるいはそれはかなり難しいということなんでしょうか。

早坂：この子について以外はなかなかわからないんですが。

Ｋｗ：学校の子どもの朝食や着替えを早めにするとか、お風呂の時は、他の入所者を先にして学校の子ども達を最後にやるというような時間的な配慮は、ここの枠を崩さない範囲でやっていると思います。ただ、早坂さんも書いているけれども、午後は１時半からおやつや水分補給、さらにおむつ交換や口腔洗浄もあり実質的には２時半位までかかってしまいますね。

Ｓｓ：というと施設側の人がされるんですか、学校の先生がされるんですか。

早坂：学校の時間帯は先生方が担当の子どもに対して行っています。

Ｋｗ：水分の摂り込みが上手な子もいるが、上手でない子どもが多いし、麦茶は嫌だという子もいて、なかなか水分補給というのは難しい、実際にね。

早坂：お家だったらあまり気にしないかもしれない。でもここは病院ですから、預かっている責任上、水分摂取量をきちんと確保することはやむをえないのかなと思います。

Ｓｓ：そういう病院という枠組みの中で限定されてしまうことがあるなということは感じました。それと早坂さんが言っていた養護性の問題で施設に入っている子が中にはいるわけですね。もし状況が整えば、たとえばスクールバスで養護学校へ通えるような子どももいるとすれば、養護学校に行った場合と施設での訪問教育の場合とでは、いろいろな面で実質的に著しく違ってくると思います。その子にとって教育の内容が著しく違ってくるということに対して、教育の側も施設の側も何とかこの環境の中で良いものを提供するにはどうしたらいいかと、そういう方向性を

持って話をしていけると良いと感じました。その辺について、早坂さんの意見はありますか。

早坂：ここの施設は、教育に対する期待は大きいと思います。ただ、本校に毎日通うには、施設の努力だけでなく、学校（本校）や教育委員会側の条件整備へのサポートも必要だと思います。

〈サポート体制〉

Tκ ：今いわれたサポートということに関連して、訪問教育を担当する先生方と本校との関係はどのようになっていますか。

早坂：本校の中では訪問教育のことがあまり知られていないのかな思うのですが。

Tc ：僕の知っている範囲で言えば、たとえば遠足とか、修学旅行とかの学校行事は、学校にいる子ども達とT園にいる訪問教育の子ども達と一緒に行うわけです。ただ、たとえばT園の子は園の行事にも参加するわけです。そうすると先生方は日曜日の園の行事に出てきて代わりに月曜日に休むということがあるわけですよね。そういう実態を含めて、T園での訪問教育には園の行事が関係してくることに対する配慮が必要になるわけです。本校と切り離すのではなく、逆に一緒に仲間として動くようにしていると思います。スクーリングした時も、訪問教育の部屋で過ごすのではなくて、同じ学年のクラスに行くようにしてそこで給食を食べるとか、運動会の時も本校のクラスメートと一緒に給食を食べるとかやっているわけですね。

〈泣くこと〉

司会：早坂さんは、子どもの生活の場が指導の場になっているんだというような言い方をしていますが、子どもへの取り組みについて気づくことが何かあれば出して下さい。

Sg ：この子は泣くことが多かったという記述がありますが、この子とのつきあいで、この「泣き」が一つの大きなポイントかなと思うんです。本文を読むだけでは分からなかったのは、早坂さんが係わる以前にこの子の「泣き」への対応はどうしていたのか、それからこの「泣き」はどういったことから始まったのか、さらに、早坂さんとのお付き合いの中で泣きがどんどん変化していきますが、その変化はどのように進んできて

いるのか、そういったことについて聞かせてください。

早坂：園の職員とか担任の先生から聞いた範囲では、この子が一人でいる時は泣いていることが多いという印象が強いんですよね。泣くことによって自己主張している、とにかく人に来てほしいという理由で泣いていることが多いらしい。泣くとCDとか、カセットのプレーヤーとかを枕元において音楽を聞かせるという対応をする時が多かったように思います。また、対応できる人がいる時には抱っこしてあげるなど、いろいろしていれば泣くのがおさまるというような様子だったように思います。学校の時間帯は1対1の対応が多いので、その時間に泣いているということはあまりなかったように思います。学校の時間帯に泣いている時には、体調が悪いような気がします。自己主張という見方からすると、昼食後プレイルームに行って、子ども達が一緒にそこで約40分程度休息するんですけども、それがこの子は厭なんですよ、やっぱり係わってほしいから。時々、ワーッと泣く時が今でもありますね。それは考えてみると当たり前の話で、あまりネガティブに泣くことを捉えなくてもいいのかなと思います。もう一つは、朝の登校時に教室に入れようとすると、嫌がることです。私と会うと、どっかに連れていってくれることとなぜか結びついているみたいで、教室に入ろうとすると泣くことがあって、では気分転換に「出かけてみようか」と言ったら、ニコニコしてですね、それから園内をぐるっと回ってから再び教室に入るようにすると、落ち着くというところがあります。この子が泣けば、大人の側は一生懸命対応しますよね。そういう意味で、手段といったらおかしいかもしれませんが、彼にとって重要な表現なのかなという気がします。

Tc：激しく泣くのですか、それともかぼそく泣くのですか。

早坂：激しく泣きます。

Tc：私は何回か行っているけど、そういう場面は見たことがないんだよね。やっぱり人が相手しているからだね、私が行っているときというのは。

早坂：後は一人でベッドにいるときですね。寂しいときがあるかもしれません。泣いて、最終的にはあきらめるようですけど。あと、何か理由がよく分からないで泣いている場合も時々あるようです。体調のせいかなという気がしますけども。

Tc：そういえば、朝の会で何かぐずっていて、体調が悪くて、ベッド安静になっちゃたということは何回かありましたね。

Sg ：その泣きに対するこちら側の了解として、またさっきの話に戻ってしまうかもしれないけれども、結局周りの人とそのことがどれだけ分かち合えているかというか、理解されているかというか。以前、某病院に出入りしたときに、ある子どもは、つき合ってくれる人が来ると泣くという話を聞きました。その子は、普段は人手の少ない状況の中でじっとしていてあまり泣かない。後で分かったことは、おつきあいしてくれる人が来たので一生懸命訴えていたわけです。その子の場合、泣きは意思表示なんですね。早坂さんが書いている通りだと思うんです。ところが、しばしば病院や施設で、あるいは学校で泣かないで静かにしていることが肯定的に評価されることがある。結局そうやって子どもなりに、なかなか応えてもらえない状況の中でトーンを落として暮らしている、その暮らし方を肯定化されて、泣くことを正面から取り合ってもらえていないといったようなことがあるだろうと思うんです。ですから、たとえばさっき出た療育という観点からというならば、その子が泣くとか、その子の意思をどうするかということもやっぱり重要な問題になりますよね。

早坂：別に施設だから学校だからという訳ではなく、私自身がそうなんですけれども、子どもに泣かれると嫌ですよね。そういうのもあって、子どもがおとなしく大人のすることを受け入れてくれると、大人も安心する。でも逆にいえば、何かしなさいと言われて、泣いて嫌がるとかという、そういうエネルギーがあった方がすごくいいのかもしれない。そういう意味でいえば、この子が泣いて意思表示することに対して私自身ポジティブではないところがあるかもしれません。

Ss ：今の泣いて意思表示するということに関して、本当にそうだと思うんですよね。それから僕が大切と思うのは、この子が、どのくらい理解しているんだろうかということです。たとえば朝の会がいやだからさわぐだとか、多少無理に何かやろうとしたらいやそうな顔をしたとか、そういうのを一つ一つみていくと、もしかしたらすごくよく分かっている子なのかもしれないと思えてくるんですよね。単純に泣くことだけでなく、この子がどれだけのものを求めているのかを確かめる具体的な手だてが他にもっとあるといいなという印象をもちました。

司会：泣いて訴える中身をもうちょっと整理できないかということですか。

Ss ：そうですね。泣いて訴えるということは、伝えたいことがあるんだろ

うし、あと、そこから始まって一つ一つの場面でその子が、訴えている内容というのかな…。

司会：逆に、泣いて訴えたことに対し、なぜ泣くんだろうと考えて、次には泣かなくても分かるようなことを考慮する。

Ｓｓ：そうです。たとえば、その朝の会に入って泣くというのは、「あ、外に行きたいんだね、僕とね」、でも「朝の会は10分で今日は終わりにするから、すぐに行こうよ」と説明したら、もしかしたら納得して、その10分間そこでぴたっと泣きやんで、そういう理解力を発揮するかもしれない。説明と同意ということではないけど、そいういうような方向性をもって、泣くということをまず理解して、どうして泣くのか、本当は何を求めているのかということを表現したり選択したりできるチャンスを作っていく。そのスタートとして、泣くということを考えていけたらいいのかなと思います。

司会：何か係わってほしいと泣く場合と、体調が思わしくなくて不調を訴えて泣くということの両方を今話しているわけですが、体調が思わしくなくて泣いているかもしれないという視点から、看護婦さんと話をしたことことが何かありますか。看護婦さんは、どういう視点で泣くと言うことを捉えているんだろうか。

早坂：看護婦さんとは話したことはないです。

司会：話したことはなくとも、そういう側面から考えた時に、どうもただ相手をしてほしいということよりも、具合が悪いんだよということで。Ｔｃさんが言っていたけども、午前中教室に連れていってもベッドへ戻したということは、熱をみたり、顔色を見たりして、吐き気をもよおしているということで、戻していたのですか。

早坂：私と一緒の時に戻ったということはほとんどないのですが、担任の先生の話では一時期そういうことが多かったようです。

司会：ベッドに戻った後でどうなったかということは押さえてありますよね。

早坂：はい。

〈家族との関係〉

Ｔк：早坂さんが、昨年行った研究協議会でのレジュメに書いてくれた中に、父親があまり面会に来ないんだけれども、来たときにはこの子はすごく喜ぶということがでてますよね。

早坂：その点が私がすごく驚いた点です。

Tĸ：仕事の都合でお父さんが面会に来ることは少ないようですが、この子はいつもお父さんに会えるのを心待ちにしているように思います。この子の周りにいる施設の職員や保母さん、学校の先生などが適切に対応してくれているので、普段はお父さんに会えない寂しさも紛れているように思いますが、心の底ではやはりお父さんや家族に会いたいという気持ちが強いのではないでしょうか。その点はどうなんですか。

早坂：たまたま私が園を訪問した日にお父さんが来るということがあって、半年ぶりに父親に会えて本当に喜んだんですね、驚くくらい。この子は、親のことをよくわかっているなという気がします。そういう意味でいうと、家庭との交流は大事だなと改めて思いますね。

Tĸ：家族と会える機会がもっと増えてくるといいですね。

早坂：住む場が違うと、どうしても家庭に本人の居場所がなくなりますし、親もやはり気にはかかっているんですが、やはり自分の生活の方が優先しますので、園の方でもできるだけ会う機会をつくっているようです。

Nĸ：塙先生の報告の盲聾の子どもも施設に入所しています。お母さんが全盲でお父さんが弱視のため、最初は親の盲導犬の訓練が必要なため子どもが施設入所になったのですが、どうしても親が施設に迎えにくるまでの期間が長くなってきてしまうんですよね。どのようにしたら親子の絆を再び強められるかということに対して、教育の場面でも工夫できることを、この事例を読んで学ばせてもらい感銘を受けました。たとえば、子どもが名前を呼ばれると相手の手を取って返事をしてくれる、あるいはお父さんやお母さんの出すサインが分かるようになると、親が嬉しくなったり係わりやすくなったりすることで、前以上につながりが豊かになってきたそうです。Y君の場合あてはまるかどうか分からないですが、コミュニケーションの面で何らかの工夫によって人と了解できる方法・分かりやすい方法があると、たまに来たときにでもつながりをより深められるのではないかと思いますね。

司会：親が子どもにどう対応するか、その方法の問題が重要と言うことですか。

Nĸ：そうではなくて、親が来たときに子どもがどの様に反応するか、このK学院のケースでは全盲のお母さんに対して、子どもは名前を呼ばれると手を取って応えてくれるということなんですね。お母さんに分かる形で

子どもが返事をしてくれるようになって、親が随分変わってきたということです。コミュニケーションがとれる何らかの具体的な方法があることが、親子の絆を強める方法になることを、この例を見て強く感じました。

〈教師のあり方〉

司会：塙先生のケースに関連してお聞きしたいことがあります。それは、早坂さんも西谷先生も家庭から離れて施設で暮らしているので子どもにとって安心できる存在でありたいと述べていますが、それに対して塙先生は指導の場という点で、チーム・ティーチングを行っていますね。そのことについて何か補足することはありますか。

Nк　：J君は、数週間だけの短期入所の予定で学期途中から入ってきた関係で、初めは担当者が変わることが多かったんです。それでは子どもが落ちつかないということから、塙先生がしばらく1対1で見るように対応を変えました。落ちついてコミュニケーションが取れるようになってからは徐々にいろいろな人と係わるようにしています。でも、誰にでもということではありません。

　　　　J君は予測がつかなかったりする中で怒って座り込んだり人を蹴とばしたりしていたのですが、朝の個別的な時間で身体接触を多く取り入れたバルーン遊びやブランコ遊びでコミュニケーションが取れるようになってから非常に落ちついてきました。早坂さんのケースでも身体接触をともなう遊びを意図して取り入れていったという点で共通していると感じました。寂しいんだと思う、J君も、Y君も。施設に入っていることで密接な身体的な接触を伴う情緒的関係は絶対的に不足すると思います。特にJ君は盲聾なので身体接触でないと情報が入りにくいということもあるんですね。

〈活動の場の広がり方〉

司会：早坂さんは活動の場ということで病院の売店や公園に行ったり施設内を探索したりしたのですが、後で子ども自身が何処に行きたいかを訪ねるにしても、最初はこちら側が何処にいくか誘っていったわけですね。一方でM盲学校の場合は子どもたちの活動を子どもたち自身の興味の中で拡大していったと述べられています。活動の場が広がっていく経過にお

いて、教師が誘っていったにせよ、基本的にどのような対応をしようと考えていたのかについて少し話していただけるとありがたいのですが。

早坂：どのような場に誘うかを決めるのは、やはり近隣であるということも一つの要因ですし、健康に課題を抱えている子どもなので外気浴をすることも兼ねています。また、出かけていった場で特定の人と係わる重要性、たとえば売店に行けば、知っている人が必ず声をかけてくれるというような経験が大切であると考えています。会えばきちんと対応してくれる場であり、対応してくれる人というのが子どもにとって励みになったと思います。そうした点からすると縫製室や売店では、人と会うということが重要であったように思うし、外に出て公園に行ったりブランコに乗るといった活動はどちらかというと、いつもはできない外気に触れるという側面が強かったのかもしれない。

Sg ：ここ10年ほど矢目先生の盲学校に来ている子どもの中には、自分から積極的に人に向かっていかない、行きたい気持ちはあるんだけれどもいけないという子が、たまたま多かったんですね。たとえばMちゃんという子は相手が積極的に接近してくると逃げていくんですが、静かなゆったりした場では自分から人に接近していったりします。この子は事務室が気に入ったようでした。事務の人が、仕事の合間に相手してくれる。やがて自分と気の合う人を見つけると毎日行くようになる。そうしているうちに、事務室の人も次第に「来たか、来たか」といってお茶とお菓子を用意してくれる。こんな具合に子どもたちがまた行こうかという気持ちになる場所としては、近所の買い物ができる場所や乗り物（ブランコなど）、あるいはもっと積極的な子どもであれば地下鉄とかバスなどいろいろありました。そうしたところは、向こうからやたら手を出されない代わりに、自分が行けばいろいろ楽しめる、たとえば降車を知らせるベルの音や地下鉄であれば車内のアナウンスであるとか。だから、結局こちらから何を用意するかというより、むしろその子が次なる場としてどういうものに興味を持ち出しているかということを、その先生は敏感に感じとってそこに行って活動をしているようです。先生の方でもできるだけ拡げようとする気持ちはあって接していると思います。こちらから、こんな事はどうかと提案するにしても、その子との関係の中で、たとえば生活の中でカルピスとかカップラーメンとかに接したときに興味をもつ、そのときにそれがある場は何処かということでコンビニへ

行って実際に買ってみる、というように子どもが興味を持ったところから始めていって少しずつ活動を拡げていく、というようにだいたいの子どもにはしているように思います。

司会：いま言ったカルピスやカップラーメンというのは、子どもはどこでそうした情報を仕入れるのでしょうか。

Sɢ　：たとえば家庭ですね。あるいは意図的に学校の方でいくつか準備しておいてこんなものもあるということもあります。

〈子どもどうしのつながり〉

Nᴋ　：ビデオにあった朝の会の場面でも早坂さんの対象の子どもは隣の子どもを見ていたと思いますが、子どもどうしの係わりについての取り組みはどうでしたか。墹先生の場合は子どもとのつながりは大人が介入しないと創っていけないのでかなり工夫してやっています。一つは呼名を上手に使っていて、そのあたり指導の場といった時に他の子どもをどう視野に入れるかという点について何かあるでしょうか。

早坂：この子の担任の先生が一緒に担当していたH君という子どものことで言うと、私は、この子がH君のことをあまり意識していないのではないかと最初のうちは思っていました。でも、H君が休んだときに「H君いないね」というと、朝の会の呼名のときにこの子は「あれ」という顔をしたんですね。実は意識しているのだなと感じたことがありました。またこの子の場合、姿勢の問題や目の動きの問題があるから、抱っこするときに首がよく動くようにして、なるべく自分で首を動かし周りを見ることができるように配慮してきました。寝ていると視野が限られてしまうけれども、左手が動く子なので、たとえば食後の休息でプレイルームにいるとき、なるべく隣の人の顔が見えるように寝せるようすると、自分から手を動かしたりしています。

Tᴄ　：そうした子どもどうしが意識し合える、触れ合えるような状況をセットしてあげることを工夫していますよね。たとえば、呼名の時に子どもたちに誰から先に呼んで欲しいか尋ねると、Y君は自分から呼んで欲しいという感じで、手を動かしたりする。でも別の先生の抱いている子どもの方が反応が早いのでいつも先にはならないのですが、名前を呼ばれると喜んだりしていますよね。

Nκ ：同じ養護学校を卒業した重度の障害をもつ人たちの作業所に行ったとき、親御さんから、「学校に行っている間はこんなにお互いに仲間を意識しているとは思わなかった、そして互いに触りにいったりする」という話を聞きました。T園にいる子どもたちも、先生は変わったとしても、仲間とはもしかしたらずっと一緒に暮らしていくかもしれないわけですよね。そのときにどのように子どもどうしの関係をつくっていくか、プレイルームで転がっているときに触れあえるとか、K学院でも施設で子ども達が一緒であることもあり仲間関係をつくることが長い目で大切な指導になってきています。そうした点についてどのように考えているか、他の例についても関心がありますね。

Kw ：西谷先生も子どもどうしを係わらせようとしていますが、人手の問題でそうなっている面もあるかもしれませんね。

Tc ：活動の拡がりという点からすると、T園のこの置かれている状況ではベッドサイドを離れて教室に行っても一人分のスペースが畳1枚か半分ぐらいしかないんですね。あとはトランポリンを一緒に乗るなど。どちらかというと普段教室の中にいたら常に誰かと一緒にいるわけです。脇でトランポリンをしているときなど、その隣で音楽を聞きたいとか何かしたいということは成り立ちません。それでは互いに騒音になってしまうという状況なわけです。教室が一つしかありませんから、できるだけ有効に施設内や施設の周辺のいろいろな場所を利用して子どもたちが興味を拡げたり先生とじっくり係わるようにしているのだと思います。部屋の中では先生とじっくり係わることは現実には難しいからです。友達どうし触れ合うことは大切なことですが、一方先生と子どもでじっくり何かをしようとすると教室を出ないとできない状況でもあるわけです。

Nκ ：限られた環境である点は理解できますが、もっとポジティブな考え方はできないものでしょうか。

Tc ：そうした背景を踏まえて、活動の場を拡げるという意味で早坂さんがあちこち出かけていった取り組みはよく理解できるし、すばらしいと思う。

Nκ ：もちろんそれは素晴らしいと思うし何の批判もないのですが、様子を見ていると他の子にも関心を向けていたので。

Tc ：もちろんそのとおりで矛盾する話ではないんですね。早坂さんが外に出る目的に外気浴を挙げていましたが、あの場の環境を考えると積極的に

18　重症心身障害児施設を訪問して係わりをもった事例　403

外に出ていって活動することには大きな意味があると思っています。

早坂：訪問の先生たちも園の職員たちもそうですが、ベッドで隣の子が起きていれば「〇〇ちゃん〜だよね」と意図的に声をかけたりして子どもどうしの係わりを深めるように配慮していると思います。こじんまりしている良さとでも言うのでしょうか。

〈教育の場、生活の場〉

司会：そろそろ時間ですが、他にディスカッションの中で取り上げておく必要があることはないでしょうか。

Sg：Ⅲの考察の1で早坂さんが子どもの意思や気持ちが育つような教育の機能を持った場ということを述べていて、それは物理的な空間としての場ということもあるだろうし、係わり合いの場という面も含めてであると思いますが、そのことを積極的にぜひアピールして欲しいと思います。

早坂：そこに書いた「子どもの意思や気持ちが育つような教育の機能を持った場となる」というのは、施設は医療の場であるという意識が、私も含めて子どもと係わっているうちに知らず知らずのうちに強くなってしまうと思うんです。子どもが育っていく生活の場であるんだという認識を忘れないようにしなくてはならないと思うんですよね。そうした意味でＳＧさんが言うように「場」ということを強調した方がいいと思っています。

Tc：「医療と生活の場である施設であっても」と書いてありますが、その生活というのは病人としての生活という意味でしょう。重心施設の現実かもしれないが、あの子どもたちは非常に制約の多い中で生活している。生活という点からもう一度子どもたちの過ごしている時間を見直し、制約を取り除いていくという視点を取り入れてもいいのではないかと思います。

Ss：私が先ほど「生活」ということについて質問したのは、子どもにしてみればいわゆる生活全体というのがあって、学校という視点では施設にいても学校生活の場として位置づけがあり（単に学校に出かけるということではなくて）、同時に施設での子どもの生活もあり、それぞれ充実していく必要がありますよね。そして、いわゆる施設での生活を補うために学校の教育があるわけではないと思います。施設での生活、学校での生活それぞれを充実させ、そのトータルで子どもの生活全体の充実を実現

する、というような考え方をするとよいのではないでしょうか。施設の中での生活に制限があるから学校生活でそれを補充するというのではなく、学校生活を限られた施設内の環境の中でどのように豊かに充実させていくかその方法を、施設での生活と分けて考えていくことが大切であると思っています。相互の充実により、よりよい生活の場を子どもに提供していければ良いと思います。

司会：時間になりましたので、これで討論は終了にします。ありがとうございました。

（重複障害教育研究部）

19
「分かりあう」過程としての学習

重複障害教育研究部
菅井裕行

Ⅰ　はじめに

　視覚と聴覚は、外界からの情報収受にきわめて大きな役割を果たすことから、これらを同時に障害されると、外界の事物・事象との交渉において分かりづらい状況におかれやすい。そのような状況にあっても、活動空間が拡大していくためには、言語行動が進展し、触覚を中心とした事物・事象との交渉が拡がり、かつ状況を分かりやすくする手だてが工夫されることが必要となる。係わり手が相手にとって「分かりやすい」状況を用意することができ、その状況下で「分かろう」とする本人の意欲に基づいた学習が展開されれば、その学習は学習者にとって有効なものとなると考えられる。

　筆者は、当研究所付属教育相談施設に来談する一人の視覚と聴覚の障害を合わせ持つ重複障害の人と、主に点字学習を中心とする係わり合いを続けてきている。本報告では、これまでの経過から3つの係わり合いの場面を取り上げ、その中で、どのような障害状況に、いかなる対処がとられ、その結果どのような展開が生じたかを述べ、学習を「分かりあう」過程として捉える視点から考察する。

Ⅱ　事例研究

　Yくん（男、1982年1月生、1998年3月現在16歳）と筆者（以下Asと記す）との係わり合いを事例とする。

1　Yくんについて

〈家族構成〉

　両親と姉二人、祖父母と本人を含めて7人。

〈医療に関する経緯〉

　生後すぐに緑内障の手術を数度にわたって受けた。1歳時には角膜移植の手

術を受けた（右眼3回、左眼6回）。このとき、術後3日間手を抑制され、その後しばらく椅子に座ることを拒否するようになり、それまで手を出していたスプーン等に手を出さなくなった。看護婦や主治医が抱き上げようとすると暴れて拒むということがみられた。家庭では祖父に抱かれることを好み、女性に抱かれることにはとくに拒否的であった。また手術で入院中、耳鼻科で聞こえが悪いという指摘を受けた。その後中耳炎を繰り返し、その度に聴力の低下がみられた。耳鼻科への通院が始まってから、耳を触られることをひどく嫌がるようになった。K市心身障害センター療育相談所で、主に言語訓練を受け、その後Y市リハビリテーションセンターで言語訓練および補聴器のフィッティングをみてもらう。後者については現在に至るまで同センターで受けている。

〈教育に関する経緯〉

K聾学校の教育相談に週1～2回、1年間通う（2歳時）。H盲学校幼稚部・H聾学校幼稚部で教育相談を受ける（3歳～6歳時）、3歳時に本研究所の教育相談を受ける。視覚および聴覚に関する評価および足の動きについてのアドバイスを受け、経過観察ということで定期的な相談とはならなかった。その後H盲学校小学部に入学。小学4年生時に再度、本研究所の教育相談に来所。このときから定期的な相談が始まる（担当T研究員——以下AT）。H盲学校中学部を経て現在高等部に在籍（1998年3月現在）。

〈感覚障害に関する様子〉

視覚について……幼少の頃は視覚の利用が認められた。人の動きは2～3m先でもわかり、ものを見るときには、手元数cmにまで近づけて見ていた。特に右目を使っていたとの記録がある。学校入学当初、私信によれば手探りする様子はみられず、絵や墨字を見ていることもあったが墨字は画像として捉えられていただけで、文字信号系として理解されていたわけではない。校内での移動はさして大きな困難なく行えていた。家庭内においても同様で、靴を履いて家周辺のとおりへ出ていくこともあった。この時期、眼鏡の装用が試みられたが、嫌がってすぐにはずしてしまい装用は習慣化しなかった。その後、小学3年生時に麻疹に罹患し、高熱を出す。この時から視力を失い、部屋の移動も手探りになった。その後視覚を利用しての活動の様子は見られず、現在も視覚の利用はないものと思われる。

聴覚について……2～3歳時にK市心身障害センターで聴力検査を受診。このときは「聞こえてはいるようだ。」といわれる。スピーカーに耳をつけて聞く様子が見られた。平均聴力レベルは70～80dBといわれたが、その後検査を受

ける度に前回より落ちていると言われた。2歳時にK聾学校で相談を受け、補聴器の装用を試みたが、本人は装用を嫌がって自分ではずしてしまい、装用は困難であった。小学4年時に補聴器の機種を耳穴式のもので調整したところ、これを契機に自主的に装用するようになった。装用を開始してからファミコンの音を聞いて楽しむことがみられるようになった。このとき、音楽のリズムに合わせて身体を揺するような動きを見せることもあった。中学部に進学して、聾学校から転任してきた教諭による「言葉の指導（発音指導）」を受けるようになった頃から、次第に発音が以前よりも明瞭度を増すようになった。現在、平均聴力レベルは右91dB左74dBで、補聴器を装用した状態だと、2〜3mほど離れた距離からの大きな声での呼びかけを聞きとることができ、音の聞き分けは、耳元で発せられた音声言語について母音、有声子音、無声子音が聞こえており、直音のほぼ8割をそれらしく聞こえるように発音できる状態にある。

〈活動の様子〉

　たとえば学校での朝の会の様子については次のようである。横についている教師に「Yくん、あいさつだよ。」と声をかけられて椅子から立ち上がり、「オ・ハヨ・ゴザイマス」とやや不明瞭ながらも聞き取れる発音で号令をかける。隣の生徒が立っているかどうかを自ら手を伸ばして触って確かめ、それから次に何をするのかを教師の方に手を伸ばしてたずねてくる。数人の生徒が発表を行っている間、教師が時折横で語りかけてくる言葉に耳を傾けつつ、終わりの合図がくるのを待っている。その間、音声言語による説明のうち、聞き取れたいくつかの既知の単語の発音を模倣しているように見える。終わりの礼をすると、椅子を持ち上げて所定の位置にまで運んでいき、着替えに必要なモノを棚から取り出して着替え室に移動していく。

　このように自力でできる活動空間が広がっており、印象的には学校生活や家庭生活にいくつかの楽しみを見いだしているように思えた。われわれとの交信においてYくんからの発信は、いくつかの身ぶりと相手の手を取って対象の方向へ動かすこと、オブジェクト・キュー、それにわずかの音声言語（単語）による。受信については、日々の生活の中で繰り返される状況の中での音声言語、オブジェクト・キュー、身ぶりを理解できる（たとえば車のカギをもたせれば「車に乗ろう」というサインとして彼は読みとる）。

2 学習を始めるに至った経緯

　Yくんはほぼ毎週1回、母親と共に当研究所を訪れ、毎回2時間近くにわたる係わり合いを持つことを継続している。1992年、再び本研究所での教育相談が始まった際の、母親からの主訴は、身の回りのものに関する理解や数・形・字（点字）の学習を援助してほしいということであった。その後1996年4月よりAsも相談に参加するようになった。主として点字に関する学習を担当することとなった。Asが出会うまでに、Aтによってすでにいくつかの状況工作された学習場面への導入が図られており、問題を前にしてのAтとの交渉がほぼ成立する状態にあった。Asは「Yくんは課題に強い人だ」という私信を受けたことがあり、実際、いわゆる机上での学習場面に臆することなく臨み、そこで相手（大抵は先生）から問いかけられることに懸命になって応えようとする、そのような構えがかなりしっかりと出来ているように思えた。Asもまた、Yくんの活動空間の拡大と細分化を促すために、状況工作を工夫し、学習の場を中心にしてよりきめ細かな相互交信状況を作り出していくことを目指すことにした。

　また来所時の係わり合いとは別に、Yくんの長期休暇時を利用して、連続して3〜4日にわたる学習会を行うことと、月に1回の割合でYくんの在籍するH盲学校を訪問し、Yくんの学校で過ごす様子を見学し、担任教諭や関係者等と情報交換しあうことを続けてきている。

Ⅲ　学習の経過

　これまでYくんと一緒に取り組んできた学習のうち、今回の報告では三つのことを取り上げて述べる。一つは、係わり合いの導入となった左右の学習。もう一つはこれまでAsとの学習の中心であった点字の学習、そして最後に学習会の途中で企画したゲームについてである。それぞれの場面においてわれわれが遭遇した障害状況をどのように克服しえたか、あるいはしえなかったかを中心に述べる。

1 左右の学習

　係わり合いを始めるにあたってまずは共同で取り組める状況を打診してみるという意味から、位置を手がかりとする選択状況を最初に提案してみた。学校での歩行訓練の際、「右、左」がまだ十分わかっていないようだ、という話を聞いたことがヒントになった。状況は次のようである。Yくんの前には左右に

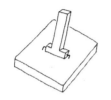

図19-1 木片

二つの箱が置かれ、どちらかに当たり信号（輪さしの輪）が入っている。手元には左右どちらかに倒せる小さな木片（図19-1）が置かれており、この木辺の動きから右か左かの方向を読み取り、その方向にある箱へ手を伸ばして中から当たり信号を取り出すという状況設定である。

まず、Yくんの手を取って二つの箱に触ってもらい、箱の布置を知らせる。次にYくんの手を手元にある木片へガイドし、その木片を一緒に左右どちらかに倒す。そこでガイドの手を放し、Yくんが自主的に木片が示す方向にある箱へと手を伸ばすのを待つ。首尾よく木片の示す方向へと手を伸ばすことができれば、Yくんはあらかじめ入っていた当たり信号の輪を取ることができる。そうやって取った輪はYくんが自分で輪差しの棒に次々と差していくことにした。

Yくんはこの状況でやることは、箱の中の輪を取ることだということは理解できたようだが、どちらの箱に接近するかを決める手がかりとして木片が利用できるということには気がつかない様であった。

そこで、木片を一緒に倒した際、Yくんは耳元でのはっきりした音は利用できるので「ミギ」「ヒダリ」といった音声信号を添えるようにした。手の動きと同時に音声信号も加わることで、事態は明確になった。Yくんは自主的に音声信号を発して、手を伸ばすようになった。図19-2 a) のような布置であれば、ほぼ確実に輪を取得できるようになった。一応、木片—音声、そして木片—（音声）—位置の対応が ついたように思われた。

そこで、箱の布置を図19-2 b)、図19-2 c) のように変えてみた。木片を基点とする座標軸上での方向分化だけではなく、木片によって示された方向分化に関与する信号を保持しつつ、二つの箱のうち木片による信号に合致する方へ接近を起こすという状況設定である。箱を選択するときは起点がYくん自身の身体正中線上にないため、起点をずらす

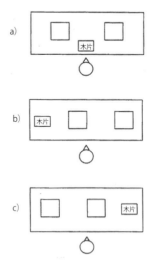

図19-2 木片と箱の布置

操作が必要になる。この状況に変えると、とたんに混乱し始めた。たとえば図19-2 c）で木片が右を指し示している場合、木片を離れた右手が直ちに動いてすぐ右の箱に触れたところで、ふたを開けてしまう。この時、Yくんはまだ木片を基点とした方向分化の行動を起こしていたのだろう。Yくんの手を取って木片を触り「右だよね」と声をかけ、次に両手を箱に置いてもらって右の手を少し動かして「右だよね」といいつつ中から輪をとるところまでをガイドしてみるが、すぐまた木辺を起点とした方向分化の行動になる。そればかりか、失敗が何回か続くと、たとえば左の次は右、次は左……と左右一回ずつ交互に接近してみるというような方略をYくんなりに考えて、手を出すようなことも見られた。

　今度は、最初に二つの箱に手を置き布置を確かめてから、自分の身体正中線前にある木片を触った後、直ちに接近の行動を起こすのではなく、今一度二つの箱へ手を置いて（ベーシックポジションと呼ぶことにした）、一呼吸おいたところでどちらか選択した方のふたを開けるという状況を提案してみた。これまでは木辺に触ったところでガイドの手を離していたのを、ベーシックポジションに両手を置くところまでをガイドすることにしてみた。これでほぼ確実になったように思われた。ところが、100％正解できるわけではない。音声信号では「ミギ」と言っているのに左に接近するというような間違いがたまに起こるのである。おそらくこれは、音が邪魔しているせいではないかと考えた。彼の発音はその頃もまだ十分に明瞭ではなく、聞き取りも曖昧な部分が多いということが学校の言語指導を担当する先生からも言われていたからである。

　木片を触ったところで「ミギ」という音声信号が発されて、そこからベーシックポジションに手を置いて、さあふたを開けるぞ、という直前までの「間」をおそらく彼は「ミギ」という音声信号でつないでいたのではないか。ところがこの信号が彼においては発音からも聞き取りからも、どうしても曖昧になりがちなため、途中で入れ替わってしまうことがあるのかもしれない。そのような音声信号の段階での混同のために選択で誤ってしまうのではないか。それならば音声信号だけに頼らないで、何か別種の信号を導入できれば正確さは増すのではないかと考えてみた。

図19-3　スライディングブロック

その信号としては運動系のものが適当ではないかと考え、箱に手を伸ばす前に特定された方向への手の動きを起こすためにスライディングブロックの導入（図19-3）を図った。

木片を触った後、改めて木片で特定された方向へブロックを動かし、その上でベーシックポジションへという手順である。このような状況工作をしてみたところ、Yくんは単にブロックを動かすだけでなく、動かし終えた後さらに自分から右なら右の方向へわずかに手を振るような身ぶり信号を創出したのである。その自ら創出した身振り信号に音声言語信号「ミギ」を自ら添えてベーシックポジションへ向かうようになった。そして結果はほぼ100％正解できるようになった。正解が続くようになるとYくんは、自信たっぷりにブロックを弾き飛ばすような勢いでスライドさせるようになり、迷わず手が動いていくという様子に変わった。この身ぶり信号は次の遅延状況でより効果を発揮することになった。木片とスライディングブロックのある位置と、箱のある位置との間に徐々に距離を置き、箱とブロックで方向を特定した後は、Yくんに少し移動してもらい、そして選択してもらうという状況を提案してみた（図19-4）。これも最初からしっかりと身ぶり信号が出れば間違えることはない。正解できればYくんは誇らしげになる。時には鼻を鳴らし、上半身を大きく背後に反らせて、口元に笑みが浮かぶ。身ぶりが創出されるようになってからは、この様子がよく見られるようになった。

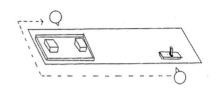

図19-4　移動しての選択

2　点字の学習

Yくんは、小学部の段階で点字指導を受けたことがある。その時は一応点字を触りはするものの、音や実物との結び付きは形成されなかったようで（その当時はまだ補聴器の装用を嫌がり聴覚の利用が今ほど出来ていなかった。）パーキンスのタイプライターを乱打して楽しむという様子だったらしい。中学部1年に

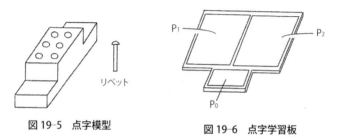

図19-5　点字模型　　　　　図19-6　点字学習板

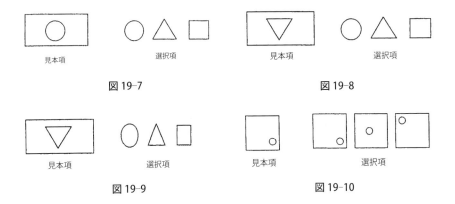

図 19-7　　　　　　　　　図 19-8

図 19-9　　　　　　　　　図 19-10

なって、当時の盲学校の担任 S 先生は点字の学習を再開してみてはどうかと考え、清音 2 音（はこ、くし、かんなど）の単語で実物と点字模型（図 19-5）もしくは点字カードとの対応づけを始めた。S 先生が取り入れた方法は、自作の点字学習板（図 19-6）を使って P_0 に点字カードを置き、P_1、P_2 に実物を置いて、点字カードを読んだ Y くんが二つ（あるいは三つ）の実物のうち点字で表わされた方を取ってきて点字カードの横に置く、という見本合わせの一方法である。点字と実物の組み合わせを変えて、まず実物に触り、それから二つの点字カードのうち実物を表わしている方を取ってくるということも行われていた。S 先生は点字の読みがあやしい場合は点字模型を出してこれを構成することを Y くんにすすめ、模型をたよりに選択するということもしていた。

　盲ろう児の点字の学習については、先駆的な取り組み（文部省, 1970；Umezu, 1974）がある。その概略を述べると、それはまず凸点により形成された幾何学的な型の弁別から入り、点字の信号化が成立するまで漸次的にステップを組んでいくものである。ここでは Umezu (1974) を参考に述べるが、紙面の関係上そのすべてを取り上げることはできないため、いくつかの例を取り上げて示すことにする。まず 1) 形態に基づく見本合わせから始まった。たとえば図 19-7 において、見本項にあたる板には形態板をはめこむ穴が空いており、円、正三角形、正方形の 3 種の選択項から一つを選んではめ込む、というものである。さらに、選択項は同じで見本項を凸点図形にしたり、形は同じで見本項と選択項の大きさを変えたり、見本項の向きを変えたり（図 19-8）、選択項の形態特性はそのままに形を少し変えたり（図 19-9）という手続きを経て、形のカテゴリーの形成を援助する。2) 次に枠の中の要素の位置関係特性にもと

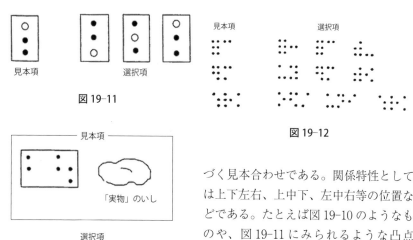

図 19-11　　図 19-12

図 19-13

づく見本合わせである。関係特性としては上下左右、上中下、左中右等の位置などである。たとえば図 19-10 のようなものや、図 19-11 にみられるような凸点の位置による見本合わせを行う。3) パターンにもとづく見本合わせにすすむ。6 カ所の位置の中、1 カ所に円形の触図形を配置した枠を用意し、図形の数を増やし、作られる種々のパターン（位置や向き）の弁別を経て、枠と図形の大きさを縮小していき、枠の無い状況で出来るようになったところで、たとえば図 19-12 にみるような点字 2 単位群間の弁別から、3 単位群間、……と進めていく。4) 凸点群を信号化する。それまでの見本合わせにおける見本項に実物をつける（図 19-13）。そして徐々に見本項の実物を手がかりにして選択するように、点字カードを取り去っていく。こうして信号・事象の対応分化を図っていくというものである。

　Yくんとの点字学習に関する状況工作にあたってはこの先例を参考にしつつ案を練った。見本合わせにおいては、箱を使って中に正解を入れておくという状況工作をした。たとえば、見本の「缶」をさわった後、箱の蓋の上に磁石で貼ってある点字カードを読む。どちらかを選択したら、その箱の蓋を開けると、中には見本と同じ缶が入っているという具合である。こうすることで選択の正誤を自分で直ちに調べられることになった。

　Yくんは、Asから点字カードを受け取って、まず点字の打ってある位置を指先で確認し、それからしばし、手にカードを保持したまま上半身を背後に反らしたり、カードの匂いを嗅いだりする。そしておもむろに点字を読み始め

る。時間をとって集中を待ち、気力を注ぎ込んで読みに向かうように思える。人差し指を動かしながら一字一字に対応づけて音を発声する。Yくんが「い」の点字を「イ」と読めばすかさず係わり手もYくんの耳元で「イ」の音を発して、feedbackを与えるように意識した。Yくんは「イ、シ」と読み終えると再び人差し指は「い」の点字にもどりそこから今度は一気に右へ動かして「いし、いし」と繰り返し発音する。それから、実物を選びとるべく前方に手を伸ばす。この方法でいくつかの単語については、点字を読んで実物を選びとることができるようなった。

　そこで、今度は実物を触ってもらい、それを表わす点字カードを選択してみるという状況を提案してみることにした。このときYくんはまだ一枚の点字カードを読むに際しても、気持ちを調整して相当の集中とエネルギーを注ぎ込む必要があると思われ、それだけに２枚の点字カードをそれぞれ読んで区別するということは、かなりの負担を要することと思われた。そこで、実物を提示する際に使用している小さな金属トレイの裏側にその実物の名を記した点字カードを貼り付けておき、随時Yくんがそのカードを確認できるようにした。この状況を利用して、Yくんは多少負担を感じつつも、なんとか問題に取り組むことができた。確実に読めるものが増えていくと、たとえば実物の石（P_0）を触り、すぐに左の点字カード（P_1）を読み、それが「いし」であれば直ちに箱のふたを開けて石を取り出すという風でその動きも俊敏で自信に満ちたものになった。以前であれば、左のカード（P_1）を丹念に読み、次に右のカード（P_2）も同様に丹念に読み、また左のカードに戻って読み、それからさらに見本（P_0）下の点字カードを読んで確認し、そうしてようやく左のカード（P_1）へ戻ってもう一度読み、そして箱のふたを開けるという風であった。つまりP_0からP_1、P_2間の往復が頻繁に繰り返される中で$P_0 = P_1$の予測がたてられ、$P_0 \neq P_2$も予測され、そうであるならやはり$P_0 = P_1$と思い、再度P_0を確認した上でようやく$P_0 = P_1$の同定が出来ていたのが、しだいにP_0とP_1を認めただけで直ちに$P_0 = P_1$を同定できるようになったようである。

〈「と」と「し」のシンメトリー〉

　単語の数は次第に増加していったが、途中難渋したことがあった。「と」と「し」の区別である（図12.2-14）。このようなシンメトリーになるものはしばしば混同された。墨字を学習する場合に鏡

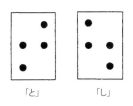

図19-14　点字「と」と「し」

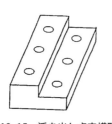

図 19-15　浮き出し点字模型

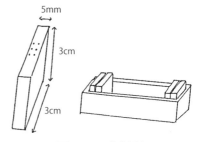

図 19-16　点字活字

映文字を盛んに書くということがあるように、点字学習でもシンメトリーでつまずくことがあるということは聞いて知ってはいた。触覚の世界においては、生じやすいことだともいわれている。Yくんもそのような壁にぶつかっているのだろうか。さらに、点字カードを触る時のYくんの指の動きを注意深く見てみると、左から右へ動かしつつもときどきほんのわずか右から左へ戻る動きをすることもあることに気がついた。このこともシンメトリーの混同に関与しているかもしれないと考えた。

　そこで、まず点字模型の左半分（点字の1、2、3の点）を一段上げたもの（図19-15）をつくり、「と」の場合（左下が浮き上がっている、したがって点をなぞる動きは左下から右上への方向）と「し」の場合（左上が浮き上がっている、したがってなぞる動きは左上から右下への方向）を実際に触り比べてもらうということを繰り返した。さらに明らかに右から左へと触指を動かしている場合は、動かす方向をガイドするようにした。毎回の学習で、この「と」と「し」を含む問題を6〜8回程度試みると、ほぼその日のうちに間違いはなくなるが、1週後にはまた最初少し間違えるという具合がしばらく続いた。さらに補強できる工夫はないものか。そこで点字活字と呼びならわされているもの（図19-16）をつくり、この活字を使っての構成も提案してみた。まず実物の石を触ってもらって任意に並べた5個程度の活字群から「い」と「し」を取りだし並べ置くというものである。それまでの学習は点字の受信が中心であったが、ここから発信への経路も開けるかもしれない。Yくんは活字群の中から「い」「し」を適切に選びだすことができた。ときどき「いし」が「しい」になることがあったが、こちらが「あれ？」という素振りを見せるとすぐに修正できたし、そういうことがあったすぐ後は、たいてい自分から構成された単語を触り直し確かめるという慎重さがみられた。「い」と「と」を選び出すことも同様に出来た。

そこで活字群の中に「い」と「と」と「し」の3つとそれ以外のものも含みこんだ状況を設定してみた。最初は「し」と「と」の混同が見られたが、次第に自分で間違いに気がつくようになり、途中で構成をやり直すこともするようになった。この経過があって「と」と「し」の区別がほぼつくようになった。

〈濁音記号について〉

さらに単語を増やしていくことも考えられたが、机上に持ち込めてなおかつ触ってわかりやすく、しかも2音もしくは3音、おおくても4音程度のものという制限の中では適切な単語を思いつくことができなかった。学校を訪問した際S先生からも同様の意見が出され、では次にどうすすめていくかを相談した。教育相談の場に比べれば、学校での活動空間は広く、それだけにYくんが実際それを使ったり、場所を確定するための手がかりに利用しているものも多い。いす／まど／つくえ／どあ／てれび／たな、などである。これら身の回りのものの文字を導入してみてはどうかということになった。その際、濁点を使う必要がでてくるがどうするか。Yくんは「読み」に際して音も利用しているから、1音1文字という対応づけが強固につくられているのではないかと予想された。とりあえず濁点を含む単語と実物の結び付きに取りかかった。まず取り上げたものは、「かき」と「かぎ」、「こま」と「ごま」である。これらの対比で濁点の有無に気付いてくれるのではないかと考えた。実際に点字カードを出してみると、Yくんは濁音記号をなんとか読もうとする。やはり1文字1音の原則を実行しているようである。Yくんの指をガイドして、濁音とそれに続く文字の二つを触ってもらい「ぎ」とか「ご」とか耳元でいうのだが、どうもはっきりしないようで、ガイドがなければ何やらあやふやな読み方をして首をひねったり、Asの方へ手を差し出して助けを求めるという様子だった。濁音記号はそれ自体が一つの音ではなく、次の文字と一緒になって次の文字の音を濁らせるのだ、ということをどうやってわかってもらうか。この記号があるところ、何か特別の意味をもつものであることに気づいてもらうことから始めてみることにした。一つの手だてとして、濁音記号に身ぶりを重ねてみるということを考えた。一文字一文字指でたどりながらゆっくりと音声信号へ変換する際、この濁音記号にきたところでは一旦音声信号とは別の信号に変換しておき、次の文字のところでの音声信号変換に変化をつけるという方略である。身ぶりとしてはキュート・スピーチに案を得て、のどに人指し指をあてるという身ぶりをガイドした。

たとえば実物のカギを触ってもらい、その時AsはYくんの耳元で「カギ」

と発音する。しかも「ギ」の発音の時にはYくんの人差し指をのどに当てて横に引く動作を伴わせる。それを何度か繰り返すうちにYくん自身が身ぶりを伴わせながら「カギ」と読むようになった。見本合わせにおいても、まず見本としての実物のカギを触って、身ぶりを伴わせながら「カギ」と読み、次に2枚の点字カードを順に読み、ここでも「かぎ」の時は同様の身ぶりを伴わせつつ読む。そして身ぶりを入れて読んだ方の箱のふたを開け、中から実物のカギを取り出すというように選択できるようになった。Yくんはこの身ぶりをおもしろがり、わずか4〜5回の試みで理解したようだった。その後、濁音記号を触ると、自主的にこの身ぶりをして音を濁らせて読むようになった。

〈行動と点字文の結合の学習〉

　実物との結びつきがある程度ついたところで、点字による文を問題として取り上げることを提案してみた。点字と結びついたモノを操作してみることを点字文で表し、これを読んで実際に操作してみる、あるいはその逆に、実際の操作の後対応する点字文の書かれたカードを選択する学習である。操作の概念は対比関係においてより明確になるという考えのもと、対比の例として先例（梅津，1979）を参考に「いれる」と「だす」をまず取り上げることにした。具体的には「操作するモノ」として「はさみ」「くし」を、「入れ物」として「はこ」「かん」「さら」を用意し、実際の操作で点字と対応づけた後、「はこへいれる」「かんへいれる」「はこからだす」「かんからだす」の組み合わせを変化させて、点字カードを読んでそのように操作すること、実際の操作を触察したあと対応する点字カードを選択することを問題として提案してみた。

　たとえば図 19-17 のような状況設定で「ハサミヲハコヘイレル」という文が書かれたカードを受け取ると、Yくんはまず一文を通して読み、それから手前のトレイ（a）から「はさみ」を取り上げて、次に「はさみ」を持ったままトレイ（b）の中から「はこ」を探す。そして「はこ」が見つかるとその中に「はさみ」を入れるという具合である。最初は「いれる」のか「だす」のかに注意をむけると「かん」だったのか「はこ」だったのかがあやふやになる。逆に入れ物の方に注意をむけるとどちらの操作だったかがあやふやになる、という様子であった。トレイ（a）に「くし」と「はさみ」が入っている状況設定では、三つの選択を関連させて判断することが要求される事態となり、かなり困っているようだった。そこで間違えれば訂正を促すガイドをする、あるいは選択肢を減らすという状況下作を講じた。あるときYくんは次のような方法を行った。問題文は「クシヲカンカラダス」というもので、一通り文を読んだ後、Y

くんはトレイ（b）にではなくトレイ（a）に手を伸ばしまず「くし」を取り上げた。そして「くし」をもったままトレイ（b）に向かいそれを「かん」のところまで持ち運んだ上で、「かん」の中に入っている「くし」を取り出し、二つの「くし」を合わせてトレイ（a）に置くというように行った。まず「くし」を持つことで「くし」か「はさみ」かの選択部分をはっきりさせ、実物を持ち続けることで信号の保持を行ったものと思われる。この方法を取るようになってしばらく後に、分からなくなるともう一度点字カードに戻って問題状況を再確認するようになった。そして適切に操作、もしくは選択ができるようになった。

　以上のように「操作するもの」と「入れ物」とをそれぞれ別のカテゴリーとして設定する状況から、次には「入れ物自体を操作する」という状況を設定し一つのカテゴリーの中でお互いの関係を操作的に決める問題へと変えてみた。具体的には「ハコヲカンヘイレル」というようにである。トレイは一つにして、その中に「はこ」「かん」「さら」を入れ、問題文を提出する。Ｙくんは問題文に取り上げられた二つの入れ物を同定できるが、どちらが入れる物で、どちらが入れられる物かという関係を把握しづらいようだった。しばしば操作の対象と操作の終着点を混同してしまう。そこで、操作の対象となるものをいったん置いておく場所を用意してみることにした。図19-18のように、「ハコヲカンヘイレル」という問題の場合、Ｙくんはまずトレイ（c）の中の点字カード「ハコヲ」を読んで、トレイ（b）から「はこ」を取ってトレイ（c）に置き、その上で「カンヘイレル」を読んでトレイ（c）の「はこ」をトレイ（b）の「かん」の中に入れる、という手続きを踏むことになった。

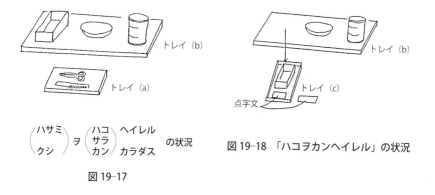

図19-17　　　　　　　　　　　　図19-18　「ハコヲカンヘイレル」の状況

このやり方で始めたところ、トレイ（c）に操作の対象を選び置くことはできるが、次に操作する際に対象と終着点をまだ混同する。そこで回り道として、図19-19のような状況を設定してみた。トレイ（b）とは別にトレイ（b'）を用意し、ここにもトレイ（b）と同じ入れ物を並べ置く。トレイ（c）にはトレイ（b'）から選び置き、そしてそれをトレイ（b）に持っていくという状況である。これによってトレイ（b）にあるものは終着点として際立つのではないかと考えた。

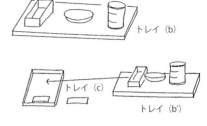

図19-19　トレイ（b'）のある状況

この状況だと、Yくんは適切に操作できた。そこで、元のトレイ（b）だけの状況にもどしてみたところ、うまく操作できるようになり、間違いは相当減った。回り道の状況工作は、かなり有用だったようである。ただ、100％正解するようにならないのは、集中が持続しなかったり、前回の試行に影響されてのことのように思われる。

3　ゲーム

Yくんと係わり合う時間の中で、最後に何か一つゲーム的な内容の活動を盛り込んでみようと思い、「ジャンケン」にとりかかることにした。母親によればYくんは家族（姉達）がジャンケンをしているのになんとなく混じってはいたが、わかってはいないとのことだった。石、はさみ、紙についてそれぞれ実物を用意し、勝ち負けをはっきりさせる意味で、勝った報償としてのお菓子も用意した。その日の学習の終わりの息抜きも兼ねてみようという思いもあってのことである。

まず、二つの実物（石・はさみ）から始め、Yくんが相手の出方を調べてそれから自分の出方を決めるという手続きでしばらく続けてみた。何度か繰り返すうちに、Yくんはペアを作ることで応戦することを思いついたようだった。相手が石ならばこちらは紙。相手が紙ならばこちらは石という具合である。ジャンケンは三つのアイテムが相互に関連しており、勝敗は組み合わせによって決まる。このことを理解するのは決して易しいことではなさそうだった。毎回の勝負の度に実物同士の関係を、丁寧に実演することにした。石と紙であれば、紙を広げて石を包み込んでしまうことや、はさみと紙であれば、実際に紙

を切ってみるなどである。

あるとき、相手の出方を調べるのではなく、通常やるように同時出しでやってみたら、たまたま石と石の「あいこ」状態になった。Yくんはこれを触知するやいなや、とたんに自分の石を引っ込めて紙に取り替えた。ジャンケンの手続きとしては明らかに反則ではあるけれど、これでYくんがアイテム同士の勝ち負けの関係を分かっていることがこちらにも分かった。

勝者は報償として小さなお菓子を一粒口に含むことができる。どちらが勝者かをYくんがわかるためにも、Yくんにそのお菓子を差し出すことをしてもらうようにした。Yくんが勝てば自分で取って食べるし、相手が勝てばYくんはお菓子を相手に差し出すことになる。この手続きを入れたことで、それまでやや曖昧だった勝ち負けの結果がお互い明確に了解できるようになった。Yくんがお菓子をどちらに差し出すかで、今の勝負の結果をYくんがどうのように捉えたかが、係わり手にわかるようになったので、Yくんが勝ったにもかかわらず、お菓子を相手に差し出そうとするときには、もう一度アイテムの組み合わせの確認に戻ってもらい勝敗を確かめる作業を挿入することも、お互いの自然なやりとりの中で出来るようになった。

このジャンケンを続ける中でYくんに見られた変化は、手続きが分かるにしたがって、ガイドを求めることがなくなり、用意が整うとすぐにジャンケンをする姿勢をつくるようになったこと。そしてさらに、勝ちが続いたり、逆に負けが続いたりすると、1回の勝負が終わるや否やすぐさま次ぎの勝負を始めるべく、「はじめます。」というかけ声を積極的にかけ始めるようになったことである。その後、このジャンケンはアイテムを用いないで、アイテムを象徴する手の型によるやりとりへと手続きを変えつつある。ゲーム的な内容をもつ活動については、もう一つ、市内のデパートのゲームセンターへ遊びに行き、そこで「もぐらたたき」ゲームをした時のことを付記したい。次々と現れる「もぐら」の人形を、ハンマーで叩くと点を獲得するというゲームである。最初、Yくんに手を添えて「もぐら」の頭をハンマーで叩くことをガイドしたところ、Yくんはすぐにこれを理解した。次に左手を特定の穴に添えておくようにガイドしたところ、その穴から「もぐら」が断続的に頭を出してくることに気がついた。丁度頭を出してきたところをタイミングよく叩くよう手を添えて数回繰り返した後、手を添えるのをやめてみた。初めはややタイミングを外しがちであったのが次第にタイミングが合うようになった。そこで、ランダムに配列された穴を次々に探る動きをガイドしたところ、穴によって「もぐら」の出現の

19 「分かりあう」過程としての学習 　421

タイミングが違うことに気がつき、一つ「もぐら」を叩くと、すぐ左手で次に「もぐら」が頭を出しかけている穴を探り、それを叩き、次に……と次々に連続して叩くようになった。こうして回（セッション）を重ねる度に、最初の3匹程度の「もぐら」の出方を予測できるようになった。どの位置からどの順で「もぐら」が出現するかについてわずかにガイドを受けるだけで、Ｙくんの予測可能な範囲は4匹から5匹へと広がりをみせ始めた。この間一回百円で続く1セッションを終える度に、Ｙくんは急いで自分のポケットから百円のコインを出しては入れ次のセッションに集中した。セッションを続ける中で法則性に関する予測を確かめつつ、ハンマーを振り下ろしていくうちに、毎回Ｙくんの獲得する点数は上昇していった。その度にわれわれは、Ｙくんの肩をゆすったり頭をなでたりして賞賛と励ましを伝えようとした。Ｙくんの深い集中と理解の進展を目の当たりにして、われわれも緊張しかつ興奮した。Ｙくんはいつも以上に鼻息を荒くしていた。そして財布の百円を使い果たすとそこで「おしまい」の身ぶりをして爽快な笑顔でその場を切り上げた。

Ⅳ　考　　察

　係わり合いを始めた当初から、係わり手が提出する問いに対してＹくんは集中して取り組み、正面からそれに応えようとしてくれた。係わり手としても、Ｙくんに無理がかからないことを配慮しつつ問いの構成や中身の吟味をしてきたつもりではある。けれども、ときには過重な要求をしていることがないわけではないと思うのだが、Ｙくんは考えることをやめない。左右の学習にしろ、点字の学習にしろ、あるいはゲームへの取り組みにしろ、そこで生じたことは、種々の事物・事象との新たな交渉の仕方をＹくんが身につけたということではないかと思う。そしてやりとりそのものは、教材による交信を基礎に、いくつかの身ぶり信号や点字信号を挟み込みながら少しずつ進み、やや複雑な内容も確実に伝わることが増えきた。Ｙくんとの学習は現在も継続中で、ここで取り上げた以外の状況設定での係わり合いも進行している。以下ではこれまでの経過について「分かること」に視点をおいて考察を加える。

1　「分かりやすい」状況を工作することについて

　Ｙくんにとって、研究所における学習の場は、どのような状況であったのだろうか。状況を工作するにあたって留意したこととしては、概ね次のようなことであった。まず、問いが提出されそれに応えるという1回ごとのやりとりに

おいて、見通しがつきやすいように始めから終わりにいたるまで手続きをほぼ一定にしたこと。また、問いかけにあたっては、音声言語で説明するのではなく、教材によって伝えたこと。Yくんが直接教材を操作する状況を用意したこと。さらに、お互いが難渋した場合には出来るだけより「分かりやすい」手続きや方法への回り道を工夫し、同じ手続きや方法を何度も繰り返す事態になることをさけるようにしたこと。

　以上のような考えに基づく状況工作が、Yくんにとって効果あるものであったかどうかについては、Yくんの活動の様子から判断することが出来る。Yくんが、考えることを止めず、粘り強く応答しようとしたことは、工作の効果を否定するものではないと考える。

　Yくんにとって、上記のような考えに基づいて工作された学習の場は、予測できない変化が頻繁に生じる日常生活の多くの部分に比べて、考えるべきことが整理された「分かりやすい」場であったのではないか。「分かりやすい」からこそ係わり手と細かい交信を行うことが可能になり、新しい信号を創出したり、学んだりして、事物・事象との新たな交渉の仕方を身につけていくことができたのではないかと考える。

　課題そのものがあまりに困難だったり、あるいはあまりに易しすぎたりする場合を除けば、机上での整理された取り組みというものが、落ちつきと集中を生み、かつ調整の乱れからの回復や立て直しにつながることはこれまでにも報告されている。Yくんの場合も上に述べたように、学習は落ちつきと集中のある場として展開してきた。生活の拡大を援助するに際して学習の場を設けることがしばしば行われるが、その際落ちつきと集中のある「分かりやすい」活動の拠点をつくっていくことが重要なことではないかと考える。

2　やりとりの過程としての学習

　たとえば点字の学習を取り上げると、2音の実物と点字との対応づけから始まって、3音の対応づけ、「し」と「と」のシンメトリーの判別、濁音記号の理解……と続く学習の展開は、すべてが学習を開始する以前に定められていたプログラムではない。むしろ学習の展開の中で滞りに出会い、その滞りを如何に解消していくかという試行錯誤の中で、その都度手続きや目標に修正を加えつつ行ってきたものである。そもそもこの学習において、今やっていることが今後どのようなことへと発展し繋がりをもっていくものなのか、ということについてはYくんはもちろん係わり手においても必ずしも明確になっているわけで

はない。おそらくそれはお互いのやりとりがどのように展開していくかによって、自ずと明らかになっていくのであろう。

　方向性という意味では点字の修得ということが一応は目指されてはいるが、そのことは係わり手が一方的に予想していることで、学習の主体であるＹくんはそのことを知らない。そうであるとすれば、Ｙくんは点字の修得を目指して学習に取り組んでいるのではなく、今目の前の分からないこと（問い）を分かろうとして取り組んでいるのであろう。左右の学習についても、同様である。当初、ＡｓはＹくんが歩行訓練で左右のことを習っていることにヒントをえてこの学習を思いついたのだった。そのときは、この学習が歩行訓練にも何らかの効果を及ぼすのではないか、と考えていたように思う。けれども、後に気づかされたことであるが、たとえ歩行訓練に直接の効果を持たなくとも、問いと応答のやりとりがＡｓとの間で十分に展開し、かつそのやりとりがより確かできめ細かいものになっていった過程そのものが重要なことではないかと考えるようになった。Ｙくんとの学習においては、相互の「やりとり」がより確かできめ細かいものになることで事物・事象との交渉の仕方がひろがり、また後者の進展が、前者の進展を促すというようにして展開していった。

3　関係形成の場としての学習

　問いと応答によるひとまとまりの学習は、問いを問いとして共有し、応答の妥当性を共有するという過程である。妥当性が直ちに共有されるときには、「できた」という自全感とともに相互に「通じた」という思いが生まれる。また「間違える」という現象が生じたとき、相互に気持ちの揺れ（情動の緊張と危機）が生じる。この危機をなお乗り越えて問いに対する妥当な振る舞いを探求していくことがＹくんに生じるとしたら、そのような経験はＹくんに危機（混迷）からの立ち直りにむかうより一層のたくましさを備えるのではないだろうか。また係わり手もその危機から立ち直るべく、より適切な援助を工夫し、あるいはまた控えることで、このたくましさの装備を促すことに役立つことができる。そして双方の工夫と努力によって危機（混迷）を乗り越えられたとき、相互の関係は質的に深まっていくように思う。

　このようにして捉えてみるとき、学習の場で展開することは、単にあらかじめ定められたプログラムが実行され係わり手側の定めたルールに学習者が従うことではなく、係わり手と学習者とが相互の関係を変化させつつ、新しいルールや方法を見つけ出し、それがお互いの調整に組み込まれていくことではない

かと考える。学習の場もまた一つの関係形成の場であり、相手を試すのではなく、相手と共に問いを分かち持つことを通じて探求していく場であろう。

V　おわりに

　Yくんは係わり手が提案する状況を「分かろう」とし、係わり手はYくんが問題と交渉する有り様を丁寧に見て、Yくんが何を考え何に難渋し何を発見していくのかを「分かろう」とする。Yくんとの学習とはそのようにお互いが「分かろう」とする気持ちに基づく関係に支えられて現象した「分かり合い」の過程であったといえるのではないか。

　学習の向かう方向は、ここで一方的に定めることはしない。今は、お互いの関係形成が少しずつ進み、一歩でも二歩でも踏み出す世界が広がっていくように「分かり合うこと」に意を注いでいこうと思う。

　注　この報告は、筆者と同じ研究室のT研究員とともにされた共同研究の一部をT研究員の了承を得て、筆者がまとめたものである。

文献
1)　文部省（1970）『重複障害教育の手びき──盲聾児・盲精薄児・聾精薄児』.
2)　Umezu, H. (1974) Formation of verbal behavior of deaf-blind children. Proceedings of the XXth International Congress of Psychology, Science Council of Japan, 58-74.
3)　梅津八三・譚　惠江（1979）「Y. A., N. A., Y. K., K. T., T. Z. についての教育実践要録」『重複障害教育研究会第7回全国大会通所指導に関する論集』2, 7-46.

◆討論

　菅井の事例報告をめぐって、1998年3月に重複障害教育研究部スタッフによる討論を行った。討論に先立ち、菅井から事例報告の内容について説明がなされ、さらにビデオ映像を通して、対象児と菅井らとの普段の係わりの様子が紹介された。

司会：まず菅井さんの書いたYくんのことについて、細かなことは後でよいと思いますが、質問のようなかたちで話してもらって、菅井さんの方から答えていただきたいと思います。事例報告を理解する上で足りないこと

19　「分かりあう」過程としての学習　425

があれば。

〈Yくんの聴力について〉

K　：小学校 4 年以後、聴力測定とか補聴器のフィッティングなどはどのよう
　　　になっていますか。平均聴力レベルは右91、左74bB と書いてあるけれ
　　　ど、その後聴力レベルがあがったかどうかは分からないですか。

菅井：彼の耳のことに関しては、盲学校のN先生が詳しくて、そのN先生から
　　　の話だと時期によって揺れる、落ちたり上がったりするけれどさほど大
　　　きな変化はないとのことです。

K　：やっぱりこのレベルだということですか。発音が明瞭になってきたこと
　　　が、聴力のレベルが上がってきたことによるのかなって思ったもので聞
　　　きました。

〈Yくんの音声言語について〉

H　：音声言語については受信も発信もわずかであると書いてあるのですが、
　　　音声言語の理解はどのくらいか、話す言葉はどんな言葉があるのか、聞
　　　きたいのですが。

菅井：たとえば朝の会で先生が「さあ、起立」とか「じゃ座って」というよう
　　　なことは、場面の状況に支えられていると思うのですけれど、分かりま
　　　す。そういう単語での言葉、たとえば「トイレ」は分かります。それ
　　　から、お母さんとの間での言葉は豊富にあると思います。「こっちへき
　　　なさい」、「靴をはきなさい」、「それはだめ」とか、彼が発信するのは、
　　　「しっこ」、「うんち」とか、ある程度身振りの入っているものに重なっ
　　　て出てくる言葉ですね。でも数としては本当に少ない。

H　：自分で言葉を発することで自分の行動を確認するという側面は、あるの
　　　だろうか。おしっこのときや作業時は確認してましたよね。自分で話す
　　　ことによって、自分の行っていることをフィードバックするという意味
　　　で、話すということは非常に大事になってきますよね。そのことを聞き
　　　たいのですが。

菅井：それは確かにあると思います。しかも自分が話していることを隣で聞い
　　　ている人間が理解していることを、彼は分かっている。「右」とか「左」
　　　に関しては今Hさんが言われたとおり、自分で言葉に出してみるとい
　　　うことで、これから動く動きを確定しているという側面が強いと思うん

ですが、「しっこ」とか「（うん）ち」という言葉は、「今から行くんだ」ということを相手にきちっと伝えようとして、それは身振りだけでなく、相手がどこにいるかを察知しながらその方向に向かって声を出すんですよ。これは明らかに相手に向かって「行きますよ」ということを伝えようとして言っているんだと思います。

T ：一緒に教育相談で対応している立場から少し補うと、促されると随分いろんなことを言います。たとえば、研究所で始めるときに椅子に座ると「きおつけ、礼、はじめます」と言います。これはいわば習慣化しています。「おわります」、「さようなら」とか、「挨拶は？」と言うと「こんにちわ」とか、催促されると言うこともあります。状況上あるいは促されては随分いろんなことを言うんですが、たとえばコーヒーを買いに行くときに「コーヒー」って、自分から言うのはみられないですね。

H ：ジャンケンのビデオのところで、始める前に喋りましたよね「シーンー」とか言って。なにか喋ってから、ジャンケンしていたような……。

T ：「始めます」って。毎回毎回やるんです。

H ：その時の言い方が、自分から言っているなという感じがしたんです。すごくね。やりたいな、楽しいなっていう気持が出ていたような気がします。

菅井：あのジャンケンの場面に関しては、だんだん彼もジャンケンの意味が分かってきて、しかも勝ち負けということも少し分かってきて、自分が勝ちだすと波に乗ってくるんですね。そうするともう、結果が出たらすぐに構えて、「さあ次いくぞ」っていう姿勢がだんだん出てきて、彼は自分から切り替えていく……。

H ：切り替えるために言ってる部分もあるんですね。ありがとうございました。

司会：他には……。

N ：もう一点。キュードスピーチを「が」に入れたら「が」の発音が、こう喉を切りさくような動きをすると、良い音が出ているなって思ったんです。とても聞き易いんですね。キューを他の音にもつけてあげると、発音を支えられたんじゃないかなっていう気がしました。それと係わり手が彼に向かって発する音声も、もう少し手をかけてあげた方がいいと思いました。あれだけ音が入るとそれだけになっちゃうというかな。そ

の時にもう一つ、補助的な信号をつけていくっていうのは必要かなと思う。

菅井：これまでも私の思いつく範囲では少し手話なども入れてはいるんです。ただ、点字なら点字という記号パターンで判断するというところに焦点を置くならば、そこで言葉の言い直しをあまりしつこくやると、彼自身が嫌になってしまうのではないかという気持もあって、そこは少し控えた部分でもあるんです。音があった方が便利という場面では盲学校のN先生に、口の中に指をどう入れて発音をどう作るかっていうのを教わって何回か入れたりしています。それから、指文字とか手話の話しに少し触れると、まだ突き詰めては整理してはいないんですが、もっと入るだろうな、日常で利用できるんだろうなっていう場面は一杯あるんです。過去はさておきYくんに関してはこれから考えていく必要があると思っています。

T　：分かりやすくなる状況、できやすくするための工夫というものはあると思うんですよね。一例として、Yくんが濁音の発声の時に出した手の動きを考えることができます。私たちがこうやったらどうですかという提案をYくんにしたら、自分から起こす運動が出てきた。こういうことが、子どもが分かるようになる上で結構あるんだと思います。Yくんの場合それが分かりやすく出てきているんだけど、ちょっとした目の動きだったりすると見逃してしまう。このことは強調したいところですね。子どもが自分で起こす運動がその子どもの分かっている姿を表しているんだと思います。分かっているかということを、課題の正否だけじゃなくて、そこで子どもがしてることからみていく必要がありますね。

〈概念形成と音声言語〉

S　：菅井さんに一つ聞きたいと思ったことは、見えない子にとっての耳で聞いて音を出すということの難しさです。現実の生活の中で、実体験とか概念形成に基づいて理解している言葉として使うということはけっこう難しいですね。たとえば、「入れる」とか「出す」とかという言葉は、「入れる」とか「出す」って言えるかもしれないけど、それがどういう概念かを学んでいくのがなかなか難しい。それは、実際いろんなことを体験していく中で積み上げていく必要があるんじゃないかと私は思っています。そういう意味で、菅井さんが取り組んでいるのは言葉の概念形

成という意味での分かることをねらったのかどうかということをお聞きしたい。それから言葉を覚えていくために実際の一つ一つ体験の中で概念を拡げていくということの重要性について、菅井さん自身はどう思っていますか。僕はそういったことが重要だと思っているんですけれど。

菅井：彼と点字の勉強が始まって、実際にいろんな物を持ち込んで来ますよね。そうすると、たいていのものはそれが何であるかっていうことは触って分かる。でも音声の言葉としては知らない。言葉という意味で言うならば、彼の語彙はすごく少ない。

S ：実際の物とか行動とかを表現する言葉ってことですか。

菅井：ええ。で、そこに点字という一つのメディアで一つの言葉が入っていくということが、いずれ彼にとって有用なことなんだろうなという、ねらいはあります。ただ、それを直接ねらって、ワンステップワンステップ積み上げていく、その結果として今こうあるのかっていうと、そこはどうかなってとこはあります。

司会：さて、それじゃあもう少し内容についての質問を伺いたいと思いますが。

〈「分かる」ことと「分かり合う」ということ：報告の主題をめぐって〉

N ：彼のコミュニケーションについて、Yくんからの発信は身ぶり、相手の手をとって対象の方向へ手を動かすこと、オブジェクトキュー、そして音声言語というように書いてあったと思うんですけど、どういうメディアを使っているかっていうのが中心で、彼がどういう関係のコミュニケーションをしているかが述べられていないように思います。ある難聴通園施設では、その時に使われる身振りも、それが指示的な身振りなのか、情報提供身振りなのか、共感性の身振りなのか、承諾なのか、激励なのか、承認なのかって、かなり整理して考察しているんですね。オブジェクトキューや、音声や身ぶりについてはメディアという側面の整理はしやすいんですけど、その背景にどういう人間関係を彼は持つようになっているのかっていうことが整理されていないと、彼の総合的な像が見えにくいんですね。知的な活動、たとえば学習場面やジャンケンも知的な感じでやってるんですが、そういう活動はずっと見えている。その中で彼は物事をどう理解しているかっていうのはすごく分かりやすかった。でも「分かり合う」って通常私たちが言葉で聞くと、単に知的に分

かるんでなくてお互いに通じ合うとか、相手の気持ちにつながるという過程を感じるんですが、菅井さんとしてはあえてそこだけをねらって書いたのか、お聞きしたいのですが。

菅井：係わり合いを記述するときには、いろいろな側面からの取り上げ方ができると思いますが、今回取りあげる問題は、学習場面ということで、そこで明らかになってきたこととか、そこで交わされた教材を介してのやりとりの経過を、まず明らかにしていこうということで、このような記述になったわけです。Yくんとの学習の中でのお互いの気持の揺れ、それからその気持の揺れからの立ち直り、こちらの気持に対して彼がどういうふうに思うか、そういった気持の通じ合い部分みたいなものをどういうふうに、Nさんの言う言葉でいうと、知的なものの変化と結びつけて記述していったらいいのかについては気にはしてました。

N　：課題は確かに遂行して素晴らしいし、私は盲ろうだからこそ点字の学習は大事だし、それから机上学習も大事だと思っているので、そこに対しての否定ではないんです。ただビデオで見る限りにおいても交流しているという印象がとても私には希薄だったんです。点字はコミュニケーションに使うためにあり、コミュニケーションの土台の上で、もしくは同時並行に育てていくものだと思っているものですから、そこを省いてしまって本当にいいのかなっていう疑問と、ビデオを見てどこのあたりを「分かり合う」ところとして言われたのかが十分に感じられなかった。最後のもぐらたたきでも、どうやって感動を分かち合えたら良かったのかなという反省をしておられたのですが、そういうことをちょっと感じました。タイトルに関わり合うので先に触れさせてもらいました。

菅井：その場合、Nさんがいわれた同時並行のもう一つの方について、あの活動の中で何かを入れるのか、それともまた別に状況を設定して、もっと別な形での何かお互いの場面っていうものを設定していく方がいいのか、そういった点についてはNさん自身はどのように考えますか。

N　：ケースバイケースだということと、同時にやれる部分と別の機会にやっていい部分があっていいかと思いました。もし本当に彼と楽しみ合う遊びを考えるのであれば、私はここでのじゃんけんとは違う展開を選んだかなという感じがします。大きなテーマなので即答できないと思うんですが、私自身ある盲ろうの子と点字学習をたくさんやって陥った悩みでもあるから、省けないテーマだなと思っています。

T ：Nさんの言われた知的な学習的なことに傾いているということについて
この取り組みの背景を私からも説明したいと思います。Yくんの学校で
の生活ぶりを見て、それが前提としてあって、その中で研究所に教育相
談に来る週1回2時間の中で何がやれるかということから考えていった
わけです。現実的に私たちが目にしたのは点字の学習のつまずきであ
り、それは我々の目からすればとてもそのままの状況においてはまずい
ということでした。そういう状況で取り組んでいるということを分かっ
てほしいと思います。はじめから点字の学習ありきでやったんではない
ということです。たとえばYくんは中学部3年のときに個別指導の時間
というのは週に6回なんですね、毎回45分ずつ。で、そのうち3回は
発音指導に当てられて、あとの3回が点字の学習なんです。で、そうい
う状況でのYくんの点字の学習を補おうという発想から、始めたのだと
いうことを、付け加えておきたいなって思います。

司会：他にありますか？

〈「左・右」についての「机上の学習」をめぐって〉

K ：質問なんですが、左右の学習を始めるときに、担任の先生がまだ左と右
が分かってないようだ、ということにヒントを得たと書いてあります
が、それで学習を始めたっていうと、すごく論拠が薄いっていう気がす
るんですよね。担任の先生からヒントを得たかもしれないけれど、なぜ
机上学習の場面を用意しなくてはいけないと思っていたのかを説明して
もらえると助かるんですが。

菅井：左右の学習を始めるにあたって、彼の生活というものをつぶさにみて問
題を設定したわけではなかったんです。この左右の学習は、私と彼が一
番最初に何かかかわりを持った一つの場面で、これ以前にTさんとの学
習の経過があります。その中で座標を作ったりするような学習もやって
いるんですね。ただ点字を彼とやっていくということは、これはもう
あったんです。それで、点字をやっていくときには当然、点字に入る前
にまず突字パターンの形が分かってないといけないわけですよね。さら
には位置の学習っていうのが通常ある。彼はその部分はだいたいでき
る。で、たとえば、左右に関してもどうだろうかと、いうことでやっ
た。じゃ、なぜこれを取りあげたかというと、そのやり合う過程の中で
彼は自分でこうやって信号を作って、分からない場面でも自分の身振

りというのを見いだしてやっていた。そこに僕としては驚きを持ったので、そこを取り上げて今回書いたということですけれども。

T ：もう少し付け加えると、Ｙくんが中学部に入ってから、担任の先生は最初から点字の学習をやり直すことになりました。連携しながら一緒にＹくんの点字の学習を進めようということになって、研究所では基本的なことを続け、私が学校を訪問して先生といっしょにＹくんの学習を計画するようになっていったんですね。そのころに菅井さんとＹくんの係わりがはじまったのです。菅井さんがＹくんと関係を持つためには、すでにある私とＹくんとの係わり合いで取り組むいろいろな活動をベースにＹくんと一緒に時間を過ごすことから、はじめていったということです。つまり今までの流れにのって、まず「右・左」という基本的な学習的なやりとりから菅井さんがＹくんとの関係を作っていったというわけです。これは非常に大事なことだと私は思っています。

菅井：どういうことから私が係わりをまずもつか、一番最初にまず何を問うかっていうこと。たとえば初めての子どもさんと係わり合うときにも、もちろんその子どもさんをずっと見て、そこで何かお互いに出来ないかなってことでちょっと問うてみる。拒まれれば問いを控え、そこで何か一つやり合えるなっていうことになればそれを拡げてみる、というような感じで始まります。私の場合はＹくんとの間においてはこの左右のことを巡ってのやりとりがそれにあたった。ただ、確かにもくろみとして、点字につながるということがあったことにはあったんです。

司会：まあ、その話は、このへんで。テーマである「分かる」ことに関してはどうですか。

〈分かる状況を構成する要素・要因〉

S ：分かりやすい状況工作をするということについてお聞きします。具体的に一つの場面で良いんですけれど、本人がいろいろなことを分かっていくためにどういう状況工作をしたか、その要素がいくつかあると思うんですよね。たとえば点字のシンメトリーの場面でいいんですけれど、教材であったり、全体の流れであったり、声かけの仕方であったり、いろんな状況・要素をいくつか準備して、全体として分かりやすい状況を作っていったのかなという気がしたんです。何かそういう、菅井さんの言う分かりやすい状況工作の要素があれば教えて欲しいと思います。

司会：まさに本題に関係するところですね

S ：そうです。菅井さんのいう「分かりやすい状況工作」というのはいわゆる教材のスモールステップなんですか。僕もそれが大きいとは思うんですが、その他に幾つか「分かりやすい」ということを構成する、あるいは「分かりやすい」ことを支える要素というものが、菅井さんの中であるのかなというところを伺いたいんですが。たとえばある点字のかたちのシンメトリーの問題ですと、どう言葉かけをしようとか、机の高さをこんなように気をつけたとか、最初にやると混乱するから最後の方に課題に乗ってきたところでやるとか、分かりやすい状況というのはいくつかの要素があるんじゃないか、その辺が聞けたら僕も勉強になるなと思ったんです。

菅井：一応Ⅳ-1に書いた「分かりやすい状況を工作すること」のところに一番最初に書いた幾つかのことがまずあります。たとえば箱と起点があって、そのワンセットが出てくる。そういうワンセットというものを、次々とは変えないで、その中に少しずつ変化をつけていく。そうするとＹくんとしては、これからやることについて見通しがつきやすいようです。次に、「Ｙくんが直接教材を操作する状況を用意した」ということについてですけれど、やっぱり直接本人が動かす、直接操作する、っていうことはすごく大事なことじゃないかなって思っています。たしかに、条件によって違いますが、肢体不自由の子どもさんで操作が難しい場合に、コンピュータのパネルを使ってする。これだって操作だと思います。そういった操作、たとえば見本合わせにしても、タッチパネルでやるよりも、やっぱり木でできたものを使って実際に探って入れるとか、はめるとか、そういう具体的操作を自分がやるということがやっぱり大事なことだ思うんですね。それから、訓練といわれる状況は、やることが一つ決まっていて、それをとにかく徹底的に繰り返す。その中で分かっていくっていうやり方です。これは、一つのやり方としてあると思うんですけれど、Ｙくんとの間ではなるべくそうしませんでした。ステップを細かくすると同時にちょっと回り道をしてみる、少し状況を変えてみる、あるいは場合によっては分かりやすい状況に戻してみるということをして、そしてもう一度最初に詰まった状況に戻ってみる、というような、同じパターンを徹底約に繰り返すということだけじゃない、むしろそれはできるだけしないで、彼が分かる、出来るっていう経

験をできるだけ積むというようなことです。同時にやっていく中で難しそうだなと思ったら、その前に助走として、彼がこれは自信があってできるぞ、っていうものから始めて、少しずつ難しいものにつなげていくとか、今、これが課題だからじゃあ始めます、といっていきなりパッとそれを出すのではなくて、一つ彼が自信をもって振る舞えるやりとりをやってから、じゃあ次これはどうでしょうかね、っていうふうにやっていくとか、そういったようなところでしょうか。大体そんなところです。

S ：よく分かりました。多分一番最初のは、机上の空間的な構成をきちっと分かりやすくするのが大事だっていうことだと思うんですよね。それから、それを補償した上で、その中でバリエーションをつけていく。でも、いろんな構成が変わってしまうと、最初から全部やらなくちゃいけないから混乱してしまうので、またまず空間構成を、そしてその中でバリエーションをつけていく。

　あと直接操作するということも、分かりやすさの中で大事だというのは、これも本当にそうだなと思いました。それと、多分回り道をするっていうのは、一つの分かって欲しい理解して欲しいことを、いろんなことを通してさまざまな側面から体験していくことの大切さかなと。たとえば、シンメトリーで徹底的に「と」と「し」つていうのをやるんじゃなくて、裏表があるんだよってことを他のことでやったり、いろんなことを通して経験する中で、シンメトリーに対してイメージを作って分かってく、そういうチャンスを提供していく、説明していくということなのかなと。多分それが「分かりやすい状況」ということでいうと、菅井さんの一番伝えたいことなんだろうなと思いました。

〈ジャンケンの場合の分かりやすさ〉

K ：その、分かりやすさに関係するかもしれないんですけれど、フィードバックという言葉を使ってますよね。それでフィードバックの仕方で、それで質問ですけれど、一つは左右のことを分かるときに、リングを取って棒にさした。それで一応成功なんだよってことなんだと思うんですが、その時「あー、よくやったね」というような言葉かけをしていますよね。ただ、本人が自分で成功した事を分かるためだけじゃなくて。でもジャンケンの場合には本人が勝ったときにお菓子に手を出してい

たでしょ。そのジャンケンで勝ったという事実と、お菓子に手を出して食べる過程の中間で、君の勝ちっていうことを伝えていたと思うんですが、どのように伝えていたのですか。

菅井：ジャンケンの場合は、物と物であれば勝った方が負けた方の物を取ってしまう。たとえば、石とハサミでやりますよね、そうするともうハサミを摑んで取る、で横で「Ｙくんの勝ち」って言う。

Ｋ　：場面の分かりやすさの中にフィードバックの仕方というのも関係すると思ったものですから。

Ｔ　：彼がジャンケンした場合に、フィードバックって言ってもいいんだけれど、ジャンケンした結果、その勝ち負けの意味を具体的な状況の変化で表すということだと思います。その一つは勝った方が負けた方の道具を取る、それはシンプルですよね。あるいは勝ったらお菓子を食べるとかね。あの状況は、勝った方が負けた方から道具を取る、たとえば石でハサミを取る。そして、取ったハサミを入れる箱とくっつけてお菓子の箱が置いてあります。そして勝った方がお菓子を食べる、負けた方にはハサミを返すという状況が作られることになったんだね。

Ｋ　：じゃ、菅井さんが勝てば……。

Ｔ　：お菓子の箱の下にもう一つ箱があるんですよね。その箱の中に勝った菅井さんがＹくんから取った石やハサミを入れるわけだ。そして、菅井さんはお菓子を食べる。その見返りとしてＹくんに取ったものを箱から返す、というようになってるわけなんですよ。

Ｋ　：ふーん。じゃ、菅井さんが勝って食べている場面を彼には……。手で触れさせて確かめてもらうというのがあるんですね。

Ｔ　：もちろんです。だから、負けた場合には自分のものを勝った相手に取られますね。そうしたら、お菓子を勝った相手が食べるのと引き替えに、取られたものを相手に返してもらう。そういうように、意味というのは具体的状況で裏付けられてなければ伝わらないと思う。ジャンケンの場合はそのように。

Ｓ　：僕が前に質問した机上の空間の点字の学習に関する分かりやすさは、見本合わせで言えばどういうふうに環境を構成して分かりやすく積み上げていくかといったような分かりやすさなんだけれども、今のＹくんのジャンケンの分かりやすさというのは、人との関係でどうルールを理解するか、その分かりやすさの問題ですよね。ルールや、勝負っていうこ

との意味を理解していくこと、勝つとなんか良いことがあるという意味を理解させていくというようなことですよね。内容のレベルとして、点字を見本合わせで空間的・構成的に積み上げていくという分かりやすさと、勝負というルール・意味を理解していくということでは少し次元が違うと思うんですよね。もし、勝負ということでいえば、勝ち負けの手続きということならば今ので良いのかと思います。もし勝ったら相手の頭をハリセンで叩く、負けると菅井さんに叩かれて、「あー、やられた」というような、一つの例としてですがそういう勝負の意味を、場を共有して「勝った」「負けた」「おもしろいな」ということを、理解していくやり方もあるのかなと思います。

K　：さっきSさんが「分かりやすさを支える条件」つて言いましたよね。そうすると、ルールを理解するのか状況を理解するのかってことはあるのかもしれないけれど、「支える条件」として、やりとりとか関係とかいうことを菅井さんはとても問題にしているようにみえる。「お前が勝ったよ」とか「君は正しい」といったときに、ただリングを差せばいいというのじゃなくて、それをさらに再確認してあげる人の存在が大切だってわけでしょ。本人が蓋を開けてみたと、ただそれだけでお菓子を貰うんじゃなくて、それをもう一回確認してあげる人の存在っていうのがとても大事なんじゃないかという感じがしたんです。

S　：勝負の意味ということでしょうかね。

菅井：いま出たジャンケンの話で、勝ち負けの分かる手続きとして話したと思うんです。それを、どういう手続きにするかっていうのは、ジャンケンをやっている中で少しずつ、あるものは生まれあるものは消えていったわけです。その手続きの問題と、今Kさんの言ったのは、そこにもう一つ人というものがあるんじゃないかという話ですよね。

K　：菅井さんはそういうふうに問題提起しているんだね。

S　：それらは両方、本当にああした形できちんと手続きを学んでいくというのも必要であるし、同時に「ああ、勝ったね、良かったね！」ていうことをどんな形で、それがハリセンが良いかどうか、あるいは何か戦利品が貰えるということが良いのかはありますが、その両方同時にあるのかなと思います。

N　：ハリセンは、それが結べる関係がないと、虐待になりかねない。スリルを相手と味わって、安全なんだけれどスリルがある、しかも追っかけら

れるとか逃げるとか、そういうかけ合いっていうか、じらしとかそうい
う遊びを経験していないと、突然ハリセンをやってもびっくりする。

S　：もちろんそれは一つの例です。

〈文章について〉

N　：それからもう一つ。文章になり、具体的操作に入る時に、文章として何
でも選べるわけじゃないですよね。これまでの盲ろうの学習で「出す」
「入れる」などはよくやるんですが、もう一つよくつかうのはその人の
名前と大事な人の持ち物「Yのかばん」とか「ママのかばん」とかがあ
るんだけど、あえてこのような文章に入った理由はなんだったのかなと
思いました。結局、彼がより世界が分かりやすくなるし、彼の分かり方
に即していく時の方略の中から菅井さんがこれを選んだというのがあっ
たと思うんですね。

菅井：一つ、あそこで皿をいれたり箱をいれたりに進んだ根拠というか流れは
ですね、点字の学習をずーっと積み重ねてきて、さっきのSさんの話と
つながりますが、そういう積み重ねの中のある部分を少しずつ変化させ
るということでやってきたことがあるわけです。たまたま皿だったり、
箱だったり、くしだったりが積み重ねの中でよく分かっている、おそら
く点字も2音でやりやすい。あそこで出てきたものは比較的彼にとって
はどれも分かりやすい。そうするとそれを使って何かできることはとい
うんでとりあえずやり始めたんです。そこにまた人というのをいれてい
く意味で、この報告では取り上げなかったんですけど、「入れたはさみ
をお母さんに渡す」「足りないからもらう」といった形で人をその中に
入れてきています。人は確かに大事だけど、たとえば「お母さん」とか
「誰々」とかいうことば（名前）を彼は改めて勉強しなくちゃならない。
一つ新しい単語が入るってことも結構時間がかかることで、わたしとし
ては彼が今できるもの、使えるものの中での展開としてこれまでやって
きています。

　　　入れるか出すかをなぜ始めるかといった今までの議論でも、なぜそれ
をやるのかについて、たとえば「コップをくれ」というように、子ども
が一番最初に大人に頼むような要求的な内容から入った方がいいんじゃ
ないかという考えもあると思うんですが、Yくんとの間での学習の流れ
からいくと、必ずしもそういう要求形式の学習を用意しなくても、今そ

の目の前にあるものの操作をすることで、彼とはそこでやりとりできる
んじゃないかなと思ったんです。

S ：そうすると mand 的ではなくて、その場面ではやりとりの場面としてお
互いに共有してるってことですか。

菅井：……はい。

〈分かろうとすることを支える文脈〉

H ：分かりやすい状況と言うときに、予測との関係というのが子どもにとっ
てあると思うんですね。たとえばなかなか予測できない状況というのを
考えた時、不安といったような情緒的な側面と関係するような気がする
んです。そうすると、点字学習のような知的な学習の場面であっても、
予測できないような点字学習、Yくんにとって分かりにくい状況を作っ
たら、不安になって、やろうとする気が起きないということが出てくる
のかなと思います。逆に菅井さんがされたように分かりやすい状況を
設定すると、彼にとって何をやればよいかということがはっきりして、
やってみようという気持ちが出てくるんじゃないかと思います。

　そうすると、最初に菅井さんが言われたように、どういうふうに学習
の内容を設定していくかということで、そこの部分がとても大事になっ
てくるんじゃないかと思いました。不安も何も起こらないようなあまり
にも平易な内容ではなくて、僕にもできるかな、難しいかな、でもやっ
てみようかなっていう気持ちの面が、知的な学習には必要じゃないかと
思うんです。そのような予測との関連でYくんの気持ちについて感じる
ところがあったら教えてもらいたいんですけど。

菅井：Yくんはああいったお勉強の場面で問いが出されると、それに対して何
とか答えてやろうという構えはしっかりある人ですよね。それがどうい
う経緯で、今まで作られてきたかというのは十分知り得ていないんです
が、それがあるからこれまで続いてきたんだというのはあります。たと
えば点字をやることに関しても、「Yくんこれから点字の習得を目指し
てやろうね」ってことをお互い納得しているわけじゃない。そういうこ
とが伝わる状況でもない。彼としては点字を習得するために勉強してい
るわけじゃなくて、今そこで僕という人間から問われている一つ一つの
問いを、「よしやってやろう」という形で取り組んでくれる、それの連
続として今あるんだと思うんですね。もちろん学習によっては、大きな

438

意味での見通しがついて始める、それが分かりやすいんだということもあります。たとえば我々が英語の勉強をしようとか、英語を習得しようなんて時がそうです。でも、そういう場合とはまた別に一つ一つの場面のつながりとして学習が続いていく。そういう時も、あるいは全体として見通しがつく時も、その一つ一つの場面で「こういうふうにやればいいんだ」とか「こういうふうに答えていけばなんとかなるんじゃないか」っていう、その向かう気持ちとでもいうものが、私が係わる時にはYくんにはすでにあった。あったと同時にやっていく中でそこの部分を僕としては非常に大事にしたくて、1回1回の、つながりを大事にしなければと思いました。ほんとに今Yくんにとって、ちょうどいいところの問題っていうのは何だろうかっていうのを、探りながらやってきたというのがあります。

H ：向かう気持ちっていうのを私も強調したかったんですけれど、くじけちゃうような内容であれば長続きしない。かといってあまりにも平易であればやっても仕方ない。特に知的な学習であればあるほど、運動で身体を動かすというのと違った醍醐味であり、難しさであるというような気がするんですけど。

〈対話：分かることを支える状況〉

菅井：教材を通しての知的な学習といっても、それはある側面からみれば教材を介してのお互いの会話っていうか、やりとりっていうか、そういう一つの対話だと思うんですね。その時にそういう対話の文脈というのかな、それを大事にしないと、下手すると、「これはできるか」「これはできるか」「じゃあこれはどうだ」ってことになる。これはもう対話ではなくて試されてることになってしまって、そうなるとやらされる方はすごく嫌になると思う。その対話の文脈っていうのが、こういうことを続けていく上ではすごく大事だろうと思います。

H ：そうするとYくんだけでなく、菅井さんの方にも「Yくんこうやったらいっしょにやりとりできるかな」っていう、向かう気持ちが出てくるような題材の設定も大事になってきますよね、変な言い方だけど。

T ：Yくんは盲学校へくると、朝の会やグループで勉強する部屋を毎朝隅々まで調べるんですね。で、まわりには不思議に思う人もいるわけ。僕らは見えるから、一瞥して今日も教室は昨日と同じだって分かるんでしょ

うけど、Yくんは昨日あったものが今日もあるかどうか隅から隅まで調べてるんだと思うんです。彼は場所がわからない人じゃないし、ここは昨日いた部屋だってことは分かるに決まってるんだけれど、調べるんです。それが周囲のひとには、まわりくどいんでしょうね。それほどYくんは調べる、言い方を変えれば分かろうとする。分かりたがる。それがYくんだと思うんです。でもね、Yくんが分かろうとして取り組むっていうのは、当たり前のことだけれど、分からないことがあってそれをただ分かろうとしてやってるんじゃないっていう気がするんですね。Yくんを見ていて思うのは、YくんにはYくんの分かり方があるんだということ。子どもはみんなそうではないかと。その子どもの分かり方と我々の分かり方がずれるんだよね。そのずれが見過ごせない人もいる。だから一見、知的な、見ようによってはプログラム化されているように見える活動に取り組んでいるわけですが、その中でYくんにはYくんの分かり方っていうのがある。その分かり方がまわりの大人、菅井さんの求める分かり方とどうも違うっていうのをYくんは感じるわけだ。たとえば、不等号を大小の方へ向けるっていうのをやるんだけど、「あ、僕の見つけた答えと違う」というのが分かると、彼はこっちの出方をみる。彼が彼なりの分かり方で置いた置き方が、Tの求めているものと違うってことを、暗黙のうちに察しているわけなんだよね。そういった相手の求めているものと、自分の考えたこととの違いを埋めようとする気持ちがとっても強いのが、Yくんだと思うんです。

H ：そうするとかなり他人を意識してるってことですね。

T ：そうだと思うんです。だから分からないことを分かるっていう、知ることそのものの喜びももちろんあると思います。それだけでなく自分の分かり方と相手の分かり方が違うなって気がつく場合には、そこを埋め合わせようとする、すり合わせようと一生懸命になります。その動機は人との関係しかないと思う。「僕はこれでいいの」って言って開き直っちゃう子もいるでしょうが、Yくんはそういうことを決してしない。何とかこちらの求めていることと自分の分かり方の辻褄合わせっていうか、それをやっていこうとする気持ちが強い。そういう中で、分かろうとして取り組んでいることなのかなという気がするんですね。人との関係に強く支えられてると思うんです。

司会：さて、段々時間がなくなってきたんですけど、もう一つ二つ…。

〈人との関係〉

N ：今、人との関係ということが出たんですけど、Yくんは人をどういうふうにとらえているんですか？ 菅井さんとはこういうことをして遊びたがるとか、甘えるとか、そういった人との関係はどうなんですか？ 彼のイメージを人というところから広げていきたいんですけど。

菅井：最初玄関であって挨拶した時にネームサインで私のことが分かりますよね。そうすると彼はまずたとえば学校で歯科検診があって、その時に歯で痛い思いをしたなんていうのを「歯、歯、歯、……」って歯を指さしたり、それから喉が痛い時には自分の喉を触ったり、私の喉を締めにきて、それから自分も痛いんだってことを告げたりします。それから、これはたぶん学校でお互い力の張り合い関係にある友達がいて、彼からつねられたり、ひっかかれたりすると、彼はやり返す人なんですけど、そういうことがあった日にはわたしと会うと、ぱっと手をとってぎゅーっと、それはある程度セーブしながらやって、笑ったりします。言わばそういった挨拶をしてそれから部屋へ向かうんですが、そんなふうに自分のその日あったことを相手に伝える、「面白かったぞ」みたいなことも伝えようとする、そういう姿勢というのはあります。

N ：すばらしいですね。これを聞いた理由は、今までの展開で人間関係が背景として大事なんじゃないかと思ったのですから。

〈生活という視点〉

司会：分かることというテーマとも関連するんですが、学習場面と日常生活のつながりということで、みんなの考えを聞きたいということが菅井さんから出ています。この場合、学習場面というのは学校での生活で取り組んでることというように考えるんですか？ それとも机上での知的な活動といわれるような意味なんですか？

菅井：後者の方です。

K ：僕はそれを聞いた時に、菅井さんがはじめのところで確定的な活動空間を広げていくんだと言っているでしょう、これは軸になるんだろうなと思ったんですよ。それからもう一つは、その確定的な活動空間を広げていくということは日常生活とすごく関係してきて、非常に重要になってくると思っています。

菅井：日常生活といったときに、たとえばどういう層でとらえるかによってず

いぶん違ってきますよね。確定域を広げるということについても、いわゆる毎日の生活の中で困らないで過ごせるようになるというようなとらえ方もあるだろうし、また別に、たとえば趣味の世界みたいに、その人はその世界のことに関しては非常に自信をもってやれるという、そういう世界を持つということもありますよね。それは普段一般に暮らすということから考えれば、ちょっと浮き世離れているかも知れないけれど、でもそういう世界を持つことは広い意味で考えればやっぱり大事なことだし、その人の確定域の拡大ということにつながっていくと思います。

　そういう問いを発した一つの理由というのは、これを書きながらふっと思い浮かべたことがあるからです。それはもう50歳を越えた人が点字の学習をやっている。たいへんスローペースでとても点字の習得はおぼつかない。でもやるんですよ。50音の入り口でつまずきながらでも熱心にやってる姿を見た時に、いろんな見方があると思うんですが、もうとても身に付かないから点字の勉強なんかやめて、もっと別のことをやった方がいいのではというふうにも言えると思うんです。日常生活の中で困っていることはもっとたくさんあるんだと思うんです。だけど、今やっている点字の勉強、おそらく日常の生活には結びつかないだろう点字の学習場面というのを、その人がやめてしまっていいかって考えた時に、そうも言い切れないなって思ったんです。たとえその人が「あいうえお」しか分かることができないかもしれなくてもです。できないと思ってしまうのは点字という体系をもう知っていて、点字というのはこういうもので、こういうことに使うんだってことが分かっている人間からすればそうだけれど、でもその人にとってみれば、そこで一つ何か点字というものがある。そこで一つ一つ分かっていくのを、それを一緒に勉強していく人との間でつくっていくとでもいうのでしょうか。そこで「あ、分かった」ってことが一つずつ積み重なっていく。そういう時間というものを持つことは、直接日常の振る舞いと結びつけることとはまた別として、非常に重要なことじゃないかと思うのです。だから、学習といった時に、この学習をすることで困っていることが解決するということもあるけれど、学習そのものがその人との世界を一つ作るということもあるんじゃないかと考えています。

N　：それは真理を含んでいると思います。わたしたち自身にもそういう体験があるし。Yくんの方に立場を置いてみた場合に、とにかく目の前に出

てきた課題を通して、自分の気持ちに寄り添ってくれる人と分かる世界を作っていくということに大きな意味があると思います。そこでは菅井さんは持てる時間を彼と費やすという決断をしてるわけですよね、他のことをしないでその特定の課題を使って。その場合、その選ばれた課題場面だけをみて、当否を判断できることでは実はないんじゃないかと思うんです。Yくんの生活、学校も家庭もいろんな余暇も、それからここ（研究所）も、全体をみた中のここだと思うんですね。菅井さんが言っているように題材は点字であっても、実は点字でなくてもいいのかも知れない。でもせっかくやるならば長い将来役に立つものをやった方が絶対いいし、それはその課題を提供する人間の責任だと思う。たとえばK盲学校のH先生は、名前というのをとても大事にしている。子どもが自分の名前を呼ばれるのをすごくうれしいと感じる体験を積み重ねていくし、自分が呼びたい相手を作っていくことを背景に、名前を単語として入れるっていう考えもまたあるわけです。実は菅井さんが選択してきた教材の中自体に、菅井さんがYくんの日常生活をも視野に入れたYくんのニーズをどうみるかが問われる気がするんです。だけどあの課題に向かっていること自体の持っている真理っていうのかな、それは否定できないと思いました。

S ：全体の中でのここ（いま取り組んでいること）に関して、時間的な軸と空間的な軸があると思うんです。時間的な軸は弱くなりがちで、成長というか、ライフスパンというか。その中で50歳の人が今点字を学ぶことがその人の生活の中でどんな意味があるのか、Yくんが今のこの時点で点字を学んでいくことにはどういう意味があるのかというように、時間的な流れの中でその学習を位置づけることです。どう位置づけられるかによって、どんな内容を準備するのかということもある程度決まってくると思うんですよね。学習場面と日常生活とのつながりといっても、単純に形が分かるとか、点字が分かるとかいうだけではなくて、また、実用につながるのがいいのか悪いのかというように、どちらかっていうことになると結論は出ない。たとえば小さい子どもだったら、いろんな概念がきちんと積み上がって分かっていくことが大事だろうし、20歳くらいの人だったら、点字をゼロから全部覚えるよりは、自分の生活に役立つ点字を実用的に学んでいくことが必要かもしれない。また50歳の人が楽しみとして点字を学ぶこともあるんじゃないかなと思います。そ

ういう時間的な流れでみた時に、Ｙくんの学習がどんなふうにあったらいいのかなという問いじゃないかなと、僕は思うんですよね。そういう時間的な流れの中での本人にとっての意味づけをしていくというのが大切なことだと思います。もし僕がＹくんの課題学習をどうやってやるかというと、やっぱり実用的にいろんなことができるというよりも、点字が分かったり、形が分かったり、それを積み上げてることが彼の学ぶ意欲を育てることになるだろうし、左右がきちっと分かれば20歳、30歳になっていろんな生活上でそれをベースにして世界を広げていけるんじゃないかと考えるからです。だから逆に性急に、ある生活スキルとして何かができるということよりは、学習では積み上げていくことの方が今は非常に重要じゃないかなと考えます。そういったライフスパンの中で意味づけられるものなんじゃないかなという意見なんです。

Ｔ　：前から考えていたことではなく、今日の討論に参加していて思うことですが、Ｙくんは学校に行って、毎日踏み台昇降を20〜30分やって汗びっしょりになります。その後に、着替えて、先生と一緒に顔洗ったり髭を剃ったりします。そして職員室へ行って冷蔵庫の中からペットボトルのウーロン茶を取って、別の部屋に行ってコップについで飲むんですよね。ペットボトルがなくなると先生と一緒に買いにも行きます。学校という場だけどそんなふうに家の中でいくらでもやるようなことをやっているんです。そういう中で、最初は先生もＹくんに教えるために、先生とＹくん2人でコップ2杯ついで飲むことをやっていました。で、ある時先生が飲まなかった。今日はいいからって、Ｙくんだけ飲んだ。先生のコップにはウーロン茶がつがれてないんです。片づけるのは、Ｙくんの仕事で、終わったらコップを洗ってしまうんですけれど、その時に自分のコップだけ洗って拭いて棚にしまって、先生のコップは使ってないから洗わないでしまったというんです。それまでは毎日先生の飲んだコップもちゃんと洗ってたんですが、誰も何も言わなくてもそうした。Ｙくんはそれほどいろいろ考えてやってる。人との関係の中で自分はどう振る舞うかってことが如実に出てるなって思います。生活というのは人との関係の現れとしてあるものだとつくづく思ったんですね。整理された学習、整理された状況というと生活からかけ離れているように見えるし、菅井さんの報告も文字面だけ読むと課題性みたいなことが浮き出ているけれど、実はどの場面もＹくんと菅井さんという、人と人との関

係なしには理解できないものなんですね。その上で、菅井さんのもう一つの問いでもある「何を用意するか」っていうのが問われるんだろうと思うんです。それはさっき出ているから繰り返しませんが。

司会：では、このへんで終わりにしましょう。

（重複障害教育研究部）

おわりに

　第Ⅰ巻では、重度・重複障がい児が示す様々な行動の中で対象児の発達的変化あるいは行動の拡がりを促すうえで核心的な「行動」に着目し、その理解を図る事例研究10論文と、子どもたちにとって分かりやすい、動きやすい、あるいは行動を起こしやすい「状況作り」に取り組んだ事例研究9論文が取り上げられている。

　各論文が、「重度・重複障害児の事例研究」（全25集）に掲載された時期は、1982年発行の第6集から2000年発行の第23集までの長期間にわたるものであるが、読者には、時代的背景を配慮しつつも、重い障がいのある子どもたちとその教育に対する各執筆者の姿勢を読み取っていただけるとありがたい。そのうえで、各執筆者が課題として取り上げた内容と取り組み経過から得られた貴重な知見（実践知）を知っていただきたい。重度・重複障がい児に向き合う多くの方々の姿勢や実践知を知ることは、現にあるいは今後、重度・重複障がい児教育に携わる方々にとって子どもと係わる重要な観点を得ることになると考えるからである。重度・重複障がい児教育においては子どもの行動の捉え方や場面状況づくりにおいて多様な観点を有することは、それに携わる人にとっては欠かすことのできない資質であるが、それらは様々な事例研究をていねいに読み解くことから得られることが多いと考える。

　やや個人的なことではあるが、筆者は「重度・重複障害児の事例研究」（全25集）に直接的・間接的に携わった経験は、貴重な宝であると考えている。第1に、自分が研究部事例（巻頭言参照）として提供した事例研究の推進過程においては、いかなる場面状況をつくることが子どもの行動を理解し子どもの行動が拡がることにつながるのかを検討する機会となり、またどのように文章表現することがより適切に子どもの行動を捉え理解を深めることにつながるかを学び、そして提供した事例研究についての研究部内での検討を通して、多くの示唆を得ることができた。第2に、担当した外部事例の取り組みの展開とまと

めの過程に関与することを通して、事例提供者の工夫とそれをもたらした基本
姿勢等を知ることができた。また、担当外の事例についても、研究協議会を通
して様々な工夫と視点を知るとともに、対象児の実態を踏まえて自分であれば
どのように取り組むかということを考える機会を得た。そしてこれらの経験を
通して、筆者は、重度・重複障がい児の行動を捉える多様な観点を得ることが
できたと考える。現在、そして今後重度・重複障がい児教育に携わる方々に対
しても、自らが実践研究を行うとともに、他者の実践研究を通して多くの観点
を得ていただきたいと期待している。

　以下では、本巻で取り上げた「行動の理解」と「状況作り」に関連して、新
たな課題となっていることを若干述べたいと考える。それは、超重症児と呼ば
れる子どもたちの顕在化に伴う課題である。学校教育の場においても日常的に
痰の吸引や経管栄養法等の医療的ケアを必要とする子どもたちが増えてきてい
ることは知られているが、超重症児とは重症心身障がい児療育の場から生じた
新たな概念であり、呼吸障害や摂食障害等に関連する濃厚な医療的ケアを継続
的に必要とする子どもたちであるとされる（川住，2018）。また、運動発達の程
度は座位ができるまでであり、必要なケアそれぞれに付された点数の合計が
25点以上の子どもを指している。

　これらの超重症児の中には、継続的な医療的ケアを受けながらも係わり手と
の間で何らかの手段を用いたコミュニケーションが成立している子どもがいる
一方で、覚醒と睡眠の区別が難しい昏睡状況にある子どもやその区別は一応で
きても働きかけに明確な応答反応が観察されないような子どもがいる（大村，
2004）。そして後者のような子どもたちにおいては、一部の身体部位の微小な
「動き」は観察されても、身体の動きや移動する力、発声、表情の変化等から
一般的にイメージされるような「行動」が展開されることは少ない。

　筆者はこれまで、様々な状態像を示す超重症児、あるいは超重症児に該当す
る重度・重複障がい児と係わってきたが、とりわけ最近の十年以上にわたる
期間は、初め「動き」が全く観察されない子ども（岡澤・川住，2005）や「不
随意運動」のような動きのみが観察される子ども（川住・佐藤・岡澤・中村・笹
原，2008）、あるいは触覚過敏であるかのような身体の一部にわずかでも触れ
られると瞼を閉じたまま過度の筋緊張を呈する子どもとの係わり合いを続けて
きた。そして、微小であっても何らかの動きが発現してそれが増加するための
場面状況づくり、不随意的な運動の頻度に変化が生ずるための状況づくり、過
度の筋緊張を示さずに働きかけを受け入れてもらうための状況づくりに取り組

んできた。

このように、これらの微小運動をどのように捉え、どのように意義づけし、そしてその動きの理解を進めるためにどのような状況づくりを行うべきなのか、重度・重複障がい児教育の場では今後、ますます問われてくる課題であると考える。多くの方々の実践研究を期待したい。

東北福祉大学
川住隆一

文献

川住隆一（2018）「遷延性の重度意識障害を呈する超重症児の理解と支援」『日本重症心身障害学会誌』43（1），9-14.

川住隆一・佐藤彩子・岡澤慎一・中村保和・笹原未来（2008）「応答的環境下における超重症児の不随意的微小運動と心拍数の変化について」『特殊教育学研究』46，81-92.

岡澤慎一・川住隆一（2005）「自発的な身体の動きがまったく見いだされなかった超重症児に対する教育的対応の展開過程」『特殊教育学研究』43，203-214.

大村　清（2004）「難病主治医の立場から」『小児看護』29（9），1249-1253.

本書に寄せて

── 障がいの重い子どもの実践事例から学ぶということ

「重度・重複障害児の事例研究」との対話

宇都宮大学
岡澤慎一

はじめに

　本書の基になっている「重度・重複障害児の事例研究」（第1集～第25集）（以下、事例集と略記する）との出会いは、筆者が大学の学部生であった頃にまで遡ることになる。当時筆者は、重症心身障害児病棟を定期的に訪問するようになり、そこで出会ったJさんという方との係わり合いに関する事例研究（岡澤, 2008）を始めたばかりであった。しきりにおんぶを求めるJさんに対して、こうした行動の意味を探り、ひたすらJさんをおんぶしながら、「教育的係わり合い」（梅津, 1974）とはどのようなものであるかを問うなかで、研究室の書棚にあった事例集をたまたま手にしたのであった。このとき、Jさんとの実践の手掛かりを求めて、この事例集以外にも様々な学術誌や大学の紀要、商業誌なども手にしていたはずであるが、繰り返し読んだのはこの事例集であった。その後、様々な厳しい条件を抱える多くの方々と出会い、係わり合い、ときに別れもあるなかで、現在に至るまで折に触れて事例集を手に取っては、その時々の筆者の〝感知器〟に反応した論文を見出し、論文との対話を重ねてきた。また、筆者が大学に就職した後は、事例集を大学の授業において取り上げ、受講生が自身の〝感知器〟に反応した論文をどのように読むのか、筆者自身の読みとの共通点や相違点を探り、学びを深めることも継続してきた。ここでは、これほどまでに筆者を惹きつけてやまないこの事例集の特徴や価値などについて私見を整理してみたい。

「重度・重複障害児の事例研究」の特徴

　子どもとの係わり合いには多種多様な条件が複雑に絡み合っており、係わり合いを検討するにあたってはそれらを全体的かつ総合的にとらえようとすることが重要であることは論を俟たないであろう。そして、教育的といわれる営みの特徴の一つは、この全体性と総合性のなかに見出すことができるのではない

か。当然のことながら、係わり合いを分析的に捉えることは欠かすことができない。子どもの変化・成長に関わる条件を検討するには分析的な視点が必要となる。また、医学的あるいは機能訓練的な対応は、医学や生理学、解剖学や運動学などを背景として人体の構造や機能を分析的に捉えることがその基本になっているといえよう。教育の立場から障がいの重い子どもに係わり合う者にとってもこうした医学的あるいは機能訓練的な対応に関する見識は重要である。しかしながら、教育の立場にある者が、医師や看護師、理学療法士や作業療法士と同様のあるいはそれらに追従するような対応のみを重ねている、あるいは重ねようとしているとすれば、そこに教育の専門性を見出すことはできないのではないだろうか。したがって、教育の専門性の一つは、子どもの変化・成長を全体としてとらえ、総合的にその促進と自律性の高まりをたすけることであると考えてみたい。

　そこで、事例集の第1の特徴は、「教育」に関する事例研究であるということを述べたい。本書に掲載される事例研究は、医学における症例研究でもなければ、係わり手のあり様を抜きにして研究対象としての「対象児」の記述に終始するような事例研究でもない。また、事例集は第25集までの各々にテーマが設定されており、第5集以降は、第24集を除いて、第25集にいたるまで、「…に視点をおいて」と設定されている。「視点」のおきどころは様々である。しかし、事例集に掲載される事例研究は、特定の「視点」に基づいた働きかけをもっぱらとするものではなく、その程度に濃淡はあるものの、まず子どもと係わり手との出会いがあり、そこで生じる障害状況からの立ち直りを目指して、係わり手が様々な工夫を重ね、子どもとのやりとりを重ねていくプロセスを各々の「視点」から整理したものであるととらえる方がよいように思われる。例えば、第7集のテーマは「『みること』に視点をおいて」であるが、「みること」のみを単独で取り上げるのではなく、係わり手との関係のあり様や様々な生活や学習の状況との関連のなかで「みること」について述べられている。また、第11集の「『食べること』に視点をおいて」の編集後記おいて、「食べること」は、子どもだけの問題ではなく、子どもと係わり手との関係の問題であるという視点が各事例に共通して述べられていることについて言及されている。いずれの事例研究においても、全体性と総合性という教育の専門性が反映された記述になっているといえよう。

　特徴の第2は、上述のことがらと多分に関係することであり、各事例研究の文中には必ずしも明確に述べられていないものもあるが、子どもの変化に先立

つ係わり手の変化やあり方についての記述が当然のこととしてなされていることであろう。すなわち、「相互障害状況」(梅津, 1978) を出発点として、係わり手が係わり合いの責任を負いながら、まず自身のあり方や行動のとらえ方、係わり方を問い直すことが重要であることが、明に暗に、示されているといえる。筆者は、大学の学部時代の講義において「相互障害状況」の考えに初めて触れたときの「感動」をいまでも明確に思い出すことができる。ある生体において生活のなかであるとき、ある瞬間に生じる「とまどい」や「つまずき」、「とどこおり」を「障害」ととらえ、係わり手もまた障害状況にあるのであり、そうであるならば、まず係わり手が自らの障害状況から立ち直るべく対処を重ねていくことが重要になる。こうした考えは、当時の筆者を深く得心させ、さらに現在にいたるまでなおその思いを強く持つようになっている。事例集の事例研究が私を惹きつけてやまなかった、そして、いまもなおやまない理由は、こうしたとらえ方に強い共感を覚えたからであろう。そして、こうした観点に立つことは、必然的といってよいように思うが、相手となる人の自発性を重視し、そこに相手となる人のイニシアチブを見出し、双方向的なやりとりを重ねることを指向することにつながるものと思われる。また、このことは、子どもの側から状況をとらえなおしていく観点をも包含するものであろう。教育における相互性重視の観点をここに見ることができるように思う。子どものイニシアチブを保障し、子どもの興味・関心を共有し、子どもの意図が実現する方向で活動が展開するときに私たちは子どもと係わることができるのであるし、そこに人と人との「つながり」を見出すことができるのであろう。

　子どもの行動を全体的、総合的に、係わり手との関係性のなかでとらえていく観点を有することで係わり手は子どもの行動の意味に接近したり、それを見出したりすることができるであろう。事例集の特徴の3点目は、行動の意味に関する言及が多いことである。行動の意味とは何か。子どものあらゆる行動には全て意味があるというとき、そのことは、次の二つの側面からとらえることができるであろう。一つの側面は、生活体の行動の発現、展開、終止(他の行動への切り換わり)には必ず対応する生活体内・外の条件が複合的に関与しているということである。梅津 (1976) はこうした点について、「特定行動の発現(展開、終止)が、そのときどきの、生体系内、生体系外の特定状態より発信する諸信号の処理、配合の特性を条件として調整される関係にあることを〝行動体制〟とよぶ」と定義している。極めて微弱で微細な行動であったり、あるいは粗大で一見奇異に思われるような行動であったりしても、それを活動

の文脈に位置付け、周囲の状況や係わり手のふるまいとの関係のなかでその発現条件を探る努力を重ねるなかで、子どもの行動は、発現すべくして発現しているものであることが次第に理解できるようになっていくであろう。そして、行動の意味をとらえるもう一つの側面は、行動の発現を生命活動の調整（梅津, 1976）という観点からみるものである。ここでは、いかなる行動も、発現することによってその人の自己調整を行っていると仮定される。例えば、ある子どもが自分の頬を激しく叩いているということも、そうせざるを得ないような調整の乱れが子どものうちに生じていると仮定され、したがって、係わり手にはそこからの立ち直りを導き得るような係わり方や状況作りが模索されていかなければならないといえよう。一般に、行動の意味という場合、その行動の意図性という観点から語られる場合が多いが、ここでは、そこに留まるのではなく、より広い観点から、生活体の調整上において果たす機能という側面を含めてとらえているといえる。そして、あらゆる行動には意味があるととらえることは、子どもの発現した行動について、否定的にとらえて切り捨てるのではなく、様々な仮定を重ねることになり、子どもの行動を肯定的にとらえることとつながっていく。

　事例集の特徴の第4は、比較的長期間にわたる事例研究が多いことをあげることができよう。教育的な関係において、係わり手が子どもと出会い真摯な係わり合いを重ねようとしていることは疑いようもないことであろう。そして、真摯に係わり合いを重ねようとする係わり手ほど、自分の係わりが果たして「有効」なものであるか、子どもにとってどのような意味をもつものであるか、自問自答を重ねているように思われる。冒頭に述べた筆者のJさんとの事例研究（岡澤, 2008）において、筆者は繰り返しおんぶを求めるJさんの要求に応えそうした係わりが大事であると思いながらも、「本当にこうした係わりでよいのだろうか」という思いが頭をかすめることがあったこともまた事実である。そこで、何かしらの答えを求めて手にした学術誌を眺めてみれば、いかに短い期間で鮮やかに対象児の行動を変化・変容させるかという文脈における事例研究論文が目に留まるものの、筆者には、こうした論文の多くには何かしら大きな欠落があるように思われた。一方、同時に事例集も読み進めていくなかで、前述の論文に欠落しているものに気づくことができた。それは、前述の論文では子どもに対して行われた対処が長期間の経過のなかでどのような意味をもって位置づけられるのかが見えにくいことであったといえる。こうした論文では、標的となる行動の発現頻度の増加や消去の過程について資料に基づき

提示されるが、その後の経過がどのようなものであるかをうかがえるものが少なかった。短い一定期間のみにおける行動の変化をもって結果を終了することに筆者は強い違和感を覚えたといえる。こうした状況のなか、この事例集のように、比較的長期間にわたる事例研究の存在は、当時の筆者を大いに励ましてくれた。子どもと係わり手とのあいだで幾度となく重ねられるやりとりとそこに内在する実践と省察の絶えざる循環の延長線上にある現在の子どもと係わり手との関係のあり様から、教育的係わり合いにおいて重要なことは、係わり手が自身の考え方や行動のとらえ方、そして、その変化をつまびらかにして、子どもと係わり手双方の変化の過程を描き出していくことであるということを筆者は学んだ。

　事例集の特徴の第5は、教育・療育現場の教員や施設職員などによる各事例研究に対して、当時の国立特殊教育総合研究所重複障害教育研究部の研究者によるコメントが付されていることと、さらに、研究者自身による事例研究および事例研究に対する重複障害教育研究部員による討論におけるやりとりが掲載されていることをあげることができよう。各事例研究に対する研究者からのコメントは、教員や施設職員などによる実践経過に対して、様々な角度から光を当てることで、その事例研究の有する意味や学ぶべき観点などについていっそう浮き彫りにしたり、際立たせたりする役割を担っている。学部学生であった当時の筆者にはなかなかその優れた点を見出すことができなかった事例研究に対しても、研究者のコメントを読むことで、まったく見え方が変わる経験も何度かしてきた。また、研究者自身による事例研究からは、実践という事実経過と実践を支える理論的枠組みとの循環の過程をよりいっそう具体的にうかがい知ることができたし、実践研究のあり方を教えられた。「教育研究」を標榜するのであれば、研究者自身がその実践の内側から研究を重ねることが欠かせないと思う。実践と研究とが乖離するのではなく、実践のなかにこそ研究があるということの実相を研究者による事例研究は提示しており、筆者自身の現在の仕事の進め方の大きなモデルあるいは範例の一つともなっている。

おわりに

　筆者は、Jさんとの係わり合いを始めた当初、その糸口を求めてJさんとできるだけその状態像や実践上の課題が類似している事例研究を探していた。医学的所見や障がい名、診断名あるいはコミュニケーションや感覚運動機能面などの類似性をもって論文や実践報告を手に取っていたといえる。しかしなが

ら、そういうなかで見出した論文からは、具体的にどのようにＪさんと係わる
か、一挙手一投足を吟味するような観点はなかなか得られなかった。一方、事
例集の事例研究は、事例の状態像が異なり、ときにかけ離れているように思わ
れたこともあった。しかしながら、読み進めれば、その論述にＪさんとの係わ
り合いを自ずと重ね合わせて今後の係わり合いの方向性を見出していることが
多いのであった。事例集の論文の記述は、必ずしも客観的で再現性のあるよう
なものではない。むしろ、法則定立を目指す「科学論文」の観点からすると、
主観的で再現性に欠けるとの指摘も大いにあろう。しかしながら、重ねて述べ
るように、本事例集の特徴の第1は、「教育」に関する事例研究ということな
のである。各々きわめて個性的な存在である係わり手と相手となる人とが、あ
るとき、ある瞬間に偶然に出会い、時間と空間とを共有する営みは、きわめて
個別的で、ときに創造的なものが実現するものであり、そこに再現性を求める
ことなどできないものではないだろうか。それでは、人と人との係わり合いを
「対象」とする研究の営みはいかにあるべきであろうか。そのことを考えるた
めの糸口の一つは、「科学」の構成要件の一つが「事実に基づく」ということ
であることであろう。「事実」とは何か。我々は、人が知覚・認知できる範囲
においてのみ、その「事実」を切り取ることができる。「教育」といわれる営
みにおける事実とは、そこに係わり手とその相手となる人がいることであり、
「教育研究」においてその一方のみを「対象」とすることはできないのではな
いだろうか。相手となる人だけではなく、係わり手自身の変化も同じく教育と
いわれる営みを構成する「事実」である。係わり手とその相手となる人との係
わり合いにおけるダイナミズムをとらえ得るような、実践研究のあり方が問わ
れるのだと思うし、筆者自身も、「教育研究」に係わるものの一人として、自
身の責任の下に実践研究を重ねていきたいと思う。

文献

岡澤慎一（2008）「しきりにおんぶを求めたジュンコさんとの係わり合いの省察」
　『障害児教育学研究』11（2），31-43.

梅津八三（1974）「重度・重複障害者の教育のあり方」『特殊教育』4，2-5.

梅津八三（1976）「心理学的行動図」『重複障害教育研究所研究紀要』創刊号，
　1-44.

梅津八三（1978）「各種障害事例における自成信号系活動の促進と構成信号系活動
　の形成に関する研究」『教育心理学年報』17，101-104.

国立特殊教育総合研究所　重複障害教育研究部
「重度・重複障害児の事例研究」テーマ一覧

第 1 集　指導に困っている子どもの実践から　1976（昭和 51）年度

第 2 集　コミュニケーションに視点をおいた指導　1977（昭和 52）年度

第 3 集　実態のとらえ方　1978（昭和 53）年度

第 4 集　手の動きを中心として　1979（昭和 54）年度

第 5 集　移動行動に視点をおいて　1980（昭和 55）年度

第 6 集　「触ること」に視点をおいて　1981（昭和 56）年度

第 7 集　「みること」に視点をおいて　1982（昭和 57）年度

第 8 集　探索行動に視点をおいて　1983（昭和 58）年度

第 9 集　「動きとそのまとまり」に視点をおいて　1984（昭和 59）年度

第 10 集　「動きを引き出すこと」に視点をおいて　1985（昭和 60）年度

第 11 集　「食べること」に視点をおいて　1986（昭和 61）年度

第 12 集　「問題行動」に視点をおいて　1987（昭和 62）年度

第 13 集　「意思の表出」に視点をおいて　1988（昭和 63）年度

第 14 集　「行動の見方」に視点をおいて　1988（平成元）年度

第 15 集　「状況作り」に視点をおいて　1990（平成 2）年度

第 16 集　「遊び」に視点をおいて　1991（平成 3）年度

第 17 集　「やりとりの成立」に視点をおいて　1992（平成 4）年度

第 18 集　「活動の見通し」に視点をおいて　1993（平成 5）年度

第 19 集　「行動の乱れ」に視点をおいて　1994（平成 6）年度

第 20 集　「音との係わり」に視点をおいて　1995（平成 7）年度

第 21 集　「指導の場」に視点をおいて　1996（平成 8）年度

第 22 集　「分かること」に視点をおいて　1997（平成 9）年度

第 23 集　「視る力」を育てる援助に視点をおいて　1998（平成 10）年度

第 24 集　生活のひろがりに向けたコミュニケーション支援を考える　1999（平成 11）年度

第 25 集　「子どもの理解」に視点をおいて　2000（平成 12）年度

※編集にあたって、できるだけ原文に忠実に再録することとしましたが、年号や表記の統一、プライ
　バシーの保護の観点から修正を加えた箇所があります。

◆障がいの重い子どもの事例研究刊行会

松田　直（まつだ・ただし）［代表］
高崎健康福祉大学教授

岡澤慎一（おかざわ・しんいち）
宇都宮大学准教授

川住隆一（かわすみ・りゅういち）
東北福祉大学教授

菅井裕行（すがい・ひろゆき）
宮城教育大学教授

土谷良巳（つちや・よしみ）
上越教育大学名誉教授

中村保和（なかむら・やすかず）
群馬大学准教授

障がいの重い子どもと係わり合う教育
実践事例から読みとく特別支援教育Ⅰ

2018年9月30日　初版第1刷発行

編　者　障がいの重い子どもの
　　　　事例研究刊行会
発行者　大　江　道　雅
発行所　株式会社　明　石　書　店

〒101-0021 東京都千代田区外神田 6-9-5
電　話　03（5818）1171
FAX　03（5818）1174
振　替　00100-7-24505
http://www.akashi.co.jp

組　版　有限会社秋耕社
装　丁　明石書店デザイン室
印刷・製本　モリモト印刷株式会社

（定価はカバーに表示してあります）　　ISBN 978-4-7503-4735-6

JCOPY 〈（社）出版者著作権管理機構 委託出版物〉
本書の無断複写は著作権法上での例外を除き禁じられています。複写される
場合は、そのつど事前に、（社）出版者著作権管理機構（電話 03-3513-6969、
FAX 03-3513-6979、e-mail：info@jcopy.or.jp）の承諾を得てください。

障がいの重い子どもと係わり合う教育

実践事例から読みとく特別支援教育Ⅱ

障がいの重い子どもの事例研究刊行会 [編]

（松田直、菅井裕行、川住隆一、中村保和、岡澤慎一、土谷良巳）

◎A5判／並製／500頁 ◎3,800円

盲、聾、知的障害、肢体不自由等の重なりや、重度の自閉症など、障害の重い子どもの状態をどのように捉え、どのように係わるのが良いのだろうか。147事例の中から特に現代的意義のあるものを「行動の理解」「状況作り」「子どもの理解」「コミュニケーション」のテーマに基づき厳選した、日本の重度・重複障害児の教育実践研究として最高水準の、また特別支援教育の現場教員にとっても極めて有用な事例研究集。

《内容構成》

はじめに（出版にあたって）[松田直]

第Ⅰ部　子どもの理解に視点をおいた事例研究

子どもの理解に視点をおくということ[松田直]／1 運動機能の後退を示す子どもの行動調整の進展を目指した係わり合い——手を口に入れる行動、過呼吸等の積極的役割に注目して[小竹利夫]／2 重度・重複障害者の外界への自発的行動を促す援助とその展開の経過——新たな行動の発見を求めて[二川善昭]／3 Sくんの願いを受け止めて[松川徹]／4 Kさんとの3年——訪問教育の実践を通して学んだこと[斎藤伸子]／5 「自らの食事活動を自らが決めて動いていくこと」の生じにくかった人との相互輔生の歩み[神波修／吉武清實／須藤昌彦／原子健／浦ะ昌子]／6 Hさんの音とのかかわりと表現活動[橋本栄子]／7 一事例における自己調生を輔けていった過程と人間関係の展開——「問題行動」と呼ばれがちな行動に主たる焦点を当てて[中澤惠江]／8 Fさんが泣いたり暴れたりすることについて——急性脳症後の13年間を振り返って[松田直]／9 盲をともなう重度・重複障害児童に対する食事場面を利用した行動拡大への取りくみ[落合俊郎]／10 片耳の難聴を指摘されている一重複障害児の「音との係わり」と「人との係わり」[川住隆一]／11 係わり合うなかでの子どもの理解——盲難聴二重障害であるNとの係わり合い[土谷良巳]

第Ⅱ部　コミュニケーションに視点をおいた事例研究

コミュニケーションに視点をおくということ[土谷良巳]／12 「自閉症」といわれたUとのかかわりを求めて——母親とともに[木村幸子／竹田美栄子]／13 無意味としか思えない活動をするK君に対して係わり手としてなし得たこと[小嵐惠子]／14 Rくんの世界の広がりを目指して——微細な動きを通してのかかわりを中心に[斎藤憲子／服部基代乃／池田和夫]／15 運動障害が著しく重度である子どもとの係わり合い——意思の読み取りと表出の促進を目指して[松田直]／16 接近・回避状況における関係的秩序の形成からみた「やりとりの成立」[土谷良巳]／17 遊びの中でコミュニケーションを支援する試み[石川政孝]

おわりに[土谷良巳]／本書に寄せて——障がいの重い子どもの実践事例から学ぶということ／事例研究をどのように読むか、何を学ぶか[中村保和]／国立特殊教育総合研究所 重複障害教育研究部／「重度・重複障害児の事例研究」テーマ一覧

〈価格は本体価格です〉

聴覚障害児の学習と指導

発達と心理学的基礎

四日市 章、鄭 仁豪、澤 隆史、
ハリー・クノールス、マーク・マーシャーク [編]

◎A5判／並製／376頁　◎3,000円

聴覚障害児の言語、心理、発達等に関する基礎的な研究知見をはじめ現在の教育における論点を明示。言語、リテラシー、数の能力、認知、社会・情緒的側面からコミュニケーション方法と言語との関係、マルチメディア教育の今後や学校・学級の環境要因まで、広範な内容を科学的な視点から記述し、基礎と実践との融合を図った教育実践者のための一冊。

《内容構成》

序
第1章　学習と指導の本質的要素
第2章　学習者としての聴覚障害児
第3章　家庭で始まる学習
第4章　言語発達
第5章　言語のアセスメントと指導
第6章　認知的発達と学習
第7章　社会性・情緒の発達と学習
第8章　教科の成績と指導──リテラシー
第9章　教科学習と指導──国語、算数・数学、理科の学習
第10章　コンピューター活用によるマルチメディア学習
第11章　学習と環境
第12章　これからの方向性

〈価格は本体価格です〉

障碍児
心理学ものがたり
小さな秩序系の記録I

中野尚彦 [著]

◎A5判／上製／272頁　◎2,500円

> 長年障碍児教育に携わった著者がその教師生活を振り返る。障碍児が小さなきっかけから新しい事を発見し体得していく過程を、数多くのエピソードを交えて詳細に綴る。著者が試行錯誤して子どもと深く関わる姿は、教育に携わる人々に大きな示唆を与えるだろう。

《内容構成》

第1章　そして今日まで
　第1節　心理学について
　第2節　野良について
　第3節　壁歩きのやっちゃん
　第4節　梅津先生のこと
　第5節　兎たちの寓話——警戒域
　第6節　兎たちの寓話——本拠地
　第7節　兎たちの寓話——閉じた行動
　第8節　人憑きの系譜
　第9節　中島先生のこと

第2章　出会い
　第1節　背中のいずみちゃん
　第2節　保育器のえみさん
　第3節　ブースのさっちゃん

第3章　見えない空間
　第1節　座らないわけ
　第2節　座ったわけ

　第3節　掴めない音
　第4節　ベビーベッドの中で
　第5節　手で食べる
　第6節　探しにいく音
　第7節　開いた空間
　第8節　それぞれの空間

第4章　こどもの世界
　第1節　玉転がしを巡って
　第2節　難しいこと
　第3節　正しい考え
　第4節　スライディング・ブロックを巡って
　第5節　毎日の生活

第5章　誰と暮らすか
　第1節　幼稚園
　第2節　大学
　第3節　ハンドバッグのレイコちゃん

〈価格は本体価格です〉

障碍児
心理学ものがたり
小さな秩序系の記録II

中野尚彦 [著]

◎A5判／上製／360頁　◎3,200円

障碍児の学習に寄り添いながら、ときに立ち止まり、試行錯誤し、また進む。
そうしたかかわりの中で著者が得た確定共有とは。心理学の知見を交え、
自らの秩序をもとに逞しく生きるこどもたちの姿を詳細に描く第II巻では、
障碍児教育のあり方をも考えさせる。

《内容構成》

第1章　心理学寓論
　第1節　チンパンジー列伝
　第2節　野生児
　第3節　2人の盲聾児
　第4節　行動の系譜
　第5節　秩序系
　第6節　確定域
　第7節　現象と知識
　第8節　見える世界
　第9節　こどもの科学
　第10節　運動と感覚
　第11節　構造化

第2章　人と暮らして
　第1節　小さな秩序系
　第2節　秩序系の反転
　第3節　秩序系の系譜

第3章　食べる心
　第1節　美食の系譜
　第2節　満腹の系譜
　第3節　食卓の系譜

第4章　それぞれの世界
　第1節　辺境の秩序
　第2節　数行動
　第3節　確定域
　第4節　隠された心

〈価格は本体価格です〉

オックスフォード・ハンドブック
デフ・スタディーズ
ろう者の研究・言語・教育

A5判／上製
896頁
◎15,000円

【編】
マーク・マーシャーク
Marc Marschark

パトリシア・エリザベス・スペンサー
Patricia Elizabeth Spencer

【監訳】
四日市 章、鄭 仁豪、澤 隆史

ろう教育の論点、ろうの子どもたちのリテラシー、手話言語の起源から発達、聴覚スクリーニングとアセスメントの方法、ろう者の認知研究まで、歴史的概念に対する認識の深い、教育学、心理学、言語学、遺伝学、行動科学各分野の専門家が多様な視点から学際的に論じる。初学者はもとより、実践の理論的背景を学ぼうとする教育者、専門性を深めようとする研究者にも有用な、本邦初の「デフ・スタディーズ」ハンドブック。

本書の特長

1. 編者・執筆者は、当事者であるろう者、難聴者を含め、さまざまな国・地域・文化・背景と専門性を有する総勢65名があたっている。

2. 子どもの発達と脳・認知の関連、教育的介入・科学技術の進歩といった科学的な観点と、ろう社会や手話言語の特性にみられる社会・文化的な観点とを総合的に取り入れた、デフスタディーズのグローバルな概念を的確に示している。

3. 歴史、教育、文化から音声言語、手話言語、読み書き、情緒・社会性の発達、認知・記憶、聴覚生理、聴覚活用、手話通訳まで幅広いトピックを取り上げている。

4. 当事者中心の立場から、ろう・難聴の人々の言語、ろうの人々の生活に関連する貴重で価値のある研究と実践を提示している。

〈価格は本体価格です〉

聴覚障害者、ろう・難聴者と関わる医療従事者のための手引
アンナ・ミドルトン編　小林洋子、松藤みどり訳
◎2500円

重度障害児家族の生活　ケアする母親とジェンダー
藤原里佐著
◎3300円

地域に帰る　知的障害者と脱施設化
カナダにおける州立施設トランキルの閉鎖過程
ジョン・ロード、シェリル・ハーン著　鈴木良訳
◎2700円

障害理解のための心理学
シリーズ障害科学の展開5
筑波大学障害科学系責任編集　長崎勤、前川久男編著
◎4800円

生活支援の障害福祉学
シリーズ障害科学の展開3
筑波大学障害科学系責任編集　奥野英子、結城俊哉編著
◎4200円

障害者自立支援法と権利保障
高齢者・障害者総合福祉法に向けて
伊藤周平著
◎2800円

ポスト障害者自立支援法の福祉政策
生活の自立とケアの自律を求めて
岡部耕典著
◎2000円

障害者の自立支援とパーソナル・アシスタンス、ダイレクト・ペイメント
英国障害者福祉の変革
小川喜道著
◎2000円

障がい者自立生活センターの介助サービス
トラブルの実態と予防・対処への提言
松山光生著
◎4800円

障害者ソーシャルワークへのアプローチ
その構築と実践におけるジレンマ
横須賀俊司、松岡克尚編著
◎2500円

盲ろう者として生きて
人生の途上で光と音を失っていった人たちとの語り
福島智著
◎2800円

中途盲ろう者のコミュニケーション変容
指点字によるコミュニケーションの復活と再生
柴﨑美穂著
◎3600円

ベトナムとバリアフリー
当事者の声でつくるアジア的インクルーシブ社会
上野俊行著
◎4600円

聴覚障害者、ろう・難聴者と関わる医療従事者のための手引
アンナ・ミドルトン編　小林洋子、松藤みどり訳
◎2500円

聴覚障害児の学力を伸ばす教育
ドナルド・F・ムーアズ、デヴィッド・S・マーティン編
松藤みどり、長南浩人、中山哲志監訳
◎3800円

学力・リテラシーを伸ばす　ろう・難聴児教育
エビデンスに基づいた教育実践
パトリシア・エリザベス・スペンサー、マーク・マーシャーク著
松下淑、坂本幸男訳
◎3800円

〈価格は本体価格です〉

聴覚障害児の読み書き能力を育てる
家庭でできる実践ガイド
デイヴィッド・A・スチュワート、ブライアン・R・クラーク著
松下淑、坂本幸訳
◎2500円

聴覚障害者へのソーシャルワーク
専門性の構築をめざして
河﨑佳子著
◎2800円

きこえない子の心・ことば・家族
聴覚障害者カウンセリングの現場から
原順子著
◎1200円

20世紀ロシアの挑戦 盲ろう児教育の歴史
事例研究にみる障害児教育の成功と発展
明石ライブラリー163
タチヤーナ・A・バシロワ著
広瀬信雄訳
◎3800円

アメリカのろう者の歴史
写真でみるろうコミュニティの200年
ダグラス・C・ベイトン、ジャック・R・ギャノン、ジーン・リンドキスト・バーギー著
松藤みどり監訳
西川美樹訳
◎9200円

復刻『口なしの花』『殿坂の友』 第1巻～第4巻
筑波大学附属聴覚特別支援学校編
◎各9000円

新版「ろう文化」案内
キャロル・パッデン、トム・ハンフリーズ著　森壮也、森亜美訳
◎2400円

障害学への招待
社会、文化、ディスアビリティ
石川准、長瀬修編著
◎2800円

ダウン症をめぐる政治
誰もが排除されない社会へ向けて
キーロン・スミス著　臼井陽一郎監訳　結城俊哉訳者代表
◎2200円

「社会モデル」による新たな障害者介助制度の構築
障害者のエンパワメントを実現するために
橋本眞奈美著
◎4800円

障害者介助の現場から考える生活と労働
ささやかな「介助者学」のこころみ
杉田俊介・瀬山紀子・渡邉琢編著
◎2500円

障害者権利擁護運動事典
フレッド・ペルカ著　中村満紀男、二文字理明、岡田英己子監訳
◎9200円

世界障害報告書
アラナ・オフィサー、アレクサンドラ・ポサラック編
長瀬修監訳　石川ミカ訳
◎7500円

障害児教育の歴史
【オンデマンド版】
中村満紀男、荒川智編著
◎3000円

日本障害児教育史〔戦前編〕
中村満紀男編著
◎17000円

発達障害白書 2019年版(CD-ROM付き)
日本発達障害連盟編
◎3000円

〈価格は本体価格です〉